# 旅游移民研究体系及旅游从业移民实证探索

杨 钊 等 著

科 学 出 版 社
北 京

# 内 容 简 介

本书分为四篇共 11 章。第一篇为研究回顾与体系构建，在对国内外旅游移民文献梳理的基础上，界定旅游移民相关概念，构建研究内容体系与方法；第二篇为源空间布局实证研究，以九寨沟和黄山为案例，探讨了旅游从业移民的源空间分布时空特征、空间结构演变及影响因素；第三篇为驱动力实证研究，分析了九寨沟旅游从业移民和黄山汤口旅游企业主移民入迁驱动力结构、强度、过程和相关人群特征，揭示黄山汤口企业主移民定居动力模型和机制；第四篇为在地社会行为实证研究，探讨了九华山和九寨沟旅游从业移民的行为特征、融合模式和社会融合结构，九寨沟外来企业主移民社会网络演化和地方感特征，以及北京市饭店从业移民地方感知与尺度间关系。

本书适合国内研究旅游和人口迁移的高校老师、专家学者、研究生及高年级本科生阅读，同时适合从事旅游规划、旅游管理、人口迁移行政管理的专业人士阅读参考。

**审图号：GS（2020）4306 号**

**图书在版编目（CIP）数据**

旅游移民研究体系及旅游从业移民实证探索/杨钊等著. —北京：科学出版社，2021.9

ISBN 978-7-03-067093-9

Ⅰ. ①旅…　Ⅱ. ①杨…　Ⅲ. ①旅游-移民-研究　Ⅳ. ①F59 ②D523.8

中国版本图书馆 CIP 数据核字（2020）第 242569 号

责任编辑：王腾飞/责任校对：杨聪敏
责任印制：张　伟/封面设计：许　瑞

科学出版社 出版
北京东黄城根北街 16 号
邮政编码：100717
http://www.sciencep.com

北京九州迅驰传媒文化有限公司 印刷
科学出版社发行　各地新华书店经销
*
2021 年 9 月第　一　版　开本：720×1000　B5
2021 年 9 月第一次印刷　印张：17 1/4　彩插：3
字数：350 000

**定价：139.00 元**

（如有印装质量问题，我社负责调换）

# 前　言

2002年，我进入安徽师范大学人文地理专业攻读旅游地理方向硕士研究生学位，在阅读一篇关于居民感知的英文文献时，发现其“讨论”部分提出了一个现象，即在澳大利亚的黄金海岸地区存在大量的外来消费性移民，而学术界对该类人群的研究还比较缺乏。这篇文献引起了我的注意，思考在中国是不是也存在类似的旅游移民现象呢？在得到导师陆林教授的鼓励后，我开始把研究兴趣聚焦于此。但当时能接触到的英文文献有限。恰在此时，我的硕士同学陈浩到北京的中国国家图书馆采集英文文献，发现 *Tourism Geographies* 在2000年专门刊载了一期旅游移民相关论文，期刊客座编辑介绍国际地理联合会（IGU）于1999年10月在美国亚利桑那州专门召开了“可持续乡村环境：全球化问题、移民和旅游”主题学术会议，相关成果整理后以专刊发表。这些资讯和文献给了我进行旅游移民研究的信心。在确定研究方向后，我在硕士阶段从两个方面进行探索：其一，文献整理和体系构建。对旅游移民相关文献进行梳理和回顾（第1章），并在此基础上提出旅游移民的研究体系（第2章），主要成果包括对旅游移民概念体系进行界定，对研究内容体系进行明确，对可能采用的研究方法及实证案例的选择进行预判。其二，实证探索。考虑当时消费导向移民现象在国内尚处于发育阶段，而旅游从业移民已经大量地存在于成熟旅游地，我选择离学校相对较近的九华山为案例地，探讨了旅游从业移民的行为特征和融合模式（9.1节和9.2节）。发现九华山旅游从业移民存在快速融合、自由融合和渐进融合三种社会融合模式，不同类型移民融合模式差异显著，其中中高层管理者移民社会融合呈现“S”形矩阵。

2007年，我进入南京大学地理与海洋科学学院旅游地理与旅游规划专业攻读博士学位，师从张捷教授。2008年4月底，同门一行近十人到九寨沟进行调研，当时我的博士学位论文研究方向尚未明确，对是否继续从事旅游移民研究不太确定，出于已有的调研经验，设计了一份旅游从业移民入迁驱动力的调查问卷和一份访谈提纲，初衷是想写一篇期刊论文。在实地调研过程中，得到九寨沟风景名胜区管理局科研处蔡永寿处长、上官筱燕副处长、朱忠福工程师等人的大力支持，我从九寨沟县漳扎镇工商所以及九寨沟沟口的漳扎、羊峒和嫩恩桑措三个派出所，通过手抄和拍照获取6667份旅游从业移民数据，使得旅游从业移民的源空间分布格局研究得以实现，让我确定了以自然观光地旅游从业移民研究作为博士学位论文的研究方向。在九寨沟调研后，2010年，我组织了由5位大学教师（我和张伟、黄剑锋、汪青、胡春生）和 1 位硕士研究生（盖远鹏）组成的调查队伍，在黄山汤口派出所 4 位民警帮助下，根据店铺分布地形，分片、分小组逐一走访调研了汤口旅游企业主移民，并从汤口派出所、汤口工商所、黄山股份公司、黄山导游公司等单位获取了相关旅游从业人员统计数据。依据这些一手和二手数据，我完成了《自然观光地旅游劳工移民空间布局及入迁、定居驱动力研究——以九寨沟、黄山为例》的博士论文，主要成果包括：描述了自然观光地旅游从业移民基本特征（第 4 章）；刻画了自然观光地旅游从业移民源空间分布特征（第 5 章）并初步辨识出影响因素（第 6 章）；揭示自然观光地旅游从业移民微观入迁驱动力的结构、强度、过程和相关人群特征（第 7 章）；构建自然观光地旅游企业主移民持续定居意愿模型并揭示其定居驱动机制（第 8 章）。

2012 年暑期，我申报的国家自然科学基金面上项目“自然观光地旅游从业移民空间行为、动力机制及区域社会经济影响研究——以九寨沟、黄山为例”获得批复。在基金资助的几年中，我带着自己的硕士研究生刘斌、高青、盛婷婷、丁玲、徐龙梅等进行了九寨沟旅游从业移民社会融合结构及其影响因素（第 9 章 9.3 节）、自然观光地旅游从业移民源空间分布历时特征及其影响因素（第 5 章 5.2 节和第 6 章 6.2 节）、九寨沟旅游企业主移民社会网络演化类型与研究（第 10 章）、九寨沟旅游企业主移民地方感特征及其影响研究（第 11 章 11.1 节）等研究。同时为了进行比较，以北京两家高星级酒店旅游从业移民为调研对象，探讨了北京市饭店从业移民地方感知与尺度间关系（第 11 章 11.2 节）。

从 2002 年文献接触，到 2016 年基金结题，我和研究团队持续关注旅游移民领域已经 15 年。近几年关注旅游移民现象并从事研究的学者和研究生越来越多，通过各种方式与我交流的研究者也开始增多，遂产生了对已有工作进行总结的想法，这本书应时而生。

本书第 1 章旅游移民研究回顾，撰写人为杨钊、程豪、陈蕾；第 2 章旅游移民研究体系，撰写人为杨钊、陆林；第 3 章理论基础与研究方法，撰写人为杨钊、刘斌；第 4 章自然观光地旅游从业移民基本特征，撰写人为杨钊；第 5 章自然观光地旅游从业移民源空间分布特征，撰写人为杨钊、刘永婷；第 6 章自然观光地旅游从业移民源空间演变特征及影响因素识别，撰写人为杨钊、刘永婷、丁玲；第 7 章旅游从业移民微观入迁驱动力研究，撰写人为杨钊、程豪、张捷；第 8 章旅游企业主移民定居驱动机制研究，撰写人为杨钊、程豪；第 9 章旅游从业移民行为特征与社会融合，撰写人为杨钊、徐龙梅、刘斌；第 10 章九寨沟旅游企业主移民社会网络现状及其演化研究，撰写人为高青、刘斌、杨钊；第 11 章旅游从业移民地方感研究，撰写人为刘斌、盛婷婷、杨钊。初稿成型后，王盼盼、刘永婷进行了通篇校稿，刘世杰、何开玲参与部分章节校稿，杨钊负责全书通篇修改、审定。

本书的出版得到国家自然科学基金面上项目“自然观光地旅游从业移民空间行为、动力机制及区域社会经济影响研究——以九寨沟、黄山为例”（41271172）、国家社科基金后期资助项目“风景道规划的理论方法与实践”（20FGLB074）和国家自然科学基金重点项目“中国都市圈旅游发展过程、格局和机制研究”（41230631）的共同资助。感谢所有参考文献的作者，他们的研究给予本书调查设计和研究分析以灵感和参考。

随着旅游消费升级和中国老龄化时代的到来，生活方式移民、第二居所移民、乡村旅居等现象在国内日益明显，消费导向移民得到越来越多学者的关注，已有若干课题受到国家自然科学基金和国家社科基金的资助，希望本书关于旅游从业移民的研究经验也可以为消费导向移民的研究提供一些借鉴。

杨　钊

2020年9月12日

# 目　　录

## 第二篇　源空间布局实证研究

## 第三篇 驱动力实证研究

# 第四篇 在地社会行为实证研究

# 第一篇

# 研究回顾与体系构建

# 第1章　旅游移民研究回顾

## 1.1　旅游移民类型

### 1.1.1　旅游与移民的关系

旅游流和移民流的持续增加是当前全球化的两大重要表现形式。1999年，国际地理联合会召开“可持续乡村环境：全球化问题、移民和旅游”为主题的学术会议，会议围绕旅游与移民之间的关系展开讨论。根据Williams和Hall（2000a）的观点，旅游除了本身构成了一种持续时间不同的移民形式外，还产生了两种不同的移民形式：一是从业移民（labour migration），其为大众旅游者为主的群体提供旅游服务；二是消费导向移民体系（consumption-led migration systems），其与旅游活动形成了共生关系，且依据持续时间、动机和物业产权关系等方面的差异囊括了多种移民形式。随着时代变迁，生产和消费关系转变，旅游与移民的关系及旅游移民形式也发生了变化，旅游与移民之间的界限变得更加模糊。Williams和Hall（2000a）所提出的连续体（continuum）概念可以作为理解这一研究难点的重要思路。

### 1.1.2　旅游移民的分类

Williams和Hall（2000b）强调了将旅游和移民的关系置于宏观社会生产和消费的结构性变化中加以讨论，并谈及5种具体形式：①旅游和从业移民。这部分群体的产生主要是由旅游服务需求所致，有多种因素会影响这一群体的产生过程，包括客源市场需求规模、目的地旅游发展的速度、目的地人口特征、社会与经济结构、旅游经营时间的极化程度（即淡旺季是否明显）等。该群体并非同质，而是根据技能高低和服务内容可分成不同的层次。此外，在从业移民中，性别差异是一个重要的问题。②旅游和返回移民。这种流动形式的扩大受到了交通运输业发展的极大推动，其迁移动机是多样化的，如退休、因成功而返乡、因失败而返乡等。一般而言，返回移民一般会从外地带回金融资本（积蓄）和人力资本（外语技能）。在返乡后，他们倾向于从事服务业或自主经营。③旅游和企业主移民。这一群体构成了生活方式型移民与从业移民的一个特例。它有三种表现形式：一是在外国旅游目的地服务于特定国家的旅游团或居民社区的企业主移民。二是大众旅游目的地为所有游客提供服务的企业主移民（不考虑国籍）。三是那些以寻求舒适性而非必须要做旅游企业主的移民群体。④旅游和退休移民。该群体构成了消费导向移民的特例。与生活方式型从业移民相同的是，该形式是逆城市化趋势的产物，而不同之处在于，这部分群体并不依赖于就业机会和本地经济结构。⑤第二居所移民。该群体与已有的很多移民形式存在概念上的交叉，是学界讨论最多的话题之一，生活方式型导向是该群体一个重要特征和行为标准。

### 1.1.3 生活方式型旅游企业主移民

以上关于旅游移民形式的具体分类为后续研究提供了一个理论框架，但是，这些移民形式之间并非是互斥的。在旅游发达地区，宏观社会经济的发展以及生活工作观念转变使得传统生产导向的从业移民与后工业化时代消费导向的生活方式型移民之间的界限变得模糊。从更为宽泛的时空尺度上加以考虑，总体上移民者的身份、角色和特征在逐渐发生变化。某一类旅游移民形式往往与其他形式间存在一定的交叉，如旅游企业主移民（tourism entrepreneurial migrants，TEMs）会将从业移民对经济收益的追求作为其诉求之一（Mayer and Meili, 2016），而从业移民也会有类似于生活方式型移民的需求（Ooi, et al., 2014）。生活方式型移民群体在迁移时考虑构建一种能够自主控制的工作生活关系。目前，此类群体逐渐典型化（Benson and O'Reilly, 2009a）。

生活方式型旅游小企业主与寻找优美环境的移民流，尤其是消费型移民模式密切相关（杨钊和陆林，2008）。随着经济发展，城市地区不可避免地出现环境质量下降、交通拥堵、工作压力大、居住条件差等一系列问题，人们为追求更高品质的生活，开始迁移到气候宜人、设施完善、环境优美的乡村、山地、滨海等旅游地，学者称此现象为"追求舒适移民(amenity migrants)"(Moss, 2006)。Komppula（2004）发现，芬兰大量的乡村旅游小企业最开始由一些外来移民所创立，目的是寻找"乡村宁静（rural peace)"。此外，航空旅行费用降低和房产的易获取鼓励了生活方式型企业主在欧洲国家间流动。Buller 和 Hoggart（1994）研究发现，移民到法国乡村的英国企业主经历了度假者—第二房产所有者—永久性移民的发展过程。Mill 和 Durham（2007）对西班牙阿利坎特省和阿萨尔基亚地区研究发现，生活方式型旅游小企业中超过 80%的企业主是来自英国的移民，其迁移过程倾向于特定国籍（民族）群体。法国案例也证实生活方式型旅游小企业主主要来自国外移民（荷兰、丹麦和德国)，他们的活动特征基本一致。

在经营业态方面，生活方式型旅游企业主多从事创新型、创意型工作。他们能够找到特别的机会，"因为他们是移民"，他们的技能、知识和社会网络往往使其比当地企业主更有竞争优势，进入旅游地的移民比本地居民更容易发现某些市场机会（Anderson, 2000）。生活方式型旅游企业主凭借自己的知识及阅历寻找机会（Russell and Faulkner, 2004），移民网络发挥了重要的作用，他们之间交流信息、联系生意并相互支持，获得大量直接和间接的市场机会（Mill and Durham, 2007）。他们在旅游地从事比较有新意和创意的生意，包括农庄别墅、花园服务、拍卖、翻译、兽医服务、艺术治疗、绘画和展品出售、瑜伽课、IT 顾问等，而相对传统的旅游企业（如宾馆、住宿业）则较少涉及（Lardiés, 1999）。

生活方式型旅游企业主中，来自发达经济体中具有较高文化水平的退休者最多。Mill 和 Durham（2007）对法国和西班牙的 4 个乡村调研发现，生活方式型旅游小企业主受教育程度普遍较高且工作经历丰富，来自法国的受访者 2/3 是大学毕业生，1/5 达到高等教育水平（大学阶段），1/2 迁移前有海外工作经历，他们之前多从事市场营销、旅游、规划、物流、项目管理和房地产等管理工作。在英国和土耳其的调查也发现，70%（Szivas, 2001）和 50%（Avcikurt, 2003）的生活方式型旅游企业主受过高等教育。从年龄来看，退休者在生活方式型旅游企业主中占据较大比例，Mill 和 Durham（2007）调查发现，法国 59%、西班牙 65%的生活方式型旅游企业主为退休者，50 岁以上的占绝大多数。大量案例研究证实，生活方式型旅游企业主大部分受过高等教育、文化水平高且退休者占比大。此现象隐含的逻辑是退休者对适宜人居的环境、气候和康疗设施更为渴望，而具有较高文化水平的往往拥有较高收入和较强的管理能力，使其有能力到旅游地追寻新的生活方式并寻找新商机持续居住。

## 1.2　旅游移民研究进展

### 1.2.1　国外研究进展

1. 转移模式研究

1）行业转移模式

国外学者首先关注了旅游从业移民的社会经济特征，包括性别、年龄、当前职业和受教育程度等方面。如 Piso（2016）调查发现英国乡村从业移民来自不同的国家，其中最大的群体是波兰人，均在 30 岁以下，男女比例相当，在约克郡山谷酒店做全职工作。Cruz 和 Buchanan-Oliver（2017）研究发现，新西兰的技术移民主要来自马来西亚、菲律宾、新加坡等东南亚国家，大多具有本科或本科以上学历。他们在信息技术、法律、金融、工程、设计、教育、商业管理、宗教工作和酒店管理等领域获得了与他们教育背景相应的职位。Carson 和 Carson（2018）调查发现，瑞典北部的旅游企业主移民大多来自发达地区/国家，他们具有一定的财富积累，受过良好教育，具备一些经营企业的管理技能。他们所经营的业态包括住宿、户外导游、餐饮和其他零售等。

此外，行业转移研究亦是旅游从业移民的一个重要研究方向。Szivas 等（1999,

2003）与 Vaugeois 和 Rollins（2007）较早对劳动力的行业转移进行探索，吸引一些学者对此进行了持续关注。从当前研究来看，部分从业移民将工作做为生活的一部分，想通过改变职业来改变生活方式。Holland 和 Martin（2015）研究法国阿尔卑斯度假胜地从业移民的职业转变发现：在移民之前，大多数受访者从事的是旅游以外的工作，移民之后才从事旅游相关工作。部分从业移民为了在发达国家稳定生活，会接受比之前职位低的工作（Worswick, 2004）或被迫从事和自己资历、技能不匹配的职业（Landolt and Thieme, 2018）。Lyons 等（2014）调查发现，在 1970～2008 年，越来越多的美国从业移民集中在蓝领阶层，其中普通职位从业人数的占比要比管理、销售等职位的占比增长得更快。

2）空间迁移模式

国际旅游移民空间迁移模式研究主要包括两方面：一是旅游从业移民的空间迁移。从业移民通常从贫困、落后和动荡地区/国家迁移到富裕、安定地区/国家，以寻找更好的工作和生活环境。Piso（2016）研究发现英国的从业移民主要来自东欧（其中波兰占比最大），尽管部分群体是单纯想拥有在国外工作的经历，但大多数人是因为在本国没有工作或工资太低而想在英国获得更高的收入。Lev-Ari（2009）对以色列移民的目的地选择进行详细研究发现，大约一半移民前往北美，三分之一前往欧洲，其余前往其他国家。他们希望脱离原来动荡的生活环境，去这些发达国家谋求安稳的生活。加拿大的移民群体的三分之一以上来自菲律宾、中国和印度（Lyons, et al., 2014）。二是旅游消费移民的空间迁移。与生产导向的从业移民群体相反，旅游消费移民往往从发达地区迁移到欠发达但环境良好的地区，退休移民是其中的典型。大量来自西方富裕国家的退休人员迁移到欠发达国家，他们在那里享受温暖的天气和文化多样性（Simpson and Nasif，2012），并不企图在一个新的地方找到工作（Williams and Hall, 2000b）。越来越多的日本退休人员正移居海外寻求更好的退休生活，他们喜欢选择东南亚国家，那里常被描述为“便宜、距离近和温暖”（Ono, 2015）。Carson 和 Carson（2018）调查发现，瑞典北部地区的企业主移民大多来自人口密集的城市地区，他们试图寻找一个相对独立的环境，享受宁静、原始、自然、辽阔，同时离自己家乡很近的开放性空间。

### 2. 迁移动力研究

1）宏观驱动力

根据西方发达国家旅游移民现象的演变过程来看，旅游移民是在高福利政策、发达基础设施、人口老龄化、经济一体化、高收入、从业者流入以及大众旅游进入后发展阶段表现出来的，在旅游方式改变、旅游市场和资本全球化等宏观背景下产生的（Williams and Hall，2000b）。长期以来，经济动机一直是旅游从业移民的主要驱动力（Cieslik, 2011; Cook, et al., 2011; Janta, et al., 2011）。Szivas 和

Riley（1999）在研究匈牙利从业者向旅游业转移时，就率先将其置于国家经济转型的背景下加以考虑。国家政策、社会生活发展状况等因素也会对从业移民产生影响。Morawska（2009）采用 Anthony Giddens 的结构理论研究发现，移民的社会融合活动对其所在地区/国家的社会变革产生影响。Gössling 和 Schulz（2005）研究认为坦桑尼亚旅游从业移民主要受推拉因素的共同影响，推动因素包括迁出地经济滞后、高人口密度、低收入、农业等部门缺乏就业机会、成熟和衰退旅游地劳动力过剩等；拉动因素包括迁入地拥有新的从业机会，新移民通过收入反映出较高社会地位。农村人口迁移的动机往往与该地区的自然和社会价值以及住房质量有关（Stenbacka, 2001）。Todaro（1969）的劳动力迁移模型强调，劳动力从农村向城市的迁移与城乡收入差距以及在城市获取工作的可能性两个变量有关。旅游从业移民受到经济吸引、从业者市场不稳定等因素影响而产生迁移动机。从业移民通常为获得更高收入的工作和更好的生活水平而选择从贫困地区/国家迁移到富裕地区/国家（Sunil, et al., 2007）。Kuentzel 和 Ramaswamy（2005）对 1950～2001 年美国城市旅游移民研究发现，除了 GDP、CPI、贷款利率等经济社会等主导因素外，还受到旅游发展因素的影响。旅游业快速发展、全球酒店行业的持续增长使得当地劳动力市场出现空缺，为旅游从业移民增加了选择的机会（Choi, et al., 2000; Kim, et al., 2016）。在东南亚和拉丁美洲等快速发展的经济体（如马来西亚和巴西），旅游业的增长加速了来自欠发达邻国/地区的劳动力流入（Joo-Ee, 2016）。

发达国家的老龄化和旅游业的快速发展也促使当地政府对旅游消费移民更加重视，并实施相应的政策促进其发展。1988 年，马来西亚政府推出了“银发”计划，这是一项针对 50 岁以上退休外籍人士的入境移民政策。Hayes（2015）对居住在昆卡的北美移民进行半结构化访谈调查发现，除了在昆卡可以享有较低的房产和生活成本之外，北美国家经济和金融风险也是这些退休人员选择迁移昆卡的重要动机（Wong and Musa, 2015）。Chen 和 Wang（2015）还提出政治不稳定和恐怖主义等安全问题是马来西亚第二家园（MM2H）退休人员选择第二居所的重要因素。

在自然条件方面，气候对旅游消费移民具有很强的驱动作用。O'Reilly（1995）和 *Rodríguez* 等（1998）研究西班牙海滨旅游地发现，年均气温 18℃、3000h 以上年日照时间以及有限降雨等适宜户外休闲的气候条件是吸引美国（Longino, 1992）、澳大利亚（Stimson, et al., 1996）、英国（Eaton, 1995）和北欧（Bigano, et al., 2005）等地区生活方式型移民入迁的决定因素。气候不仅对移民决策，而且对季节性定居和旅游活动都产生重要影响（Shaw and Willíams, 1994）。Rodriguez 等（1998）研究发现气候使 Costa del Sol 旅游移民产生了三种迁移模式，即一般模式、健康模式和生活模式。此外，目的地的薪酬水平、工作安全条件、就业条件等对旅游从业移民也会起到显著的影响（Devine, et al., 2007; Findlay, et al., 2013;

McCollum and Findlay, 2015）。

2）微观驱动力

Lazaridis 和 Wickens（1999）研究发现希腊旅游从业移民有两种类型：一类来自阿尔巴尼亚，主要动机是求职、避难；另一类来自欧盟内部，其主要目的是追求美食、气候等生活质量，工作只是辅助动因。其中，想要追求更好的生活水平、学习新技能、挑战自我、亲友的建议和以前的工作经历都是促使旅游从业移民的重要动机（Janta and Ladkin, 2009; Lundberg, et al., 2009; Rienzo and Vargas-Silva, 2012; Parutis, 2014; Chen and Wang, 2015）。除此之外，Chen 和 Wang（2015）对旅游一线员工和酒店业管理人员的调查发现，北极地区外来季节性旅游从业移民入迁动机包括七个维度，即职业发展、求新求异、体面的工资水平、与同事的友谊、良好的工作环境、风景与自然以及社区融合。

旅游企业主移民对高质量生活方式需求强烈，动机较为复杂。Williams 等（1989）研究发现，先前的英格兰康沃尔度假经历成为企业主移民的重要指向。Paniagua（2002）分析发现，西班牙乡村旅游地企业主移民存在三种类型，以从业获利为主，环境因素次之。Lardiés（1999）调查发现，北欧企业主迁移到西班牙加泰罗尼亚和法国朗基多克的动因主要有四种，即气候、先前假日经历、自然环境/风景和对新生活经历/生活方式的追求。Snepenger 等（1995）在美国黄石公园、Madden（1999）在西班牙 Costa del Sol 的调查发现，环境、游憩、社区服务等生活质量因素是企业主迁移的主要动因，生意前景其次。其他学者在 Cornwall 研究发现，自主经营是首要动因，而生活方式改变为第二因素。对于旅游从业移民中的雇员移民来说，经济获利和职业发展是雇员移民的主要驱动力。雇员移民通常是被旅游地发展带来的就业机会所吸引，其首要目的是谋生或者避难，经济驱动因素占据了主导（Shaw and Williams，1997; Harrison, 2001）。

新自由主义的"倾向短期契约和兼职工作"（Harvey，2007）的主张与生活方式的流动性存在关联，如退休移民、出国留学计划和跨国健康/医疗旅游等。对生活方式型移民研究表明，流动性源于个人动机和对更好生活方式的渴望（Casado-Diaz, 2009; Janoschka, 2009; Benson and O'Reilly, 2009a, 2009b; Benson, 2010, 2013）。Benson 和 O'Reilly（2009b）研究在西班牙的英国生活方式型移民时发现，当外部结构内在化，个人的约束和机会与其欲望和社交网络相吻合，且人们觉得需要搬迁时，就会做出迁移的决定。退休移民是旅游消费移民的一个特例（Williams and Hall, 2000b）。退休移民通常选择欠发达地区/国家作为目的地（Sunil, et al., 2007）。由于财富的增加、更好的教育机会、提前退休、更长的预期寿命和生活方式改变等方面，国际旅游消费移民数量不断增加（Mason, 2002）。先前旅游经历（Longino, 1992; Rodríguez, et al., 1998; King, et al., 1998）成为重要媒介，高质量生活、旅游地形象宣传对旅游消费移民吸引力较大。Longino（1992）

研究发现，舒适性移民很少选择以前没有去过的地方定居；优美自然环境、适宜的气候（King, et al., 1998; Sunil, et al., 2007）、良好游憩和社区服务设施、特色生活方式等，是舒适性移民（Moss, 2006）、生活方式型移民（Truly, 2002）和旅游退休移民（Emmet, et al., 2003）的主要驱动力。Wong 和 Musa（2015b）采用推拉旅行动机理论和 TRP 理论来解释日本和马来西亚退休移民的动机，发现个人的海外经历、舒适的自然环境、良好生活设施和服务、实现自我价值、追求健康、丰富的食物资源、当地人的热情友好、体育娱乐休闲机会等都是促进旅游退休移民的重要动机。旅游地形象宣传（Case, et al., 2008; Norris and Winston, 2010）也是重要因素。Turismo（1995）研究发现，通过设计特定的产品，有意识地强化“度假”和“宜人气候”形象，可以增强游客再次返回西班牙定居的愿望；较低的生活成本、亲友支持、家庭团聚、寻找休闲场所和较慢的生活节奏也是吸引退休移民搬迁的重要因素（Rogers and Frey, 1992; Williams and Hall, 2000b; Sunil, et al., 2007; Oigenblick and Kirschenbaum, 2002）。

3）驱动力变化

随着旅游移民现象的演化，从业移民的身份、角色更加多元化，消费性和生产性的界限变得更加模糊。旅居尼泊尔及中国西藏拉萨的自主经营者、旅居大理的生活方式型旅游企业主的生产实践和消费行为是其中的典型例证。生活方式的移动性模糊了休闲和工作、家庭和外部之间的界限（Cohen, et al., 2015）。作为生活方式流动的一个特例，生活方式型企业主移民受到工作和休闲双重动机的驱动，以生活方式为导向融合了生产和消费（Cohen, et al., 2015）。

与生产导向的从业移民不同，企业主移民经营行为常常不完全受利润驱动，更多是为了追求自己向往的生活方式，追求工作与生活的平衡（Ateljevic and Doorne, 2000）。由此，与企业主移民相似的，同时具备生产和消费特性的生活方式型企业主移民也广受学者们的关注。该群体的动因源于他们作为旅游者时的旅行经历，这是他们寻求个人成长以及在原有生活状态结束和新生活开始之间的过渡（Williams, et al., 1989; Williams and Hall, 2000b; White and White, 2004）。Benson 和 O’Reilly（2009a）研究发现，这些群体的迁移动机包括逃离过去的生活和寻找新的生活，这意味着重新协调工作与生活的平衡，追求更高的生活质量，并从以前的约束中解脱，重新追求自由。Marchant 和 Mottiar（2011）指出旅行经历会影响生活方式型企业主移民的目的地选择。虽然生活方式型企业主移民的流动性涉及工作和职业，但其核心动机则是对生活方式的追求（Cohen, et al., 2015）。

### 3. 行为研究

1）定居行为

旅游移民的定居行为因其动机、社会经济地位不同而存在显著差异。生活方式型移民喜欢过简单美好的生活（O'Reilly and Benson, 2016），更能平衡工作与生活之间的关系（Henderson, 2002），他们一般是较富裕且受过高等教育的年轻人，不倾向自主创业，而是选择进入一些低门槛、灵活性和可控制的行业（如酒店业和旅游业）工作（Duncan, 2007）。有些人甚至放弃与学历匹配的职业，纯粹是为了支持自己理想的生活方式（Holland and Martin, 2015）。退休移民对生活质量期望高，迁移是为了寻找一种更为健康的养老方式（Haas, et al., 1997），他们主要用自己的积蓄或养老金而不是工作来维持自己在迁入地的生活（Gustafson, 2008）。他们较少到目的地景点或者游客集中的区域活动，经常季节性往返，如在北美地区的"候鸟式移民"（Smith and House, 2006）。旅游从业移民往往被经济利益驱动，通常处于被动和弱势地位。Redwood（2008）研究发现，卡特里娜飓风后，新奥尔良旅游业重建，大量旅游从业移民成了廉价劳动力，其居住环境较为恶劣。这类群体很容易受外界不利环境影响，甚至返回迁出地或去往其他地方。Filimonau和 Mika 等（2019）研究发现英国脱欧会让许多酒店业的波兰移民对未来感到迷茫，导致部分移民回流到波兰。

从居住时长来看，季节性移民和永久性移民的定居行为也有所差异。季节性移民是经常参与"一个或多个外出迁移和返回的周期"（Williams and Hall, 2000b）。在旅游淡季，他们常会从旅游地返回原居住地或迁移到另一个旅游地，旅游旺季时再回到该旅游地（Bell and Ward, 2000）。Adler 和 Adler（1999）调查发现，夏威夷度假胜地一些从业移民活动模式就是在原居住地和夏威夷之间的持续流动。Lundmark（2006）研究发现季节性移民主要是单身的年轻人，他们通常把工作当成旅游体验的一部分，主要为了休闲娱乐（Bianch, 2000; Boon, 2006）。季节性移民大多不愿与当地社区有过多的接触，反而更愿意和其他季节性移民一起生活（Lundberg, et al., 2009）。但随着时间推移，有些季节性移民会选择永久定居在目的地。他们积极参与公共活动，为社区组织文化活动，同时努力增进当地居民和其他季节性移民之间的关系。这些群体先前的社会组织工作经验可以帮助当地社区政府进行管理，从而有助于与当地居民建立更紧密的关系（Wu, et al., 2015）。

2）在地社会网络

移民在目的地的社会网络显著影响其在目的地的整体体验以及后来的适应和持续定居。一些学者探讨了移民构建社会网络关系的途径。Janta 等（2011）认为旅游业在为旅游从业移民提供社交网络方面起到重要作用，社交网络的形成过程为其提供了融入目的地社区的机会。White 和 Ryan（2008）指出，移民通过向雇主推荐家庭成员或亲友来目的地从业来快速创建在地社交网络，帮助其适应新的文化环境，在工作内外获得感情支持和陪伴（Janta, et al., 2011）。Thulemark（2017）调查发现，移民致力于找到一份工作，依托工作伙伴建立一个社交网络。然而，季节性移民很难融入当地的社会网络，主要原因是他们在目的地缺乏必要的社会资本。这些社会资本对当地日常社会关系的建立发挥重要作用，并受到越来越多的关注（Glanville and Bienenstock, 2009）。当地社区居民对移民有一些负面看法（如滥用毒品和酒精）阻碍了两者之间的交流。Ooi 等（2016）对科罗拉多州斯廷博特斯普林斯（Steamboat Springs）的山地度假区移民调查发现，由于没有发展过渡性社会资本，移民会受到社会排斥和孤立。当地常住居民似乎在保护已经建立的社区关系和身份，关闭与移民密切联系的社交网络（DeFilippis, 2001）。另一方面，有些国外移民不太愿意和当地居民有过多的接触，致力于形成自己的"生活圈"。如 O'Reilly（2009）在对西班牙的英国移民进行研究时发现，他们主要与其他英国移民打交道，几乎没有与西班牙人互动，形成一个"小英国圈"。Haug 等（2007）对在西班牙科斯塔布兰卡地区两个社区的挪威季节性移民研究发现，移居西班牙的挪威人并没有像西班牙人那般生活。Gustafson（2008）的研究也有类似的发现。

3）社会融合与地方感

社会融合是指移民为适应当地文化（如宗教、家庭关系、语言、艺术和审美文化等）采取行动的状态和过程（Rex, 2006）。这是旅游移民进入旅游地后面临的现实问题。旅游移民尽可能想办法构建在地社交网络，从而融入当地社会（Ellingsen, 2003）。Lizarraga 等（2015）研究发现，移民的社会融合模式主要有语言交流、与当地居民交往、在当地拥有房产和跨文化联姻等。语言能力是社会融合的重要实践，移民把当地语言说得越好，他们与当地社区互动的可能性就越大（Rojas, et al., 2014）。同时他们善于利用与房东、房产代理人或邻居等形成的关系帮助其融入当地社会（Åkerlund and Sandberg, 2015）。大多数旅游移民在目的地社区拥有一处房产，并在那里长期定居（Lizarraga, et al., 2015）。发展中国家，特别是泰国的旅游移民可以接受与当地低收入或单身女性结婚（Koch-Schulte, 2011）。也有学者研究发现，移民社会融合的影响因素主要包括移民个人因素和当地居民因素：移民个人因素包括对社会融合的态度、跨文化开放程度（Lizarraga, et al., 2015）、获得社会资本的能力（Glanville and Bienenstock, 2009）以及语言技能等；当地居民因素主要是指其对旅游移民积极或消极的态度。

当移民融入目的地的社会后，就会有意识或无意识地产生地方感。Pascual-de-Sans（2004）从人口流动学角度探讨了移民的地方感、人地关系的互动以及这种互动如何有助于理解移民迁移过程和"地方历史"。Uriely（2010）认为由于对当地语言和文化的熟悉以及主人的帮助引导，VFR（visiting friends or relatives，探亲访友）游客比其他类型游客对目的地更有"宾至如归"的感觉。Attanapola（2006）认为地方感和地方认同不是一成不变的，会随着时间的推移而改变，时间越长，移民往往越会对他们居住的度假社区产生依恋。同时，不同群体对同一个地方的地方感也有差异。Gallina 和 Williams（2015）比较了加拿大移民和本地居民的地方感，发现移民的地方感比当地人的地方感弱。移民中年轻人、低收入者的地方感相对较弱。

4. 影响研究

1）社会文化影响

旅游地演化、文化冲突、社会融合是社会影响的主要研究领域。旅游退休移民现象往往发生在较成熟的旅游地，处于旅游地生命周期中较高或衰弱前的阶段（Hayes, 2015）。旅游地可以通过吸引外来旅游移民降低当地居民的平均年龄，调节性别平衡，促使形成更好的目的地社区人口结构。有研究表明，旅游地居民会觉得季节性雇员移民和企业主移民的到来给当地带来了积极影响（Möller, 2012），在旅游发展中扮演着“微妙的、明显的、积极的社会角色”，并带动了当地的创意氛围（Brouder, 2012）。Klein-Hitpaß（2016）认为旅游移民由于具有外语技能，他们可能会引入新的文化习俗、传统和价值观，从而产生新的产品、流程或机构。Ooi 等（2014）研究季节性从业移民转变为永久性居民后发现，该现象可能有助于提高住宅的稳定性，有利于社区成员的长期参与，将季节性工作流失率降到最低（Jolliffe and Farnsworth, 2003），并平衡度假社区中常见的人口老龄化问题（Lundmark, 2006）。旅游从业移民可以解决当地酒店等旅游企业持续增长带来的劳动力短缺问题（Choi, et al., 2000; Kim, et al., 2016）。退休移民的流入则减缓了旅游地衰落，延长了旅游地的巩固阶段，甚至转型成退休者居住地，促进了旅游地的持续发展（Kearsley, 1998; Rodríguez, 2001）。Rowles 和 Watkins（1993）研究认为，旅游退休移民目的地发展经历了五个相互关联阶段：出现、认识、重建、饱和和重新调整。当地政府通过增加康体设施、社区服务等进行社区重建，以迎合老年人口的需要，保持旅游区经济的稳定和增长，但也产生了过度拥挤、环境下降、社会冲突等新问题。

社会文化冲突源于移民和本地居民生活方式和职业地位等方面的差异。Gössling（2001, 2002）研究发现，游客和旅游移民给当地居民展示了新的生活方式——偏爱娱乐、消费、个性化，但这些与当地的工作取向、宗教信仰和血缘亲族关系的习俗产生冲突。Soontayatron（2015）在对泰国伊桑地区的旅游从业移民研究发现，外来务工人员被视为当地社区的一种威胁。他们喝酒、举止咄咄逼人等行为被当地居民认为是不雅行为，并将大部分社会文化的负面影响归因于伊桑地区外来从业移民。另外，从业移民泛滥也被认为是当地犯罪率变高、毒品滥用、卖淫猖狂等的原因。Ooi 等（2016）研究发现，季节性旅游从业移民吸毒和饮酒的常态化加剧了社区对他们行为的消极态度，本地居民认为季节性旅游从业移民给当地带来了不好的社会风气，并且许多常住居民尤其是年轻人认为移民是他们在寻求有限的全职工作时的主要竞争对手。Minerbi（1992）、Hall 和 Page（1997）

对太平洋部分岛屿移民研究发现，核心职位往往由外来从业移民担任，而外围工作多由当地人从事。这就像一把双刃剑：一方面可以增加当地人，特别是妇女的就业；另一方面，产生当地不充分和季节性失业问题，引起当地居民对移民的不满。除此之外，大量的旅游移民也会导致当地公共交通的拥挤和住房成本增加（Chappell, et al., 2009）。

社会文化冲突是阻碍移民与当地社区融合的重要原因。旅游消费移民在旅游地一般处于强势地位，收入高、生活悠闲、不定期居住，其目的主要是追逐快乐和健康，往往与旅游地居民的生产生活产生冲突，难以实现融合。由于语言障碍、社会文化差异、低水平的信任以及优先发展事项方面的利益冲突等问题，旅游消费移民有可能无法融入当地，并与利益相关者难以产生互动（Stone and Stubbs, 2007; Najib, 2016）。企业主移民一般愿意与当地融合，但由于需求和文化的差异，也很难实现充分融合。旅游企业主移民可能被排除在当地决策之外，没有机会分享他们的知识，也没有机会在新的合作开发项目中处于领导地位，现有研究已经注意到旅游移民社会融合问题，并对相关问题展开了研究（Graber, 1974; Smith and Krannich, 2000; Massidda, et al., 2015; Vannoorloos, 2013; Matarrita-Cascante and Stocks, 2013）。O'Reilly（2000a）发现在西班牙 Costa del Sol 的旅游退休移民经常在户外进行没有时间限制的活动，影响了当地人正常生活，他们往往与那些有相同价值取向的定居者交往，建立一个属于他们的"平行社会"。Hayes（2015）通过对来自北美移民的定性访谈，探讨了厄瓜多尔的北美移民在适应新的民族社区环境时所采用的生活方式，以及他们对与当地社会融合的渴望。Panicked（2002）调查发现，西班牙乡村的旅游企业主移民超过一半参与了社区活动，与当地社区有适当融合，不能融合的方面在于"变化速度"，即对当地社区社会结构和基础设施改变速度有不同的认识。Lazaridis 和 Wickens（1999）对希腊旅游从业移民研究发现，来自阿尔巴尼亚的移民处于从业者市场边缘，从事低收入、低技能和临时性工作，往往受到本地人歧视，很难融入主流社会，而来自欧盟的旅游从业移民往往被视为"我们中的一员"，很快融入当地。

2）经济影响

旅游移民对入迁地经济有积极和消极双重影响。积极方面，它可以使旅游地经济结构更加稳定。旅游移民的进入增加了社区的人口和规模，出现了服务社区居民的企业（Madden, 1999），使经济活动更加多元化。从国际角度看，旅游移民日益被农村社区，尤其是人口稀少的偏远边缘地区视为寻求人口和经济复兴的潜在途径（Hugo and Morén-Alegret, 2008; Stenbacka, 2013; Hedberg and Haandrikman, 2014）。在移民点相对松散且与主要人口、服务和政治中心隔绝的地方难以吸引来自国内的移民，可能会更加受益于国际移民流（Munkejord, 2015）。旅游移民的进入还带来了大量 VFR 游客，旅游地客源更加多样化（Williams and Hall, 2000b），使乡村经济更加可持续（Cai, et al., 2010）。此外，移民企业主有时被描述为潜在的变革推动者，他们可以通过将新的资源、想法、技能和网络带动周边目的地，从而刺激新的旅游开发和创新（Kalantaridis and Bika, 2011; Iversen and Jacobsen, 2016）。Carson 和 Carson（2018）在对瑞典北部的一个案例研究确定了以生活方式为导向的旅游企业主移民对当地资本积累有积极贡献，他们与当地旅游系统的互动促进了知识共享、学习、合作行动和创新溢出。旅游移民进入可以稳定区域人力资源市场。在欧洲发达国家，由于双重劳动力市场作用和旅游从业的季节性特征，旅游从业移民有利于填补本地人不愿介入的旅游行业的人力资源不足，减少旅游从业者市场压力（King, 1995）。乡村地区现有的自然资本可能会被旅游企业主移民以新的眼光重新评估，通过重新包装和商业化，成为当地利益相关者可能没有想到的新的旅游产品（Bosworth and Farrel, 2011; Iversen and Jacobsen, 2016; Eimermann, 2016）。他们的受教育程度可能高于当地居民（Kalantaridis and Bika, 2011; Hedberg and Haandrikman, 2014），并可能会带来旅游和商业管理方面的新技能和经验，引进新的文化习俗、传统和价值观（Klein-Hitpaß, 2016），从而改善当地的营销和分销模式（Carson and Carson, 2011）。Eimermann（2016）认为，这些以生活方式为导向的企业主对当地旅游系统做出了重要贡献，他们以创新方式将当地资源商业化，通过引进新产品理念和市场知识来提高服务和质量标准，连通与外部供求，刺激经济发展（Kalantaridis and Bika, 2011; Hedberg, et al., 2012; Najib, 2016）。

消极影响在于：其一，提高了旅游地土地价格。Guimond 和 Simard（2010）在对魁北克省乡村绅士化研究中发现，生活方式型移民引起的乡村绅士化现象在带来积极影响的同时也导致了乡村住房成本增高、物价增长等负面影响。Stonich（2003）对洪都拉斯岛屿研究发现，大量贫穷旅游从业移民的进入导致了外国房地产开发商和投资者进入岛屿进行地产投资，引起土地价格上涨和社会矛盾激化。其二，形成社会资源压力。Visser 和 Hoogendoorn（2015）指出南非第二居所旅游给当地的电力、供水和污水处理带来了很大压力。Riebsame 等（1999）认为乡村土地价格因为生活方式型移民高需求而暴涨，乡村绅士化导致土地所有权破碎、人口密度增加和当地生态系统破坏。Halseth 和 Rosenberg（1995）研究发现，在同一块土地上，当地人和移民者占据着“共同分享但各自独立”的地理空间，对区域农业生产活动产生限制。其三，改变了某些旅游地的资源利用方式。在非洲一些岛屿，旅游从业移民人数增加导致海产品需求增长，出现了不可持续的捕鱼技术，如用小网眼渔网捕鱼。同时，移民忽视岛屿的休捕（虾）规定，使生态资源利用不可持续（Gössling, 2001; Gössling and Schulz, 2005）。

3）环境影响

环境影响研究主要集中于生态环境脆弱区，如岛屿。Benitez-Capistros 等

（2014）在对加拉帕戈斯群岛环境影响因素的研究中指出，旅游业发展、旅游移民的增加和经济快速发展是导致加拉帕戈斯群岛环境退化的原因之一。Boas 等（2018）提出旅游业的发展与人员迁移会对环境带来负面影响。Gössling（2001）研究发现旅游从业移民对坦桑尼亚桑给巴尔岛的环境影响包括：建造大量房屋，掠夺性捕鱼方式和垃圾的产生。南非第二居所旅游者在环境优美的区域建设大量房屋同样也给当地带来了严重的环境问题（Visser and Hoogendoorn, 2015）。Taylor 等（2003）分析了旅游从业移民对加拉帕戈斯群岛的影响，发现移民在岛屿上频繁的经济活动导致当地发展的不可持续性，危及了当地脆弱的生态系统。

### 1.2.2　国内研究进展

国内学者关于旅游移民的研究起步较晚。杨钊和陆林（2005）对西方旅游移民研究文献进行了系统梳理和分析，并总结了国内外旅游移民研究现状，提出旅游移民的研究体系（杨钊和陆林，2008）。相关学者进一步对旅游移民现象深入研究，主要集中在以下几方面。

一是旅游移民的人口学特征研究。大多数研究均明确阐述了旅游从业移民和生活方式型旅游企业主的人口学特征。如杨钊和陆林（2007）把九华山旅游从业移民分为 4 种类型：集团中高层管理者、集团中低层员工、个体小生意者和省外移民者，并总结了性别、年龄以及异质性程度等特征。崔芳芳和徐红罡（2012）对宏村旅游从业移民调查发现，访谈样本以中年男性为主，基本来自省内，管理层和企业主一般接受过高等教育，个体经营者虽然受教育程度相对较低，但却有较长的从业经验或接受过培训。马少吟和徐红罡（2016）总结了大理古城生活方式型旅游企业主移民的基本特征：以男性为主体，30～40 岁的移民数量最多，主要来自于北上广深等大城市，大多缺乏创业或旅游业工作经验。吴俏等（2017）以丽江束河古镇为例，对当地生活方式型企业主移民调查发现，男性所占比重较大，平均年龄 34 岁，移民时间跨度为 2～12 年，企业主移民以客栈、茶室、服装店、玉器店、酒吧经营等为主。

二是旅游移民的行为特征研究。在短时性旅游和永久性移民之间的流动性谱系中，存在多种形式的旅行和移民行为（吴悦芳和徐红罡，2012）。唐香姐和徐红罡（2015）将生活方式型移民与流动性谱系中其他类型群体的迁移后行为特征进行比较，从社会交往、生活状态、旅游行为和自我认知等方面描述其行为表现及由此产生的影响。他们的生活特点是休闲和工作相结合，在目的地过着悠闲自在、慢节奏的生活。他们满足于维持企业的小规模状态，不追求企业扩张，更多关注的是生活上的收益（张倩帆，2011）。而旅游从业移民与之不同，杨钊和陆林（2007）在生活状态、时间、空间、行为、知识能力 5 个方面揭示九华山旅游从业移民行为特征，认为他们需要长时间居住在旅游地开展工作，生活节奏紧张。

三是旅游移民的驱动力和动机研究。杨钊等（2013）对九寨沟旅游从业移民的微观驱动力进行分析，证实和丰富了国外已有的研究结果，并结合质性方法分析了移民迁移动力过程。在此基础上以黄山市汤口镇为典型案例地，将旅游企业主移民纳入旅游从业移民的概念体系和研究框架中，分析其入迁微观驱动力的结构和强度，探索微观驱动力主要特性的变化趋势（杨钊和程豪，2018）。崔芳芳和徐红罡（2012）认为西递村从业移民形成的主要原因是由当地旅游业快速发展、舒适的乡村环境等形成的拉力以及原居住地的就业和工作压力大形成的推力的共同作用。也有研究者探讨了生活方式型移民入迁动机，如马少吟和徐红罡（2016）对大理生活方式型企业移民主进行研究发现，大理古城良好的气候环境和轻松的生活方式以及移民家庭和职业动机促使其入迁。他们的迁移动机是追寻一种更好的生活方式，集生产和消费于一体（张倩帆，2011）。李艳凝和徐红罡（2009）研究发现，拉萨和尼泊尔部分地区的游客转变为旅游小企业主时，没有扩大企业规模的意识，而是源于对生活方式的追求。

四是旅游移民的社会融合和地方感研究。近年来，越来越多的学者关注旅游移民的社会网络、融合以及地方感的研究。马少吟（2016）和徐红罡等（2017）对大理古镇的生活方式型旅游企业主移民进行研究发现，他们在大理古城的聚集形成了小型流动的移民社区，他们的日常活动主要分为三类：购物消费、朋友交往、休闲活动。王舒媛和白凯（2017）以民族旅游社区——西安回坊为例，构建结构方程模型进行验证分析。白凯和王晓娜（2018）以丽江古城为实证研究案例地，分析了社会氛围对旅游从业移民地方融入的影响关系。方德敏和杨钊（2017）对九寨沟旅游企业主移民进行研究，解释了移民地方感影响机制，同时何豫皖等（2017）对九寨沟旅游从业移民的社会融合结构及其影响因素进行探查，提出社会融合的四个维度及其影响因素。移民融入目的地社会存在一定的阻碍，社会距离使得移民群体自愿选择基于亲缘、地缘、业缘等社会关系组成自己的社会网络，与目的地社会相对隔离（王春光，1995; 周敏, 1995）。由于机动性太强，没有时间根植于地方（袁超和陈志钢，2017），短暂性旅游移民对当地社会缺乏归属感，与当地社会的联系较为松散，缺少主动融入的动力（徐红罡等, 2017）。

# 第 2 章　旅游移民研究体系

## 2.1　基本概念与类型划分

我国移民研究由于社会背景、时代需求不同，长期侧重于工程移民（杨培峰和朱燕，2002）、环境移民（朱冬亚，2005）等群体非志愿移民的研究，而旅游移民更多的是个体志愿移民。旅游和移民的概念探讨和类型划分有助于把握旅游移民研究的对象和任务。“移民（migration）”通常被定义为“跨区域边界的空间移动”和“永久性迁移”(Boyle, et al., 1998)。这种定义引起两个争论：一是如何确定“边界”，多大的区域属于原居住地。当前的国际移民以国界为边界，但不同国家的面积和区域特性差别显著，国内移民是以省还是以市、县为界，缺乏统一标准；二是如何确定“永久性”，现有的大多数移民研究都是针对暂时性移民、季节性从业者展开的（Boyle, et al., 1998)，如果把永久性移民划定为永久定居者，这些成果将被排除在移民研究成果范围之外。Hall 和 Page（1999）总结了旅游的三个特征，即异地性（空间特性）、短暂性（时间特性）和非定居性（动机特性）。该定义强调了旅游的返回意图和非永久定居动机特性，但对旅游的时间特性，即对如何界定“永久性”，是根据动机、法律定居手续，还是一定的时间长度，没有给出明确标准；另一方面，定义排除了在目的地就业获取报酬的情况，把旅游与非永久定居的从业者区分开来，但不能解释混合动机的旅游行为，如在西方和我国近年来出现的背包旅游者，集休闲和寻找工作于一体的“迁移旅游工作者（migrant tourist worker)”现象等。

旅游和移民概念的不确定性给旅游移民的概念界定和研究体系构建带来困难，阻碍了研究的深入（Williams and Hall, 2000b)。如果将“永久性”定居不作为移民的必要特性，而突出“在目的地有定居行为”，可把旅游移民（tourism migration）定义为“由于旅游产业发展需要或出于休闲消费目的而引起外来人员迁入旅游地工作或居住超过一定时间的移民”。从概念的内在根本属性看，旅游移民属于移民的一种，与传统移民终生迁移不同，其定居时间可能仅有一段较长时间（如果根据第六次全国人口普查对“迁移人口”的定义，是以离开户口地 6 个月作为时间标准)，或在旅游地和其他地区（往往是迁出地）之间定期往返；从概念的外在比较属性看，旅游移民与旅游的区别主要为两点：一是时间差异，旅游移民在旅游地具有长期稳定的居住行为；二是动机差异，旅游移民不排除在旅游地寻找工作。

在此概念界定下，把旅游移民分为两大类。其一，旅游从业移民（tourism labor migration），本书定义为“旅游地以外从业者迁入旅游地定居并在旅游行业从业超过 6 个月的移民”，其有三个特性：一是异地性，旅游从业移民必须来自旅游地以外，这里的旅游地主要指吸引物集中、设施齐备、规模较大的成熟旅游景区，如黄山、丽江古城等；二是职业性，必须以旅游职业为主要生活来源；三是长期性，旅游从业移民必须在旅游地定居超过 6 个月（依据第五次和第六次全国人口普查对“迁移人口”定义的时间标准）。根据职业地位和所有权不同，进而可分为企业主移民（entrepreneurial migration）和雇员移民（employment migration）两类。旅游从业移民是从业移民的一种特殊类型，与一般从业者的纯经济动机不同，其受旅游职业的一些积极特性和旅游地环境影响较大，具有集求职、文化、休闲和定居等多种动机于一体的特性。其二，旅游消费移民（tourism consumption migration），本书定义为“因以往旅游经历和出于休闲动机，在旅游地购买房产进行长时间定期、不定期居住的移民”。除异地性、长期性以外，旅游消费移民的主要特性在于消费，与旅游从业移民以生产（工作）为主要目的不同，旅游消费移民的主要目的是休闲和疗养，并不考虑旅游地的就业机会和经济结构。此外，旅游消费移民一般会在旅游地购买房产作为定期或不定期居住场所。根据在旅游地居住时间长短和所处不同人生阶段，把旅游消费移民分为生活方式移民（lifestyle migration）和旅游退休移民（tourism retirement migration）两个子类，生活方式移民主要发生在退休前的人生阶段，以购买第二房产为主要标志，在旅游地不定期居住且时间较短，从西方研究来看，移民到乡村或在城市的乡村腹地寻找静谧休闲的宜人环境是典型的生活方式移民（Halseth, 1993; Davis, et al., 1994）；旅游退休移民发生在退休后的人生阶段，往往选择临海、临湖等气候温暖、适宜休闲度假的旅游地进行永久性和季节性居住。旅游消费移民往往沿着度假旅游—生活方式移民—旅游退休移民脉络发展，呈现明显的阶段性特征。总体来说，旅游从业移民发生于大众旅游阶段，以生产为主要目的，而旅游消费移民是发生于后旅游阶段的一种独特现象（Cohen, 1995），以消费为主要特性。同时，在后旅游阶段还出现了两者的混合体——集工作、休闲于一体的生活方式型旅游从业移民（图 2-1）。

上述旅游移民的概念界定和类型划分还有待完善，但最终目的在于探究其本质属性，揭示其相互之间的内在关系。为研究方便，本书使用了上述概念和分类进行旅游移民研究体系的探讨。当然，研究者可以根据具体研究的需要进行针对性分类：如以时间，划分为季节性旅游移民和永久性旅游移民；以国界，划分为国际旅游移民和国内旅游移民；以法律上的登记手续，划分为登记旅游移民和非登记旅游移民；以年龄，划分为退休旅游移民和非退休旅游移民；以性别，划分为女性旅游移民和男性旅游移民等。

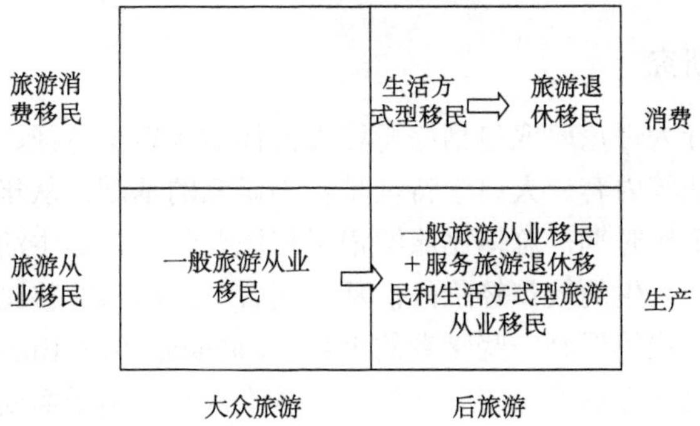


图 2-1　旅游移民分类矩阵

## 2.2　研究内容体系

### 2.2.1　研究内容体系

据上文所述，旅游移民划分为旅游从业移民和旅游消费移民两大类型，并进一步把前者分为企业主移民和雇员移民，把后者分为生活方式型移民和旅游退休移民各两个子类。本书从现象过程角度确定旅游移民研究的三大方向为行为理论、发生论和社会影响研究，对每个研究方向的主要内容进行阐述，构建旅游移民研究体系（图 2-2）。

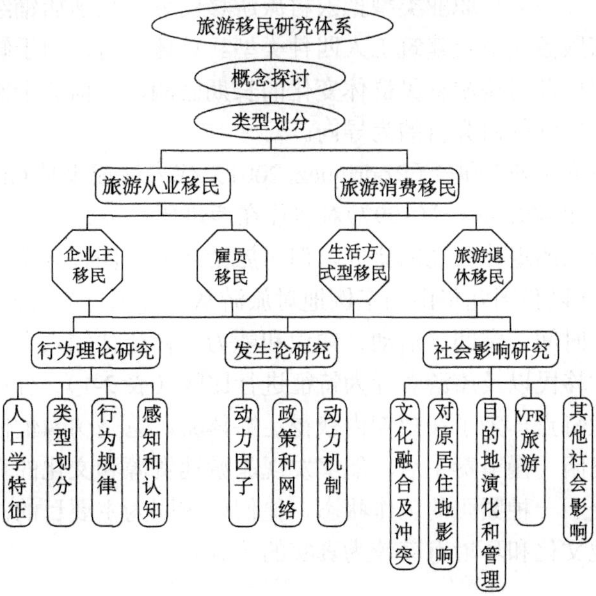


图 2-2　旅游移民研究体系

### 2.2.2 行为理论研究

旅游移民的行为理论研究包括旅游移民群体的人口学特征、类型划分、行为规律、感知和认知等内容。人口学特征是行为研究的基础，从年龄看，旅游从业移民处于人生的工作时期，总体比旅游消费移民要年轻，而生活方式移民相比旅游退休移民多处于人生的较年轻阶段；从性别看，旅游从业移民对女性就业的影响、工作条件的恶化等受到一些学者的重视（Cañada, 2018; Burrell, et al., 1997），但对旅游消费移民的性别差异研究却较少；从收入看，由于需要异地购买房产，旅游消费移民普遍具有较高收入（Gustafson, 2002），而旅游从业移民不同等级间的收入差异明显（Hall and Page, 1997; King, 1995）。

类型划分是研究旅游移民内部群体行为的前提。许多学者在实证研究基础上对旅游移民进行子类型划分，如 King（1995）从职业地位角度把旅游从业移民分为高级管理职位、中间职位和低技能职位三个层次；Williams 和 Hall（2000b）把旅游企业主移民分为服务于特定群体者、寻找机会者和寻找快乐者三种类型；Williams 等（1997）根据旅游人口流动的时间连续性把旅游退休移民分为永久的合法登记定居者、未登记定居者、季节性迁移者和第二居住地拥有者等四种类型，其他学者也进行了一些有益尝试（King, et al., 2000; Rodríguez, et al., 1998; Betty and Cahill, 1996; O'Reilly, 1995; Warnes, 1994）。国内学者唐香姐和徐红罡（2015）把生活方式移民分为生活方式型企业主移民、退休移民和未退休度假型移民三种类型。卢松等（2017）按职业类型把宏村旅游移民分为街道店铺经营者、导游及查票人员、酒店服务人员及建筑工人四种类型。总体来看，由于缺乏科学的概念标准、权威数据以及对旅游移民群体变化的长期监测，目前关于旅游移民的群体类型划分仍是以较强的研究目的为导向。

行为规律研究也较为缺乏（Rodríguez，2001）。代表性成果是 Gustafson（2002）、O'Reilly（2000a）和 Williams 等（1997）对居住在西班牙 Costa del Sol 和 Gran Canaria 的英国、瑞典等国的退休移民的研究，但对旅游从业移民行为特征研究较少。杨钊和陆林（2007）以我国九华山为案例地对旅游从业移民行为特征进行实证分析，并从生活状态、时间、空间、活动、知识和能力、社会认知六个维度对旅游消费移民、旅游从业移民以及旅游者行为特征进行比较（表 2-1）。分析发现，旅游者有短期和暂时性特点，为了在短期内获得足够体验，总是匆匆忙忙；而旅游消费移民过着一种悠闲、慢节奏生活，能够发现旅游地资源和文化的真实一面；而旅游从业移民则处于一种紧张的工作状态，他们以求职为主要目的，过着自己的生活方式，对当地文化和环境有着较为真实的体验。

**表 2-1　旅游从业移民与旅游消费移民、旅游者在旅游地的行为差异比较**

| | 旅游者 | 旅游消费移民 | 旅游从业移民（以九华山为例） |
|---|---|---|---|
| 生活状态 | 休闲，在旅游地过着与日常生活不同的生活状态 | 生活+休闲，在旅游地过着悠闲且与日常相同的生活方式 | 以工作为主 |
| 时间 | 短期和暂时性，短期内想获得所有体验，总是匆匆忙忙 | 连续或季节性居住，生活悠闲，有时间体验和了解真正的当地文化 | 连续长时间居住，生活节奏紧张，有时间体验和了解真正的九华山 |
| 空间 | 在嘈杂和拥挤的旅游场所活动，居住在饭店或租来的公寓里 | 去当地人经常去的地方，如购物等，使用非旅游业设施和场所，过自己的生活方式，住自己的房间 | 与旅游消费移民同 |
| 活动 | 进行低价值、缺乏真实性的休闲活动，去海滩、游泳、太阳浴，穿 T 恤和短袖衫 | 过着日常的生活，参与到当地人的生活方式中，使用非旅游设施和场所，根据气候和环境调整穿着 | 工作是主导，穿工作服，为游客提供服务 |
| 知识和能力 | 是经过组织的活动，没有真正地融入当地文化，对环境（气候等）缺乏足够的适应 | 对当地有较深刻的了解和较强的环境气候适应能力 | 与旅游消费移民同 |
| 社会认知 | 担负粗心、喧闹、粗俗、愚蠢、暴饮等不好的名声，旅游等同于商业化和文化剥削 | 反对低价值的旅游形式，提倡追寻文化、历史、原生自然环境的高价值旅游形式 | 从自身物质利益需求出发，本地居民对不同类型从业移民的态度和认知差异明显 |

资料来源：旅游消费移民特征来自对参考文献（Gustafson, 2002; O'Reilly, 2000b; Williams, et al., 1997）的整理;旅游从业移民行为特征来自对杨钊和陆林（2007）的整理

一些学者还对国际旅游消费移民和一般性跨国移民进行了比较，进一步凸显了旅游消费移民的特性（表 2-2），但就旅游消费移民群体行为的专门研究很少有成果发表，这是今后需要努力的方向。

**表 2-2　旅游消费移民与一般性跨国移民的特征差异比较**

| | 旅游消费移民 | 一般性跨国移民 |
|---|---|---|
| 动向 | 单向或双向，永久或季节性迁移 | 单向，永久性的迁移 |
| 空间 | 从富裕国家向贫穷国家或其他富裕国家迁移 | 从贫穷国家向富裕国家迁移，主要是难民和从业移民 |
| 融合 | 与当地的融合是一种自由的选择，可以在旅游地过原来的生活方式，很难做到真正的融合 | 迁移后，紧随着就是社会、文化和政治融合 |
| 动因 | 来自富裕国家和富裕阶层，移民是出于享受生活的需要，属于个人的自愿选择，他们有着比一般国际移民更好的待遇，过着休闲快乐的生活 | 处于躲避贫穷、失业、政治迫害等，移民是一种不得已的行为 |

资料来源：对参考文献（Rodríguez，2001; King, et al., 1998; Hansen, 1995）的整理分析

工作性质、休闲方式及家庭结构的变化使旅游移民现象越来越复杂，全球化时代下频繁多样的人口流动提出“我们是谁？”的疑问（Reich, 1989），旅游移民将使我们产生“哪里是家？我们的身份是什么？为什么我们在这里？”等社会定位问题（Williams and Hall, 2000b），对旅游移民心理感知和自我认知研究是新消费主义时代的需要，当前部分学者比较关注这一点的研究（Gustafson, 2002; Tomljenovic and Faulkner, 2000）。

### 2.2.3　发生论研究

发生论研究包括动力因子、动力机制、政策和网络等内容。Williams 和 Hall（2000b），Rodríguez 等（1998）学者对旅游移民产生的宏观背景和微观动因进行了总结分析（表 2-3）。Iversen 和 Jacobsen（2016）针对移民在乡村地区创办旅游企业的动机进行了研究。当前国外旅游移民的发生论研究大都停留在动力因子的罗列上，对动力机制探讨较少。关于移民政策的研究近几年受到关注，如加拿大的临时外籍工人计划（LCP）(Banerjee, et al., 2018)，但研究的对象基本是非旅游移民。国内学者张业臣等（2018）采用因子分析及方差分析等方法，探讨了宏村旅游移民微观迁移动机的结构、强度及相关人群差异。谭华云和许春晓（2018）研究发现，季节性移民社区是差异化的“美好生活”需求、独特的长寿资源及乡村生活环境、外来商业资本、地方政府调控和利益共生等“五力驱动”的结果，不同发展阶段其主导动力和作用方式存在差异。国内学者对旅游移民的政策研究相对较少。杨钊和陆林（2005）对九华山的相关研究发现，旅游从业移民是宏观与微观、初始和后继动力共同驱动的动态过程。在微观个人层面，职业收益为核心驱动因素；在宏观层面，区域旅游人力资源需求和本体资源特色是主要拉力，而周围农村隐形失业和下岗工人再就业需求是主要迁移推力，同时，政府政策和信息途径对从业移民流具有重要的引导和筛选作用。后续的九寨沟旅游从业移民微观驱动力研究表明，旅游从业移民初始入迁主要受职业收益、职业特性、旅游地吸引、社会资本和生活方式五种动力驱动，其中职业收益是首位动力，旅游地吸引其次；旅游从业移民后继居留主要受职业收益、职业特性、旅游地吸引和社会资本四种动力驱动，旅游地吸引是首位动力，职业收益其次；不同类型旅游从业移民的迁移动力具有差异（杨钊等，2013）。九华山和九寨沟的相关研究在一定程度上反映了我国旅游地从业移民的驱动过程和特征，可在其他类型旅游地进一步推广印证。

### 2.2.4　社会影响研究

社会影响研究主要包括文化融合及冲突、对原居住地影响、目的地演化和管理、VFR 旅游及其他社会影响等。其中目的地演化与管理、文化融合、VFR 旅游等应引起关注。

**表 2-3　旅游移民的动因研究**

| 层次 | | 动力因子 |
|---|---|---|
| 宏观背景 | 经济和社会发展因素 | ①从业者市场全球化：国际从业者导致全球范围的 VFR，国外经历增加了退休定居地的选择；②从业者市场不稳定：西方国家出现了过早退休现象，出现大批有活力的退休者，从业者流的增长；③发达国家的老龄化；④国家和区域的同一性增强，很多旅游地为迎合旅游者的需要，出现了后现代的模仿现象；⑤收入流的改变：20 世纪 50 年代以来的高福利政策促进了大众旅游的发展，增加了从业移民的机会，退休金和其他财富的获得，使退休者大量进入旅游业和转向移民；⑥生活、工作价值的重新评价：发达国家出现普遍的基本价值转向，向往过去田园生活方式和优美环境，产生了乡村旅游和生活方式移民；⑦交通和联络方式的改变：交通和信息革命使生产和消费的间隔缩短，流动障碍减少 |
| | 旅游相关的因素 | ①大众旅游方式改变：个性化和弹性旅游消费方式改变了旅游空间，导致了某些旅游地的衰落和旅游服务生产的巨大变化（非大众旅游生产方式）；②旅游市场国际化：一是产生了新旅游消费中心及其相应服务的企业主和雇员移民流，二是跨国际边界为发达国家旅游市场提供了更多潜在的旅游空间；③旅游资本国际化：跨国旅游资本的增长对高技能移民特别是管理人员产生了更多的需求，导致了产业结构转变和人力资源流动 |
| 微观动因 | 旅游地因素 | ①温暖的气候，②旅游地形象的吸引，③较低的生活消费支出，④国外的同质社区，⑤优美的风景和独特的当地生活方式，⑥当地的文化资源等 |
| | 个人因素 | ①先前的旅游经历，②以前的工作经历，③目的地亲友的积极建议，④经济利益的吸引 |

资料来源：根据参考文献（Truly, 2002; Rodríguez, 2001; Williams and Hall, 2000b; King, et al., 1998; Haas and Serow, 1997; Stimson, et al., 1996; Cooper, et al., 1996; O'Reilly, 1995; Buller and Hoggart, 1994; Shaw and Williams, 1994; Longino, 1992; Warnes, 1991; Romsa and Blenman, 1989; Hogan, 1987）整理分析得出

### 1. 目的地演化与管理

西方学者研究表明，旅游退休移民往往发生在较成熟的旅游地，处于旅游地生命周期中较高或衰弱前的阶段，需要进行形象提升、产品转型和基础设施投资转向（Williams, et al., 1997）。旅游退休移民及其来访亲友比普通旅游者在旅游地停留更长时间，可以提高设施利用率，促进房地产交易，缓解淡旺季矛盾，增加就业，甚至在一定程度上改变地方选举权结构，间接影响当局政策。技术移民带来的技能会增加当地旅游业的发展能力（Iversen and Jacobsen, 2016）。此外，他们拥有的外语技能会促进当地发展国际旅游，引进新的文化习俗、传统和价值观，也会促进产生新的产品（Capistrano and Weaver, 2018）。五阶段说与 Butler（1980）旅游地生命周期五阶段模型形成了对应。两个发展模型的一致性和差异性是今后旅游移民目的地研究的重要内容。一些学者研究了第二居住地对旅游地的影响。Kearsley（1998）发现在新西兰的一些乡村，第二居住地逐渐转变成退休者定居地，成为许多旅游地发展的方向。另外，他们一般比当地居民更有环保意识，在

此方面能够做出突出贡献（Kaltenborn, et al., 2009）。同时第二居住地对旅游地的一些负面影响不容忽视（吴悦芳和徐红罡，2012），如导致本地语言习俗同化和社会文化冲突（Halseth, 2004）。当前我国大众旅游正向纵深发展，传统旅游地是否会逐渐变成第二居住地和退休者定居地也开始引起相关学者的关注。

2. 文化融合及冲突

旅游消费移民与传统移民的本质区别在于，旅游消费移民在旅游地一般处于强势地位，收入高、生活悠闲，其目的主要是追逐快乐。他们的社交圈具有极大的随意性和不稳定性，里面的人群都是在他乡短暂停留，他们一直保持着一种“在路上”的生活状态（徐红罡等，2017），也给目的地带来一些社会问题。Hall 和 Johnson（1998）研究发现，生活方式移民与当地居民在生活空间争夺上的问题十分突出，由于生活方式移民的反对，导致新西兰一些葡萄产区直升机的使用受到阻碍。泰国苏梅岛居民认为移民的迁入导致当地贫民窟的增加、犯罪率的提高、毒品的滥用等，威胁他们的正常生活（Soontayatron, 2015）。当前，我国部分地区如三亚（李青，2005）、东莞（朱竑和戴光金，2005）、青岛（吴必虎，2001）等地区第二房产购买现象日益突显，第二房产移民与当地居民的矛盾也初见端倪。如三亚第二房产移民希望将城市打造成消费和休闲的目的地，这与当地居民希望保留资产、以当地方式发展城市的愿望相冲突（Wu, et al., 2015）。生活方式移民正处于发展过程中，他们的到来及产生的社会融合问题应引起学者的关注。

西方学者比较关注旅游消费移民的社会融合问题，但专门针对旅游从业移民的融合研究较少。国内学者近几年开始关注这一现象（白凯和王晓娜，2018；王舒媛和白凯，2017；卢松等，2017）。本书作者在九华山的调查发现，旅游从业移民因地域来源和从业职位不同受到当地原生居民欢迎和讨厌两种截然相反的态度，其态度决定了外来移民的融合层次和融合过程。旅游从业移民的生产生活方式决定了移民的自我融合定位，在融合模式及特征上呈现明显的类型化。其中，对区域旅游业发展具有重要推动意义的大型旅游企业中高层管理者的渐进融合模式应引起相关部门的重视和维护（Yang and Lu, 2008）。

3. VFR 旅游

一方面，在旅游地发展的高级阶段，退休移民到来产生的大量探亲旅游成为旅游地的主体游客，甚至带动旅游地复兴。如 VFR 是新西兰仅次于假期游客的第二大旅游群体，减少了对其他旅游市场的依赖（Capistrano and Weaver, 2018）。当移民返回迁出地去探访亲朋好友时，他们又充当了旅游者的角色。他们在迁出地与迁入地的生活和社交网络促进了旅游流的形成和增加（Braunlich and Nadkarni, 1995; King, 1994; Jackson, 1990）。另一方面，外迁移民特别是一些汉文化圈国家的移民回原居住地探亲访友的概率非常高，他们促进了原居住地和移民地的交流，同时带来大量外汇的回流。我国有大量的华人、华侨和国际从业者在国外生活和工作，他们产生的旅游流研究应当引起学术界的重视。

## 2.3　研究方法运用

### 2.3.1　案例地选择

个案研究目的是通过研究个别理解整体。案例的组成包括个人、区域（社区）、国家、组织、场所和项目等，通过数个案例的实证分析可加深对旅游移民现象的认识，进行规律性总结。从西方研究的案例地来看，国际范围内的旅游移民多发生在经济、政治联系密切，文化、历史渊源深厚的国家之间。从全球视野来观察，它们大多同属一个经济圈，如北美（美国、加拿大）——墨西哥、加勒比海地区；西、北欧（英国、瑞典等）——南欧（西班牙、意大利、马耳他等滨海旅游地）；近年来的东亚各国（韩国、日本）——澳大利亚、新西兰等。在国内，旅游移民地多为成熟旅游地，景色秀丽、交通便捷、设施完善，并且大多已经历了大众旅游的高峰期。

旅游消费移民研究的案例地多为乡村和湖（海）滨的度假旅游地，本书认为旅游消费移民的案例地应具备五大要素：一是自然和人文景观优美，生态优良；二是气候温暖、适宜居住的度假型旅游地；三是交通与服务设施完善；四是移民迁出地与移民地历史渊源深厚，关系密切；五是移民迁出地社会经济发达，高收入人群多。鉴于此，我国旅游消费移民研究的案例地应该主要在四个区域：第一，东部成熟的滨海旅游地，尤其是东南沿海的滨海旅游区，这是长距离冬季候鸟式迁居者的主要聚居地；第二，西部设施条件较好的山地旅游地，尤其是“春城”昆明会成为旅游退休移民的重要迁入地，其次是贵州、重庆、四川等山地旅游区，是夏季短期避暑生活方式移民的重要区域；第三，环大城市的乡村旅游地，这些地方具有生态环境优良、交通便利、设施完善等条件，成为大众旅居养老和生活方式型移民的聚居地；第四，具有典型特色的成熟文化旅游地，如丽江、大理、皖南等文化景观具有特色，生活休闲氛围浓厚，是生活方式移民的重要聚居地。而移民迁出地研究案例地主要是长江三角洲、珠江三角洲和京津冀等经济发达地区的城市。

旅游从业移民来的案例地应具备三大要素：一是旅游地的成熟度较高，其客流量和服务项目密度较大，需要大量的旅游从业人员；二是旅游地的专业旅游从业者数量不足；三是旅游地高层次旅游专业人才缺乏。本书认为我国旅游从业移民的案例地应主要集中在三种类型旅游地：一是风景优美、开发较早、发展较好的观光型旅游地；二是面临产业结构转型、城市功能调整且具有良好旅游资源的城市或乡村旅游地；三是一些旅游消费移民地，由于伴随旅游消费移民尤其是国际旅游消费移民往往会形成服务于移民群体的同质（homogeneity）——旅游企业主和就业移民，这些旅游消费移民案例地往往也成为旅游从业移民的研究案例地。

### 2.3.2 质性研究方法运用

质性研究方法是以研究者作为研究工具，在自然情境下采用访谈、观察、实物等多种资料收集方式对社会现象进行整体性探究，使用归纳法分析资料和形成理论，通过与研究对象互动对其行为和意义建构获得解释性理解的一种活动（Gössling, 2002）。质性研究方法理论来自后实证主义、批判理论和建构主义（Soontayatron, 2015; Chen and Wang, 2015）等，是一种新的研究范式。质性研究方法是西方社会科学研究的一种重要研究方法，在旅游研究中也逐步受到重视（Hall and Johnson, 1998）。近年来在旅游移民研究中，通常采用与研究对象访谈进行数据收集，具体包括深度访谈法（Bell, 2015; Åkerlund and Sandberg, 2015; Bell, 2017）、半结构式访谈（Piso, 2016; Robertson, 2016; Chang, et al., 2017）、焦点团体访谈法（Capistrano and Weaver, 2018）。除了访谈，旅游移民研究者还会借助参与观察法（Vathi, 2015; Ooi, et al., 2014）、民族志学方法（Green, 2016; Cortes-Vazquez, 2017）、媒体话语（Ono, 2015）等方法对数据补充收集。数据分析多采用主题分析（Ashtar, et al., 2017）以及内容分析法（Wong and Musa, 2015b）等技术。

质性研究方法适用范围有：①研究问题具有探索性和过程性；②研究对象异质性较强；③研究关注的是态度和意义；④研究者承认相关概念、术语和论点应由研究对象进行定义（主位研究），而不是由研究者事先确定。通过文献分析和实地调研发现，旅游移民具有主体构成多样性、表现形式复杂性、动机因素层次性、机制过程动态性、融合模式差异性等复杂特性（Norris and Winston, 2010），难以用成形理论进行指导，而强调通过实地调研，自下而上进行归纳分析的质性研究方法则可以在这个领域的研究中发挥重要作用。

### 2.3.3 量化研究方法运用

量化研究方法是一种对事物可以量化的部分进行测量和分析，以检验研究者关于该事物的某些理论假设的研究方法。该方法的理论基础是实证主义，在旅游研究中通常采用问卷（García-Almeida and Hormiga, 2017）、二手数据（Etzo, et al., 2014b; Bender and Haller, 2017; Massidda, et al., 2017）对大规模样本进行统计分析（Gössling, 2003; Simpson, et al., 2016）。在旅游移民的研究中，通常采用对旅游移民进行问卷调查和整理官方公布的统计数据两种方法进行数据收集，分析方法主要包括面板数据分析（Massidda, et al., 2015a; Balli, et al., 2016）、回归模型（Rye,

2015）、空间分析（Möller and Amcoff, 2018）、重力模型（Provenzano and Baggio, 2017）等，是国外学术界占主导地位的一种研究方法。如 Bender 和 Haller（2017）从国家统计部门获得了阿尔卑斯山脉附近所有国家的移民数据，对文化在旅游移民中的作用进行了定量分析。García-Almeida 和 Hormiga（2017）则采用问卷调查的方法研究了旅游移民对目的地旅游竞争力的作用。在今后的研究中，规范性的量化研究方法将成为旅游移民研究的一种主要方法。

### 2.3.4　混合研究方法运用

量化和质性方法各有优缺点：量化研究方法在精确性、可测量性和推广性上优点突出，但对过程性、复杂性和探索性问题难以分析；质性研究方法在复杂事物描述、新问题探索和过程研究上优势明显，但精确性不够，难以概化。二战以来，旅游研究经过定量主导（Lewis, et al., 1995）—质性兴起（Walle, 1997）—以（问）题选（方）法（Veal, 2006）的认识变化，进入 20 世纪 90 年代，以问题为中心，综合发挥这两种方法优势的混合研究开始兴起并受到学者们的推崇（Creswell, 2003）。Decrop（1999）认为，量化与质性方法的并行研究可以形成数据、方法上的互证，提高研究的可靠性和可信性。旅游移民具有主体构成多样、动力因素复杂、驱动过程动态等特征，仅运用问卷调查难以揭示动力过程和判断指标的适宜性，仅运用访谈虽可了解动力过程，但无法定量测量和概化，因此同时使用问卷调查和访谈进行混合研究，可以提高研究的效率。从《旅游研究纪事（*Annals of tourism research*）》和《旅游地理（*Tourisim geographies*）》中发表的有关旅游移民个案的研究可以看出，西方学者进行旅游移民实证研究时，普遍采用了问卷调查（Case, et al., 2008; Massidda and Piras, 2015b; García-Almeida and Hormiga, 2017）（量化研究方法）、访谈（Åkerlund and Sandberg, 2015; Ooi, et al. 2016; Ashtar, et al., 2017）（质性研究方法）或两者结合的方法（Domínguez-Mujica, et al., 2011; Bui and Wilkins, 2016; Aryal, et al., 2017）。

由于旅游移民研究问题涉及面广、内部关联强，应根据不同问题采用针对性研究方法，在探索新问题时宜采用访谈、观察和文本分析等质性方法开展，在研究成果相对丰富后，可通过问卷、二手数据等量化方法进行理论检验，充分发挥两种方法的长处进行深层机理探讨。这要求研究者同时加强对两种方法的学习，并在实践中熟练掌握和运用。

### 2.3.5　研究中可能遇到的困难

首先是数据获得的困难。本书通过实地调查及文献分析发现，有效数据的获得是阻碍旅游移民研究的主要困难之一，其表现在两个方面：一是概念不清带来的统计困难。由于对旅游移民不了解以及对旅游者、各类型旅游消费移民、其他类型移民的范围界定不清给实际统计操作带来困难。如何界定第二居住地、登记和非登记移民、购房出租者等错综复杂的情形，需要在实践中探讨和拟订一套行之有效的调查方法。二是缺乏对移民人口变化的连续监测，很难获得准确数据。一些学者和本书在研究时都遇到缺少登记资料的困难，入迁地政府往往缺少辨别和收集数据的有效机构和方法。Rodríguez 等（1998）分析西班牙的外国人口登记制度时，发现移民未登记的主要原因有：移民不知道登记程序；倾向匿名；移民认为不需要登记；居住时间短等。同时，登记牵涉时间成本并可能导致个人所得税、财产税的被征收，这些都限制了主动登记行为的发生。这些问题同样也是我国旅游移民研究的阻碍，需要研究者做好准备，并采取有效办法，如通过对大量相关人员访谈和收集相关资料分析，并进行三角互证可得到较为准确的信息和数据。

其次是实地调查的不配合。本书在旅游移民实地调研工作中经常遇到不配合现象，这种不配合程度往往超过以往我们进行的旅游者和旅游地居民调查，正如 Truly（2002）在墨西哥调查时遇到的一位居民所说“我不愿意接受你的调查或回答任何问题……这就是我离开美国的原因”。因此，对旅游移民的调查研究需要有更多的困难思想准备。

# 第 3 章　理论基础与研究方法

## 3.1　相关理论与假设

### 3.1.1　移民动力理论

**其一，推拉理论。**西方传统移民理论认为由推、拉双重因素决定了移民的存在和发生，推拉理论从个人主义角度罗列出动因（李明欢，2000）。

**其二，新古典主义经济理论（the neo-classical economic equilibrium theory）。**新古典主义经济理论着重从经济学的角度分析移民行为产生的动因，把人假设为“经济人”，认为移民产生于工资差距的理性成本比较（李明欢，2000）。

**其三，劳动力市场分割理论（segmented labour market theory）。**该理论强调了劳动力市场的层次化，认为本地从业者对高收益、高保障、环境舒适的工作趋之若鹜，却不屑从事那些报酬低、危险度高、有伤脸面和有碍个人发展的工作（李明欢，2000）。

**其四，社会资本理论（social capital theory）。**该理论又称移民网络理论，认为移民网络是一系列人际关系的组合，移民网络形成后可以使移民信息更准确、传播更广泛，作为一种社会资本起着降低迁移成本、增加收益和减少风险的作用，从而不断推动移民潮（张晓青，2001）。

**其五，新经济移民理论。**该理论认为引发移民的动因是基于参照群体比较后可能产生的“相对失落感”，在社会发生急剧变动时，人们习惯于在自己熟悉的人中选择那些原先自身条件不如已、可现在处境却比“我”好的人作为参照系，强烈的“失落感”油然而生，成为出走他乡、寻求社会地位提升的动力（张晓青，2001）。

在这些理论中，劳动力市场分割理论和新古典主义经济理论在宏观层面对旅游从业者流动具有较强的指导意义，给九寨沟和黄山旅游从业者入迁的宏观驱动因素分析提供理论支持。推拉理论、新古典主义经济理论、社会资本理论、新经济移民理论为旅游从业者入迁的微观驱动力研究提供借鉴，其中，推拉理论、新古典主义经济理论、社会资本理论为案例地旅游从业者入迁动力量表指标的预设和构建提供理论支持，而新经济移民理论直接作为动力量表指标较为困难，本书将在深度访谈问题列表中进行分析。

### 3.1.2　旅游职业转换理论及指标借鉴

旅游职业转换理论认为旅游从业者职业转化（跨行业流动）主要来自旅游业与其他行业职业特性的比较。国际一些学者总结认为，旅游职业特性主要优势有三点：一是低门槛、多样化和高流动率带来的高可进入性（Ball, 1989; Greve, 1994）；二是工作和休闲界限模糊、与人交流机会多、职业适应面广、自控性强等“非工厂”职业特性（Riley, et al., 1998）；三是可以帮助旅游从业者了解市场、掌握初步技能、积累少量资金，为最终成为自主经营者打下基础。旅游从业者出于自身需要主动进入或因外部就业环境恶化被迫进入旅游业。Szivas 和 Riley（1999）、Szivas 等（2003）、Vaugeois 和 Rollins（2007）利用类似问卷调查，对匈牙利、英国萨默塞特和考文垂、加拿大温哥华岛旅游从业者的跨行业流动驱动力研究，对动力维度进行刻画和验证，这为构建九寨沟旅游从业移民和汤口旅游企业主移民的入迁动力量表提供重要参考。

**其一，获利手段（instrumental utility）假设，**即把旅游作为提高经济收入的一种途径。测量指标包括：想获得与自己能力相符的收入；提高自己的生活水平；旅游业能提供增加收入的机会；获得额外收入以提高生活水平；旅游业是利润丰厚的产业；想很快就赚一大笔钱。

**其二，积极特性（positive）假设，**即娱乐性、职业多样性、良好工作环境等旅游职业内在积极特性的引力作用。测量指标包括：人际交往面广；对旅游职业非常有兴趣；旅游职业给人的印象很好；想从事与自己所受教育相符的职业；改善自己的工作条件；想获得更多的游玩机会；想充分发挥语言技能；旅游行业从业比较容易；认为旅游业中有很多就业机会。

**其三，职业避风港（refugee）假设，**即把旅游职业作为衰落产业劳动力转移、不愉快工作转换甚至失业劳动力寻找合适职业的一个避风港（低门槛职业特性反映）。测量指标包括：不想从事以前的工作；以前的工作让人看不到希望；以前工作的行业衰退；以前工作的收入太少；没有工作，需要一份职业；在别的地方找不到工作。

**其四，企业家愿望（entrepreneurial）假设，**即把旅游职业作为建立自己小生意，并在将来成为企业家的一种有效途径。测量指标包括：旅游业可充分发挥自己的经商才能；家庭成员中有人在做游客生意；旅游业中有更多的商机；想在旅游业中建立自己的生意；从旅游业开始起步自己的生意比较容易；做旅游是最有利可图的生意；想赚点钱，自己做生意。

**第五，尝试者（the wanderer）假设，**即把旅游职业经历当作人生的一种体验，个人的一些因素。测量指标包括：想尝试不同的职业；第一份工作恰巧是旅游职业。

### 3.1.3 社会认同结构模型及指标借鉴

张文宏和雷开春（2009）在对我国农民工流动、城市新移民研究梳理的基础上，构建了城市新移民社会认同结构方程模型，探讨了文化认同、地域认同、群体认同、地位认同、职业认同之间的关系。模型具体指标如下。

**文化认同指标**：学习语言（能讲当地话）；熟悉风俗；接受价值（按本地风俗习惯办事的程度）；采纳节日（您和家人会过本地人的节日）。

**地域认同指标**：子女期望（在入迁地发展）；定居打算（工作、生活的未来打算）；置房意愿。

**群体认同指标**：身份定位（本地人、原居住地人，还是复合体）。

**地位认同指标**：综合经济地位（上层还是下层）。

**职业认同指标**：薪水、福利待遇、单位（公司）内的升迁机会、工作自主性、对以后发展的帮助、工作量、公司劳动条件与设施、与同事的关系、与老板（上司）的关系、与下属的关系、职业的社会声望，以及工作地点与住址的距离。

上述模型建构和指标设定给汤口企业主移民入迁定居机构方程模型量表的指标形成和理论模型假设提供重要借鉴。

### 3.1.4　地方感理论

地方感理论是在感知研究的基础上不断地通过实证分析总结出来的一套较为完善的测量和分析系统，用于研究具有地方性特征的群体及其他相关内容等。其中以感知的维度理论为主要分析手段，经过各种类型的实践检验和分析，大致可以确定地方感包含地方依恋、依赖和认同三个维度，这三个维度分别指向不同的感知内容，反映不同属性的感知状况（Proshansky, et al., 1983; Robert, 1998; Nielsen-Pincus, et al., 2010），但这些维度本身并不能定量化自我表达，因此需要针对各维度设立可观察和可测量的指标，且依据不同的地方背景所设立指标内容也有所差异，并不存在一套固定的指标测量体系。

地方依恋：关于地方依恋的定义有着多种解读，Scannell 和 Gifford（2010）认为地方依恋有着多种多样的定义，但总体而言包含三重维度的组织架构，分别是人的维度、地方维度和过程维度，情感层面是地方感中最高层次的表达。部分学者认为地方依赖和地方认同属于地方依恋的子维度。

地方认同：Proshansky 等（1983）提出用地方认同这个术语来表示物理环境塑造人的自我意识的重要性，体现的是对地方的身份角色在情感上的认同。

地方依赖：关于地方依赖，Jacob 和 Schreyer（1980）指出当特殊地点可以满足人们需求时，会促使人们继续在此活动，这种功能性意义与环境相关，如同满意度一样；因此，当特殊地点可满足人们的需求并达到其满意时，便形成了地方依赖感，功能性的表达更为明显。

### 3.1.5　社会融入理论及指标借鉴

杨菊华（2010）依据社会融入涉及经济、行为、文化、身份或心理等多个维度的研究基础，构建了农村-城市移民社会融入的指标体系，包括经济整合、行为适应、文化接纳和身份认同四个方面，具体指标如图 3-1 所示。

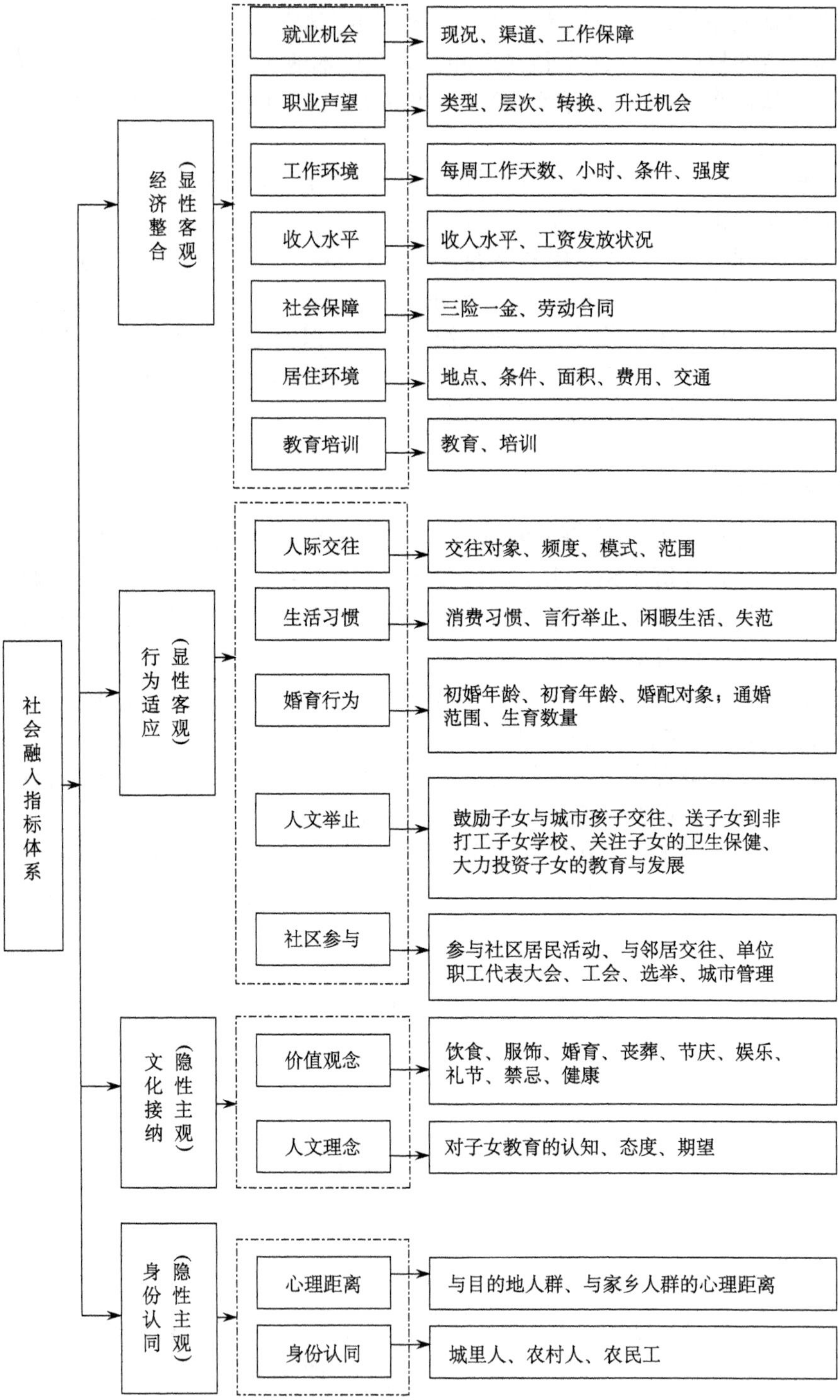


图 3-1　农村-城市移民社会融入指标体系

## 3.2　本书研究方法

本书选取九华山、九寨沟、黄山、北京等典型案例地，通过官方资料、调查问卷、深度访谈、半结构访谈等方法获取大量旅游从业移民的一手数据，并运用数理统计与空间分析、因子分析、编码分析、结构方程模型等方法构建旅游移民研究体系、探索旅游从业移民特征、空间分布、入迁驱动力和定居意愿等(表 3-1)。

### 3.2.1　数理统计与空间分析

借助 EXCEL、SPSS 等分析软件，对有关数据进行了描述统计，并绘制相关图表。基于九寨沟和黄山旅游从业移民的样本资料，利用数理统计和空间分析方法，揭示旅游从业移民源空间时空演变特征，并采用重力模型，初步探讨了影响旅游从业移民入迁的主要因素。

### 3.2.2　因子分析

因子分析是指从变量群中提取共性因子的统计技术，主要用于检验变量间关系的假设。通过对旅游从业移民的大量问卷调查，利用 SPSS 软件重点对动机、社会融合维度等进行因子分析。

### 3.2.3　编码分析

编码分析的过程主要包含开放式编码、主轴式编码和核心式编码，其中开放式编码是指将访谈资料按其本身所呈现的状态进行登录，是一个将收集的资料打散、赋予概念，然后再以新的方式重新组合起来的操作过程。主轴式编码主要用于发现和建立概念类属之间的因果、语义、情境、对等等各种联系，以表现资料中各个部分之间的有机关联。核心式编码是在所有已发现的概念类属中，经过系统的分析以后选择一个“核心类属”，分析不断地集中到那些与核心类属有关的编码上，核心类属必须在与其他类属的比较中一再被证明具有统领性，能够将最大多数的研究结果囊括在一个比较宽泛的理论范围内。

### 3.2.4　结构方程模型

结构方程模型是建立在回归模型的基础上，针对潜变量的统计方法，运用结构方程模型对九寨沟、黄山等地的旅游从业移民的定居意愿进行模型建构及检验。在明确地方感维度结构与指标体系基础上，利用结构方程模型来探究饭店与北京市两个尺度上地方感的关系与路径。

**表 3-1　本书采用的数据采集与分析方法**

| 主题 | 案例地 | 调查时间 | 调查方法 | 样本量 | 数据采集过程 | 研究内容 | 数据分析方法 |
|---|---|---|---|---|---|---|---|
| 源空间布局实证研究 | 九寨沟 | 2008 年和 2014 年 | 官方资料 | 12 354 | 从漳扎镇三个沟口派出所，即漳扎派出所、羊峒派出所和嫩恩桑措派出所，通过手抄和拍照获取 | 旅游从业移民基本特征、源空间布局、空间演变特征及影响因素 | 地理集中指数、重心迁移模型、反距离加权插值法、重力模型和多元回归分析 |
| | 黄山 | 2010 年和 2016 年 | 官方资料 | 8470 | 从黄山区移民局获取旅游从业移民资料信息 | | |
| 驱动力实证研究 | 九寨沟 | 2008 年 4 月 28 日～5 月 10 日 | 调查问卷/半结构访谈 | 241/11 | 调查问卷采取当面收回和留置隔天收回两种方式。访谈采取一对一面谈方式，时间约半小时 | 旅游从业移民微观驱动力、旅游移民定居驱动机制 | 描述统计、因子分析、编码分析、结构方程模型 |
| | 黄山 | 2010 年 1 月和 4 月 2 日～10 日 | 调查问卷 | 365 | 分为预调研和正式调研两个阶段，面对面逐户走访并附送小礼品收集资料 | | 描述统计、因子分析、结构方程模型 |
| 在地社会行为研究 | 九华山 | 2004 年 7 月 21～27 日和 11 月 3～15 日 | 深度访谈 | 15 | 单独面谈形式，每个样本平均访谈时间约为 1 小时 | 旅游从业移民行为特征、社会融合模式 | 编码分析、扎根理论 |
| | 九寨沟 | 2015 年 4 月 11～21 日 | 调查问卷/半结构访谈 | 220 | 调查方式为一对一面谈、自填，平均每份问卷用时 30～40 分钟 | 社会融合结构及其影响因素 | 描述统计、因子分析 |
| | 九寨沟 | 2013 年 11 月 9～21 日 | 调查问卷/半结构访谈 | 122/116 | 先由被访者自己填写结构式问卷，再以访谈的方式记录开放式问卷中的相关内容，每位样本深度访谈的时间在半小时至一小时之间 | 社会网络评价及演化机制 | 描述统计、文本分析 |
| | 九寨沟 | 2013 年 11 月 9～21 日 | 调查问卷/半结构访谈 | 116/75 | 选择边边街、漳扎和火地坝三个街区对商铺店主逐一走访发放问卷 | 旅游从业移民地方感及影响机制 | 描述统计、编码分析 |
| | 北京歌华开元酒店与北京开元名都酒店 | 2013 年 7 月和 12 月 | 调查问卷 | 305 | 自上而下方式进行问卷的发放，充分利用两酒店人资部门的协助将问卷均衡发放到各部门 | 都市饭店从业移民地方感知与关系研究 | 描述性统计、均值比较、结构方程模型 |

# 第二篇

# 源空间布局实证研究

# 第4章　自然观光地旅游从业移民基本特征

自然观光地多位于乡村地界，体量大、原生居民少且缺乏经营和服务技能，外来旅游从业移民数量大、类型多、集聚明显，比城市等旅游地更有利于对旅游从业移民进行剥离和典型化研究。九寨沟风景区、黄山风景区是我国两个著名的世界级遗产旅游地，规模、等级相当，但区位、资源、区域背景等具有显著差异。本章以九寨沟风景区和黄山风景区为研究案例，于2008年和2014年获取九寨沟风景区主集散基地漳扎镇的从业移民信息，于2010年和2016年获取主要服务于黄山风景区的汤口镇和黄山市屯溪区的旅游从业移民数据。本章借助地理空间分析、重心迁移模型、重力模型和多元回归分析，揭示自然观光地旅游从业移民基本特征。

## 4.1　案例选择和相关指标计算

### 4.1.1　案例选择

九寨沟风景区位于四川省北部九寨沟县漳扎镇内，1984年对外开放，景区以漳扎镇为集散地，沟内居民为原生居民，旅游企业及其从业移民集聚在沟口十几千米狭长地带。该景区距离成都市超过400km，通过九环线与其相连。其对外交通的主要通道有S205和S301省道等。距九寨沟风景区最近的机场为九寨黄龙机场，距离88km，成兰铁路在境内设有九寨沟站，境内还有绵九高速（绵阳—九寨沟）。2007年九寨沟景区游客接待总量为276万人次，2008年汶川大地震后，阿坝州提出恢复振兴旅游业意见，并积极解读和响应2009年颁布的《国务院关于加快发展旅游业的意见》决定，2014年游客总接待量已破300万人次。九寨沟旅游移民随着九寨沟县旅游业发展而产生并逐渐普遍化。

黄山风景区位于安徽省南部黄山市境内，所在市境内有1条国道和9条省道，皖赣铁路、合福高铁和杭黄高铁连接了黄山市和长三角部分主要城市。1949年后，黄山地区成立管委会，对黄山进行规划建设。随着旅游业态的引入，旅游从业移民逐渐增多。改革开放后，黄山风景区建设走向成熟，旅游业态更加繁荣，旅游从业移民日益增多，并达到景区从业者阈值。2009～2015年，黄山风景区的旅游接待量波动上升，在大众旅游发展大趋势下仍保持上升态势。

九寨沟、黄山风景区是我国开发较早、年接待游客在200万人次以上的两个顶级终端型自然观光地，两地旅游从业移民出现早、数量多、层次多样，旅游从业移民现象典型。由于区位、资源、文脉、依托人口和交通可达性等区域背景要素不同，在区域环境、移民集聚形态、人地关系要素、移民空间布局、移民类型及区域社会影响等方面呈现较大差异（表 4-1）。两地研究结果的比较有助于揭示自然观光地旅游从业移民的一般规律和差异特征，是较为合适的案例地。

**表 4-1　九寨沟和黄山旅游从业移民特征差异**

| 指标 | 九寨沟 | 黄山 |
| --- | --- | --- |
| 区域环境 | 西部地区，水景突出，藏羌风情浓郁；区域依托人口较少，交通可达性差 | 大华东旅游线主要目的地，山岳观光，徽文化背景；区域依托人口密集，交通可达性较好 |
| 移民集聚形态 | 单点，漳扎镇一个集散地 | 多点，从业移民主要集中在屯溪（一级）、汤口镇（二级）和山顶（三级）三级集散地 |
| 人地关系要素 | 主要考虑旅游镇域环境对入迁移民的影响 | 主要考量城市（屯溪区）、镇域（汤口镇）以及山上孤岛环境对移民行为的影响 |
| 移民空间布局 | 空间辐射广，阿坝州以外移民比例高，省外移民比例较高 | 空间辐射低，绝大多数来自黄山本市，少量来自安徽省内巢湖和安庆，省外移民比例低 |
| 移民类型 | 出租车司机、民族歌舞演员移民突出，地接导游少（被景区解说员替代） | 相比九寨沟，地接导游、山货店企业主移民多，歌舞演员和出租车司机移民少 |
| 区域社会影响 | 移民来源广，本地居民藏族较多，原生居民和企业主移民社会冲突现象较为明显 | 从业移民多来自黄山市其他下辖区县，外来从业人口占据汤口镇主体，社会融合较好 |

### 4.1.2　数据来源

本书选择九寨沟风景区和黄山风景区为研究区域，分别选取漳扎镇和汤口镇的旅游从业移民数据。

由于距离大城市较远，周边没有可依托的城市作为服务基地，交通不便，九寨沟风景区仅漳扎镇一个集散地，且该镇旅游从业移民完全服务于该景区。2014 年，漳扎镇辖区内设有 1 个沟内派出所和 3 个沟外派出所。沟内派出所登记的基本为本地从业者，因此只选取了沟外派出所登记的从业移民信息。2008 年和 2014 年从漳扎镇 3 个沟外派出所，通过手抄和拍照分别获取 6667 份和 5687 份样本信息。

黄山风景区主要依托汤口和屯溪两个集散地。屯溪距离黄山风景区较近，方便游客将其作为游览黄山的中转地和集散地。屯溪不仅服务于黄山风景区，还服务于黄山市、西递宏村景区等地的游客，不易剥离出黄山风景区的旅游从业移民。汤口镇的旅游从业移民则是完全服务于黄山风景区，是黄山旅游从业移民的集中聚居区。2010 年和 2016 年在汤口镇派出所、黄山导游公司、屯溪外来劳工较为集中且等级较高的饭店获取了风景区外来从业人员的2009年和2015年登记资料，通过梳理、筛选分别得到旅游从业移民样本资料信息 4010 份和 4460 份。汤口旅游从业移民数据虽然是电子数据，但仅保存性别、年龄和来源地等信息，信息的丰富性较差，难以与九寨沟旅游从业移民子类型进行对比分析。

### 4.1.3　研究方法

1. 地理空间分布

地理集中度研究的是旅游从业移民的空间分布集中程度，计算公式为

$$G = 100 \times \sqrt{\sum_{i=1}^{n}\left(\frac{X_i}{T}\right)^2} \tag{4-1}$$

其中，$G$ 为旅游从业者（或旅游从业移民）的空间集中度；$X_i$ 为第 $i$ 个来源地的旅游从业者数量；$T$ 为旅游从业者（或旅游从业移民）总数；$n$ 为来源地总数。

根据史密斯提出的中心地标准距离（standard distance）公式，把每一来源地在迁入地旅游从业者中所占的份额作为权重，得出旅游从业者（或旅游从业移民）吸引半径的计算公式：

$$\mathrm{AR} = \sqrt{\sum_{i=1}^{n} X_i^2 d_i^2 \Big/ \sum_{i=1}^{n} X_i^2} \tag{4-2}$$

其中，AR 为目的地从业者吸引半径；$X_i$ 为第 $i$ 个来源地的旅游从业者数量；$d_i$ 为第 $i$ 个来源地与旅游地之间的距离；$n$ 为来源地总数。

2. 重心迁移模型

通过 ArcGIS 的可视化功能，将空间分布投射到地图上，以便更加直观地观察旅游从业者源空间的变化以及两研究区的异同，并通过区域重心来确定其迁移方向和距离。

“重心”概念始于物理学中牛顿所提的重力概念，代表某物体各个位置所有重力产生合力的作用点，后逐渐被国外学者引入到空间经济、人口研究中，并发挥着重要作用。国内关于重心应用性研究主要包括各个尺度工业重心、经济重心、人口重心的长期迁移（李小龙, 2014; 杨慧等, 2018）。重心指数是旅游从业者源空间重心在某个长时间段内的移动轨迹显现的变化规律。重心位置的确定：

$$X_p = \sum_{i=1}^{n} P_i X_i \Big/ \sum_{i=1}^{n} X_i \tag{4-3}$$

$$Y_p = \sum_{i=1}^{n} P_i Y_i \Big/ \sum_{i=1}^{n} Y_i \tag{4-4}$$

其中，$X_i$ 和 $Y_i$ 分别代表各个地区的经纬度；$P_i$ 代表各个人口相关指标，作为权重

计算；$n$ 为所有的区域数量；$X_p$ 和 $Y_p$ 分别代表平均重心的经纬度。

另外，区域重心空间区位的年际移动的距离测度一般用如下公式表示：

$$D_{s-k} = C \times \sqrt{(X_s - X_k)^2 + (Y_s - Y_k)^2} \tag{4-5}$$

其中，$D_{s-k}$ 代表两个年份间重心移动的距离；$s$、$k$ 代表两个不同的年份；（$X_s$，$Y_s$）和（$X_k$，$Y_k$）两个坐标表示第 $s$ 年和第 $k$ 年重心位置的地理坐标；$C$ 是把地理坐标单位转化为平面距离的系数，取值为 111.111。

### 3. 重力模型和多元回归分析

虽然 Pareto 模型的拟合效果较好，但纯距离衰减模型仅考虑距离要素，为了探查其他要素对距离衰减模型的影响，选择了重力模型进行拟合，以辨识其他要素的影响。重力模型：

$$L_{ij} = G \frac{X_1^a X_2^b}{D_{ij}^c} \tag{4-6}$$

转化为多元线性模型：

$$\ln L_{ij} = G' + a\ln X_1 + b\ln X_2 - c\ln D_{ij} \tag{4-7}$$

其中，$L_{ij}$ 为来源地 $i$ 入迁目的地 $j$ 的旅游从业者（或旅游从业移民）数量；$X_1$ 为来源地的人口规模（人口数，单位：万人）；$X_2$ 为来源地的经济发展水平（人均 GDP，单位：万元）；$D_{ij}$ 为来源地至旅游地的距离；$G$ 为常数；$a$、$b$、$c$ 为相关系数，其中 $c$ 为距离衰减指数。

### 4. 交通距离和时间的计算方法

九寨沟交通距离和时间根据 2006 版的某电子地图软件和列车时刻表计算，高速公路时速按 90km/h，其他公路按 40km/h（依据成都—九寨沟的大巴时速，可能时速偏低）。交通工具的选择：原则上，5h 以内，乘汽车；超过 5h，乘火车；若两地之间没有火车或转车后时间过长时仍选择火车。根据电子地图软件，选择两地之间“时间最省”。乘汽车的路段，交通距离参照电子地图软件中对应的距离，时间根据交通距离和所走路线中对应的不同路况（如高速、县道、乡道等）的时速计算；乘火车的路段，查列车时刻表，得到交通距离和时间。

黄山交通距离和时间根据 2008 版的某电子地图软件和列车时刻表来计算的。交通工具的选择：原则上，5h 以内，乘汽车（武汉、南昌、上海、淮安、淮南圈内为汽车）；超过 5h，乘火车；若两地之间没有火车或转车后时间过长时仍选择火车。乘汽车的路段，交通距离参照电子地图软件中对应的距离，时间根据交通距离和所走路线中对应的不同路况（如高速、县道、乡道等）的时速计算，分别为高速 90km/h，国道 70km/h，省道（县道）60km/h。乘火车的路段，查列车时刻表，得到交通距离和时间。针对安徽省以外的省份，在没有直达黄山（屯溪区）火车的情况下，一般采用从出发地到达安徽省会合肥再转汽车到达。出发地到黄山或合肥都没有直达火车时，则选择出发地附近较大的城市乘坐火车。

### 4.1.4 饭店职位归类说明

统计资料中职位类型多样，根据饭店业职位特征，对饭店职位进行归并。

（1）总经理级。包括总经理，副总经理，财务总监，财务副总监，人力资源副总监（业主），餐饮副总监（业主），团长、艺术总监，副团长、演出排练总监，中餐行政总厨，保安总监，总助。

（2）经理级。包括经理，副经理，总出纳，保安副总监，总工程师，前厅值班经理，厨师长，接待办（处）主任，副厨师长。

（3）主管级。包括主管，工资主任，行政管家，夜审主管（财务部），助理经理。

（4）领班级。包括领班，业务助理，总库管。

（5）一般工作人员。包括秘书，文员，财务部工作人员（出纳、审计），收银，采购员，前厅接待员，商务中心服务员，商品部员工（导购员、配送员、库管员、销售协调员、预定员），公关协调员，总机接线员，管事员。

（6）技术人员。包括驻店医生，工程部员工（信息协调员、工程师、工程部领班、主管、资产员、音响师），驾驶员，美发师，酒水员，摄影师。

（7）一线服务人员。包括服务员，搬运工，保安，厨师帮工，传菜员。

（8）后勤服务人员。包括保洁员，洗碗工，洗衣工，杂工，缝纫工，清洁工等。

（9）厨师。

在职位类型归并时，把总经理级和经理级归并为中高层管理者，把主管级和领班级归并为基层管理者，其他类型保持不变。

## 4.2 旅游从业移民基本特征

### 4.2.1 九寨沟旅游从业移民基本特征

九寨沟风景区旅游从业移民全部集中在四川省阿坝州九寨沟县漳扎镇，在判定本地和外地旅游从业者时，以九寨沟县为边界，县内为本地，县外为移民。

本节数据来自统计资料，受原始资料不全限制，部分基本特征指标样本与总体旅游从业者样本不一致，具体样本数在表 4-2 中列出。

### 1. 九寨沟旅游从业移民总体特征

卡方检验显示，移民与本地旅游从业者在性别、年龄、学历、民族、行业、职位等指标上具有显著差异（$p$=0.000，表 4-2）。

**表 4-2 九寨沟旅游从业移民特征比较*****

| 基本特征 | 本地 | 移民 | 全体 | 基本特征 | 本地 | 移民 | 全体 |
|---|---|---|---|---|---|---|---|
| 性别： | $N$=1357 | $N$=3868 | $N$=5225 | 民族： | $N$=679 | $N$=1808 | $N$=2487 |
| 男性/% | 46.1 | 58.2 | 55.0 | 汉族/% | 61.4 | 72.9 | 69.8 |
| 女性/% | 53.9 | 41.8 | 45.0 | 藏族/% | 34.8 | 20.2 | 24.4 |
| 学历： | $N$=522 | $N$=1334 | $N$=1856 | 羌族/% | 2.1 | 5.2 | 3.9 |
| 文盲/% | 2.1 | 0.9 | 1.2 | 回族/% | 0.8 | 0.8 | 1.4 |
| 小学/% | 10.5 | 11.3 | 11.1 | 苗族/% | 0.1 | 0.1 | 0.0** |
| 初中/% | 62.3 | 48.8 | 52.6 | 土家族/% | 0.2 | 0.2 | 0.2 |
| 高中（职高/中专）/% | 20.5 | 30.4 | 27.6 | 彝族/% | 0.4 | 0.4 | 0.3 |
| 大学专科/% | 4.2 | 5.7 | 5.3 | 裕固族/% | 0.1 | 0.1 | 0.0 |
| 大学本科及以上/% | 0.4 | 2.8 | 2.2 | 壮族/% | 0.1 | 0.1 | 0.0 |
| 年龄： | $N$=1405 | $N$=3929 | $N$=5334 | 职位： | $N$=1236 | $N$=3773 | $N$=5009 |
| ≤24 岁/% | 53.8 | 42.4 | 45.4 | 体力工（建筑工/收废品/修鞋工）/% | 0.2 | 7.4 | 5.6 |
| 25～34 岁/% | 29.7 | 31.4 | 31.0 | 技术工（汽修工/装修工）/% | 0.7 | 1.9 | 1.6 |
| 35～44 岁/% | 13.5 | 19.5 | 17.9 | 出租车司机（驾驶员）/% | 0.3 | 2.9 | 2.3 |
| 45～54 岁/% | 2.5 | 5.2 | 4.5 | 后勤服务人员/% | 17.0 | 6.1 | 8.8 |
| 55～64 岁/% | 0.3 | 1.1 | 0.9 | 饭店一般工作人员/% | 5.7 | 7.2 | 6.8 |
| ≥65 岁/% | 0.2 | 0.3 | 0.3 | 饭店餐饮业一线服务人员/% | 46.9 | 22.0 | 28.2 |
| 均值 | 26.22 | 28.96 | 28.24 | 技术人员/% | 5.0 | 8.1 | 7.3 |
| 行业： | $N$=1723 | $N$=4888 | $N$=6611 | 饭店基层管理人员/% | 2.4 | 6.7 | 5.6 |
| 本地服务业/% | 2.0 | 8.6 | 6.9 | 中高层管理人员/% | 0.6 | 4.2 | 3.3 |
| 饭店业/% | 82.4 | 61.6 | 67.0 | 厨师/% | 2.2 | 5.6 | 4.8 |
| 餐饮业/% | 7.8 | 4.9 | 5.7 | 歌手（演员）/% | 0.9 | 9.1 | 7.1 |
| 休闲娱乐业/% | 4.8 | 13.7 | 11.4 | 休闲娱乐业技师/% | 3.4 | 4.9 | 4.6 |
| 游览业/% | 0.5 | 4.2 | 3.3 | 其他个体业主#/% | 14.6 | 13.5 | 13.8 |
| 旅游交通业/% | 0.2 | 2.2 | 1.7 | 导游/% | 0* | 0.3 | 0.2 |
| 旅游购物业/% | 2.1 | 4.7 | 4.0 | | | | |

注：本地指来自九寨沟县旅游从业者，移民指来自九寨沟县以外旅游从业者；***表示在 0.01 水平上统计差异具有显著性；0.0**指该选项有人，但由于数量少，无法精确显示；0*指该选项无人；#其他个体业主指除出租车司机（驾驶员）以外的个体业主

（1）性别：移民男性多，而本地从业者女性较多。

（2）年龄：移民平均年龄 28.96 岁，比本地从业者（26.22 岁）年长。本地从业者年龄段集中在 35 岁以下（83.5%），一半以上在 25 岁以下。

（3）学历：移民整体学历略高于本地从业者，特别是本科学历。

（4）民族：移民汉族比例高（72.9%），且民族来源广，本地从业者藏族比例高。

（5）行业：移民在饭店业（61.6%）的比例低于本地从业者（82.4%），而移民在休闲娱乐业（13.7%）、本地服务业（8.6%）、旅游购物业（4.7%）、游览业（4.2%）、旅游交通业（2.2%）中的比例要高于本地，但在餐饮业（4.9%）中的比例低于本地从业者。本地旅游从业者大部分在饭店业工作，少数分布在餐饮业（7.8%）和休闲娱乐业（4.8%）。

（6）职位：本地从业者主要从事饭店餐饮业一线服务人员（46.9%）、后勤服务人员（17.0%）、其他个体业主（14.6%），没有人从事建筑工、修鞋工、导游，极少从事收废品、技术工（汽修工/装修工）（0.7%）、出租车司机/驾驶员，较少从事饭店管理岗位（3.0%）、歌手（演员）和厨师。移民呈两极分化，一方面，从事管理岗位、技术岗位[如歌手（演员）、饭店技术人员、厨师、导游、出租车（驾驶员）]的比例较大；另一方面，从事最低端的体力技术从业者工作（建筑工、修鞋工、收废品、汽修工、装修工）的比例较大。与本地从业者形成明显的市场分割。

九寨沟旅游从业移民比较特征：男性主导，年龄较大，整体学历略高，汉族比例高，相对在休闲娱乐业、本地服务业、旅游购物业、游览业、旅游交通业中工作比例高，从事管理、技术岗位与最基层的体力从业者比例大。

### 2. 2007 年九寨沟饭店业从业移民基本特征

卡方检验显示，九寨沟饭店业从业移民与本地饭店业从业者在性别、年龄、部门、职位上具有显著差异（$p$=0.000）。

（1）性别：移民男性比例高过女性，超出本地十个百分点，本地女性比例高于男性。

（2）年龄：移民平均年龄高出本地 3 岁，53.6%集中在 25～44 岁。本地饭店业从业者从业年龄 57.8%集中在 24 岁以下，年龄明显小于移民。

（3）部门：移民在工程部、财务部、人事部、前厅部从业比例明显高于本地，本地在客房部、后勤部从业比例明显高于移民。

（4）职位：移民在总经理级、经理级、主管级、领班级、一般工作人员、技术人员、厨师岗位从业比例明显高于本地，本地饭店业从业者 77.4%从事一线服务和后勤工作。

九寨沟饭店从业者移民比较特征：移民总体男性主导，年龄较大，主要在技术和管理部门和岗位工作，而本地从业者在饭店业中主要从事低端工作。

3. 2007 年九寨沟旅游企业主移民基本特征

卡方检验显示，本地和移民企业主除“性别”外，其他特征具有显著差异（表 4-3），具体分析如下。

（1）性别：旅游企业主总体男性居多，移民企业主男性比例略高于本地 7.5%，但无统计学上显著差异。

**表 4-3　九寨沟旅游企业主移民特征比较**

| 基本特征 | 本地 | 移民 | 全体 | 基本特征 | 本地 | 移民 | 全体 |
|---|---|---|---|---|---|---|---|
| 性别： | $N$=94 | $N$=389 | $N$=483 | **学历： | $N$=91 | $N$=366 | $N$=457 |
| 男性/% | 53.2 | 60.7 | 59.2 | 文盲/% | 7.7 | 2.2 | 3.3 |
| 女性/% | 46.8 | 39.3 | 40.8 | 小学/% | 27.5 | 18.0 | 19.9 |
| ***民族： | $N$=181 | $N$=507 | $N$=688 | 初中/% | 39.6 | 52.7 | 50.1 |
| 汉族/% | 54.7 | 88.2 | 79.4 | 高中（职高/中专）/% | 19.8 | 21.0 | 20.8 |
| 藏族/% | 42.0 | 6.7 | 16.0 | 大学专科/% | 4.4 | 4.6 | 4.6 |
| 羌族/% | 1.1 | 3.2 | 2.6 | 大学本科及以上/% | 1.1 | 1.4 | 1.3 |
| 回族/% | 2.2 | 1.4 | 1.6 | ***企业类型： | $N$=179 | $N$=563 | $N$=742 |
| 土家族/% | 0 | 0.4 | 0.3 | 藏餐（藏家乐）/% | 29.6 | 0.9 | 7.8 |
| 彝族/% | 0 | 0.2 | 0.1 | 茶楼/% | 3.9 | 1.1 | 1.8 |
| *年龄： | $N$=153 | $N$=503 | $N$=656 | 出租车/% | 2.2 | 12.8 | 10.2 |
| ≤24 岁/% | 7.8 | 9.3 | 9.0 | 饭店/% | 14.0 | 2.3 | 5.1 |
| 25～34 岁/% | 45.8 | 37.8 | 39.6 | 废品收购点/% | 0 | 0.4 | 0.3 |
| 35～44 岁/% | 35.9 | 38.8 | 38.1 | 火锅店/% | 2.8 | 3.7 | 3.5 |
| 45～54 岁/% | 7.8 | 11.3 | 10.5 | 酒吧歌城/% | 1.7 | 0.2 | 0.5 |
| 55～64 岁/% | 0.7 | 2.4 | 2.0 | 居民服务店/% | 10.6 | 9.8 | 10.0 |
| ≥65 岁/% | 2.0 | 0.4 | 0.8 | 旅行社/% | 0 | 0.2 | 0.1 |
| 均值 | 34.88 | 35.56 | 35.40 | 旅游购物店/% | 20.7 | 40.7 | 35.8 |
| ***行业： | $N$=185 | $N$=580 | $N$=765 | 美容美发店/% | 0.6 | 1.2 | 1.1 |
| 本地服务业/% | 12.4 | 11.9 | 12.0 | 汽车维修店/% | 2.2 | 2.1 | 2.2 |
| 饭店业/% | 12.4 | 2.1 | 4.6 | 桑拿足浴店/% | 1.7 | 0.4 | 0.7 |
| 餐饮业/% | 48.1 | 32.2 | 36.1 | 网吧游戏店/% | 0.6 | 0 | 0.1 |
| 休闲娱乐业/% | 4.9 | 1.7 | 2.5 | 西餐馆/% | 0 | 0.2 | 0.1 |
| 游览业/% | 0 | 0.2 | 0.1 | 小吃店/% | 5.6 | 15.5 | 13.1 |
| 旅游交通业/% | 2.2 | 12.4 | 9.9 | 中餐馆/% | 3.9 | 8.7 | 7.5 |
| 旅游购物业/% | 20.0 | 39.5 | 34.8 | | | | |

*表示在 0.1 水平上统计差异具有显著性；**表示在 0.05 水平上统计差异具有显著性；***表示在 0.01 水平上统计差异具有显著性

（2）学历：旅游企业主总体学历低，大学专科及以上仅占 5.9%，反映出从业的门槛低。移民旅游企业主学历略高于本地旅游企业主，初中及以上学历比例（79.7%）超过本地（64.9%）约 15%。

（3）年龄：企业主主体从业年龄段在 25～44 岁（77.7%），移民平均年龄略高于本地。本地旅游企业主在低龄段（25～34 岁）和高龄段（65 岁以上）比例明显高于移民，反映出本地经营的优势。

（4）民族：移民旅游企业主主体是汉族（88.2%），而本地旅游企业主中藏族（42.0%）比例明显高于移民（6.7%）。

（5）企业类型：移民企业主从事旅游购物店、出租车、小吃店、中餐馆等的比例明显高于本地，而本地从事藏餐（藏家乐）、饭店的比例明显高于移民，这可能是本地企业主多拥有房产，藏民比例高，在资本和民族特色经营上比以汉族为主的移民企业主更有优势。

九寨沟移民企业主比较特征：移民总体男性居多，年龄略大，学历较高，以汉族为主，从事旅游购物店、出租车、小吃店、中餐馆等的比例高。而本地企业主藏民多，在低龄和高龄段经营多，从事藏餐（藏家乐）和饭店的比例高。

### 4.2.2　九寨沟旅游从业移民历时特征

卡方检验显示，旅游从业移民与本地旅游从业者在性别、年龄、学历、民族、职位等指标上具有显著差异（$p$=0.000，表 4-4 和表 4-5）：第一，旅游从业移民以男性为主。与以女性为主、性别比重变化较小的本地旅游从业者相比，随时间演进，旅游从业移民男性主体比例下降。第二，旅游从业移民以 54 岁以下年龄段为主。旅游从业移民平均年龄高于本地旅游从业者，其中 25 岁以上年龄段的比例高于本地旅游从业者，而 24 岁以下年龄段比例低于本地。第三，旅游从业移民以初、高中学历为主。拥有高中以上学历的旅游从业移民多于本地旅游从业者，且其高学历占比降幅低于本地旅游从业者。年度比较发现：第一，旅游从业移民性别比例趋于平衡。第二，旅游从业移民平均年龄上升。由 2007 年的以 44 岁以下年龄段为主变为 2013 年的以 54 岁以下年龄段为主，高年龄段比例上升。第三，低学历旅游从业移民的主体地位提高。初中及以下学历的旅游从业移民比例增加，而高学历比例下降。

本地和移民的对比发现：第一，旅游从业移民以汉族为主，汉族比例高于本地旅游从业者，藏族比例低于本地。第二，旅游从业移民以饭店业普通职员为主，其他职位比例分布较均匀；旅游从业移民的饭店业普通职员和 2013 年时的管理人员比例低于本地旅游从业者，其他职位比例高于本地。年度比较发现：第一，除羌族比例略降、回族比例略升之外，旅游从业移民各民族比例变化不大；第二，旅游从业移民中饭店业普通职员的主体地位上升 28.4%，其他职位比例均下降（表 4-5）。

**表 4-4 九寨沟旅游从业者性别、年龄和学历比较*****

| 基本特征 | 本地 | | 移民 | | 全体 | |
|---|---|---|---|---|---|---|
| | 2007 年 | 2013 年 | 2007 年 | 2013 年 | 2007 年 | 2013 年 |
| 性别： | *N*=1357 | *N*=1779 | *N*=3868 | *N*=2657 | *N*=5225 | *N*=4454 |
| 男性/% | 46.1 | 46.0 | 58.2 | 53.9 | 55.0 | 50.8 |
| 女性/% | 53.9 | 54.0 | 41.8 | 46.1 | 45.0 | 49.2 |
| 年龄： | *N*=1405 | *N*=1758 | *N*=3929 | *N*=3638 | *N*=5334 | *N*=5596 |
| ≤24 岁/% | 53.8 | 47.0 | 42.4 | 36.8 | 45.4 | 39.8 |
| 25～34 岁/% | 29.7 | 25.6 | 31.4 | 29.2 | 31.0 | 27.8 |
| 35～44 岁/% | 13.5 | 17.6 | 19.5 | 19.4 | 17.9 | 19.2 |
| 45～54 岁/% | 2.5 | 8.8 | 5.2 | 11.9 | 4.5 | 10.5 |
| 55～64 岁/% | 0.3 | 1.1 | 1.1 | 2.6 | 0.9 | 2.4 |
| ≥65 岁/% | 0.2 | 0.0 | 0.3 | 0.1 | 0.3 | 0.2 |
| 学历： | *N*=522 | *N*=825 | *N*=1334 | *N*=1746 | *N*=1856 | *N*=2571 |
| 小学及以下/% | 12.6 | 9.7 | 12.2 | 12.2 | 12.3 | 11.4 |
| 初中/% | 62.3 | 71.1 | 48.8 | 59.1 | 52.6 | 63.0 |
| 高中/中专/职高/% | 20.5 | 16.6 | 30.4 | 22 | 27.6 | 20.3 |
| 大学专科/% | 4.2 | 2.1 | 5.7 | 4.6 | 5.3 | 3.8 |
| 大学本科及以上/% | 0.4 | 0.5 | 2.8 | 2.1 | 2.2 | 1.5 |

注：本地指来自九寨沟县本地旅游从业者，移民指来自九寨沟县以外旅游从业者；***代表在 0.01 水平上统计差异具有显著性，下表同

**表 4-5 九寨沟旅游从业者民族和职位比较*****

| 基本特征 | 本地 | | 移民 | | 全体 | |
|---|---|---|---|---|---|---|
| | 2007 年 | 2013 年 | 2007 年 | 2013 年 | 2007 年 | 2013 年 |
| 民族： | *N*=679 | *N*=1958 | *N*=1808 | *N*=3638 | *N*=2487 | *N*=5596 |
| 汉族/% | 61.4 | 69.7 | 73.0 | 73.3 | 69.8 | 72 |
| 藏族/% | 34.8 | 26.6 | 20.2 | 20.0 | 24.2 | 22.3 |
| 羌族/% | 5.2 | 0.6 | 5.2 | 3.4 | 3.9 | 2.4 |
| 回族/% | 0.8 | 3 | 0.8 | 1.9 | 1.4 | 2.3 |
| 苗族/% | 0.1 | 0 | 0.1 | 0.1 | 0.0 | 0.1 |
| 土家族/% | 0.2 | 0.1 | 0.2 | 0.4 | 0.2 | 0.3 |
| 彝族/% | 0.4 | 0 | 0.4 | 0.1 | 0.3 | 0.0 |
| 裕固族/% | 0.1 | 0 | 0.1 | 0.1 | 0.0 | 0.1 |
| 其他/% | 0.1 | 0.1 | 0.1 | 0.3 | 0.1 | 0.2 |
| 职位： | *N*=1236 | *N*=834 | *N*=3773 | *N*=1722 | *N*=5009 | *N*=2556 |
| 饭店业普通职员/% | 71.8 | 74.9 | 42.0 | 70.4 | 48.6 | 71.9 |

续表

| 基本特征 | 本地 | | 移民 | | 全体 | |
|---|---|---|---|---|---|---|
| | 2007 年 | 2013 年 | 2007 年 | 2013 年 | 2007 年 | 2013 年 |
| 管理人员/% | 3.1 | 5.8 | 10.9 | 5.6 | 8.9 | 5.7 |
| 休闲娱乐从业者/% | 4.3 | 6.7 | 14.3 | 9.6 | 11.9 | 8.9 |
| 个体小企业主/% | 14.9 | 6.0 | 16.4 | 7.4 | 16.1 | 6.9 |
| 旅游业其他从业者/% | 5.9 | 6.6 | 16.4 | 7.0 | 14.5 | 6.9 |

注：饭店业普通职员包括饭店业一线服务人员、厨师、后勤人员和其他员工；管理人员分基层、中层和高层；休闲娱乐从业者包括技师、歌手（演员）和导游；个体小企业主包括个体业主和驾驶员；旅游业其他从业者包括技术工和体力工；0.0 指该选项有人，但由于数量少，无法精确显示；0 则指该选项无人

九寨沟旅游从业者比较特征：男性主导，年龄较大，学历较高，汉族比例高，相对在休闲娱乐业、本地服务业、旅游购物业、游览业、旅游交通业中工作比例高，从事管理、技术岗位与最低端的体力从业者比例大。

1. 九寨沟饭店业从业者历时特征

卡方检验显示，饭店业旅游从业移民与本地从业者在性别、年龄指标上具有显著差异（$p$=0.000，表 4-6）：第一，饭店业旅游从业移民以男性为主。饭店从业者本地和移民情况与总体旅游从业者的情况类似，即本地女性比例高于男性，而移民男性比例超过女性。第二，旅游从业移民以 54 岁以下年龄段为主，平均年龄高于本地从业者，具体情况与总体旅游从业者情况相似。年度比较发现：随时间推移，饭店业旅游从业移民的性别比例趋于平衡，低年龄比例降低，高年龄段比例上升，变化趋势与全体旅游从业移民的情况类似。

**表 4-6　九寨沟饭店业旅游从业者基本特征比较*****

| 基本特征 | 本地 | | 移民 | | 全体 | |
|---|---|---|---|---|---|---|
| | 2007 年 | 2013 年 | 2007 年 | 2013 年 | 2007 年 | 2013 年 |
| 性别： | $N$=1136 | $N$=1778 | $N$=2330 | $N$=2657 | $N$=3466 | $N$=4435 |
| 男性/% | 46.3 | 46.2 | 57.0 | 54.6 | 53.5 | 51.3 |
| 女性/% | 53.7 | 53.8 | 43.0 | 45.4 | 46.5 | 48.7 |
| 年龄： | $N$=1127 | $N$=1798 | $N$=2322 | $N$=2656 | $N$=3449 | $N$=4454 |
| ≤24 岁/% | 57.8 | 46.9 | 41.9 | 35.7 | 47.1 | 40.1 |
| 25～34 岁/% | 28.7 | 25.6 | 35.6 | 29.4 | 33.4 | 27.9 |
| 35～44 岁/% | 11.5 | 17.5 | 18.0 | 19.9 | 15.9 | 18.9 |
| 45～54 岁/% | 1.8 | 8.9 | 3.9 | 12.0 | 3.2 | 10.8 |
| 55～64 岁/% | 0.2 | 1.1 | 0.5 | 2.9 | 0.4 | 2.2 |
| ≥65 岁/% | 0 | 0 | 0.1 | 0.1 | 0.1 | 0.1 |

2. 九寨沟旅游企业主历时特征

卡方检验显示，本地和移民旅游企业主除“性别”外，其他指标特征具有显著差异（表 4-7）：第一，旅游企业主移民男性比重明显高于本地旅游企业主，本地旅游企业主女性比例上升，超过男性；第二，25～34 岁和 65 岁以上两个年龄段的旅游企业主移民所占比例明显小于本地企业主，而 35～64 岁年龄段的比例高于本地；旅游企业主移民的平均年龄与本地企业主差距较小；第三，旅游企业主

**表 4-7　九寨沟旅游企业主基本特征比较**

| 基本特征 | 本地 | | 移民 | | 全体 | |
|---|---|---|---|---|---|---|
| | 2007 年 | 2013 年 | 2007 年 | 2013 年 | 2007 年 | 2013 年 |
| 性别： | *N*=94 | *N*=116 | *N*=389 | *N*=510 | *N*=483 | *N*=626 |
| 男性/% | 53.2 | 49.1 | 60.7 | 64.5 | 59.2 | 61.7 |
| 女性/% | 46.8 | 50.9 | 39.3 | 35.5 | 40.8 | 38.3 |
| *年龄： | *N*=153 | *N*=116 | *N*=503 | *N*=510 | *N*=656 | *N*=626 |
| ≤24 岁/% | 7.8 | 5.2 | 9.3 | 4.3 | 9.0 | 4.5 |
| 25～34 岁/% | 45.8 | 43.1 | 37.8 | 31.2 | 39.6 | 33.4 |
| 35～44 岁/% | 35.9 | 26.7 | 38.8 | 43.5 | 38.1 | 40.4 |
| 45～54 岁/% | 7.8 | 18.1 | 11.3 | 15.5 | 10.5 | 16.0 |
| 55～64 岁/% | 0.7 | 4.3 | 2.4 | 5.3 | 2.0 | 5.1 |
| ≥65 岁/% | 2.0 | 2.6 | 0.4 | 0.2 | 0.8 | 0.6 |
| **学历： | *N*=91 | *N*=116 | *N*=366 | *N*=509 | *N*=457 | *N*=625 |
| 小学及以下/% | 35.2 | 18.1 | 20.2 | 20.8 | 23.2 | 20.4 |
| 初中/% | 39.6 | 49.1 | 52.7 | 44.6 | 50.1 | 45.5 |
| 高中（中专/职高）/% | 19.8 | 23.3 | 21.0 | 25.1 | 20.8 | 25.0 |
| 大学专科/% | 4.4 | 8.6 | 4.6 | 7.1 | 4.6 | 7.2 |
| 大学本科及以上/% | 1.1 | 0.9 | 1.4 | 2.4 | 1.3 | 1.9 |
| ***民族： | *N*=181 | *N*=116 | *N*=507 | *N*=510 | *N*=688 | *N*=626 |
| 汉族/% | 54.7 | 65.5 | 88.2 | 68.8 | 79.4 | 68.1 |
| 藏族/% | 42.0 | 22.4 | 6.7 | 16.7 | 16.0 | 18.2 |
| 羌族/% | 1.1 | 0.9 | 3.2 | 5.1 | 2.6 | 4.2 |
| 回族/% | 2.2 | 10.3 | 1.4 | 5.4 | 1.6 | 6.2 |
| 苗族/% | 0.0 | 0.9 | 0.4 | 3.9 | 0.3 | 3.3 |
| 彝族/% | 0.0 | 0.0 | 0.2 | 0.1 | 0.1 | 0.0 |

*表示在 0.1 水平上统计差异具有显著性；**表示在 0.05 水平上统计差异具有显著性；***表示在 0.01 水平上统计差异具有显著性

总体学历低，大学专科及以上比例较小，旅游企业主移民的学历略高于本地，反映出从业门槛低；第四，旅游企业主移民的汉族、羌族和苗族比例高于本地企业主，藏族和回族比例低于本地。

年度比较发现：第一，随时间演进，旅游企业主移民男女比例差距拉大，男性主体地位愈加强化，而本地企业主性别趋于平衡；第二，旅游企业主移民 54 岁以下年龄段仍占据重要比例，34 岁及以下年龄段比例下降显著，45～64 岁高年龄段移民比例略上升，上升比例低于本地，旅游企业主移民平均年龄上升；第三，旅游企业主移民初中及以下学历段在下降，高中及以上学历的比例小幅上升；第四，汉族旅游企业主移民的比例下降，而少数民族的比例基本都在上升。

九寨沟企业主移民比较特征：移民总体男性居多，年龄略大，学历较高，以汉族为主，本地企业主藏民多、在低年龄和高年龄段经营多，从事藏餐（藏家乐）和饭店的比例高。

### 4.2.3　黄山旅游从业移民基本特征

1. 2009 年黄山导游移民基本特征

据黄山导游公司 2010 年导游登记资料显示，黄山市 2009 年持有导游证人员共有 4180 人。鉴于在读学生从业性、定居性等从业者移民特征不典型，排除了 211 位在读学生。对入迁地分析发现，导游主要依托单位包括三家，即黄山市导游服务公司、旅行社和黄山区导游服务部。前两个单位导游绝大多数在屯溪区（黄山风景区一级集散地）从业和居住，判定屯溪为入迁地，后者主要在黄山区（汤口镇和甘棠镇，黄山风景区二级集散地），判定入迁地为黄山区。最后确定黄山风景区导游从业人员 3969 人，其中移民 2908 人（73.3%），本地 1061 人（26.7%）。

卡方检验显示，主客导游从业人员除“民族”外，其他特征具有显著差异（表 4-8），具体分析如下。

**表 4-8　黄山导游基本特征比较**

| 基本特征 | 本地 | 移民 | 全体 | 基本特征 | 本地 | 移民 | 全体 |
|---|---|---|---|---|---|---|---|
| **性别： | $N$=1061 | $N$=2908 | $N$=3969 | 民族： | $N$=993 | $N$=2760 | $N$=3753 |
| 男性/% | 49.2 | 41.6 | 43.6 | 汉族/% | 99.8 | 99.2 | 99.4 |
| 女性/% | 50.8 | 58.4 | 56.4 | 朝鲜族/% | 0 | 0.5 | 0.4 |
| ***学历： | $N$=1061 | $N$=2905 | $N$=3966 | 回族/% | 0.2 | 0.1 | 0.2 |
| 高中（职高/中专/中技）/% | 58.7 | 39.8 | 44.9 | 土家族/% | 0 | 0.1 | 0.1 |
| 大学专科/% | 34.4 | 44.5 | 41.8 | 蒙古族/% | 0 | 0.0 | 0.0 |
| 大学本科及以上/% | 6.9 | 15.7 | 13.4 | 满族/% | 0 | 0.0 | 0.0 |

续表

| 基本特征 | 本地 | 移民 | 全体 | 基本特征 | 本地 | 移民 | 全体 |
|---|---|---|---|---|---|---|---|
| ***年龄： | $N$=1061 | $N$=2908 | $N$=3969 | ***语种： | $N$=1060 | $N$=2906 | $N$=3966 |
| ≤24 岁/% | 14.8 | 30.3 | 26.1 | 普通话/% | 93.3 | 89.5 | 90.5 |
| 25～34 岁/% | 56.1 | 51.1 | 52.4 | 粤语/% | 0.1 | 0.2 | 0.2 |
| 35～44 岁/% | 27.0 | 17.3 | 19.9 | 英语/% | 3.8 | 7.7 | 6.7 |
| 45～54 岁/% | 1.9 | 1.3 | 1.5 | 日语/% | 2.5 | 1.7 | 1.9 |
| 55～64 岁/% | 0.2 | 0.0 | 0.1 | 韩语/% | 0.2 | 0.7 | 0.6 |
| 均值 | 31.16 | 28.74 | 29.39 | 其他（俄/法/德/西班牙/阿拉伯语）/% | 0.1 | 0.2 | 0.2 |
| **等级： | $N$=1061 | $N$=2908 | $N$=3969 | ***工作单位： | $N$=1061 | $N$=2908 | $N$=2989 |
| 初级/% | 90.7 | 92.9 | 92.3 | 黄山市导游服务公司/% | 61.8 | 80.2 | 75.3 |
| 中级/% | 9.0 | 7.0 | 7.5 | 黄山区导游服务部/% | 23.5 | 9.6 | 13.3 |
| 高级/% | 0.3 | 0.1 | 0.2 | 旅行社/% | 14.7 | 10.1 | 11.4 |

注：**表示在 0.05 水平上统计差异具有显著性；***表示在 0.01 水平上统计差异具有显著性；0.0 指该选项有人，但由于数量少，无法显示

（1）性别：本地导游男女各半，移民导游女性比例近六成，明显高于男性。

（2）学历：大专以上学历的移民导游有六成，而本地仅四成，移民导游学历明显高于本地。

（3）年龄：移民导游年龄段八成集中在 35 岁以下，平均年龄比本地年轻 2.42 岁，移民导游随着年龄增长转行或离开较多，导游队伍具有明显的不稳定性。

（4）民族：移民导游与本地导游没有显著差异，总体汉族占据绝大多数，但移民导游的民族多样性要高于本地导游。尤其有 14 位朝鲜族移民导游，主要从事韩语导游服务。

（5）等级：本地中高级导游比例高于移民，这可能与移民导游的年龄小有关。

（6）语种：移民导游从事非普通话以及除日语外的其他语种比例明显高于本地导游。

（7）工作单位：移民导游主要挂靠在黄山市导游服务公司，而本地导游大都在黄山区导游服务部和旅行社工作。

黄山移民导游基本特征：移民导游女性多，学龄小，年龄小，从事英语及小语种服务比例高，移民导游低龄化（临时性）从业特征较为突出。

2. 2009 年屯溪饭店从业者移民基本特征

2010 年 4 月采集到香茗大酒店（4 星）、国际大酒店（4 星）、华山宾馆（4 星饭店）等屯溪区主要高星级酒店的 2219 位员工样本数据。卡方检验显示，屯溪本地和移民饭店从业人员除“婚姻”外，其他特征具有显著差异（表 4-9），具体

分析如下。

（1）性别：饭店从业者中移民男性比例略高于本地，屯溪饭店从业者总体女性高于男性。

（2）学历：饭店从业者中移民学历明显高于本地，饭店从业者中移民专科及以上（23.3%）比本地（16.0%）高 7.3 个百分点，而初中及以下学历（35.7%）比例低于本地（48.4%）近 13 个百分点。

（3）年龄：饭店从业者中移民平均年龄略低于本地，饭店从业者平均年龄 30.21 岁，总体年龄较小。

**表 4-9　屯溪饭店从业者基本特征比较**

| 基本特征 | 本地 | 移民 | 全体 | 基本特征 | 本地 | 移民 | 全体 |
|---|---|---|---|---|---|---|---|
| ***学历： | $N$=903 | $N$=1253 | $N$=2156 | **性别： | $N$=933 | $N$=1286 | $N$=2219 |
| 小学/% | 1.7 | 0.9 | 1.2 | 男性/% | 42.2 | 46.8 | 44.9 |
| 初中/% | 46.7 | 34.8 | 39.8 | 女性/% | 57.8 | 53.2 | 55.1 |
| 高中（职高/中专/中技）/% | 35.5 | 41.0 | 38.7 | ***职位： | $N$=916 | $N$=1203 | $N$=2119 |
| 大学专科/% | 12.8 | 18.8 | 16.3 | 总经理级/% | 0.1 | 1.8 | 1.1 |
| 大学本科及以上/% | 3.2 | 4.5 | 4.0 | 经理级/% | 1.0 | 3.4 | 2.4 |
| **年龄： | $N$=913 | $N$=1276 | $N$=2207 | 主管级/% | 5.3 | 6.3 | 5.9 |
| ≤24 岁/% | 33.6 | 38.4 | 36.4 | 领班级/% | 6.8 | 7.1 | 7.0 |
| 25～34 岁/% | 32.3 | 32.9 | 32.7 | 一般工作人员/% | 18.0 | 19.9 | 19.1 |
| 35～44 岁/% | 24.5 | 19.0 | 21.3 | 技术人员/% | 7.1 | 7.5 | 7.3 |
| 45～54 岁/% | 8.9 | 8.4 | 8.6 | 一线服务人员/% | 42.5 | 39.6 | 40.8 |
| 55～64 岁/% | 0.6 | 1.3 | 1.0 | 后勤人员/% | 12.0 | 3.3 | 7.1 |
| 均值 | 30.75 | 29.82 | 30.21 | 厨师/% | 7.2 | 11.1 | 9.4 |
| ***旅游地工作时间： | $N$=926 | $N$=1280 | $N$=2206 | ***部门： | $N$=928 | $N$=1241 | $N$=2169 |
| 2 年以内/% | 79.5 | 63.9 | 70.4 | 前厅部/% | 9.2 | 7.3 | 8.1 |
| 2.5～5 年/% | 7.7 | 13.3 | 10.9 | 客房部/% | 19.1 | 16.0 | 17.3 |
| 6～10 年/% | 6.0 | 8.8 | 7.6 | 餐饮部/% | 30.9 | 34.6 | 33.1 |
| 10 年以上/% | 6.8 | 14.1 | 11.0 | 工程部/% | 6.0 | 6.8 | 6.5 |
| 均值 | 3.04 | 4.52 | 3.90 | 财务部/% | 3.3 | 6.0 | 4.9 |
| 婚姻： | $N$=933 | $N$=1286 | $N$=2219 | 销售部/% | 4.1 | 5.9 | 5.1 |
| 已婚/% | 47.5 | 46.3 | 46.8 | 后勤部/% | 7.1 | 1.9 | 4.1 |
| 未婚/% | 51.9 | 52.5 | 52.2 | 总经理办公室/% | 0.1 | 1.2 | 0.7 |
| 离异/% | 0.5 | 1.1 | 0.9 | 保安部/% | 10.6 | 7.4 | 8.8 |
| 丧偶/% | 0.1 | 0.1 | 0.1 | 人事部/% | 2.4 | 6.3 | 4.6 |
| | | | | 其他/% | 7.2 | 6.4 | 6.8 |

注：**表示在 0.05 水平上统计差异具有显著性；***表示在 0.01 水平上统计差异具有显著性；本地指屯溪区饭店从业者，移民指屯溪区以外饭店从业者

（4）部门：饭店从业者中移民在餐饮部、财务部、销售部、人事部、总经理办公室等部门工作比例明显高于本地，而本地在客房部、后勤部、保安部、前厅部工作比例较高。

（5）职位：饭店从业者中移民从事管理职位比例较高，从事后勤和一线服务工作比例较低，饭店从业者中移民职位等级明显高于本地。

（6）企业工作时间：饭店从业者中移民在企业的工作时间明显高于本地，这与移民从事流动率最高的一线服务人员（平均工作时间 2.30 年）比例较低有关。

屯溪饭店从业者移民基本特征：移民总体学历较高，年龄较轻，男性较多，在技术和管理部门和岗位上工作较多，在企业内工作时间较长，稳定性较强。

### 3. 2009 年汤口旅游从业者移民基本特征

汤口派出所资料显示，2009 年汤口镇流动人口共 3444 人。在分析时，把汤口镇行政隶属地黄山区视为本地（745 人），黄山区以外视为移民（2699 人）。由于移民人口学特征数据只获得了两项，即性别和年龄，卡方检验显示，这两项指标都具有显著差异（$p<0.01$）。

（1）性别：移民男性居多，占 56.5%，而本地女性居多，占 53.7%。

（2）年龄：移民平均年龄 32.34 岁，高出本地（平均 30.71 岁）1.63 岁。移民年龄段分布要高于本地，35 岁以下移民占 57.3%，本地占 61.2%；45 岁以上移民占 15.4%，而本地占 11%。

汤口旅游从业者移民与本地从业者相比，移民总体男性居多，年龄较大。

### 4. 2009 年黄山风景区山上旅游从业者移民基本特征

黄山风景区内员工全部在山上工作。据黄山股份公司工作人员统计，2010 年山上饭店从业人员数为 1250 左右，除光明顶饭店外，其余企业都为黄山股份公司下属公司。从黄山股份公司获取了 1053 位样本，其中有 165 位样本为索道公司员工，其职位与饭店职位基本吻合，如技术人员归为饭店技术人员，检票员归为饭店一般工作人员。把索道公司职位也归并入饭店，统称为山上饭店，以实现内部职位的再分类分析，或与其他案例地饭店进行对比。在移民界定时，把风景区依托地黄山区视为本地，黄山区以外视为移民。

卡方检验显示，本地和移民山上饭店从业者除“性别”外，其他特征具有显著差异（表 4-10），具体分析如下。

（1）性别：山上饭店从业者中，移民与本地在统计学上没有显著差异，各占一半左右，移民中男性比例相对较高。

（2）学历：移民在大学专科和大学本科及以上比例高出本地 5.4%，学历结构偏高。

（3）年龄：移民平均年龄明显高出本地 2.82 岁，在年龄段上，25 岁以下比例明显低于本地，35～54 岁比例明显高于本地。这与移民与本地从业者从事的岗位差异有关。

（4）婚姻：移民已婚率明显高于本地，接近六成已婚，相对稳定。这与移民年龄结构有关。

（5）部门：移民在财务部、总经理办公室、人事部工作较多，本地在餐饮部、保安部、客房部工作较多，移民工作部门的技术含量相对较高。

（6）职位：移民在经理级、主管级、领班级、总经理级、一般工作人员职位上比例明显较高，本地从业者从事一线服务人员岗位比例明显较高。

黄山风景区山上饭店从业者移民基本特征：男性偏多，年龄偏大，大专及以上学历相比本地较多，接近六成已婚，相对稳定，在管理和技术部门和岗位上从业比例高。

**表 4-10　黄山风景区山上饭店从业者基本特征比较**

| 基本特征 | 本地 | 移民 | 全体 | 基本特征 | 本地 | 移民 | 全体 |
|---|---|---|---|---|---|---|---|
| 性别： | $N$=355 | $N$=639 | $N$=994 | ***职位： | $N$=351 | $N$=635 | $N$=986 |
| 男性/% | 49.0 | 52.6 | 51.3 | 总经理级/% | 1.4 | 2.5 | 2.1 |
| 女性/% | 51.0 | 47.4 | 48.7 | 经理级/% | 3.7 | 8.5 | 6.8 |
| ***年龄： | $N$=355 | $N$=639 | $N$=994 | 主管级/% | 3.1 | 5.2 | 4.5 |
| ≤24 岁/% | 42.3 | 30.0 | 34.4 | 领班级/% | 4.6 | 6.3 | 5.7 |
| 25～34 岁/% | 26.2 | 25.8 | 26.0 | 一般工作人员/% | 16.5 | 19.8 | 18.7 |
| 35～44 岁/% | 23.7 | 29.0 | 27.1 | 技术人员/% | 9.7 | 8.7 | 9.0 |
| 45～54 岁/% | 7.3 | 14.7 | 12.1 | 一线服务人员/% | 46.2 | 32.8 | 37.5 |
| 55～64 岁/% | 0.6 | 0.5 | 0.5 | 后勤人员/% | 1.7 | 3.6 | 2.9 |
| 均值 | 29.86 | 32.68 | 31.67 | 厨师/% | 13.1 | 12.6 | 12.8 |
| *学历： | $N$=353 | $N$=632 | $N$=985 | **部门： | $N$=355 | $N$=639 | $N$=994 |
| 小学/% | 1.4 | 1.4 | 1.4 | 前厅部/% | 3.1 | 4.4 | 3.9 |
| 初中/% | 45.0 | 40.0 | 41.8 | 客房部/% | 17.7 | 15.3 | 16.2 |
| 高中/职高/中专/中技/% | 46.7 | 46.4 | 46.5 | 餐饮部/% | 35.8 | 31.6 | 33.1 |
| 大学专科/% | 5.7 | 9.2 | 7.9 | 工程部/% | 9.0 | 8.6 | 8.8 |
| 大学本科及以上/% | 1.1 | 3.0 | 2.3 | 财务部/% | 3.9 | 8.6 | 6.9 |
| ***婚姻： | $N$=355 | $N$=639 | $N$=994 | 销售部/% | 12.7 | 11.0 | 11.6 |
| 已婚/% | 45.9 | 59.8 | 54.8 | 后勤部/% | 1.7 | 2.5 | 2.2 |
| 未婚/% | 52.1 | 38.0 | 43.1 | 总经理办公室/% | 0.8 | 2.3 | 1.8 |
| 离异/% | 1.4 | 2.2 | 1.9 | 保安部/% | 8.7 | 6.4 | 7.2 |
| 丧偶/% | 0.6 | 0 | 0.2 | 人事部/% | 6.5 | 9.2 | 8.2 |

注：*表示在 0.1 水平上统计差异具有显著性；**表示在 0.05 水平上统计差异具有显著性；***表示在 0.01 水平上统计差异具有显著性；本地指黄山区饭店从业者，移民指黄山区以外饭店从业者

### 4.2.4 黄山旅游从业移民历时特征

汤口派出所资料显示，在判定本地和移民旅游从业者时，把汤口镇行政隶属地黄山区视为本地，黄山区以外视为移民。移民人口学特征数据只获得两项，即性别和年龄。

卡方检验显示，移民与本地旅游从业者在性别和年龄两项指标上具有显著差异（$p<0.01$，表 4-11）：第一，旅游从业移民男性比例先低于后高于本地旅游从业者；旅游从业移民以男性为主，与本地从业者相反。第二，旅游从业移民 44 岁以上年龄段的比例变得高于本地旅游从业者，而低年龄段低于本地。第三，少数民族旅游从业移民占比高于本地旅游从业者。通过 2009 年和 2015 年年度比较发现：第一，旅游从业移民的主体部分由女性转为男性。第二，旅游从业移民的平均年龄上升幅度较大，其中以 44 岁以上的上升幅度最大，主体由 45 岁以下年龄段变为 25～54 岁年龄段。第三，汉族旅游从业移民占据并保持了其绝对核心地位。

**表 4-11　黄山旅游从业移民人口学特征比较**

| 基本特征 | 本地 | | 移民 | | 全体 | |
|---|---|---|---|---|---|---|
| | 2009 年 | 2015 年 | 2009 年 | 2015 年 | 2009 年 | 2015 年 |
| **性别： | *N*=1061 | *N*=832 | *N*=2908 | *N*=2657 | *N*=3969 | *N*=3489 |
| 男性/% | 49.2 | 48.5 | 41.6 | 53.5 | 43.6 | 52.5 |
| 女性/% | 50.8 | 51.5 | 58.4 | 46.5 | 56.4 | 47.5 |
| ***年龄： | *N*=1061 | *N*=832 | *N*=2908 | *N*=3628 | *N*=3969 | *N*=4460 |
| ≤24 岁/% | 14.8 | 13.8 | 30.3 | 12 | 26.1 | 12.4 |
| 25～34 岁/% | 56.1 | 33.9 | 51.1 | 29.9 | 52.4 | 30.7 |
| 35～44 岁/% | 27.0 | 25 | 17.3 | 23.5 | 19.9 | 23.8 |
| 45～54 岁/% | 1.9 | 22.3 | 1.3 | 25.3 | 1.5 | 24.6 |
| ≥55 岁/% | 0.2 | 4.9 | 0.0 | 9.3 | 0.1 | 8.5 |
| 民族： | *N*=993 | *N*=832 | *N*=2760 | *N*=1746 | *N*=3753 | *N*=2578 |
| 汉族/% | 99.8 | 100 | 99.2 | 98.9 | 99.4 | 99.1 |
| 少数民族/% | 0.2 | 0 | 0.8 | 1.1 | 0.6 | 0.9 |

**表示在 0.05 水平上统计差异具有显著性；***表示在 0.01 水平上统计差异具有显著性

## 4.3 本章小结

本章主要对案例地九寨沟和黄山的发展概况和旅游从业者样本特征进行分析，进而发现两案例地样本特征异同，案例地具体情况如下：

（1）根据样本对比分析发现，两案例地旅游从业者样本在性别上没有显著差异，男性居多；在年龄和民族上有显著差异，九寨沟旅游从业者平均年龄低于黄山，少数民族比例高于黄山。随着时间推进，九寨沟和黄山的旅游从业者的性别差异缩小且比例趋于平衡，平均年龄增加，汉族从业者占据主体地位。

（2）九寨沟旅游从业移民结构变化主要呈现以下特征：第一，旅游从业移民以男性为主，且男女性别比例差距减小，性别比例趋向平衡。第二，旅游从业移民高年龄段比例增加，平均年龄上升幅度较大。第三，受旅游业低门槛等行业特性的影响，旅游从业移民以低学历为主；拥有高学历的旅游从业移民占比较高，说明了教育的流通性。第四，汉族旅游从业移民占据主体地位，又因为九寨沟地缘关系，藏族占据了少数民族旅游从业移民的重要比例。第五，饭店业旅游从业者是旅游从业移民的主要组成部分，其结构和变化趋势与旅游从业移民总体情况相符。九寨沟旅游企业主移民结构变化在民族特征上与总体旅游从业移民情况相似，但在其他特征上存在一定区别。旅游企业主移民中男性明显多于女性。旅游企业主移民的平均年龄与本地旅游企业主相差不大，但 35～64 岁年龄段占比较大。高学历旅游企业主移民的比例高于本地旅游企业主，且其比例在上升。

（3）黄山旅游从业移民结构变化具有以下三个特征：第一，黄山旅游从业移民的主体由女性转为男性，二者比例相对平衡；第二，黄山旅游从业移民由 45 岁以下年龄段变为 25～54 岁年龄段，平均年龄上升较多；第三，汉族旅游从业移民占绝大多数。

# 第 5 章　自然观光地旅游从业移民源空间分布特征

在揭示自然观光地旅游从业移民基本特征的基础上，本章基于九寨沟 2007 年和 2013 年、黄山 2009 年和 2015 年旅游从业移民信息，立足不同地域、不同类型和不同职位的对比，从旅游从业移民源空间集中度、源空间吸引半径、分段距离分析、历时演变特征等方面全方位揭示案例地旅游从业移民的源空间分布特征。

## 5.1　旅游从业移民源空间分布特征

### 5.1.1　旅游从业移民源空间集中度

#### 5.1.1.1　九寨沟旅游从业移民源空间集中度

1. 旅游从业移民源空间集中度

以省份为来源地，地理集中指数 $G$ 为 85.63，旅游从业者高度集中在四川；以市/州为来源地，地理集中指数 $G$ 为 44.20，旅游从业者四成集中在阿坝州内；以县/区为来源地，地理集中指数 $G$ 为 28.81，来自九寨沟县内的旅游从业者占 27.26%。九寨沟旅游从业移民源空间分布如表 5-1 所示。

**表 5-1　九寨沟旅游从业移民源空间分布**

| 位次 | 以省份为来源地（$N$=6615） | | | 以市/州为来源地（$N$=6314） | | | 以县/区为来源地（$N$=6321） | | |
|---|---|---|---|---|---|---|---|---|---|
| | 省份 | 频数 | 百分比/% | 市/州 | 频数 | 百分比/% | 县/区 | 频数 | 百分比/% |
| 1 | 四川 | 5646 | 85.35 | 阿坝 | 2575 | 40.78 | 九寨沟 | 1723 | 27.26 |
| 2 | 甘肃 | 398 | 6.02 | 成都 | 780 | 12.35 | 文县 | 297 | 4.70 |
| 3 | 重庆 | 198 | 2.99 | 绵阳 | 423 | 6.70 | 茂县 | 168 | 2.66 |
| 4 | 青海 | 82 | 1.24 | 德阳 | 310 | 4.91 | 都江堰 | 148 | 2.34 |
| 5 | 陕西 | 36 | 0.54 | 陇南 | 306 | 4.85 | 松潘 | 141 | 2.23 |
| 6 | 广西 | 31 | 0.47 | 遂宁 | 226 | 3.58 | 金川 | 136 | 2.15 |
| 7 | 湖北 | 29 | 0.44 | 乐山 | 178 | 2.82 | 德阳市区 | 121 | 1.91 |
| 8 | 河南 | 27 | 0.41 | 资阳 | 176 | 2.79 | 马尔康 | 115 | 1.82 |
| 9 | 辽宁 | 25 | 0.38 | 广元 | 163 | 2.58 | 平武 | 107 | 1.69 |
| 10 | 湖南 | 18 | 0.27 | 南充 | 161 | 2.55 | 汶川 | 107 | 1.69 |
| 11 | 山东 | 16 | 0.24 | 内江 | 144 | 2.28 | 中江 | 102 | 1.61 |

续表

| 位次 | 以省份为来源地（$N$=6615） | | | 以市/州为来源地（$N$=6314） | | | 以县/区为来源地（$N$=6321） | | |
|---|---|---|---|---|---|---|---|---|---|
| | 省份 | 频数 | 百分比/% | 市/州 | 频数 | 百分比/% | 县/区 | 频数 | 百分比/% |
| 12 | 云南 | 13 | 0.20 | 甘孜 | 104 | 1.65 | 崇州 | 101 | 1.60 |
| 13 | 贵州 | 10 | 0.15 | 眉山 | 60 | 0.95 | 射洪 | 86 | 1.36 |
| 14 | 黑龙江 | 10 | 0.15 | 宜宾 | 51 | 0.81 | 简阳 | 77 | 1.22 |
| 15 | 江西 | 10 | 0.15 | 甘南 | 45 | 0.71 | 江油 | 75 | 1.19 |
| 16 | 浙江 | 10 | 0.15 | 雅安 | 43 | 0.68 | 安岳 | 71 | 1.12 |
| 17 | 江苏 | 7 | 0.11 | 泸州 | 42 | 0.67 | 理县 | 71 | 1.12 |
| 18 | 西藏 | 7 | 0.11 | 攀枝花 | 42 | 0.67 | 仁寿 | 65 | 1.03 |
| 19 | 吉林 | 6 | 0.09 | 自贡 | 40 | 0.63 | 彭州 | 64 | 1.01 |
| 20 | 其他 | 36 | 0.54 | 其他 | 445 | 7.05 | 其他 | 2546 | 40.28 |

2. 九寨沟饭店从业移民源空间集中度

以省份为来源地，地理集中指数 $G$ 为 88.08，旅游从业者高度集中在四川；以市/州为来源地，地理集中指数 $G$ 为 46.88，旅游从业者四成以上集中在阿坝州内；以县/区为来源地，地理集中指数 $G$ 为 34.28，来自九寨沟县内的旅游从业者占 33.01%，高于总体旅游从业者。九寨沟饭店从业移民的来源地源空间分布如表 5-2 所示。

**表 5-2 九寨沟饭店从业移民源空间分布**

| 位次 | 以省份为来源地（$N$=4436） | | | 以市/州为来源地（$N$=4343） | | | 以县/区为来源地（$N$=4308） | | |
|---|---|---|---|---|---|---|---|---|---|
| | 省份 | 频数 | 百分比/% | 市/州 | 频数 | 百分比/% | 县/区 | 频数 | 百分比/% |
| 1 | 四川 | 3895 | 87.80 | 阿坝 | 1906 | 43.89 | 九寨沟 | 1422 | 33.01 |
| 2 | 甘肃 | 292 | 6.58 | 成都 | 519 | 11.95 | 文县 | 248 | 5.76 |
| 3 | 重庆 | 92 | 2.07 | 绵阳 | 271 | 6.24 | 德阳市区 | 102 | 2.37 |
| 4 | 陕西 | 28 | 0.63 | 德阳 | 190 | 4.37 | 金川 | 92 | 2.14 |
| 5 | 山东 | 13 | 0.29 | 陇南 | 170 | 3.91 | 茂县 | 92 | 2.14 |
| 6 | 湖北 | 12 | 0.27 | 乐山 | 160 | 3.68 | 平武 | 81 | 1.88 |
| 7 | 湖南 | 12 | 0.27 | 广元 | 151 | 3.48 | 汶川 | 79 | 1.83 |
| 8 | 辽宁 | 12 | 0.27 | 内江 | 104 | 2.39 | 松潘 | 70 | 1.62 |
| 9 | 河南 | 11 | 0.25 | 资阳 | 104 | 2.39 | 简阳 | 59 | 1.37 |
| 10 | 黑龙江 | 9 | 0.20 | 遂宁 | 100 | 2.30 | 都江堰 | 58 | 1.35 |
| 11 | 贵州 | 8 | 0.18 | 南充 | 92 | 2.12 | 中江 | 55 | 1.28 |
| 12 | 广西 | 7 | 0.16 | 陇南 | 86 | 1.98 | 理县 | 52 | 1.21 |
| 13 | 江西 | 7 | 0.16 | 宜宾 | 46 | 1.06 | 绵竹 | 48 | 1.11 |

续表

| 位次 | 以省份为来源地（$N$=4436） | | | 以市/州为来源地（$N$=4343） | | | 以县/区为来源地（$N$=4308） | | |
|---|---|---|---|---|---|---|---|---|---|
| | 省份 | 频数 | 百分比/% | 市/州 | 频数 | 百分比/% | 县/区 | 频数 | 百分比/% |
| 14 | 内蒙古 | 5 | 0.11 | 泸州 | 34 | 0.78 | 仁寿 | 48 | 1.11 |
| 15 | 江苏 | 4 | 0.09 | 眉山 | 32 | 0.74 | 郫县 | 47 | 1.09 |
| 16 | 山西 | 4 | 0.09 | 雅安 | 32 | 0.74 | 三台 | 46 | 1.07 |
| 17 | 海南 | 3 | 0.07 | 自贡 | 30 | 0.69 | 马尔康 | 43 | 1.00 |
| 18 | 浙江 | 3 | 0.07 | 甘南 | 22 | 0.51 | 江油 | 41 | 0.95 |
| 19 | 其他 | 19 | 0.43 | 巴中 | 21 | 0.48 | 青川 | 41 | 0.95 |
| 20 | | | | 其他 | 273 | 6.29 | 其他 | 1584 | 36.79 |

#### 5.1.1.2　黄山旅游从业移民源空间集中度[①]

##### 1. 汤口旅游从业移民源空间集中度

以省份为来源地，地理集中指数 $G$ 为 89.98，旅游从业者高度集中在安徽省内；以市/州为来源地，地理集中指数 $G$ 为 64.76，旅游从业者六成以上集中在黄山市内；以县/区为来源地，地理集中指数 $G$ 为 31.52，来自黄山区和徽州的旅游从业者占 38.30%。汤口旅游从业移民源空间分布如表 5-3 所示。

**表 5-3　汤口旅游从业移民源空间分布**

| 位次 | 以省份为来源地（$N$=3439） | | | 以市/州为来源地（$N$=3438） | | | 以县/区为来源地（$N$=3426） | | |
|---|---|---|---|---|---|---|---|---|---|
| | 省份 | 频数 | 百分比/% | 市/州 | 频数 | 百分比/% | 县/区 | 频数 | 百分比/% |
| 1 | 安徽 | 3093 | 89.94 | 黄山 | 2190 | 63.70 | 黄山区 | 745 | 21.75 |
| 2 | 江苏 | 42 | 1.22 | 巢湖 | 328 | 9.54 | 徽州 | 567 | 16.55 |
| 3 | 广西 | 41 | 1.19 | 宣城 | 161 | 4.68 | 歙县 | 314 | 9.17 |
| 4 | 浙江 | 40 | 1.16 | 安庆 | 118 | 3.43 | 庐江 | 275 | 8.03 |
| 5 | 河南 | 38 | 1.11 | 合肥 | 75 | 2.18 | 休宁 | 238 | 6.95 |
| 6 | 江西 | 33 | 0.96 | 池州 | 35 | 1.02 | 屯溪 | 167 | 4.87 |
| 7 | 湖北 | 17 | 0.49 | 宿州 | 33 | 0.96 | 黟县 | 102 | 2.98 |
| 8 | 湖南 | 17 | 0.49 | 芜湖 | 26 | 0.76 | 绩溪 | 77 | 2.25 |
| 9 | 吉林 | 16 | 0.47 | 贺州 | 25 | 0.73 | 枞阳 | 55 | 1.61 |
| 10 | 四川 | 16 | 0.47 | 六安 | 23 | 0.67 | 旌德 | 45 | 1.31 |
| 11 | 内蒙古 | 15 | 0.44 | 滁州 | 20 | 0.58 | 祁门 | 42 | 1.23 |
| 12 | 重庆 | 10 | 0.29 | 南昌 | 18 | 0.52 | 无为 | 35 | 1.02 |
| 13 | 福建 | 8 | 0.23 | 淮北 | 16 | 0.47 | 钟山 | 25 | 0.73 |
| 14 | 贵州 | 7 | 0.20 | 铜陵 | 16 | 0.47 | 包河 | 22 | 0.64 |

① 该小节数据来源为 2009 年，各级行政区划以当时为准

续表

| 位次 | 以省份为来源地（N=3439） | | | 以市/州为来源地（N=3438） | | | 以县/区为来源地（N=3426） | | |
|---|---|---|---|---|---|---|---|---|---|
| | 省份 | 频数 | 百分比/% | 市/州 | 频数 | 百分比/% | 县/区 | 频数 | 百分比/% |
| 15 | 河北 | 7 | 0.20 | 呼伦贝尔 | 15 | 0.44 | 宣州 | 21 | 0.61 |
| 16 | 山东 | 6 | 0.17 | 淮南 | 15 | 0.44 | 贵池 | 19 | 0.55 |
| 17 | 北京 | 5 | 0.15 | 泰州 | 14 | 0.41 | 萧县 | 18 | 0.53 |
| 18 | 辽宁 | 5 | 0.15 | 桂林 | 13 | 0.38 | 潜山 | 17 | 0.50 |
| 19 | 广东 | 4 | 0.12 | 金华 | 13 | 0.38 | 肥西 | 16 | 0.47 |
| 20 | 其他 | 19 | 0.55 | 其他 | 284 | 8.26 | 其他 | 626 | 18.27 |

### 2. 屯溪导游源空间集中度

为了直观展示和比较，选择以屯溪区为入迁地的从业导游进行分析，排除了黄山区导游公司和在校学生导游样本后，获得 3440 个样本数据。分析发现：以省份为来源地，地理集中指数 $G$ 为 95.07，旅游从业者高度集中在安徽省内(95.06%)；以市/州为来源地，地理集中指数 $G$ 为 59.07，旅游从业者近六成集中在黄山市内；以县/区为来源地，地理集中指数 $G$ 为 28.73，来自屯溪区的旅游从业者占 24.43%。屯溪导游源空间分布如表 5-4 所示。

**表 5-4　屯溪导游源空间分布**

| 位次 | 以省份为来源地（N=3440） | | | 以市/州为来源地（N=3422） | | | 以县/区为来源地（N=3324） | | |
|---|---|---|---|---|---|---|---|---|---|
| | 省份 | 频数 | 百分比/% | 市/州 | 频数 | 百分比/% | 县/区 | 频数 | 百分比/% |
| 1 | 安徽 | 3270 | 95.06 | 黄山 | 1987 | 58.07 | 屯溪 | 812 | 24.43 |
| 2 | 山东 | 22 | 0.64 | 宣城 | 173 | 5.06 | 歙县 | 340 | 10.23 |
| 3 | 吉林 | 21 | 0.61 | 安庆 | 153 | 4.47 | 黄山区 | 204 | 6.14 |
| 4 | 江西 | 17 | 0.49 | 合肥 | 142 | 4.15 | 休宁 | 169 | 5.08 |
| 5 | 湖北 | 14 | 0.41 | 阜阳 | 129 | 3.77 | 徽州 | 145 | 4.36 |
| 6 | 浙江 | 9 | 0.26 | 滁州 | 95 | 2.78 | 祁门 | 103 | 3.10 |
| 7 | 广西 | 9 | 0.26 | 宿州 | 94 | 2.75 | 黟县 | 99 | 2.98 |
| 8 | 江苏 | 8 | 0.23 | 巢湖 | 93 | 2.72 | 包河 | 46 | 1.38 |
| 9 | 湖南 | 8 | 0.23 | 芜湖 | 74 | 2.16 | 宣州 | 45 | 1.35 |
| 10 | 河北 | 8 | 0.23 | 六安 | 65 | 1.90 | 绩溪 | 43 | 1.29 |
| 11 | 新疆 | 7 | 0.20 | 淮北 | 57 | 1.67 | 蜀山 | 39 | 1.17 |
| 12 | 四川 | 7 | 0.20 | 池州 | 52 | 1.52 | 庐江 | 30 | 0.90 |
| 13 | 福建 | 7 | 0.20 | 蚌埠 | 48 | 1.40 | 镜湖 | 30 | 0.90 |
| 14 | 陕西 | 6 | 0.17 | 淮南 | 31 | 0.91 | 无为 | 27 | 0.81 |
| 15 | 重庆 | 5 | 0.15 | 亳州 | 28 | 0.82 | 贵池 | 26 | 0.78 |
| 16 | 黑龙江 | 5 | 0.15 | 马鞍山 | 24 | 0.70 | 怀宁 | 25 | 0.75 |
| 17 | 河南 | 3 | 0.09 | 铜陵 | 20 | 0.58 | 定远 | 25 | 0.75 |

续表

| 位次 | 以省份为来源地（N=3440） | | | 以市/州为来源地（N=3422） | | | 以县/区为来源地（N=3324） | | |
|---|---|---|---|---|---|---|---|---|---|
| | 省份 | 频数 | 百分比/% | 市/州 | 频数 | 百分比/% | 县/区 | 频数 | 百分比/% |
| 18 | 广东 | 3 | 0.09 | 延边 | 11 | 0.32 | 旌德 | 24 | 0.72 |
| 19 | 上海 | 2 | 0.06 | 长春 | 7 | 0.20 | 太和 | 23 | 0.69 |
| 20 | 其他 | 9 | 0.26 | 其他 | 139 | 4.06 | 其他 | 1069 | 32.16 |

### 3. 屯溪饭店从业者源空间集中度

以省份为来源地，地理集中指数 $G$ 为 90.89，旅游从业者高度集中在安徽省内（90.84%）；以市/州为来源地，地理集中指数 $G$ 为 79.65，旅游从业者近八成集中在黄山市内，明显高于汤口和屯溪导游；以县/区为来源地，地理集中指数 $G$ 为 50.75，来自本地屯溪区的旅游从业者占 46.31%，比例明显高于汤口和屯溪导游。屯溪饭店从业者源空间分布如表 5-5 所示。

**表 5-5　屯溪饭店从业者源空间分布**

| 位次 | 以省份为来源地（N=2326） | | | 以市/州为来源地（N=2232） | | | 以县/区为来源地（N=2006） | | |
|---|---|---|---|---|---|---|---|---|---|
| | 省份 | 频数 | 百分比/% | 市/州 | 频数 | 百分比/% | 县/区 | 频数 | 百分比/% |
| 1 | 安徽 | 2113 | 90.84 | 黄山 | 1774 | 79.48 | 屯溪 | 929 | 46.31 |
| 2 | 江苏 | 38 | 1.63 | 宣城 | 72 | 3.23 | 歙县 | 349 | 17.40 |
| 3 | 浙江 | 33 | 1.42 | 安庆 | 55 | 2.46 | 黄山区 | 186 | 9.27 |
| 4 | 河南 | 30 | 1.29 | 合肥 | 47 | 2.11 | 休宁 | 106 | 5.28 |
| 5 | 江西 | 25 | 1.07 | 巢湖 | 31 | 1.39 | 徽州 | 42 | 2.09 |
| 6 | 上海 | 16 | 0.69 | 芜湖 | 17 | 0.76 | 祁门 | 37 | 1.84 |
| 7 | 广东 | 11 | 0.47 | 亳州 | 15 | 0.67 | 绩溪 | 31 | 1.55 |
| 8 | 山东 | 9 | 0.39 | 池州 | 13 | 0.58 | 黟县 | 19 | 0.95 |
| 9 | 湖北 | 7 | 0.30 | 六安 | 12 | 0.54 | 无为 | 11 | 0.55 |
| 10 | 四川 | 6 | 0.26 | 宿州 | 11 | 0.49 | 长丰 | 9 | 0.45 |
| 11 | 广西 | 5 | 0.21 | 滁州 | 10 | 0.45 | 怀宁 | 9 | 0.45 |
| 12 | 河北 | 5 | 0.21 | 上饶 | 10 | 0.45 | 旌德 | 9 | 0.45 |
| 13 | 湖南 | 5 | 0.21 | 阜阳 | 9 | 0.40 | 庐江 | 9 | 0.45 |
| 14 | 陕西 | 5 | 0.21 | 郑州 | 9 | 0.40 | 泾县 | 8 | 0.40 |
| 15 | 贵州 | 3 | 0.13 | 铜陵 | 8 | 0.36 | 包河 | 7 | 0.35 |
| 16 | 重庆 | 3 | 0.13 | 宿迁 | 7 | 0.31 | 枞阳 | 7 | 0.35 |
| 17 | 海南 | 2 | 0.09 | 蚌埠 | 5 | 0.22 | 蒙城 | 7 | 0.35 |
| 18 | 黑龙江 | 2 | 0.09 | 淮南 | 5 | 0.22 | 婺源 | 6 | 0.30 |
| 19 | 辽宁 | 2 | 0.09 | 其他 | 122 | 5.46 | 沭阳 | 6 | 0.30 |
| 20 | 其他 | 6 | 0.26 | | | | 其他 | 219 | 10.92 |

4. 黄山景区山上饭店从业者源空间集中度

以省份为来源地，地理集中指数 $G$ 为 96.59，旅游从业者高度集中在安徽省内（96.58%），比例高于汤口和屯溪饭店从业者，与屯溪导游类似；以市/州为来源地，地理集中指数 $G$ 为 71.37，旅游从业者七成集中在黄山市内；以县/区为来源地，地理集中指数 $G$ 为 44.36，来自依托地黄山区的从业者占 39.71%。黄山风景区山上饭店从业者源空间分布如表 5-6 所示。

表 5-6　黄山风景区山上饭店从业者源空间分布

| 位次 | 以省份为来源地（$N$=1053） | | | 以市/州为来源地（$N$=1031） | | | 以县/区为来源地（$N$=889） | | |
|---|---|---|---|---|---|---|---|---|---|
| | 省份 | 频数 | 百分比/% | 市/州 | 频数 | 百分比/% | 县/区 | 频数 | 百分比/% |
| 1 | 安徽 | 1017 | 96.58 | 黄山 | 726 | 70.42 | 黄山区 | 353 | 39.71 |
| 2 | 江苏 | 8 | 0.76 | 巢湖 | 79 | 7.66 | 歙县 | 146 | 16.42 |
| 3 | 山东 | 7 | 0.66 | 安庆 | 73 | 7.08 | 庐江 | 55 | 6.19 |
| 4 | 湖北 | 4 | 0.38 | 宣城 | 42 | 4.07 | 徽州 | 48 | 5.40 |
| 5 | 上海 | 4 | 0.38 | 池州 | 21 | 2.04 | 休宁 | 31 | 3.49 |
| 6 | 河南 | 2 | 0.19 | 芜湖 | 12 | 1.16 | 屯溪 | 28 | 3.15 |
| 7 | 浙江 | 2 | 0.19 | 六安 | 11 | 1.07 | 黟县 | 28 | 3.15 |
| 8 | 福建 | 1 | 0.09 | 阜阳 | 10 | 0.97 | 枞阳 | 21 | 2.36 |
| 9 | 河北 | 1 | 0.09 | 合肥 | 7 | 0.68 | 绩溪 | 19 | 2.14 |
| 10 | 黑龙江 | 1 | 0.09 | 铜陵 | 7 | 0.68 | 祁门 | 14 | 1.57 |
| 11 | 湖南 | 1 | 0.09 | 蚌埠 | 4 | 0.39 | 太平 | 11 | 1.24 |
| 12 | 江西 | 1 | 0.09 | 宿州 | 4 | 0.39 | 无为 | 10 | 1.12 |
| 13 | 上海 | 1 | 0.09 | 滁州 | 3 | 0.29 | 怀宁 | 9 | 1.01 |
| 14 | 四川 | 1 | 0.09 | 淮南 | 2 | 0.19 | 桐城 | 9 | 1.01 |
| 15 | 云南 | 1 | 0.09 | 仙桃 | 2 | 0.19 | 旌德 | 7 | 0.79 |
| 16 | 重庆 | 1 | 0.09 | 扬州 | 2 | 0.19 | 舒城 | 7 | 0.79 |
| 17 | | | | 黄山 | 1 | 0.10 | 宿松 | 6 | 0.67 |
| 18 | | | | 滨州 | 1 | 0.10 | 贵池 | 5 | 0.56 |
| 19 | | | | 亳州 | 1 | 0.10 | 和县 | 5 | 0.56 |
| 20 | | | | 其他 | 23 | 2.23 | 其他 | 77 | 8.66 |

### 5.1.1.3　综合对比分析

1. 总体空间分布对比：九寨沟与黄山

以省份为来源地，两地指数都很高，空间集聚明显。来自本省内的从业者均在 85%以上，相比黄山集中度更高。

以市/州为来源地，九寨沟旅游从业者空间集中度明显低于黄山。对比分析发现，黄山旅游从业者集中在本市的占六成以上，而阿坝仅四成，这可能与市/州内腹地劳动力人数相关。阿坝与四川省会成都（11.95%）有较为紧密的联系，而黄山与安徽省会合肥联系较弱（2.18%）。九寨沟旅游从业者分布与经济发展密切相关，除阿坝州外，前三位成都、绵阳和德阳 2008 年的人均 GDP 分别列四川的第 2、3、5 位。汤口旅游从业者来源地市主要与居民社会网络相关，除本市外，前三位是巢湖（庐江为主）①、宣城和安庆，这主要是由于历史原因，汤口现有居民多来源于三地。

以县/区为来源地，两地地理集中指数类似，来源地都比较广泛（表 5-7）。对前 20 位来源地观察发现：汤口旅游从业者主要来源于本市内（63.50%），非黄山区比例高（占 41.75%），黄山市三区四县都位于前列，最少是祁门，位于第 11 位，可能是因为离汤口位置偏远。排在祁门之前的县区中，庐江（第 4 位）和枞阳（第 9 位），反映出移民网络的作用，绩溪（第 8 位）、旌德（第 10 位）反映出空间邻近效应；九寨沟旅游从业者来自阿坝州内非九寨沟县的移民比例较小（13.34%），这可能与州内其他县人口少、劳动力不足有关。排在前列的县中，茂县（第 3 位）、都江堰（第 4 位）、松潘（第 5 位）、德阳市区（第 7 位）、平武（第 9 位）、中江

**表 5-7　阿坝州与黄山市各县/区旅游从业者分布**

| 阿坝州 | 频数 | 百分比/% | 位次 | 黄山市 | 频数 | 百分比/% | 位次 |
|---|---|---|---|---|---|---|---|
| 九寨沟县 | 1723 | 27.26 | 1 | 黄山区 | 745 | 21.75 | 1 |
| 茂县 | 168 | 2.66 | 3 | 徽州区 | 567 | 16.55 | 2 |
| 松潘 | 141 | 2.23 | 5 | 歙县 | 314 | 9.17 | 3 |
| 金川 | 136 | 2.15 | 6 | 休宁 | 238 | 6.95 | 5 |
| 马尔康 | 115 | 1.82 | 8 | 屯溪 | 167 | 4.87 | 6 |
| 汶川 | 107 | 1.69 | 10 | 黟县 | 102 | 2.98 | 7 |
| 理县 | 71 | 1.12 | 17 | 祁门 | 42 | 1.23 | 11 |
| 小金 | 53 | 0.84 | 23 | | | | |
| 黑水 | 37 | 0.59 | 35 | | | | |
| 红原 | 7 | 0.11 | 101 | | | | |
| 阿坝 | 3 | 0.05 | 164 | | | | |
| 壤塘 | 3 | 0.05 | 164 | | | | |
| 若尔盖 | 2 | 0.03 | 188 | | | | |
| 总计 | 2566 | 40.6 | — | 总计 | 2175 | 63.5 | — |

注：总计数据略少于市/州数据，原因在于有些样本仅登记州/市，没有登记县/区

① 数据为 2009 年时数据，各级行政区划以当时为准

（第 11 位）等位于九环线交通干道沿线；文县虽然在甘肃，但与九寨沟接壤，反映出空间邻近效应。红原、阿坝、壤塘、若尔盖虽然也在阿坝州内，但比例极少，因为与九寨沟交通距离较远，反映出在省内，市级行政边界对九寨沟旅游从业者移民空间分布的影响力不大，交通、腹地人口、经济发展可能是主要影响因素。

2. 子业态空间布局对比：饭店业、屯溪导游与总体/非饭店（表 5-8）

第一，饭店业对比：以省份为来源地，九寨沟饭店业地理集中指数低于黄山风景区的山上饭店和屯溪饭店，其中山上饭店集中度最高。以市/州和县/区为来源地，黄山两地指数明显高于九寨沟，其中，屯溪源空间集中度最高，这可能与依托当地劳动力人口相关，大量一线和中低技能岗位可以从本地招聘。

第二，饭店业与总体/非饭店对比：以九寨沟和汤口镇为例，饭店旅游从业者的源空间集中度要高于总体，饭店业大量低技能岗位更适宜本地居民就业，非饭店旅游从业者的空间分布更为广泛。

第三，屯溪导游与黄山饭店业和汤口镇相比：以省份为来源地，黄山饭店业与屯溪导游集中度类似，本省占据主导；以市/州和县/区为来源地，屯溪导游的源空间集中度明显低于饭店业，略低于汤口镇，屯溪导游空间分布与省内经济发达城市和东北部分地区联系紧密，这与小语种导游对专业语言要求高有关（如延边韩语导游），而这些地区人才能满足其要求。

**表 5-8　地理集中指数对比分析**

| | | 总体/非饭店 | | | 饭店业 | | |
|---|---|---|---|---|---|---|---|
| | | 省份 | 市/州 | 县/区 | | 省份 | 市/州 | 县/区 |
| 黄山 | 汤口镇 | 89.98 | 64.76 | 31.52 | 山上饭店 | 96.59 | 71.37 | 44.36 |
| | 屯溪导游 | 95.07 | 59.07 | 28.73 | 屯溪饭店 | 90.89 | 79.65 | 50.75 |
| 九寨沟 | 九寨沟 | 85.63 | 44.20 | 28.81 | 九寨沟饭店 | 88.08 | 46.88 | 34.28 |

### 5.1.2　旅游从业移民源空间吸引半径

#### 5.1.2.1　九寨沟旅游从业移民源空间吸引半径

1. 全体旅游从业者源空间吸引半径

表 5-9 显示：第一，在全体上，旅游从业者总体、雇员和企业主地理集中指数差异较小，但吸引半径有明显差异，企业主的源空间吸引半径明显高于雇员和总体旅游从业者。第二，移民旅游从业者分析显示，企业主移民的源空间吸引半

径明显高于雇员和总体移民，地理集中指数则略微高于总体和雇员移民，地理分布集中度较高。

2. 不同职位旅游从业者源空间吸引半径

九寨沟不同职位旅游从业者源空间吸引半径呈四个等级（表 5-10）：第一等级，中高层管理人员，源吸引半径为 871.86km（交通距离），明显高于其他职业类源空间型；第二等级，歌手/演员、出租车司机/驾驶员、体力工、技术工、饭店基层管理人员和休闲娱乐业技师，源吸引半径在 400～506.4km；第三等级，厨师、技术人员、饭店一般工作人员，源吸引半径在 200～400km；第四等级，一线服务人员和后勤服务人员，源吸引半径最低，在 100km 以内。

**表 5-9　九寨沟旅游从业者源空间分布指数**

| 指标 | 全体（含九寨沟县） | | | 移民（除九寨沟县） | | |
|---|---|---|---|---|---|---|
| | 总体 | 雇员 | 企业主 | 总体 | 雇员 | 企业主 |
| 样本数 | 6322 | 5654 | 668 | 4584 | 4097 | 487 |
| 源空间吸引半径： | | | | | | |
| 空间直线距离/km | 88.81 | 85.82 | 187.48 | 260.32 | 245.31 | 452.51 |
| 交通距离/km | 133.66 | 129.74 | 308.23 | 397.80 | 377.19 | 747.30 |
| 时间距离/h | 3.14 | 3.14 | 5.86 | 9.28 | 9.08 | 14.10 |
| 地理集中指数 $G$ | 28.81 | 28.93 | 29.69 | 12.82 | 13.01 | 16.66 |
| 80%分割距离/km | 567 | 552 | 675 | 600 | 695 | 916 |
| 空间分布%： | | | | | | |
| ＜100km | 27.3 | 27.3 | 27.0 | — | — | — |
| 100～200km | 8.6 | 8.9 | 6.3 | 11.9 | 12.2 | 8.6 |
| 200～300km | 6.7 | 6.7 | 6.9 | 9.2 | 9.2 | 9.4 |
| 300～400km | 10.8 | 11.4 | 5.7 | 14.8 | 15.6 | 7.8 |
| 400～500km | 16.5 | 16.7 | 15.4 | 22.7 | 22.9 | 21.1 |
| 500～600km | 15.3 | 15.7 | 12.5 | 21.1 | 21.6 | 17.2 |
| 600～700km | 4.7 | 4.3 | 7.6 | 6.4 | 5.9 | 10.4 |
| 700～800km | 3.1 | 3.1 | 2.8 | 4.3 | 4.3 | 3.9 |
| 800～900km | 0.8 | 0.8 | 0.9 | 1.2 | 1.1 | 1.2 |
| 900～1000km | 0.4 | 0.4 | 0.6 | 0.6 | 0.6 | 0.8 |
| ＞1000km | 5.7 | 4.7 | 14.3 | 7.9 | 6.4 | 19.6 |

注：由于分析以县/区为单元，样本数要低于基本特征分析样本数，以下同

**表 5-10　九寨沟不同职位旅游从业移民源空间吸引半径及地理集中指数***

| 类型 | | 样本 | 空间直线距离/km | 交通距离/km | 时间距离/h | 80%分割距离/km | 地理集中指数 *G* |
|---|---|---|---|---|---|---|---|
| 体力工 | 含九寨沟县 | 266 | 347.06 | 463.08 | 11.34 | 556 | 25.60 |
| | 除九寨沟县 | 263 | 347.40 | 463.53 | 11.35 | 569 | 25.88 |
| 技术工 | 含九寨沟县 | 74 | 291.70 | 433.91 | 10.20 | 536 | 23.71 |
| | 除九寨沟县 | 65 | 339.22 | 504.78 | 11.86 | 548 | 23.18 |
| 出租车司机/驾驶员 | 含九寨沟县 | 110 | 315.40 | 485.45 | 10.72 | 548 | 26.75 |
| | 除九寨沟县 | 106 | 318.33 | 489.96 | 10.82 | 548 | 27.50 |
| 歌手/演员 | 含九寨沟县 | 317 | 270.19 | 506.40 | 12.32 | 686 | 25.04 |
| | 除九寨沟县 | 306 | 272.78 | 511.30 | 12.44 | 686 | 25.69 |
| 休闲娱乐业技师 | 含九寨沟县 | 197 | 233.01 | 408.90 | 9.00 | 644 | 25.81 |
| | 除九寨沟县 | 155 | 410.71 | 722.82 | 15.89 | 686 | 18.49 |
| 中高层管理人员 | 含九寨沟县 | 150 | 562.84 | 871.86 | 14.99 | 1204 | 13.47 |
| | 除九寨沟县 | 143 | 599.90 | 929.32 | 15.98 | 1355 | 13.25 |
| 厨师 | 含九寨沟县 | 235 | 267.21 | 389.76 | 8.85 | 569 | 16.90 |
| | 除九寨沟县 | 208 | 363.14 | 530.02 | 12.02 | 600 | 14.00 |
| 饭店一般工作人员 | 含九寨沟县 | 338 | 158.78 | 239.55 | 5.21 | 600 | 22.85 |
| | 除九寨沟县 | 268 | 369.12 | 559.15 | 12.09 | 616 | 12.18 |
| 后勤服务人员 | 含九寨沟县 | 441 | 61.10 | 84.70 | 1.97 | 503 | 48.44 |
| | 除九寨沟县 | 231 | 283.78 | 399.95 | 9.00 | 584 | 16.97 |
| 一线服务人员 | 含九寨沟县 | 1398 | 56.77 | 86.29 | 2.06 | 536 | 42.60 |
| | 除九寨沟县 | 818 | 207.51 | 332.17 | 7.73 | 582 | 16.54 |
| 技术人员 | 含九寨沟县 | 364 | 193.02 | 289.62 | 6.71 | 567 | 20.43 |
| | 除九寨沟县 | 302 | 345.97 | 520.27 | 12.03 | 582 | 13.60 |
| 饭店基层管理人员 | 含九寨沟县 | 280 | 284.22 | 419.01 | 8.55 | 650 | 14.82 |
| | 除九寨沟县 | 250 | 409.97 | 604.80 | 12.32 | 654 | 11.47 |

注：*导游仅 6 位有效样本，没有列出

### 3. 不同职位旅游从业者源空间吸引半径与地理集中指数矩阵定位

进一步把不同职位旅游从业者源空间吸引半径与地理集中指数进行 2×2 矩阵定位，矩阵的横坐标为地理集中指数，纵坐标为源空间吸引半径（单位：km），中轴纵线为各类型旅游从业者（或从业移民）地理集中指数的均值，在纵线右侧表明地理集中度相对较高，左侧则相对较低。中轴横线值为各类型旅游从业者（或从业移民）空间吸引半径的均值，在中轴横线的下方表明源空间吸引半径较小，在横线上方表明吸引半径较大。四个象限具体划分和含义为：

右上角为第一象限，意为地理集中度高、吸引半径大。

左上角为第二象限，意为地理集中度低、吸引半径大。

左下角为第三象限，意为地理集中度低，吸引半径小。

右下角为第四象限，意为地理集中度高，吸引半径小。

九寨沟旅游从业者的地理分布集中指数矩阵显示（图 5-1），13 种旅游从业者可分为 5 组形态：第一组包括后勤服务人员、一线服务人员 2 类从业者，分布在第四象限，源空间吸引半径最小、地理集中度最高，表明来自九寨沟县本地及附近地区旅游从业者比例高，可称为“近聚型”。第二组包括歌手/演员、出租车司机/驾驶员、体力工、技术工、休闲娱乐业技师和企业主 6 类从业者，分布在中点附近，表明源空间吸引半径和地理集中度一般，其中前 5 类从业者源空间吸引半径略高于平均值，最后一类——企业主源空间吸引半径略低于均值。第二组属于平均类型，命名为“平均型”。第三组包括技术人员和饭店一般工作人员 2 类从业者，位于第三象限，源空间吸引半径小但地理集中度较分散，命名为“近散型”。第四组包括饭店基层管理人员和厨师 2 类从业者，位于第二象限与第三象限交界，源空间吸引半径一般，但地理集中分散，命名为“离散型”。第五组指中高层管理者，位于第二象限，源空间吸引半径大、地理集中度低，命名为“广散型”。

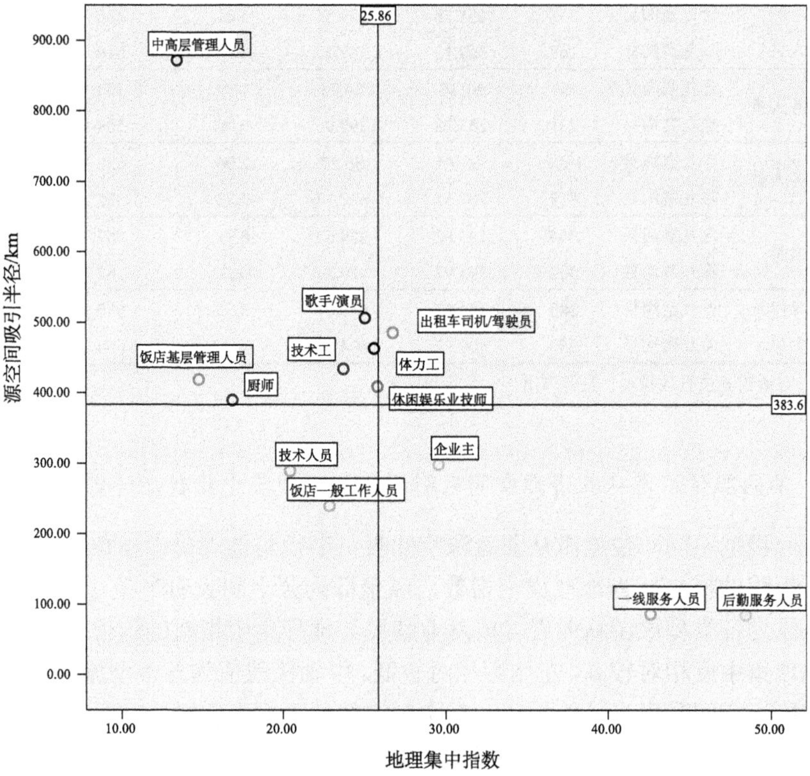


图 5-1　九寨沟旅游从业者地理分布集中指数矩阵

九寨沟旅游从业移民地理分布集中指数矩阵显示（图 5-2），13 类旅游从业移民呈现 5 组形态：第一组包括歌手/演员、出租车司机/驾驶员、体力工、技术工 4 类从业移民，位于第四象限，源空间吸引半径略低于均值但地理集中度最高，可称为“集中型”；第二组包括企业主和休闲娱乐业技师 2 类从业移民，位于第一与第二象限交界偏上部，源空间吸引半径大而地理集中度中等，可称为“广域型”；第三组包括后勤服务人员和一线服务人员 2 类从业移民，位于第三象限中下部，源空间吸引半径最小、地理集中度一般，从业移民多来自周边地域，可称为“近域型”，与企业主和休闲娱乐业技师移民（广域型）形成反差对照；第四组包括饭店基层管理人员、饭店一般工作人员、厨师、技术人员 4 类从业移民，位于第二与第三象限交界偏左部，源空间吸引中等但地理集中度分散，可称为“离散型”；第五组为中高层管理人员，空间辐射范围最广、地理集中度小，称为“广散型”。

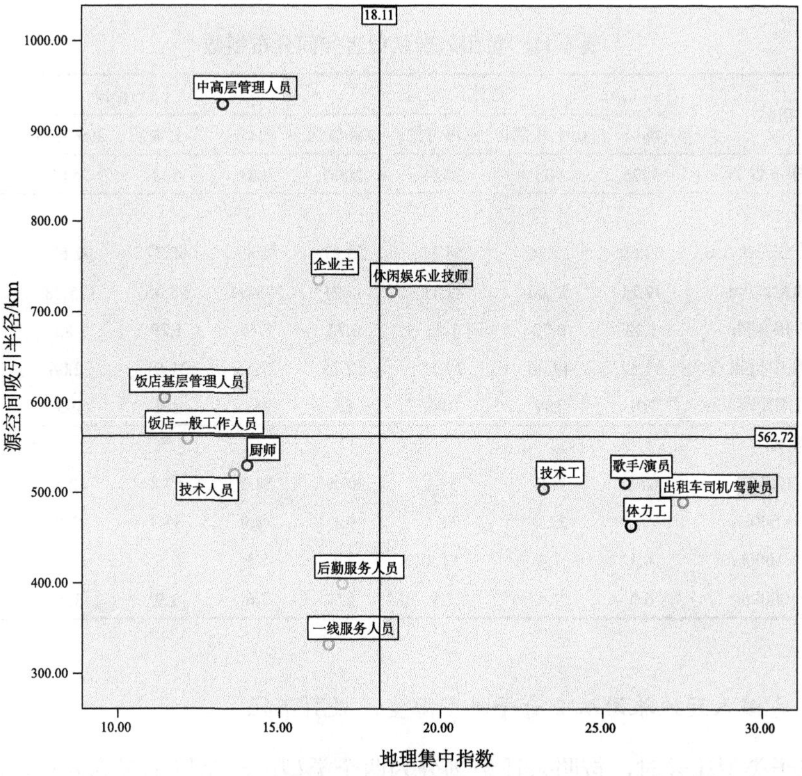


图 5-2　九寨沟旅游从业移民地理集中指数矩阵

#### 5.1.2.2　黄山旅游从业移民源空间吸引半径

##### 1. 四类旅游从业者源空间吸引半径

从四类旅游从业者源空间吸引半径显示（表 5-11）：汤口旅游从业者源空间吸引半径最大，其次是屯溪导游、山上饭店，最后是屯溪饭店。与九寨沟比较显示：汤口旅游从业者源空间吸引半径（97.21km）明显低于九寨沟（133.66km），反映出汤口近域人力资源供给比九寨沟充足。

旅游从业移民源空间吸引半径显示（表 5-11）：第一，汤口与屯溪导游排在前两位且数值相近，屯溪饭店与山上饭店相近，分列三、四位。第二，与九寨沟相比（397.80km），汤口旅游从业移民源空间吸引半径明显低于九寨沟，仅是其三分之一，这主要是因为九寨沟旅游从业移民的主要供应地——德阳、绵阳、成都等距离风景区较远。

**表 5-11　黄山旅游从业者空间分布指数**

| 指标 | 全体 | | | | 移民 | | | |
|---|---|---|---|---|---|---|---|---|
| | 汤口 | 山上饭店 | 屯溪导游 | 屯溪饭店 | 汤口 | 山上饭店 | 屯溪导游 | 屯溪饭店 |
| 样本数 | 3426 | 905 | 3324 | 2006 | 2681 | 538 | 2512 | 1077 |
| 源空间吸引半径： | | | | | | | | |
| 空间直线距离/km | 63.69 | 35.76 | 58.11 | 23.17 | 85.42 | 68.77 | 92.62 | 58.37 |
| 交通距离/km | 97.21 | 54.06 | 81.18 | 45.21 | 129.04 | 95.06 | 125.38 | 97.32 |
| 时间距离/h | 1.33 | 0.78 | 1.23 | 0.72 | 1.74 | 1.29 | 1.85 | 1.40 |
| 地理集中指数 *G* | 31.52 | 44.36 | 27.45 | 50.75 | 29.15 | 31.81 | 22.06 | 38.66 |
| 80%分割距离/km | 201 | 189 | 386 | 86 | 281 | 201 | 495 | 245 |
| 空间分布/%： | | | | | | | | |
| ＜100km | 67.1 | 76.1 | 58.3 | 86.6 | 58.0 | 59.8 | 42.5 | 74.9 |
| 101～500km | 22.5 | 21.3 | 27.4 | 9.1 | 28.9 | 35.9 | 37.9 | 17.2 |
| 501～1000km | 4.4 | 1.4 | 11.4 | 2.3 | 5.4 | 2.5 | 15.7 | 4.8 |
| ＞1000km | 6.0 | 1.1 | 2.8 | 1.7 | 7.6 | 1.9 | 3.7 | 3.2 |

##### 2. 屯溪入迁地旅游从业者子类型源空间吸引半径

在子类型比较时，按照入迁地划分为两个类型：一是以屯溪为入迁地的屯溪饭店从业者和屯溪导游；二是以汤口为入迁地的黄山山上饭店和汤口旅游从业者。

屯溪饭店从业者和导游源空间分布显示（表 5-12）：第一，小语种导游在源空间吸引半径明显高于其他职位类型，地理集中指数明显低于其他职位类型，空间辐射广、地理集中指数低。普通话导游与中高层管理人员的地理集中指数和 80%分割距离相近，但空间辐射范围明显高于除小语种导游外的其他职位类型，地理集中指数则明显低于除小语种导游外的其他职位类型。第二，在饭店业中，总体和移民从业者的源空间吸引半径都显示：中高层管理人员吸引半径明显高于其他职位，厨师其次，基层管理人员、一般工作人员、技术人员随后，一线服务人员和后勤服务人员最低，岗位技能要求越高，饭店从业者的空间辐射范围越广。地理集中指数显示：在全体饭店从业者中，后勤服务人员地理集中度最高，一线服务人员、技术人员、基层管理人员其次，一般工作人员、厨师较低，中高层管理人员空间分布最为分散。在移民饭店从业者中，一线服务人员最高，表明空间辐射低且来源地集中；技术人员、厨师其次，表明空间辐射较广但来源地集中；基层管理人员和一般工作人员较低，表明空间辐射较近但来源地较分散；后勤服务人员低，表明移民距离较近但来源地分散；中高层管理人员最低，表明移民空间辐射广且来源地最为分散。第三，80%分割距离显示，中高层管理人员距离最远，基层管理人员、一般工作人员、技术人员和厨师其次，一线服务人员和后勤服务人员最低。

**表 5-12　屯溪饭店从业者与导游源空间分布**

| 类型 | | 样本 | 空间直线距离/km | 交通距离/km | 时间距离/h | 80%分割距离/km | 地理集中指数 $G$ |
|---|---|---|---|---|---|---|---|
| 普通话导游 | 总体（含屯溪区） | 3067 | 59.44 | 82.38 | 1.26 | 356 | 28.48 |
| | 移民（除屯溪区） | 2324 | 91.78 | 123.56 | 1.85 | 473 | 23.55 |
| 小语种导游 | 总体（含屯溪区） | 370 | 198.71 | 297.58 | 3.74 | 590 | 20.46 |
| | 移民（除屯溪区） | 302 | 405.13 | 604.99 | 7.58 | 608 | 12.21 |
| 中高层管理人员 | 总体（含屯溪区） | 52 | 153.48 | 235.17 | 3.05 | 352 | 27.20 |
| | 移民（除屯溪区） | 42 | 217.04 | 331.57 | 4.29 | 386 | 23.81 |
| 基层管理人员 | 总体（含屯溪区） | 231 | 27.76 | 46.19 | 0.73 | 86 | 51.08 |
| | 移民（除屯溪区） | 120 | 81.42 | 115.46 | 1.64 | 319 | 33.37 |
| 一般工作人员 | 总体（含屯溪区） | 379 | 25.58 | 41.90 | 0.70 | 86 | 47.87 |
| | 移民（除屯溪区） | 213 | 63.04 | 85.44 | 1.32 | 261 | 34.39 |
| 技术人员 | 总体（含屯溪区） | 142 | 26.62 | 41.71 | 0.72 | 86 | 51.73 |
| | 移民（除屯溪区） | 76 | 60.37 | 78.71 | 1.28 | 184 | 42.43 |
| 厨师 | 总体（含屯溪区） | 165 | 42.79 | 65.62 | 0.92 | 86 | 47.13 |
| | 移民（除屯溪区） | 98 | 84.16 | 121.51 | 1.60 | 301 | 40.28 |
| 一线服务人员 | 总体（含屯溪区） | 812 | 18.26 | 34.06 | 0.60 | 70 | 53.55 |
| | 移民（除屯溪区） | 422 | 40.90 | 56.14 | 0.90 | 86 | 45.55 |
| 后勤服务人员 | 总体（含屯溪区） | 145 | 7.72 | 28.74 | 0.53 | 26 | 76.88 |
| | 移民（除屯溪区） | 35 | 44.43 | 79.91 | 1.14 | 86 | 24.14 |

屯溪饭店从业者与导游地理集中指数矩阵（图 5-3）显示，9 类饭店从业者与导游可分为四组形态：第一组后勤服务人员，位于第四象限右下角，源空间吸引半径最小、地理集中度最高，该类饭店从业者主体来自本地，可称为“近聚型”；第二组包括厨师、一般工作人员、基层管理人员、一线服务人员、技术人员 5 类从业者，源空间吸引半径较低，地理集中度中等，可称为“近域型”；第三组为普通话导游，源空间吸引半径中等，但地理集中度分散，可称为“离散型”；第四组包括小语种导游和中高层管理人员，位于第二象限左上角，源空间吸引半径大、地理集中度分散，可称为“广散型”。

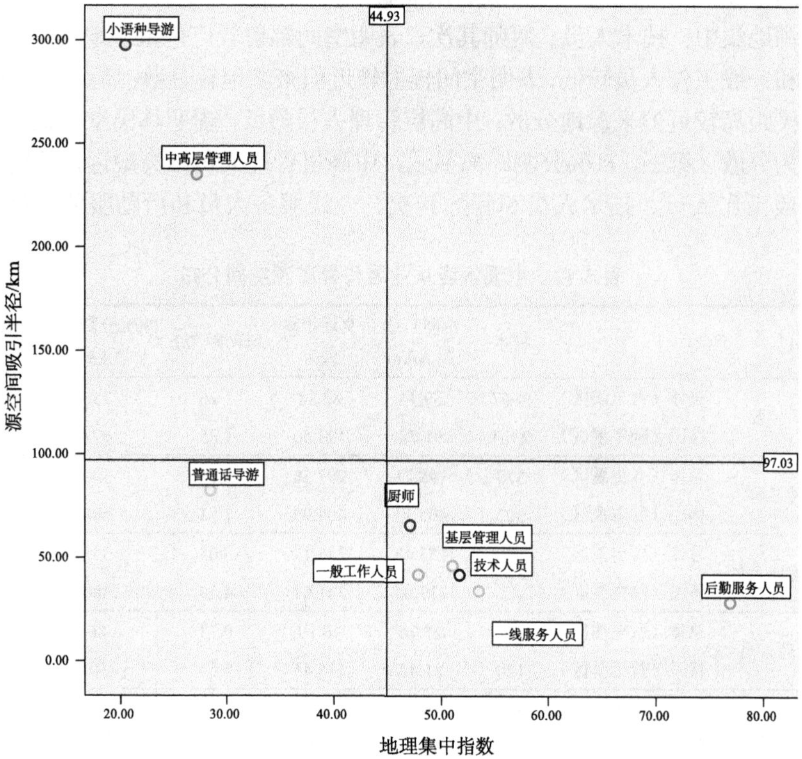


图 5-3　屯溪饭店从业者与导游地理集中指数矩阵

屯溪饭店从业者移民与导游移民地理集中指数矩阵显示（图 5-4），9 类饭店从业者与导游移民呈现三组形态：第一组包括基层管理人员、一般工作人员、厨师、技术人员和一线服务人员，分布在第四象限，可称为“近聚型”；第二组包括普通话导游、后勤服务人员 2 类，分布在第三象限，地理集中度和源空间吸引半径都较低，可称为“近散型”；第三组为小语种导游和中高层管理人员，分布在第二象限，源空间吸引半径大而地理集中度低，可称为“广散型”。

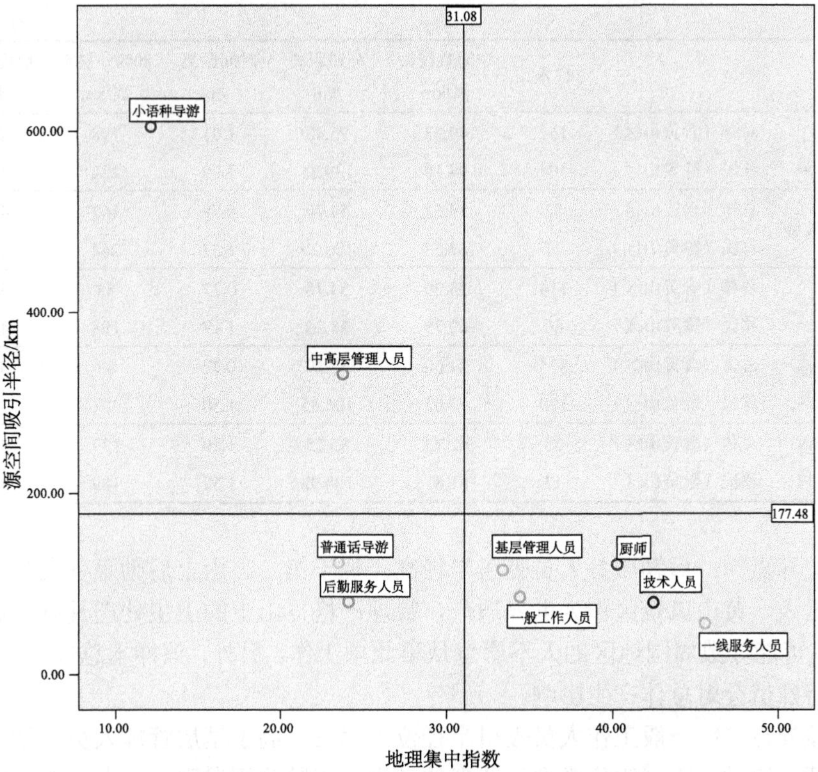


图 5-4　屯溪饭店从业者移民与导游移民地理集中指数矩阵

### 3. 山上饭店旅游从业者子类型空间吸引半径

山上饭店旅游从业者源空间吸引半径显示（表 5-13）分为 3 个等级：第一，中高层管理人员最高，空间辐射范围最远；第二等级为后勤服务人员、一般工作人员，吸引半径为 70~90km；第三等级依次为基层管理人员、厨师、技术人员和一线服务人员，吸引半径为 50~60km。山上饭店旅游从业者吸引半径特征与屯溪和九寨沟饭店具有一定差异，主要差异点及原因分析如下。

**表 5-13　山上饭店旅游从业者源空间分布指数**

| 类型 | | 样本 | 空间直线距离/km | 交通距离/km | 时间距离/h | 80%分割距离/km | 地理集中指数 $G$ |
|---|---|---|---|---|---|---|---|
| 中高层管理人员 | 总体（含黄山区） | 73 | 75.44 | 107.16 | 1.44 | 224 | 36.22 |
| | 移民（除黄山区） | 52 | 120.76 | 168.85 | 2.24 | 246 | 30.89 |
| 基层管理人员 | 总体（含黄山区） | 91 | 39.41 | 58.19 | 0.83 | 108 | 41.10 |
| | 移民（除黄山区） | 62 | 56.20 | 78.73 | 1.09 | 198 | 38.10 |

续表

| 类型 | | 样本 | 空间直线距离/km | 交通距离/km | 时间距离/h | 80%分割距离/km | 地理集中指数 $G$ |
|---|---|---|---|---|---|---|---|
| 一般工作人员 | 总体（含黄山区） | 162 | 49.23 | 75.40 | 1.01 | 198 | 40.82 |
| | 移民（除黄山区） | 104 | 94.18 | 139.85 | 1.79 | 224 | 30.56 |
| 技术人员 | 总体（含黄山区） | 82 | 34.53 | 54.70 | 0.79 | 162 | 46.92 |
| | 移民（除黄山区） | 47 | 67.63 | 100.29 | 1.37 | 244 | 33.98 |
| 厨师 | 总体（含黄山区） | 114 | 35.29 | 54.78 | 0.77 | 83 | 48.17 |
| | 移民（除黄山区） | 66 | 60.79 | 88.26 | 1.17 | 198 | 40.43 |
| 一线服务人员 | 总体（含黄山区） | 335 | 34.00 | 52.29 | 0.77 | 83 | 52.58 |
| | 移民（除黄山区） | 170 | 77.03 | 106.85 | 1.50 | 201 | 36.28 |
| 后勤服务人员 | 总体（含黄山区） | 23 | 62.73 | 85.25 | 1.20 | 179 | 39.13 |
| | 移民（除黄山区） | 17 | 81.81 | 108.92 | 1.52 | 189 | 39.46 |

差异点一：后勤服务人员吸引半径高，位于第二。山上后勤服务人员主要是环卫工人，黄山风景区作为世界遗产，管理严格，山上的卫生处理具有一定危险性，这可能导致周围地区的人不愿意从事此项工作。另外，该样本总体人数较少，个别特殊值会对总体产生影响。

差异点二：一般工作人员吸引半径位于第三，高于基层管理人员、技术人员和厨师。通过对不同职位类型从业者的学历、年龄分析发现，山上一般工作人员学历最高，大专以上占29.6%，远高于基层管理人员（8.2%）、技术人员（14.8%）和厨师（0），并且29.4%的年龄在25岁以下，远高于基层管理人员（17.8%）、技术人员（5.5%）和厨师（20.0%），可以判断一般工作人员多从学校毕业后直接入山工作，学历和年龄可以作为判断一般工作人员源空间吸引半径高的原因。

差异点三：基层管理人员、技术人员、厨师、一线服务人员没有显著差异。山上独特的环境使企业竞争远低于山下城镇，受空间和法律限制，山上无法新建宾馆，接待床位有限，山上除光明顶外的所有企业都归黄山股份公司经营（国有企业），资源的垄断性造成人力资源技能需求的低端性，学历普遍较低，年龄较大，空间特征表现出相似性。

### 5.1.3　两案例地旅游从业移民源空间分布指数比较

横向比较显示（表5-14）：九寨沟饭店业旅游从业者的空间辐射范围明显高于、地理集中指数明显低于黄山饭店业，说明九寨沟饭店从业者空间辐射广泛且来源地域分散，黄山饭店业由于依托区域人力资源相对充足，空间临近效应凸显。

**表 5-14　九寨沟与黄山饭店业旅游从业者源空间分布指数比较**

| 类型 | | 源空间吸引半径/km | | | 地理集中指数 $G$ | | | 80%分割距离/km | | |
|---|---|---|---|---|---|---|---|---|---|---|
| | | 九寨沟 | 屯溪 | 山上 | 九寨沟 | 屯溪 | 山上 | 九寨沟 | 屯溪 | 山上 |
| 全体 | 总体 | 103.32 | 45.21 | 54.06 | 34.28 | 50.75 | 44.36 | 548 | 86 | 189 |
| | 移民 | 354.28 | 97.32 | 95.06 | 13.68 | 38.66 | 31.81 | 582 | 245 | 201 |
| 中高层管理人员 | 总体 | 908.82 | 235.17 | 107.16 | 14.38 | 27.20 | 36.22 | 1403 | 352 | 224 |
| | 移民 | 947.36 | 331.57 | 168.85 | 14.38 | 23.81 | 30.89 | 1459 | 386 | 246 |
| 基层管理人员 | 总体 | 419.01 | 46.19 | 58.19 | 14.82 | 51.08 | 41.10 | 650 | 86 | 108 |
| | 移民 | 604.80 | 115.46 | 78.73 | 11.47 | 33.37 | 38.10 | 654 | 319 | 198 |
| 厨师 | 总体 | 389.28 | 65.62 | 54.78 | 17.10 | 47.13 | 48.17 | 569 | 86 | 83 |
| | 移民 | 533.96 | 121.51 | 88.26 | 14.08 | 40.28 | 40.43 | 600 | 301 | 198 |
| 技术人员 | 总体 | 288.30 | 41.71 | 54.70 | 20.50 | 51.73 | 46.92 | 553 | 86 | 162 |
| | 移民 | 515.52 | 78.71 | 100.29 | 13.71 | 42.43 | 33.98 | 582 | 184 | 244 |
| 一般工作人员 | 总体 | 239.55 | 41.90 | 75.40 | 22.85 | 47.87 | 40.82 | 600 | 86 | 198 |
| | 移民 | 559.15 | 85.44 | 139.85 | 12.18 | 34.39 | 30.56 | 616 | 261 | 224 |
| 一线服务人员 | 总体 | 88.8 | 34.06 | 52.29 | 41.84 | 53.55 | 52.58 | 536 | 70 | 83 |
| | 移民 | 340.6 | 56.14 | 106.85 | 16.23 | 45.55 | 36.28 | 582 | 86 | 201 |
| 后勤服务人员 | 总体 | 77.13 | 28.74 | 85.25 | 50.66 | 76.88 | 39.13 | 498 | 26 | 179 |
| | 移民 | 366.68 | 79.91 | 108.92 | 17.77 | 24.14 | 39.46 | 567 | 86 | 189 |

注：源空间吸引半径计算取交通距离

纵向比较显示（表 5-14）：九寨沟饭店业旅游从业者源空间吸引半径由大及小依次为：中高层管理人员、基层管理人员、厨师、技术人员、一般工作人员、一线服务人员、后勤服务人员，排列顺序基本符合饭店业中的技能等级差异。屯溪饭店业源空间吸引半径由大及小顺序与九寨沟基本相似，一个突出变化为厨师排在了基层管理人员之前，从技能角度，厨师比基层管理人员的技能要求更高，屯溪饭店业更符合饭店技能稀缺排序，九寨沟的变化说明基层管理人员的近域供应不足。山上饭店的表征不完全符合九寨沟和屯溪饭店规律，主要原因是受山上孤岛地理环境以及特殊的管理模式影响。

### 5.1.4　两案例地旅游从业移民分段距离分析

*1. 九寨沟旅游从业者分段距离分析*

把九寨沟旅游从业者按照每 100km 进行分段总计，描绘出分段布局（图 5-5）和距离累计曲线（图 5-6）。观察发现：第一，总体和雇员旅游从业者空间布局形态总体呈“两峰两谷”形，80%集中在 567km 和 552km 内，第一个峰值出现在

100km 以内，为九寨沟县本地，第二个峰值出现在 400~600km 处，主要分布在绵阳、德阳、成都等城市附近，第一个低谷出现在 200~300km 处，为阿坝州内的部分县/区，第二个低谷在 600~700km 及之后，旅游从业者呈急速衰减。第二，企业主分布形态呈下倾的“W”形，在 1066km 里处出现一个小峰值，集中出现了较多的重庆奉节县企业主（8%），80%分布在 675km 内。

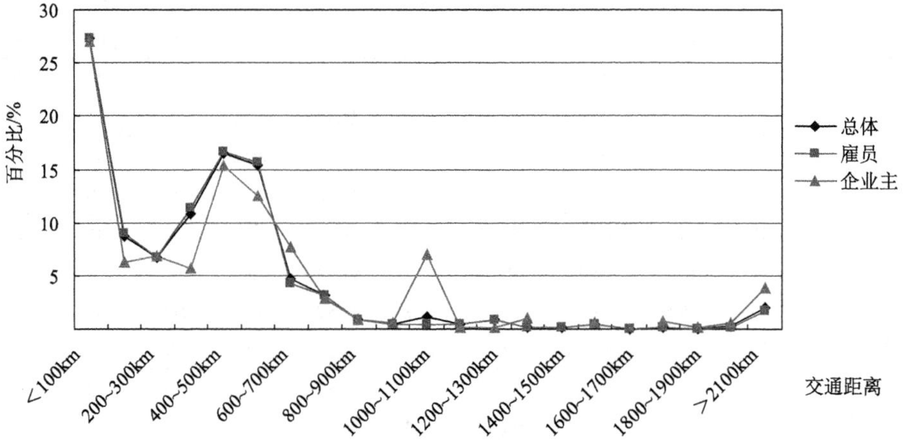


图 5-5　九寨沟旅游从业者源空间分段布局

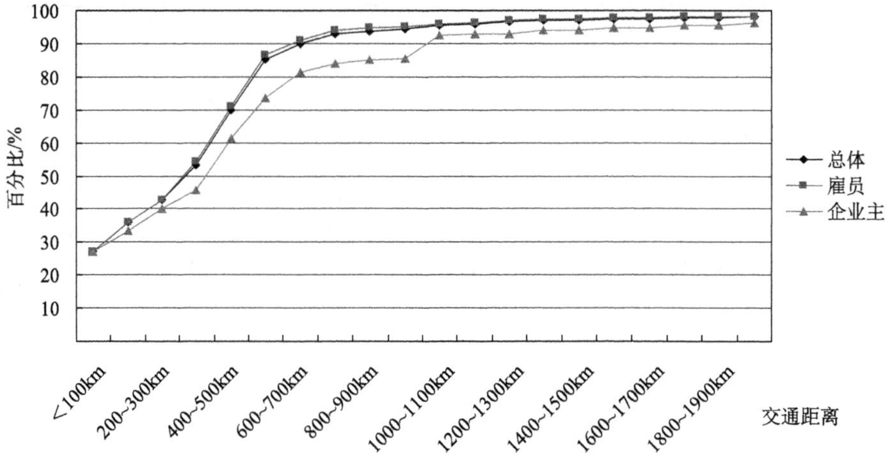


图 5-6　九寨沟旅游从业者距离累计曲线

移民分段布局和距离累计曲线（图 5-7 和图 5-8）显示：第一，总体移民和雇员移民空间形态呈倒“U”形，80%分布在 600km 内，其中雇员移民在 595km 内，与总体移民基本吻合；第二，企业主移民空间形态呈下倾的“U”形，80%分割距离在 916km 处，空间辐射范围明显高于总体移民和雇员移民。

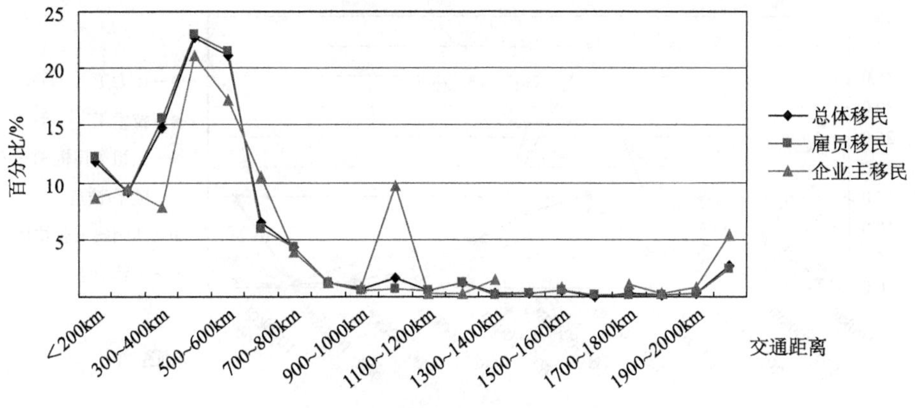


图 5-7　九寨沟旅游从业移民空间分段布局

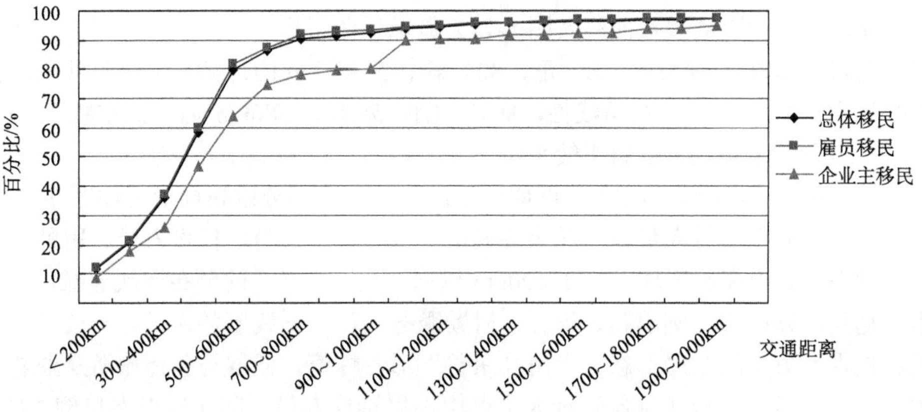


图 5-8　九寨沟旅游从业移民距离累计曲线

2. 九寨沟不同职位旅游从业者空间布局分析

把九寨沟旅游从业者按照职位类型进行空间布局对比展示，图 5-9、图 5-10 展示了非较大企业，图 5-11、图 5-12 展示了较大企业（饭店业为主）旅游从业者空间分段布局和距离累计曲线图。

非较大企业不同职位空间分段布局如图 5-9 显示：第一，技术工、个体业主呈“两峰两谷”型分布，两处峰值分别在 100km 以内和 400~500km，两谷在 100~300km 处和 600~700km 后；第二，休闲娱乐业技师呈线性距离衰减形态，随着距离递次衰减；第三，出租车司机/驾驶员、歌手/演员、体力工呈倒“U”形分布，100km 内本地从业者少，峰值出现在 400~600km。

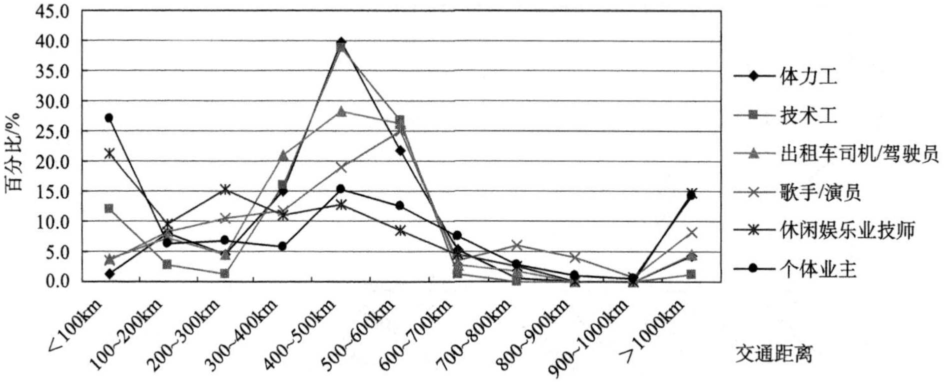


图 5-9　九寨沟非较大企业不同职位旅游从业者总体空间布局

非较大企业距离累计曲线（图 5-10）显示呈两组形态：第一，技术工、体力工、出租车司机/驾驶员呈“S”形，80%集中在 556km 内。第二，个体业主、休闲娱乐业技师、歌手/演员呈线性，80%分割距离集中 686km 内，其中歌手/演员的斜率最高，个体业主的斜率较平缓。

较大企业（饭店业为主）不同职位旅游从业者空间分段布局形态如图 5-11 显示：第一，后勤服务人员、一线服务人员、一般工作人员、技术人员、厨师、基层管理人员、中高层管理人员在 100km 以内（九寨沟县）的分布逐次递减，技术水平越高，移民的比例越高。第二，后勤服务人员、一线服务人员、一般工作人员、技术人员空间布局形态呈“两峰两谷”形，峰值、低谷与总体旅游从业者一致。第三，厨师、饭店基层管理人员、中高层管理人员空间布局形态呈倒“U”形，本地从业者比例小，峰值出现在 400~600km（德阳—绵阳—成都都市圈）。

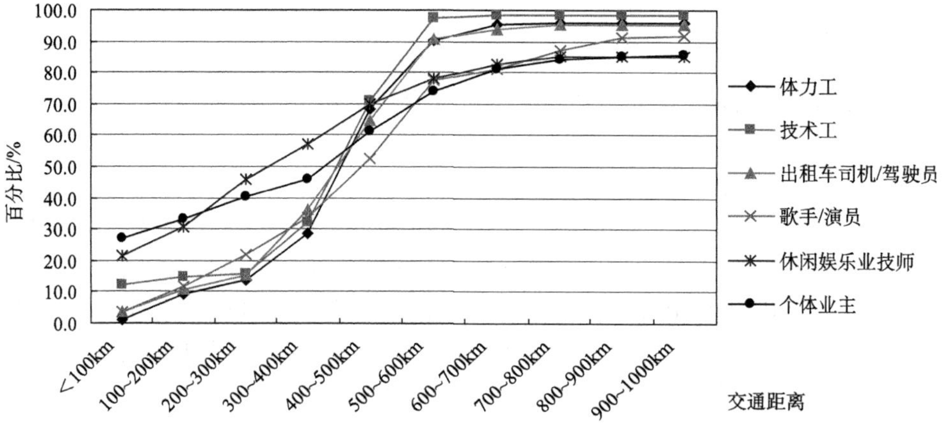


图 5-10　九寨沟非较大企业不同职位旅游从业者距离累计曲线

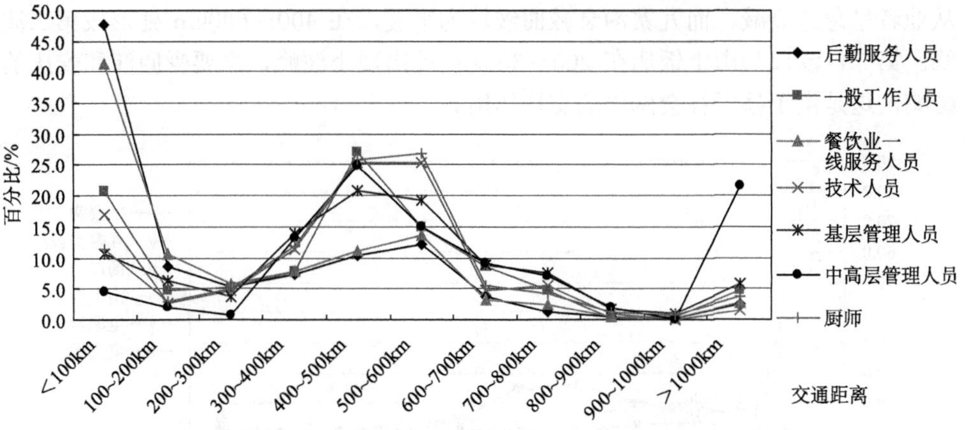


图 5-11　九寨沟较大企业不同职位旅游从业者总体空间布局

较大企业不同职位旅游从业者距离累计曲线（图 5-12）显示：第一，后勤服务人员和一线服务人员累计曲线基本呈线性增长，80%集中在 534km 以内。第二，一般工作人员、技术人员、厨师、基层管理人员和中高层管理人员累计曲线呈“S”形，前三类职位从业者 80%集中在 600km 以内，基层管理人员 80%集中在 650km 以内，而中高层管理人员 80%集中在 1204km 内，分割距离最远。职位技术要求越高，空间辐射范围越广。

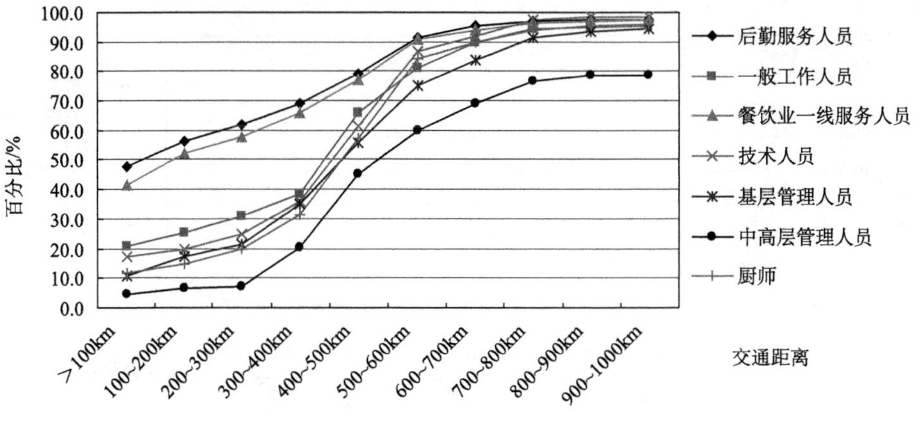


图 5-12　九寨沟较大企业不同职位旅游从业者距离累计曲线

### 3. 黄山、九寨沟旅游从业者分段距离分析

把黄山四类旅游从业者与九寨沟旅游从业者空间布局形态对比发现（图 5-13）：第一，黄山与九寨沟旅游从业者空间布局形态有显著差异。黄山四类旅游

从业者呈急速衰减，而九寨沟衰减曲线较为平缓，在 400～600km 处形成第二波峰。第二，汤口与山上饭店在 200～300km 处出现小波峰，主要受庐江和安庆的影响，这是由于移民社会网络的支持作用。

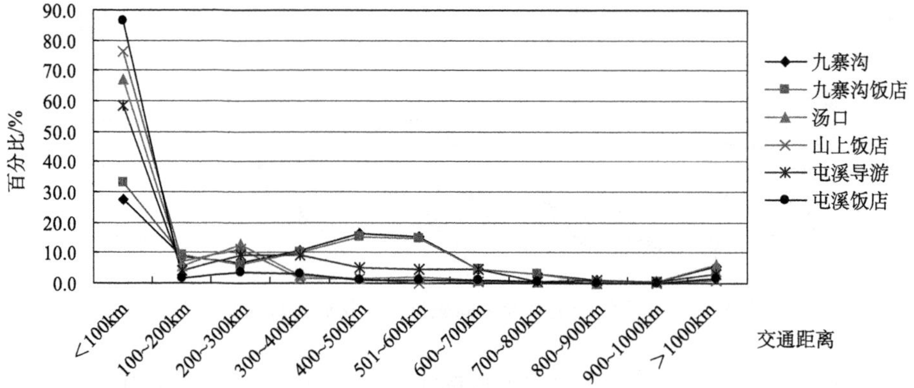


图 5-13　黄山、九寨沟旅游从业者总体空间分布

移民空间布局形态（图 5-14）对比发现：第一，九寨沟呈平缓倒“U”形分布，波峰出现在 400～600km 处，黄山呈急速衰减形态，汤口和山上饭店在 200～300km 处出现小波峰。第二，黄山四类旅游从业移民与从业者总体的布局形态基本一致，100km 以内的从业移民占主导，空间临近效应凸显。

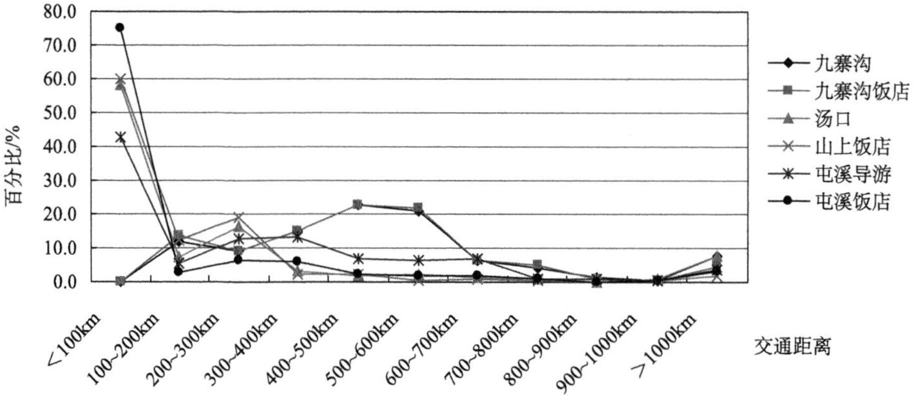


图 5-14　黄山、九寨沟旅游从业移民空间分布比较

距离累计曲线（图 5-15、图 5-16）对比显示：第一，黄山四类旅游从业移民在 80%分割交通距离上，山上饭店距离最近（201km），其次是屯溪饭店（245km）和汤口（281km），最后是屯溪导游（495km）。小语种导游对语言技能要求高，移民入迁源空间吸引半径最大，累计曲线在四类黄山旅游从业移民中斜率最高。

第二，黄山旅游从业移民距离累计曲线与九寨沟有明显差异，表现在100km以内的起点数据比例明显高于九寨沟，而80%分割距离值明显低于九寨沟，黄山旅游从业移民的空间邻近效应更加突出。

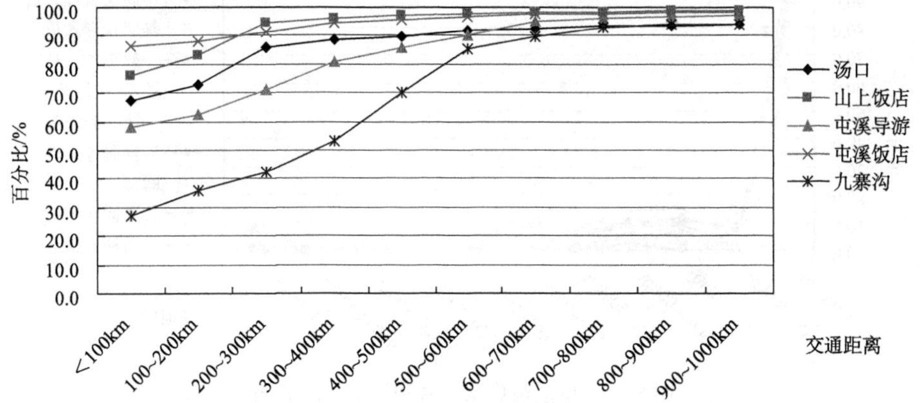


图5-15　黄山、九寨沟旅游从业者距离累计曲线比较

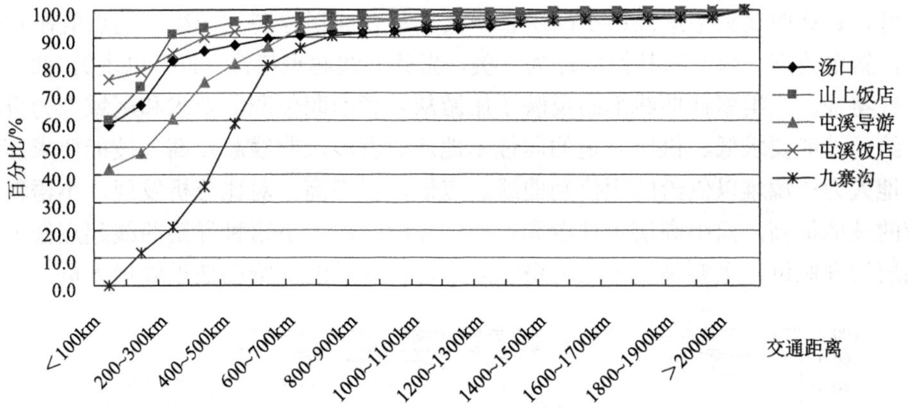


图5-16　黄山、九寨沟旅游从业移民距离累计曲线比较

4. 黄山旅游从业者子类型空间布局

以屯溪为入迁地的饭店从业者和导游的空间分布（图5-17）显示：第一，在形态上，所有曲线在100km内有突出峰值，反映出屯溪本地和黄山市其他区县旅游从业者的支持作用，在100～200km处有明显下切，至200～400km处有不同程度拉伸，主要是因为安徽省合肥及以南（宣城、芜湖、安庆）地区旅游从业者的支持作用。第二，饭店从业者分布曲线在100～200km处的下切最为明显，技能越低，职位曲线下切斜率越高，本地从业者的比例越高。导游总体相对平缓，

可能是导游的技能要求高于饭店业职位。第三，小语种导游空间分布曲线在1000km以上有明显抬升，主要是因为珲春市、延吉等东北地区韩语导游的支持。

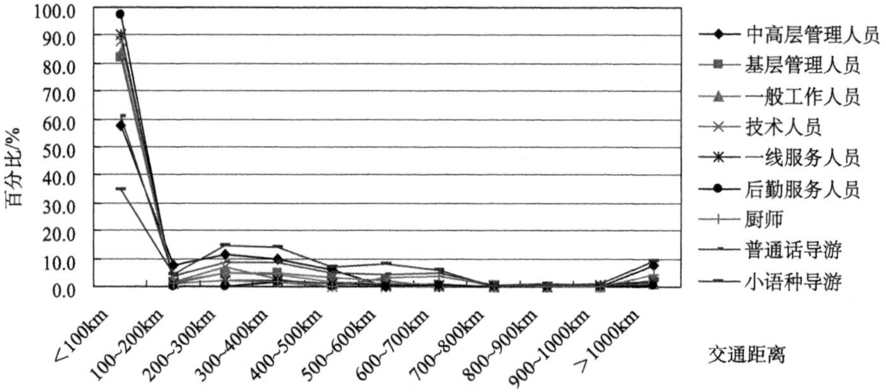


图 5-17　屯溪饭店从业者和导游空间分布

累计曲线（图 5-18）显示，在形态上呈现三组：小语种导游为一组，起点值最低，累计曲线斜率最高；中高层管理人员与普通话导游为一组，起点值在 60%处，斜率较高；剩下的其他职位为一类，累计曲线起点值高（80%以上），曲线呈线性特征。三组累计曲线形态反映了旅游从业者的职位职能要求和区域人力资源供给，技能要求低、供应充足的职位本地从业者多，曲线起点高、技能要求高而本地人力资源难以供给的职位则曲线起点低，斜率高。对比分析发现，小语种导游的技能最高，而中高层管理者和普通话导游其次。小语种导游曲线起点低于中高层管理职位，主要是区域人力资源对小语种导游的供给要低于管理人员。

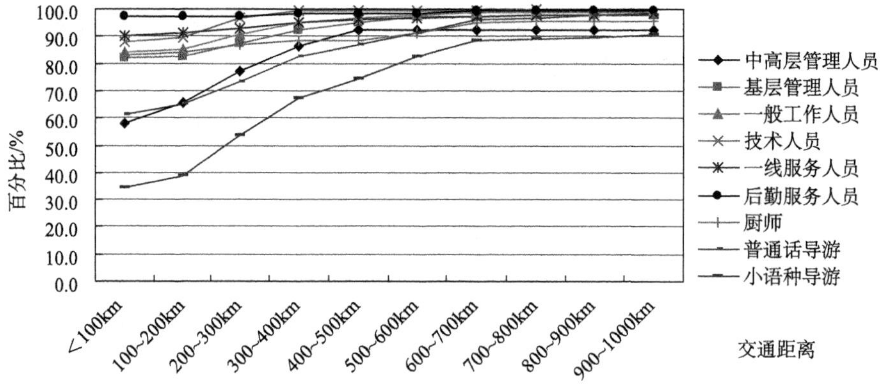


图 5-18　屯溪饭店从业者和导游距离累计曲线

# 5.2　旅游从业移民源空间分布历时特征

## 5.2.1　九寨沟旅游从业移民源空间历时演变特征

从表 5-15 的 2007 年数据和表 5-16 的 2013 年数据比较来看，在省份、市/州、县/区三个尺度上，九寨沟旅游从业者的省份来源空间集中度下降，而市/州、县/区来源地理集中指数上升（表 5-15 和表 5-16）。以省份为来源地，地理集中指数 $G$ 由 85.63 降低到 81.94。四川、甘肃和重庆一直是九寨沟旅游从业者的主要来源地。旅游从业者高度集中在四川省内，但比例下降了 4.32%。与四川毗邻的甘肃旅游从业者比例则上升了 5.87%，这是地理集中指数下降的主要原因之一。此外，陕西、山西、安徽、云南、广东比例在上升，其中 2007 年安徽、山西和广东从业者比例位次在 20 位之外，而 2013 年位次上升明显，其中作为劳动力输出大省的安徽上升较快。距离九寨沟较远的东北三省、山东和青海等省从业者比例下降较显著，其他省份变化相对较小。

**表 5-15　2007 年九寨沟旅游从业者全国空间分布**

| 位次 | 以各省份为来源地（$N$=6615） | | | 以各地市为来源地（$N$=6314） | | | 以各区县为来源地（$N$=6321） | | |
|---|---|---|---|---|---|---|---|---|---|
| | 省份 | 频数 | 百分比/% | 市/州 | 频数 | 百分比/% | 县/区 | 频数 | 百分比/% |
| 1 | 四川 | 5646 | 85.35 | 阿坝 | 2575 | 40.78 | 九寨沟县 | 1723 | 27.26 |
| 2 | 甘肃 | 398 | 6.02 | 成都 | 780 | 12.35 | 文县 | 297 | 4.7 |
| 3 | 重庆 | 198 | 2.99 | 绵阳 | 423 | 6.7 | 茂县 | 168 | 2.66 |
| 4 | 青海 | 82 | 1.24 | 德阳 | 310 | 4.91 | 都江堰 | 148 | 2.34 |
| 5 | 陕西 | 36 | 0.54 | 陇南 | 306 | 4.85 | 松潘 | 141 | 2.23 |
| 6 | 广西 | 31 | 0.47 | 遂宁 | 226 | 3.58 | 金川 | 136 | 2.15 |
| 7 | 湖北 | 29 | 0.44 | 乐山 | 178 | 2.82 | 德阳市区 | 121 | 1.91 |
| 8 | 河南 | 27 | 0.41 | 资阳 | 176 | 2.79 | 马尔康 | 115 | 1.82 |
| 9 | 辽宁 | 25 | 0.38 | 广元 | 163 | 2.58 | 平武 | 107 | 1.69 |
| 10 | 湖南 | 18 | 0.27 | 南充 | 161 | 2.55 | 汶川 | 107 | 1.69 |
| 11 | 山东 | 16 | 0.24 | 内江 | 144 | 2.28 | 中江 | 102 | 1.61 |
| 12 | 云南 | 13 | 0.20 | 甘孜 | 104 | 1.65 | 崇州 | 101 | 1.60 |
| 13 | 贵州 | 10 | 0.15 | 眉山 | 60 | 0.95 | 射洪 | 86 | 1.36 |
| 14 | 黑龙江 | 10 | 0.15 | 宜宾 | 51 | 0.81 | 简阳 | 77 | 1.22 |
| 15 | 江西 | 10 | 0.15 | 甘南 | 45 | 0.71 | 江油 | 75 | 1.19 |
| 16 | 浙江 | 10 | 0.15 | 雅安 | 43 | 0.68 | 安岳 | 71 | 1.12 |
| 17 | 江苏 | 7 | 0.11 | 泸州 | 42 | 0.67 | 理县 | 71 | 1.12 |
| 18 | 西藏 | 7 | 0.11 | 攀枝花 | 42 | 0.67 | 仁寿 | 65 | 1.03 |
| 19 | 吉林 | 6 | 0.09 | 自贡 | 40 | 0.63 | 彭州 | 64 | 1.01 |
| 20 | 其他 | 36 | 0.54 | 其他 | 445 | 7.05 | 其他 | 2546 | 40.28 |

**表 5-16　2013 年九寨沟旅游从业者全国空间分布**

| 位次 | 以各省份为来源地（N=5561） | | | 以各地市为来源地（N=5485） | | | 以各区县为来源地（N=5481） | | |
|---|---|---|---|---|---|---|---|---|---|
| | 省份 | 频数 | 百分比/% | 市/州 | 频数 | 百分比/% | 县/区 | 频数 | 百分比/% |
| 1 | 四川 | 4506 | 81.03 | 阿坝 | 2761 | 50.34 | 九寨沟县 | 1972 | 35.98 |
| 2 | 甘肃 | 661 | 11.89 | 陇南 | 567 | 10.34 | 文县 | 555 | 10.13 |
| 3 | 重庆 | 137 | 2.46 | 绵阳 | 371 | 6.76 | 松潘 | 192 | 3.50 |
| 4 | 陕西 | 35 | 0.63 | 成都 | 256 | 4.67 | 金川 | 158 | 2.88 |
| 5 | 安徽 | 33 | 0.59 | 德阳 | 168 | 3.06 | 平武 | 119 | 2.17 |
| 6 | 云南 | 26 | 0.47 | 重庆 | 137 | 2.50 | 江油 | 87 | 1.59 |
| 7 | 湖北 | 24 | 0.43 | 遂宁 | 124 | 2.26 | 茂县 | 83 | 1.51 |
| 8 | 广西 | 20 | 0.36 | 南充 | 121 | 2.21 | 马尔康 | 70 | 1.28 |
| 9 | 青海 | 20 | 0.36 | 广元 | 95 | 1.73 | 若尔盖 | 66 | 1.20 |
| 10 | 江西 | 17 | 0.31 | 乐山 | 85 | 1.55 | 汶川 | 52 | 0.95 |
| 11 | 河南 | 16 | 0.29 | 内江 | 85 | 1.55 | 舟曲 | 50 | 0.91 |
| 12 | 湖南 | 13 | 0.23 | 眉山 | 82 | 1.49 | 黑水 | 45 | 0.82 |
| 13 | 广东 | 7 | 0.13 | 甘南 | 75 | 1.37 | 小金 | 43 | 0.78 |
| 14 | 贵州 | 6 | 0.11 | 泸州 | 42 | 0.77 | 射洪 | 43 | 0.78 |
| 15 | 辽宁 | 6 | 0.11 | 梁山 | 35 | 0.64 | 什邡 | 42 | 0.77 |
| 16 | 山东 | 6 | 0.11 | 巴中 | 34 | 0.62 | 三台 | 35 | 0.64 |
| 17 | 西藏 | 6 | 0.11 | 合肥 | 30 | 0.55 | 资中 | 35 | 0.64 |
| 18 | 江苏 | 4 | 0.07 | 甘孜 | 27 | 0.49 | 奉节 | 35 | 0.64 |
| 19 | 山西 | 4 | 0.07 | 雅安 | 26 | 0.47 | 德阳市区 | 30 | 0.55 |
| 20 | 其他 | 14 | 0.25 | 其他 | 364 | 6.64 | 其他 | 1769 | 35.28 |

以地市为来源地，2007 年地理集中指数 $G$ 为 44.20，2013 年为 52.37，上升了 8.17。阿坝从业者比例上升 9.56%，陇南上升了 5.49%，旅游从业者地理集中性加强，而位于九寨沟东南部市/州比例大部分在下降。以区县为来源地，2007 年地理集中指数 $G$ 为 28.81，2013 年为 37.62，上升了 8.81。距离九寨沟较近的区县，如文县、松潘、金川、平武、江油等旅游从业者比例明显上升，其中九寨沟县从业者比例上升了 8.72%，文县上升了 5.43%。位次 7 之后的来源地有大变动：都江堰、德阳市区等下降明显，若尔盖、舟曲等排名和比例上升较快。

旅游从业移民地理集中指数分层分析（表 5-17）显示：①女性旅游从业移民的空间集聚程度及趋势强于男性。女性旅游从业者的地理集中指数一直高于男性，但源空间吸引半径的情况相反；女性旅游从业移民源空间吸引半径同比下降 53.96%，高于男性（38.63%）。②除 55 岁以上年龄段，其余年龄段的旅游从业移民集聚程度及趋势与年龄段存在正相关性，即地理集中指数的同比增长量随年龄段增加而增加。③汉族旅游从业移民空间集聚程度趋势明显，集聚程度超过少数民族。2007 年汉族旅游从业者地理集中指数仅约为少数民族的一半，2013 年汉族旅游从业移民的源空间吸引半径是少数民族的一半不到，同比下降幅度超过 60%。④各职业类别旅游从业移民的空间集聚程度分三个层次。在对旅游从业移民的层次划分基础上（Marcketti, et al., 2006），同时考虑到数据代表性，将从九寨沟管理局所获取的所有旅游从业移民的职业归并划分为 5 个类别，其中，休闲娱乐从业者包括导游和娱乐技师等，旅游业其他从业者以低技能或体力从业者为主。第一层次是饭店业普通职员，地理集中指数较高且源空间吸引半径最小。第二层次是个体小企业主和旅游业其他从业者，地理集中指数和源空间吸引半径均为中等。第三层次是管理人员和休闲娱乐从业者，地理集中指数最低且源空间吸引半径最大。2007 年旅游从业移民的情况存在一定偏差，但到 2013 年基本符合上述规律。⑤旅游从业移民的空间集聚程度及趋势存在学历差异。大学及以上学历的旅游从业移民地理集中指数较低且空间辐射范围最大；初中学历旅游从业移民的集聚程度和趋势最强，地理集中指数最高且空间辐射范围最小，且同比变化幅度最大。

**表 5-17　九寨沟旅游从业者源空间地理集中指数的分层分析**

| 分层 | 2007 年 | | | 2013 年 | | |
|---|---|---|---|---|---|---|
| | 地理集中指数 $G$ | 源空间吸引半径/km | | 地理集中指数 $G$ | 源空间吸引半径/km | |
| | | 全体 | 移民 | | 全体 | 移民 |
| 男性 | 24.15 | 180.45 | 469.76 | 38.95 | 85.76 | 288.27 |
| 女性 | 33.97 | 114.31 | 374.62 | 47.34 | 60.89 | 172.49 |
| ≤24 岁 | 34.24 | 120.33 | 368.21 | 48.35 | 64.11 | 188.15 |
| 25～34 岁 | 27.32 | 159.73 | 494.75 | 43.09 | 95.10 | 291.21 |
| 35～44 岁 | 23.13 | 264.61 | 546.39 | 41.53 | 86.16 | 295.60 |
| 45～54 岁 | 19.83 | 354.83 | 561.60 | 42.13 | 88.48 | 279.21 |
| ≥55 岁 | 23.67 | 413.59 | 479.27 | 34.63 | 154.56 | 334.21 |
| 汉族 | 27.68 | 210.09 | 497.28 | 43.74 | 65.61 | 192.76 |
| 藏族 | 47.90 | 156.86 | 509.52 | 46.86 | 150.53 | 401.86 |
| 其他少数民族 | 44.04 | 236.19 | 257.89 | 41.28 | 169.28 | 215.42 |
| 饭店业普通职员 | 37.29 | 114.38 | 395.91 | 50.27 | 53.26 | 168.00 |
| 休闲娱乐从业者 | 18.52 | 351.24 | 501.48 | 31.86 | 364.00 | 494.04 |
| 个体小企业主 | 30.04 | 309.12 | 745.25 | 36.02 | 333.13 | 338.87 |
| 管理人员 | 15.82 | 493.43 | 605.92 | 32.19 | 364.62 | 496.98 |
| 旅游业其他从业者 | 31.60 | 191.46 | 469.11 | 33.22 | 156.38 | 342.09 |
| 小学及以下 | 34.14 | 211.09 | 517.59 | 37.07 | 145.87 | 295.74 |
| 初中 | 37.56 | 132.89 | 431.53 | 49.20 | 58.47 | 184.33 |
| 高中（中专/职高） | 27.55 | 201.67 | 432.08 | 39.60 | 102.59 | 266.14 |
| 大学及以上 | 30.43 | 360.98 | 660.35 | 31.24 | 269.53 | 607.88 |

### 5.2.2 黄山旅游从业移民源空间历时演变特征

按照省份、市/州、县/区三个尺度观察得出，黄山旅游从业移民的省份、市/州、县/区地理集中指数都在上升（表 5-18 和表 5-19）。省份来源地的地理集中指数 $G$ 由 89.98（2009 年）增加到 92.32（2015 年）。安徽省内部的迁移占据绝大部分，强化了主体地位，2009 年比例占了 95.6%，至 2015 年少量下降但仍占 90%以上。以地市为来源地，2009 年地理集中指数 $G$ 为 64.77，2015 年为 68.76。旅游从业移民源空间中比例前五名的城市变化不大，且占据核心比例。其中，黄山的比例上升了 10.03%，主体地位强化。贺州、南昌等 6 个外省城市和省内淮北、宿州二市的比例位次下降明显；上饶和杭州 2 个邻市以及铜陵、马鞍山等城市的名次上升明显。以区县为来源地，2015 年的地理集中指数为 52.52，比 2009 年提高了 6.72。黄山旅游从业移民县域分布比例变化不大，黄山市的县/区一直保持主体地位，皖南及附近的县/区比例增加。

**表 5-18 2009 年黄山旅游从业者全国空间分布**

| 位次 | 以各省份为来源地（$N$=3440） | | | 以各地市为来源地（$N$=3422） | | | 以各区县为来源地（$N$=3324） | | |
|---|---|---|---|---|---|---|---|---|---|
| | 省份 | 频数 | 百分比/% | 市/州 | 频数 | 百分比/% | 县/区 | 频数 | 百分比/% |
| 1 | 安徽 | 3270 | 95.06 | 黄山 | 1987 | 58.07 | 屯溪 | 812 | 24.43 |
| 2 | 山东 | 22 | 0.64 | 宣城 | 173 | 5.06 | 歙县 | 340 | 10.23 |
| 3 | 吉林 | 21 | 0.61 | 安庆 | 153 | 4.47 | 黄山区 | 204 | 6.14 |
| 4 | 江西 | 17 | 0.49 | 合肥 | 142 | 4.15 | 休宁 | 169 | 5.08 |
| 5 | 湖北 | 14 | 0.41 | 阜阳 | 129 | 3.77 | 徽州 | 145 | 4.36 |
| 6 | 浙江 | 9 | 0.26 | 滁州 | 95 | 2.78 | 祁门 | 103 | 3.10 |
| 7 | 广西 | 9 | 0.26 | 宿州 | 94 | 2.75 | 黟县 | 99 | 2.98 |
| 8 | 江苏 | 8 | 0.23 | 巢湖 | 93 | 2.72 | 包河 | 46 | 1.38 |
| 9 | 湖南 | 8 | 0.23 | 芜湖 | 74 | 2.16 | 宣州 | 45 | 1.35 |
| 10 | 河北 | 8 | 0.23 | 六安 | 65 | 1.90 | 绩溪 | 43 | 1.29 |
| 11 | 新疆 | 7 | 0.20 | 淮北 | 57 | 1.67 | 蜀山 | 39 | 1.17 |
| 12 | 四川 | 7 | 0.20 | 池州 | 52 | 1.52 | 庐江 | 30 | 0.90 |
| 13 | 福建 | 7 | 0.20 | 蚌埠 | 48 | 1.40 | 镜湖 | 30 | 0.90 |
| 14 | 陕西 | 6 | 0.17 | 淮南 | 31 | 0.91 | 无为 | 27 | 0.81 |
| 15 | 重庆 | 5 | 0.15 | 亳州 | 28 | 0.82 | 贵池 | 26 | 0.78 |
| 16 | 黑龙江 | 5 | 0.15 | 马鞍山 | 24 | 0.70 | 怀宁 | 25 | 0.75 |
| 17 | 河南 | 3 | 0.09 | 铜陵 | 20 | 0.58 | 定远 | 25 | 0.75 |
| 18 | 广东 | 3 | 0.09 | 延边 | 11 | 0.32 | 旌德 | 24 | 0.72 |
| 19 | 上海 | 2 | 0.06 | 长春 | 7 | 0.20 | 太和 | 23 | 0.69 |
| 20 | 其他 | 9 | 0.26 | 其他 | 139 | 4.06 | 其他 | 1069 | 32.16 |

**表 5-19　2015 年黄山旅游从业者全国空间分布**

| 位次 | 以各省份为来源地（$N$=3738） | | | 以各地市为来源地（$N$=3734） | | | 以各区县为来源地（$N$=3010） | | |
|---|---|---|---|---|---|---|---|---|---|
| | 省份 | 频数 | 百分比/% | 市/州 | 频数 | 百分比/% | 县/区 | 频数 | 百分比/% |
| 1 | 安徽 | 3450 | 92.30 | 黄山 | 2543 | 68.10 | 黄山区 | 651 | 21.63 |
| 2 | 浙江 | 52 | 1.39 | 合肥 | 392 | 10.50 | 徽州 | 446 | 14.82 |
| 3 | 江西 | 41 | 1.10 | 宣城 | 143 | 3.83 | 庐江 | 257 | 8.54 |
| 4 | 江苏 | 28 | 0.75 | 安庆 | 77 | 2.06 | 休宁 | 239 | 7.94 |
| 5 | 河南 | 22 | 0.59 | 铜陵 | 74 | 1.98 | 歙县 | 222 | 7.38 |
| 6 | 云南 | 20 | 0.54 | 芜湖 | 69 | 1.85 | 黟县 | 133 | 4.42 |
| 7 | 重庆 | 15 | 0.40 | 池州 | 33 | 0.88 | 合肥市区 | 87 | 2.89 |
| 8 | 湖南 | 13 | 0.35 | 滁州 | 22 | 0.59 | 屯溪 | 85 | 2.82 |
| 9 | 湖北 | 13 | 0.35 | 阜阳 | 19 | 0.51 | 枞阳 | 63 | 2.09 |
| 10 | 山东 | 11 | 0.29 | 六安 | 18 | 0.48 | 绩溪 | 49 | 1.63 |
| 11 | 福建 | 11 | 0.29 | 上饶 | 17 | 0.46 | 祁门 | 43 | 1.43 |
| 12 | 上海 | 8 | 0.21 | 马鞍山 | 15 | 0.40 | 旌德 | 42 | 1.40 |
| 13 | 吉林 | 7 | 0.19 | 商丘 | 15 | 0.40 | 安庆市区 | 36 | 1.20 |
| 14 | 辽宁 | 6 | 0.16 | 杭州 | 13 | 0.35 | 芜湖市区 | 29 | 0.96 |
| 15 | 广东 | 6 | 0.16 | 淮南 | 12 | 0.32 | 无为 | 29 | 0.96 |
| 16 | 四川 | 5 | 0.13 | 南京 | 12 | 0.32 | 宣城市区 | 28 | 0.93 |
| 17 | 北京 | 5 | 0.13 | 普洱 | 12 | 0.32 | 巢湖 | 25 | 0.83 |
| 18 | 黑龙江 | 4 | 0.11 | 温州 | 11 | 0.29 | 怀宁 | 24 | 0.80 |
| 19 | 贵州 | 4 | 0.11 | 其他 | 237 | 6.35 | 青阳 | 13 | 0.43 |
| 20 | 其他 | 17 | 0.49 | | | | 其他 | 509 | 16.91 |

通过 SPSS 分析检验出旅游从业移民源空间地理集中指数在性别和年龄上存在一定差异。由表 5-20 分析发现：男女旅游从业移民的空间集聚程度增强且差异缩小。男女旅游从业移民地理集中指数都在上升，源空间吸引半径在减小，且女性空间集聚程度一直高于男性。男性旅游从业移民地理集中指数的增幅大于女性，源空间吸引半径的降幅小于女性，二者的差距逐渐缩小。各年龄段旅游从业移民空间集聚程度增强且差异减小。2009 年各年龄段的地理集中指数差距不大，到 2015 年随着年龄段的增高而上升；高年龄段的地理集中指数增幅较高。2009 年 45 岁以上高年龄段的空间辐射范围大于低年龄段的。到 2015 年，除了 24 岁以下年龄段的源空间吸引半径在增大外，其他各年龄段的源空间吸引半径均在变小，各年龄段的源空间吸引半径的差距缩小。

**表 5-20　黄山旅游从业者源空间县级地理集中指数分层分析**

| 分层 | 2009 年 | | | 2015 年 | | |
|---|---|---|---|---|---|---|
| | 地理集中指数 $G$ | 源空间吸引半径/km | | 地理集中指数 $G$ | 源空间吸引半径/km | |
| | | 全体 | 移民 | | 全体 | 移民 |
| 男性 | 42.46 | 91.85 | 141.03 | 50.93 | 71.23 | 91.13 |
| 女性 | 49.99 | 130.99 | 111.50 | 54.35 | 64.88 | 78.36 |
| ≤24 岁 | 46.92 | 61.69 | 101.55 | 50.63 | 87.06 | 100.01 |
| 25～34 岁 | 44.06 | 72.85 | 108.40 | 49.82 | 67.58 | 89.70 |
| 35～44 岁 | 48.50 | 92.56 | 145.93 | 53.94 | 69.69 | 89.07 |
| 45～54 岁 | 44.05 | 234.79 | 345.18 | 55.50 | 71.78 | 88.17 |
| ≥55 岁 | 40.26 | 120.08 | 171.31 | 54.38 | 87.04 | 103.49 |

### 5.2.3　旅游从业移民源空间吸引半径历时演变特征

表 5-21 显示：第一，旅游从业者（指的是总体旅游从业者，简称旅游从业者）、旅游移民的地理集中指数均有较大幅度的上升，且差距较小，空间集中程度不断加强。旅游从业者和旅游移民的源空间吸引半径均下降，80%分割距离也随之降低。第二，旅游移民的源空间地理集中指数下降并低于旅游从业者。旅游移民源空间吸引半径和 80%分割距离明显高于旅游从业者，且它们的差距在增大。旅游从业移民源空间布局集中于九寨沟交通干线延伸地。旅游从业移民地理集中指数及其上升幅度低于旅游从业者，且空间吸引半径呈降低趋势；高峰区域集中在九寨沟周边、交通延伸地和我国中部地区，比总体旅游从业者远 100～200km，同时主高峰由超过 900km 变为 400～600km。旅游从业者中，企业主地理集中指数降低并低于雇员。

**表 5-21　九寨沟总体旅游从业者源空间分布指数及变化**

| 职业类型 | 2007 年 | | | | 2013 年 | | | |
|---|---|---|---|---|---|---|---|---|
| | 总体 | 移民 | 雇员 | 企业主 | 总体 | 移民 | 雇员 | 企业主 |
| 样本数 | 6322 | 4624 | 5654 | 668 | 5481 | 3509 | 4855 | 626 |
| 源空间吸引半径： | | | | | | | | |
| 空间直线距离/km | 88.81 | 260.32 | 85.82 | 187.48 | 85.55 | 207.93 | 66.57 | 273.94 |
| 交通距离/km | 133.66 | 397.8 | 129.74 | 308.23 | 91.48 | 276.25 | 106.65 | 398.10 |
| 时间距离/h | 3.14 | 9.28 | 3.14 | 5.86 | 2.55 | 7.71 | 1.87 | 5.97 |
| 地理集中指数 $G$ | 28.81 | 12.82 | 28.93 | 29.69 | 37.62 | 19.41 | 37.43 | 21.44 |
| 80%分割距离/km | 567 | 600 | 552 | 675 | 527 | 563 | 515 | 841 |
| 空间分布/%： | | | | | | | | |
| ＜100km | 27.30 | — | 27.30 | 27.00 | 45.57 | — | 45.33 | 21.65 |

续表

| 职业类型 | 2007 年 | | | | 2013 年 | | | |
|---|---|---|---|---|---|---|---|---|
| | 总体 | 移民 | 雇员 | 企业主 | 总体 | 移民 | 雇员 | 企业主 |
| 100～200km | 8.60 | 11.90 | 8.90 | 6.30 | 5.70 | 27.35 | 5.71 | 5.61 |
| 200～300km | 6.70 | 9.20 | 6.70 | 6.90 | 6.02 | 10.54 | 8.60 | 6.07 |
| 300～400km | 10.80 | 14.80 | 11.40 | 5.70 | 5.32 | 7.45 | 4.96 | 3.89 |
| 400～500km | 16.50 | 22.70 | 16.70 | 15.40 | 13.93 | 20.53 | 12.59 | 14.64 |
| 500～600km | 15.30 | 21.10 | 15.70 | 12.50 | 11.83 | 17.87 | 10.43 | 16.67 |
| 600～700km | 4.70 | 6.40 | 4.30 | 7.60 | 3.79 | 4.44 | 3.65 | 2.96 |
| 700～800km | 3.10 | 4.30 | 3.10 | 2.80 | 1.41 | 2.38 | 1.33 | 4.83 |
| 800～900km | 0.80 | 1.20 | 0.80 | 0.90 | 0.73 | 1.25 | 0.54 | 6.07 |
| 900～1000km | 0.40 | 0.60 | 0.40 | 0.60 | 0.88 | 1.50 | 0.54 | 6.07 |
| ＞1000km | 5.70 | 7.90 | 4.70 | 14.30 | 4.82 | 6.70 | 6.32 | 11.53 |

表 5-22 显示：黄山旅游从业者的空间直线距离和交通距离辐射范围在减小，时间距离辐射范围增大。总体旅游从业者源空间的 80%分割距离退了 80km，而旅游从业移民的 80%分割距离上升至 385km。2009～2015 年黄山市旅游从业者源空间的地理集中指数总体在上升，省内市/州、县/区比例增加，黄山市的主体地位愈加重要，省级行政边界的屏蔽效应强化。同时，其源空间吸引半径在减小，主体部分集中在以黄山风景区为中心的 400km 范围左右；尤其旅游从业移民的源空间辐射范围急剧下降，表明黄山的省外源空间吸引范围在急剧下降。黄山省内源空间主要是沿着京台高速和与其相连的其他交通干线，向西北方向呈递减梯次分布。

**表 5-22　黄山旅游从业者来源地空间县级分布指数及变化**

| 职位类型 | 2009 年 | | 2015 年 | |
|---|---|---|---|---|
| | 总体 | 移民 | 总体 | 移民 |
| 样本数 | 3426 | 2681 | 3738 | 2906 |
| 源空间吸引半径： | | | | |
| 空间直线距离/km | 63.69 | 85.42 | 70.20 | 78.41 |
| 交通距离/km | 97.21 | 129.04 | 66.87 | 79.63 |
| 时间距离/h | 1.33 | 1.74 | 2.24 | 6.30 |
| 地理集中指数 $G$ | 31.52 | 29.15 | 52.52 | 41.83 |
| 80%分割距离/km | 281 | 281 | 201 | 385 |
| 空间分布/%： | | | | |
| ＜100km | 67.12 | 16.62 | 67.1 | 53.74 |

续表

| 职位类型 | 2009 年 | | 2015 年 | |
|---|---|---|---|---|
| | 总体 | 移民 | 总体 | 移民 |
| 100～200km | 5.46 | 40.32 | 5.8 | 7.19 |
| 200～300km | 13.26 | 7.99 | 12.8 | 16.75 |
| 300～400km | 2.63 | 4.97 | 2.7 | 2.84 |
| 400～500km | 1.64 | 5.68 | 1.4 | 1.83 |
| 500～600km | 1.87 | 2.75 | 1.9 | 1.42 |
| 600～700km | 0.91 | 0.44 | 0.9 | 0.84 |
| 700～800km | 0.15 | 0.71 | 0.9 | 0.45 |
| 800～900km | 0.23 | 0.31 | 1.4 | 0.54 |
| 900～1000km | 1.02 | 0.01 | 0.1 | 0.09 |
| ＞1000km | 5.71 | 20.2 | 5.9 | 14.31 |

从静态分布来看，九寨沟三个尺度来源地分布的空间集中度远低于黄山。从动态变化来看，除了九寨沟省份来源地理集中指数在下降，两地各尺度来源地空间集中程度都在上升，且上升幅度较大。这说明九寨沟的省外旅游从业移民增多，而黄山主要依靠省内的从业者。旅游产业化的集聚效应促使资源、劳动、资源和技术等要素在地域空间分布上的集中（王开帅, 2014; 陈勇, 2000)。随着自然观光旅游地发展的成熟，旅游产业集聚逐渐形成规模效应，形成旅游集聚区、旅游小城镇等。这些地方的资本密集度较高，旅游从业者相对集中。集中区的旅游从业者通过其亲缘、人缘关系将其熟识的人带过来，形成旅游地社会网络，使得旅游从业移民来源地分布更加集中。

## 5.3 本章小结

（1）九寨沟和黄山的旅游从业移民源的空间集中程度都在上升，代表两地旅游从业移民来源地分布更加集聚。从三个尺度观察发现，九寨沟旅游从业者的省份来源地理集中指数略有下降，其他两个来源空间集中度上升。而黄山旅游从业移民不同尺度的地理集中指数都在上升。

（2）九寨沟旅游从业移民的地理集中指数上升幅度小于旅游从业者和雇员，空间集中程度都有所加强，源空间吸引半径和 80%分割距离也随之下降。企业主的地理空间集中指数下降，低于旅游从业者和雇员。企业主的空间吸引半径和 80%分割距离高于旅游从业者、移民和雇员。

（3）旅游从业移民源空间布局集中于九寨沟交通干线延伸地。旅游从业移民源地理集中指数及其上升幅度低于总体旅游从业者，且空间吸引半径呈降低趋势；高峰域集中在九寨沟周边、交通延伸地和我国中部地区，比总体旅游从业者远 100～200km。

（4）2009～2015 年黄山市旅游从业移民源空间的空间地理集中指数总体在上升，省内地区比例增加，黄山市的主体地位增强，省级行政边界的屏蔽效应强化，旅游从业移民源空间分布重心向偏南方向迁移。同时，其空间吸引半径在减小，主要集中在以黄山风景区为中心的 400km 范围之内；尤其旅游从业移民的空间辐射范围急剧下降，表明黄山的省外源空间在急剧下降。黄山省内源空间则是沿着京台高速和与其相连的其他交通干线，向西北方向呈递减梯次分布。

# 第 6 章　自然观光地旅游从业移民源空间演变特征及影响因素识别

在第 5 章揭示自然观光地旅游从业移民基本特征和旅游从业移民的源空间分布特征后，本章重点探讨九寨沟（2007 年和 2013 年）和黄山（2009 年和 2015 年）旅游从业移民不同性别、年龄、民族的空间分层和历时空间布局演变特征，定性判别出行政边界、区域经济水平、交通距离、人力资源供给和社会网络等是影响旅游从业移民入迁的主要因素，据此选取反映经济水平、政策制度、人口和社会环境等因素的指标，构建重力模型定量识别自然观光地旅游从业移民源空间演变的影响因素。

## 6.1　旅游从业移民源空间分层分析

### 6.1.1　九寨沟旅游从业移民源空间分层分析

空间分布性别差异对比发现（图 6-1），省级边界屏蔽效应弱化。2007 年旅游从业移民的省级边界屏蔽效应性别差异较小；至 2013 年，女性的弱化幅度（6.12%）高于男性（1.85%）。旅游从业移民来源地县/市指向具有性别差异：男性由东南指向转为圈层式，而女性则保持圈层式。省内旅游从业移民的分布形态变化趋势为南部指向半环式递减：男性是由东南指向转为南部指向，女性则是由九环线（西半环）放射式递减转为南部指向半环式递减。省内外的旅游从业移民都趋向于集聚。男女性旅游从业移民源空间重心均向西北方向转移。

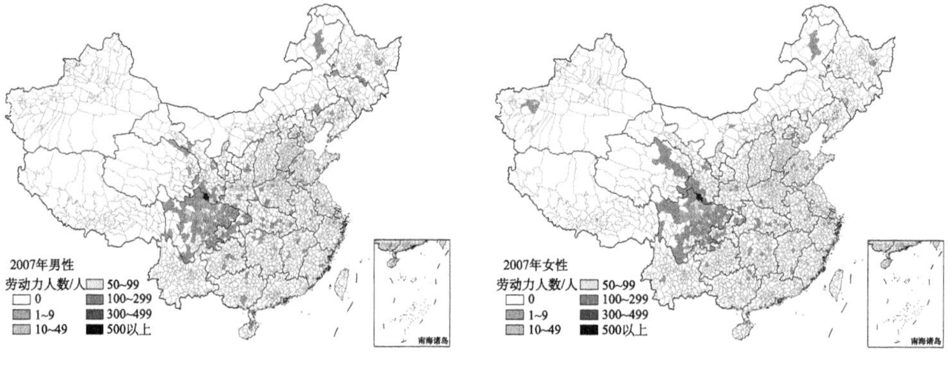


(a)　(b)

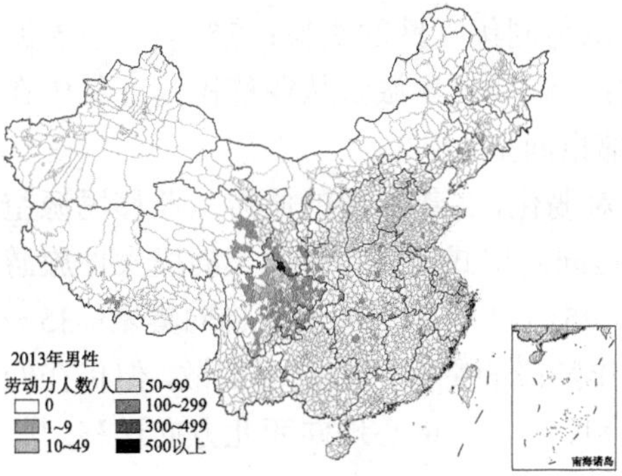


(c)

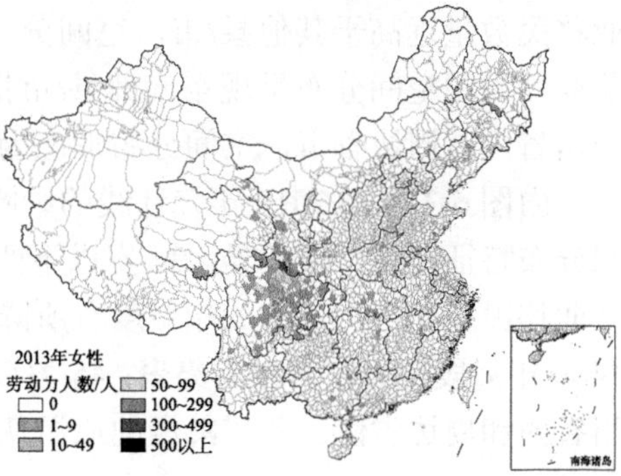


(d)

图 6-1　九寨沟旅游从业移民源空间分布性别差异（彩图见文后）

由图 6-2 可知 2007 年，九环线均是各年龄段旅游从业移民的集聚核心。24 岁以下旅游从业移民源空间呈现断层式递减分布特征，即九环线附近县/市旅游从

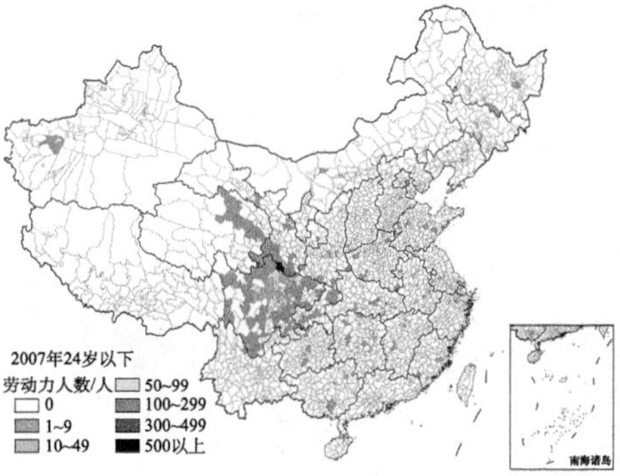


(a)

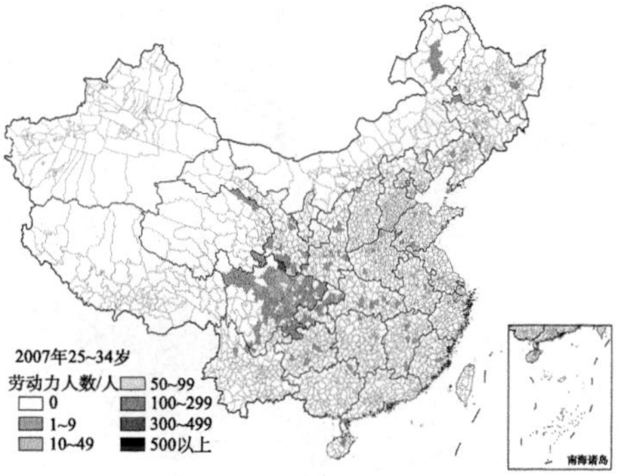


(b)

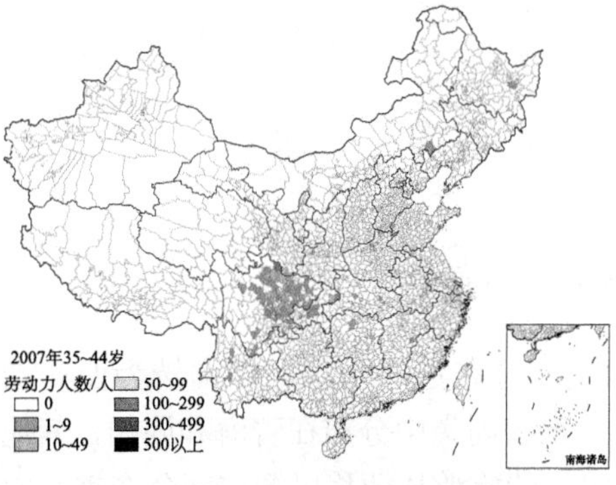


(c)

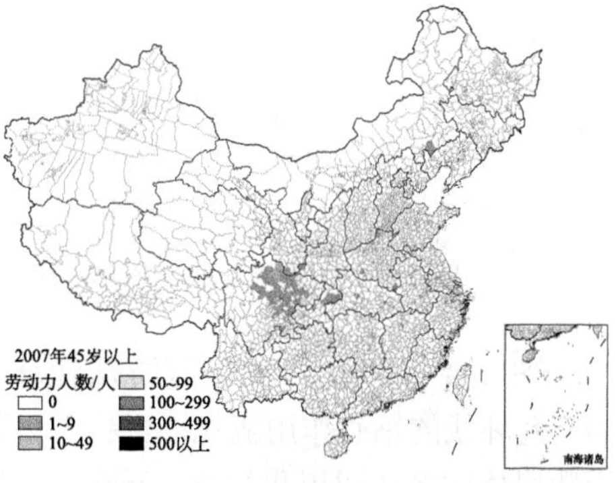


(d)

图 6-2　2007 年九寨沟各年龄段旅游从业移民空间分布（彩图见文后）

业移民数量远高于其他县/市，空间分布形态与同年女性的类似；25～34 岁旅游从业移民源空间分布呈现东南部县/市指向；35～44 岁旅游从业移民高度集中在四川省内及周边省市，空间分布形态为南部指向型。

由图 6-3 可知 2013 年九环线的影响相对弱化，各年龄段的旅游从业移民源空间分布特征存在一定差异。24 岁以下西南指向断层式递减，与同年龄段女性旅游从业移民空间形态分布的相似度有所降低；25～34 岁的空间形态趋向集聚；35～44 岁年龄段变为东南指向集聚；45 岁以上年龄段的空间形态趋于扩散，但仍在四川省内和周边省区。各年龄段的旅游从业移民源空间重心均向西北方向迁移。

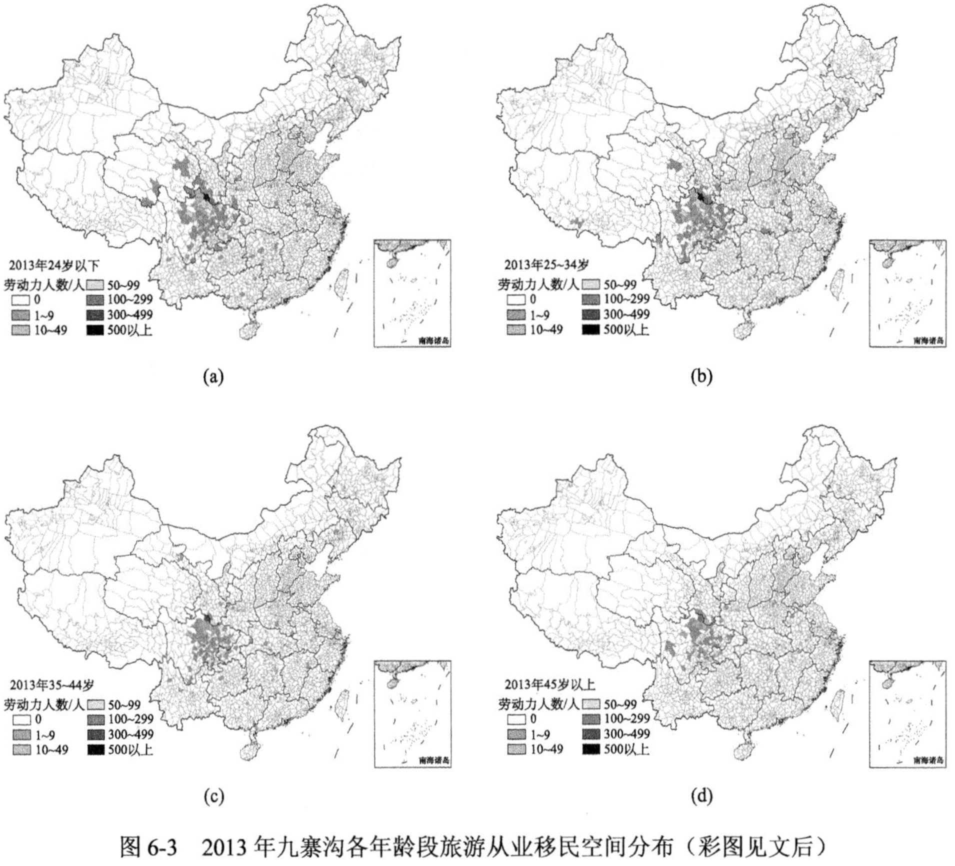


图 6-3　2013 年九寨沟各年龄段旅游从业移民空间分布（彩图见文后）

图 6-4 反映出汉族的旅游从业移民源空间分布形态由东南指向转为西南指向，九环线的轴心作用弱化，更趋于集聚化。藏族则集中分布在青海和四川，其他少数民族则多在四川和甘肃，无明显变化。汉族的旅游从业移民源空间分布重心向西北方向迁移，而少数民族向东北方向迁移。由于汉族旅游从业移民占据主体地位，汉族旅游从业移民源空间重心与总体旅游从业移民源空间重心相符。

九寨沟旅游从业移民的源空间变化分层分析发现存在差异：女性旅游从业移民的空间集聚程度及趋势强于男性；汉族旅游从业移民的空间集聚程度由弱于变为强于少数民族；旅游从业移民集聚程度及趋势与年龄段成反比关系。

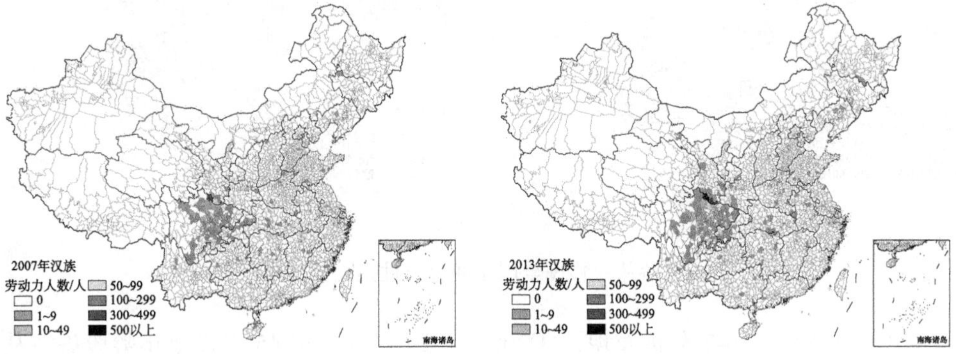


(a)　　(b)

图 6-4　汉族旅游从业移民源空间分布图（彩图见文后）

### 6.1.2　黄山旅游从业移民源空间分层分析

由图 6-5 可知旅游从业移民源空间趋向于集聚在安徽省及周边省市，在性别上也存在省级行政边界屏蔽效应。省外来源地的男性旅游从业移民的人数减少，且周边省市集聚更显著；女性省外的来源地变化较小，分布较分散。男性旅游从业移民的源空间省内分布一直较分散，来源地几乎遍布全省；女性旅游从业移民源空间省内由铁路轴线带状分布，向周边地区拓展。男性旅游从业移民源空间分布重心向东南方向迁移，女性向西南迁移。由于男女比重相差不多，女性的集聚趋势增强，促使旅游从业者总体源空间分布重心向偏南方向迁移。

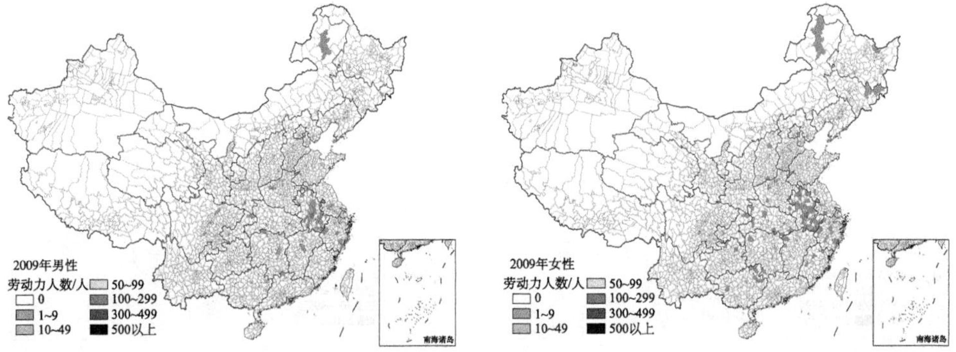


(a)　　(b)

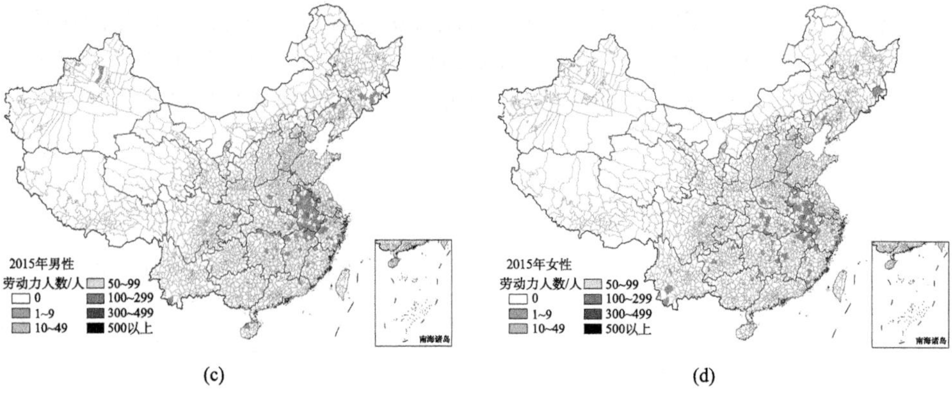


图 6-5　黄山旅游从业移民全国空间分布性别差异（彩图见文后）

由图 6-6 和图 6-7 分析发现：①2009 年 24 岁以下和 45 岁以上年龄段旅游从业移民源空间主要集中在省内。34 岁以下年龄段省内分布较分散，35 岁以上年龄段省内分布较集中。②2015 年 24 岁以下旅游从业移民分布主要集中在省内；25～

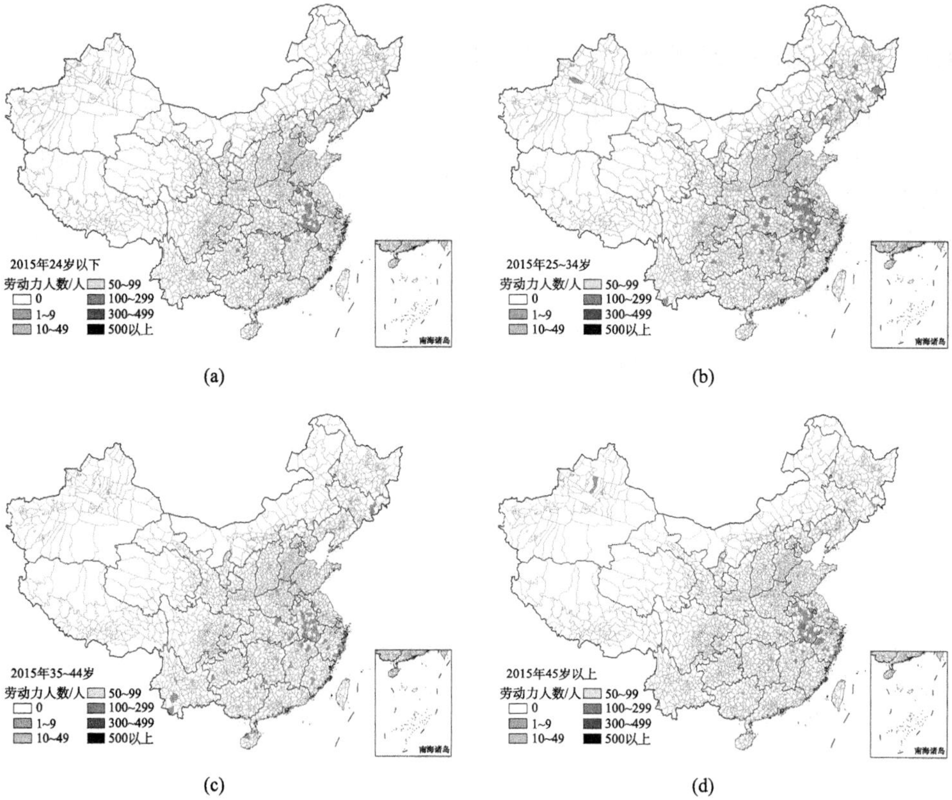


图 6-6　2009 年黄山各年龄段旅游从业移民空间分布（彩图见文后）

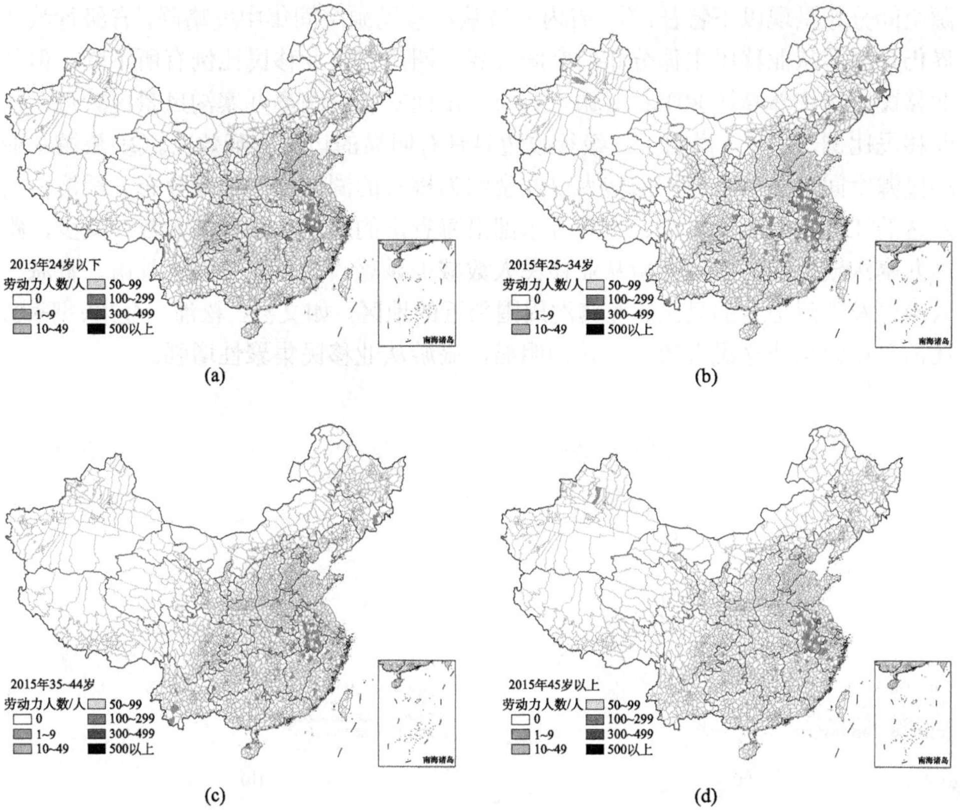


图 6-7　2015 年黄山各年龄段旅游从业移民空间分布（彩图见文后）

34 岁和 35～44 岁年龄段旅游从业移民省内外源空间分布都较分散，45 岁以上旅游从业移民主要集中在安徽省及周边省市。③24 岁以下和 35～44 岁旅游从业移民集聚趋势显著，25～34 岁年龄段趋于分散分布；45 岁以上年龄段主要分布在安徽省及周边地区，积聚性趋于明显。④35～44 岁年龄段的旅游从业移民源空间重心是向东南迁移，而 24 岁以下和 45 岁以上年龄段则是向西南迁移。由于 24 岁以下和 45 岁以上占比例上升显著，且其空间分布重心向西南方向偏移距离大于 25～44 岁年龄段，故而与总体旅游从业移民源空间分布重心的偏移方向相一致。

## 6.2　旅游从业移民源空间布局演变特征

### 6.2.1　九寨沟旅游从业移民源空间布局演变特征

基于旅游从业移民县级来源数据，将九寨沟 2007 年、2013 年旅游从业移民数量进行空间可视化展示（图 6-8），揭示其空间布局及演变特征。旅游从业移民源空间分布呈现以下特征：① 省内旅游从业移民源空间集中度略降，省级行政边界仍是旅游从业移民主体分布的空间边界。四川省从业移民比例有所下降，但从业移民比例依然高达 80%；甘肃、青海、山西等省份距离九寨沟风景区较近，从业移民比例却很低，说明了省级行政边界具有明显的边界屏蔽效应。② 旅游从业移民源空间布局由东南指向转为以九寨沟为核心的圈层梯次递减分布。经济较为发达的江苏、浙江、山东、上海等东部沿海省份的旅游从业移民人数在减少，距离九寨沟较远的县区的旅游从业移民人数减少显著，如东北三省、甘肃、青海、云南以及贵州部分的县区。九寨沟周围邻近的地区，如文县、松潘、金川、平武、江油等旅游从业移民人数上升较为明显，旅游从业移民集聚性增强。

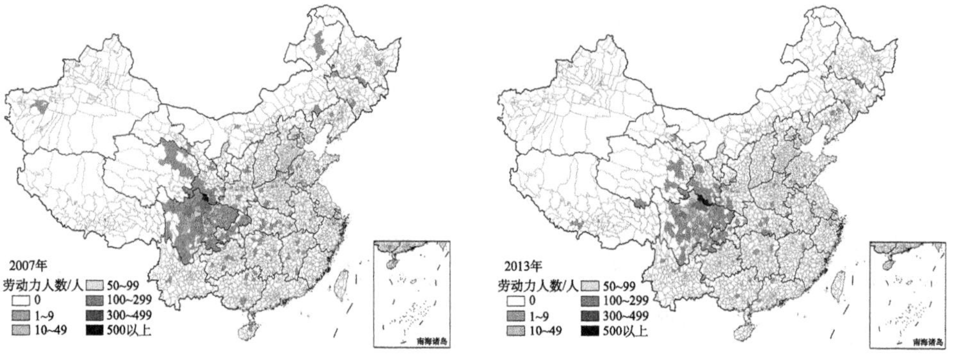


(a)　(b)

图 6-8　九寨沟旅游从业移民全国空间分布（彩图见文后）

进一步对旅游从业移民主体来源的四川省旅游从业移民的空间布局进行可视化分析（图 6-9）。省内旅游从业移民的主体位置由以九环线为轴，转变为以九寨沟为中心点，沿省内交通干线放射拓展。位于九环线的阿坝州、成都、绵阳等地区是 2007 年九寨沟旅游从业移民主要来源地，2013 年增加了广元、若尔盖等交通干线上的城市。旅游从业移民多分布在九寨沟周边（包括邻省）交通便利的地区。旅游从业移民由方向性转为圈层式距离衰减。以九寨沟为起点，以九环线为轴向东南方向辐射，逐渐转变为以交通干线为轴线圈层放射，呈不规则距离衰减至省级行政边界。随着旅游业的发展和省内交通的改善，省内旅游从业移民空间分布发生了比较显著的变化，空间分布的集中性不断加强。距离九寨沟较远的西南和西北部县区，旅游从业者人数呈下降趋势，而距离九寨沟较近且交通较为便利的县区，如松潘、金川、绵阳等旅游从业移民人数大幅度增加，旅游从业移民集聚性增强。

通过加权处理九寨沟旅游从业移民重心演变数据，更准确地确定其动态变化与空间关系。采用重心模型和 ArcGIS 空间分析中的平均中心对 2007 年和 2013

年九寨沟旅游从业移民源空间的重心进行测度。据图 6-9 的空间变化情况观察，2007 年到 2013 年，九寨沟旅游从业移民源空间的重心向西北迁移，主要是地理集中度增高和西北地区从业移民人数增加的原因。整体上看，旅游从业移民重心从省内旅游从业移民集聚区向旅游景区集聚。

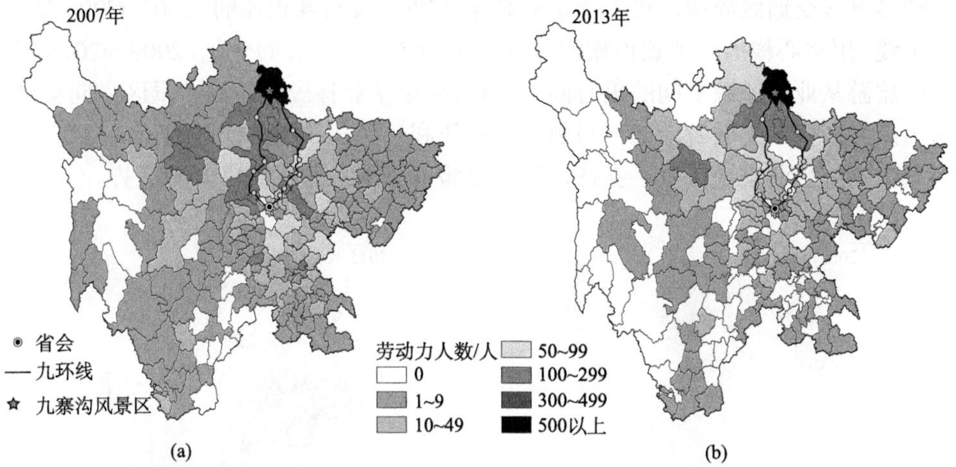


图 6-9　九寨沟旅游从业移民空间在四川省内布局及迁移重心（彩图见文后）

## 6.2.2　黄山旅游从业移民源空间布局演变特征

对 2009 年和 2015 年黄山旅游从业移民源空间进行可视化处理，得出空间分布（图 6-10）。可以看出省级行政边界屏蔽效应强化。安徽省的旅游从业移民的空间集中度及从业者比例都有所上升，占据了旅游从业移民源空间的主体地位，省外的高比例旅游从业移民源空间在减少。东部沿海城市所占比重和数量减少，来源地分布逐渐西移，黄山旅游从业移民呈现向西半环式递减的趋势。

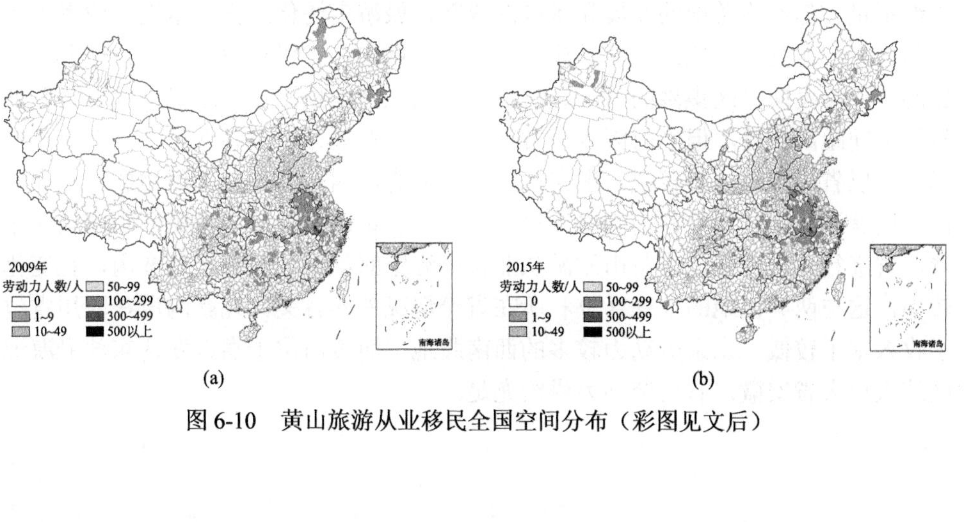


图 6-10　黄山旅游从业移民全国空间分布（彩图见文后）

省内旅游从业移民源空间分布西北指向性显著（图 6-11）。2009 年与 2015 年相比，旅游从业移民源空间分布变化不大，仍是以黄山风景区为中心，比例向西北方向逐渐递减。省内旅游从业移民主体源空间以交通干线为轴分布。安徽省内经过黄山的交通干线有 3 条铁路，且高比例的市主要是黄山、合肥、安庆、池州、铜陵等纵线交通线周边，集中在京台高速（G3）及与其相连的 G50、G206 等交通干线。用重心模型模拟黄山旅游从业移民的源空间重心的变化，2009～2015 年，黄山旅游从业移民源空间的重心向南迁移，旅游从业移民朝着旅游景区方向集聚。黄山风景区位于安徽省南部，与邻省交通便利，西部和中部地区的劳动力充足，为黄山的旅游业发展提供了支持，同时也验证旅游从业移民集聚的趋势。

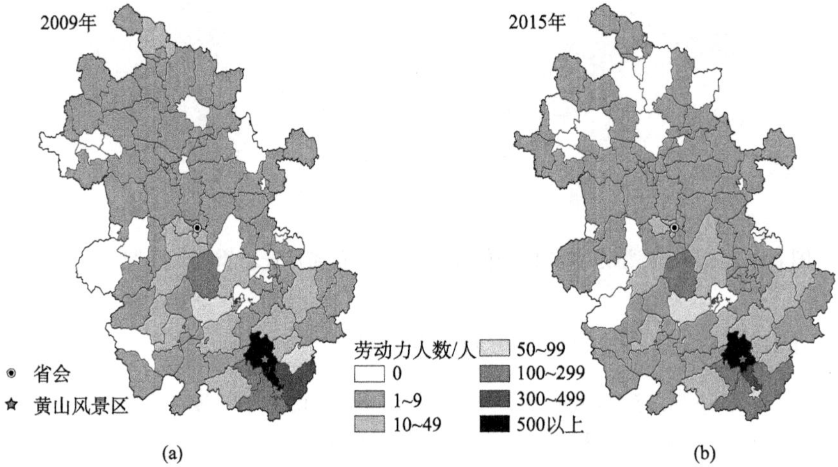


图 6-11　黄山旅游从业移民省内空间分布（彩图见文后）

九寨沟原先本地人多从事一、二产业，较少从事旅游业，本地旅游人力资源供给不足。随着旅游地的发展和景区的成熟，旅游市场化加强，本地从业者不断参与进来，尤其是岗位门槛低，旅游景区集聚增强。省级行政边界弱化是九寨沟旅游从业移民向景区集聚的另一表现。九寨沟虽然地处四川省边界地区，与其他省份空间距离较近，但之前因为跨省就业信息不畅通、得不到保障、心理距离较远，所以省级行政边界较强。现在就业信息畅通，四川省外景区周边旅游从业移民根据就近原则，通过社会网络迁移到九寨沟。黄山旅游从业移民不断向景区集聚，省级行政边界强化。黄山旅游从业移民源空间集聚程度强于九寨沟，且变化较小，这与两案例地的地理区位和所在省份情况差异有关。九寨沟所在四川省位于收入水平较低、剩余劳动力较多的西南腹地，而黄山位于靠近发达东部沿海地区的人口大省安徽，省内劳动力供给充足。

综合分析发现：距离、交通、行政区划、移民网络、人力资源可能是影响自然观光地旅游从业移民源空间分布的宏观驱动要素。距离和交通决定总体空间布局呈距离衰减形态。入迁地腹地人力资源供给影响县/区空间辐射范围。行政区划决定旅游从业移民的总体分布边界。省级行政区划决定主体分布边界，市/州级行政区划总体决定省内旅游从业移民的主体分布，但影响低于交通和人力资源因素。如九寨沟附近一些属于阿坝州内但交通距离较远、人力资源供给差的县/区入迁旅游从业者极少。移民网络、技能要求、独特地理和人文环境（山顶孤岛环境、遗产地管理需要、国企经营模式）等要素揭示出差异性特征、不连续分布、飞地现象的内在联系。

## 6.3　重力模型拟合及影响因素识别

通过分析不同阶段旅游从业者源空间分布的演变特征，判别出行政边界、区域经济水平、交通、距离、人力资源供给和社会网络等是影响旅游从业移民入迁的主要因素（表6-1）。旅游从业移民自身特征的差异引起劳动力源空间流动倾向的变化，旅游从业移民本就是迁移主体，其年龄、性别、受教育程度和职业等个体的差异或变化直接显著地影响源空间的变化。迁入地的地理区位、交通情况、社会经济和政策等因素的变化导致旅游从业移民源空间格局的变化。迁入地本身情况的变化是吸引旅游从业移民迁移而来的核心拉力因素。九寨沟和黄山旅游地的发展和景区的成熟，创造了大量的就业机会，对劳动力的吸纳能力增强，是促进其邻近地区的人口迁入和经济发展的主要动力。选取了反映经济水平、政策制度、人口和社会环境等因素的指标，构建重力模型对这些因素进行分析。

**表6-1　九寨沟和黄山旅游从业者源空间分布演化特征及入迁影响因素定性判别**

| | 九寨沟 | 黄山 |
|---|---|---|
| 空间分布及演化特征 | 省级行政区划总体刻画出旅游从业移民主体分布的空间边界 | 省级行政边界刻画了旅游从业移民的总体空间分布边界并不断强化 |
| | 旅游从业移民源空间布局从东南省会指向转向围绕景区圈层递减分布 | 市级行政区是入迁旅游从业者的主体来源并不断向景区方向靠近 |
| | 省内旅游从业移民沿主要交通干线（九环线）方向空间延伸 | 旅游从业移民沿交通干线向省会延伸分布，并以省会为省内分布北边界 |
| | 旅游从业者源空间分布总体呈方向性距离衰减 | 旅游从业移民总体分布呈不规则距离衰减 |
| 主要影响因素 | 行政边界；区域经济水平；人力资源供给；交通；距离 | 行政边界；交通；区域经济水平；人力资源供给；距离；社会网络 |

### 6.3.1 指标选取及模型构建

#### 6.3.1.1 指标选取

本节指标选取依据全面性、科学性、主导性及可操作性等原则，并结合统计数据特点和案例地实情。由于本节研究的是旅游从业移民源空间变化的影响因素，故而将各来源地迁移至两案例地（九寨沟、黄山）的旅游从业移民数量选为因变量。本节主要分析各因素对旅游从业移民源空间变化的影响，故而将影响因素作为自变量。

反映经济情况的指标：本节将选择九寨沟和黄山旅游从业移民来源地的人均GDP、全域在岗职工平均工资、城镇居民人均可支配收入、农民人均纯收入、旅游总收入等来反映来源地的经济发展现状。人均 GDP 可以反映来源地的经济表现；全域在岗职工平均工资反映来源地的工资水平；城镇居民人均可支配收入和农民人均纯收入反映来源地城乡收入水平；旅游总收入反映来源地旅游发展总体情况。

反映政策制度的指标：根据实际情况，借鉴了李勋来和李国平（2005）的从业者迁移制度因素的测度方法，选取了来源地的失业率和非农业人口来量化政策制度因素。失业率一定程度上反映了来源地政策制度引起的经济变化，非农业人口可以反映来源地的城市政策和乡村剩余劳动力数量。

反映人口情况的指标：研究将选取来源地的总人口、人口增长率和非农业人口指标来量化人口因素。总人口反映了来源地的劳动力基数；人口增长率反映了来源地劳动力的压力和增长情况；非农业人口反映了来源地产业结构及其劳动力情况。

反映社会环境的指标：选取距离和人口密度来反映来源地的社会环境现状。距离反映了来源地旅游从业移民的迁移成本和时间；人口密度反映了来源地的溢出劳动力和生活环境。

数据来源于各县区国民经济和社会发展统计公报、统计年鉴和政府网站。为保证所选取指标因子的科学合理，验证其相关性，通过 SPSS 软件对来源地旅游从业移民人数与 11 个解释变量进行了相关分析，以 0.05 和 0.01 的检验水平进行了双侧检验，然后将简单相关系数作为检验标准。由表 6-2 可知，来源地的非农业人口、全域在岗职工平均工资和失业率这三个指标因子与旅游从业移民人数之间均小于 0.3 且相关性不显著，说明这 3 个指标因子与旅游从业移民人数之间无显著相关关系，而其余 8 个指标因子中个别指标会在各自年份与旅游从业移民人数之间的相关系数较高且相关性显著。

**表 6-2　相关性分析**

| 指标因子 | 相关系数 | | | |
|---|---|---|---|---|
| | 九寨沟 | | 黄山 | |
| | 2007 年 | 2013 年 | 2009 年 | 2015 年 |
| 距离/km | –0.594** | –0.647** | –0.483** | –0.610** |
| 农民人均纯收入/（元/人） | –0.380** | –0.078 | –0.018 | 0.038 |
| 旅游总收入/万元 | 0.352** | 0.029 | 0.135 | 0.019 |
| 人均 GDP/（元/人） | –0.073 | –0.040 | –0.131 | –0.391* |
| 总人口/万人 | –0.054 | –0.418* | –0.109 | –0.102 |
| 人口增长率/% | –0.105 | –0.306* | –0.359* | –0.072 |
| 非农业人口/万人 | –0.054 | –0.088 | –0.145 | –0.110 |
| 全域在岗职工平均工资/（元/人） | 0.036 | 0.042 | 0.130 | –0.020 |
| 城镇居民人均可支配收入/（元/人） | –0.049 | 0.326* | –0.301* | –0.013 |
| 失业率/% | 0.016 | 0.039 | –0.108 | 0.112 |
| 人口密度/（人/km²） | –0.013 | –0.417* | 0.000 | 0.069 |

*和**分别代表在 0.05 和 0.01 的检验水平上的显著性

#### 6.3.1.2　模型构建

根据文献综述和案例地实际情况选取了 8 个人口迁移的影响因子：$X_1$ 总人口、$X_2$ 人口增长率、$X_3$ 人均 GDP、$X_4$ 农民人均纯收入、$X_5$ 城镇居民人均可支配收入、$X_6$ 旅游总收入、$X_7$ 人口密度和 $X_8$ 距离。探查其他因素对距离衰减模型的影响，选择了重力模型进行拟合。根据物理中的重力模型修整后的模型为

$$L_{ij} = GP_{ij}^{\beta_1} I_{ij}^{\beta_2} D_{ij}^{\beta_3} F(C_{ij}) \tag{6-1}$$

其中，$G$ 为地理集中指数；$L_{ij}$ 为来源地 $i$ 入迁目的地 $j$ 的旅游从业者（或旅游从业移民）数量；$P_{ij}$ 为来源地的人口因素（总人口、人口增长率）；$I_{ij}$ 为来源地的收入水平（人均 GDP、城镇居民人均可支配收入、农民人均纯收入和旅游总收入等）；$D_{ij}$ 为社会环境因子（距离、人口密度）；$F$（$C_{ij}$）为阻碍因子，通过分析再进行确定。将式（6-1）转化为多元线性模型：

$$\ln L = G' + \beta_1 \ln P_{ij} + \beta_2 \ln I_{ij} + \beta_3 \ln D_{ij} + \varepsilon \tag{6-2}$$

其中，$G'$为常数；$\beta_1$、$\beta_2$、$\beta_3$ 为回归系数；$\varepsilon$ 为随机误差项。以 $p<0.05$ 为选择标准，来判断自变量对因变量的影响显著性。

### 6.3.2　影响因素辨识

#### 6.3.2.1　九寨沟旅游从业移民源空间变化影响因素分析

1. 2007 年九寨沟旅游从业移民回归方程分析

对具有相关性的因子指标逐步回归检验拟合线性回归方程，经过多次分析，

最终将第 3 个模型确定为最终模型，有 3 个变量留在方程中。相关系数 $R^2$ 随着解释变量的增加而不断优化，拟合优度升至 0.723，说明方程可以解释 72.3%的变量，模型解释率相对较高。残差检验值为 0.676，说明样本数据残差自相关较弱。最终的回归方程偏 $F$ 检验得出 $p$ 值小于 0.01，由此可知，因变量与解释变量间的线性关系显著。

模型建立并检验符合要求后，对数据进行回归系数分析。由表 6-3 中的标准化回归系数，可得出 2007 年九寨沟旅游从业者多元线性回归方程：

$$\ln L = 6.595 + 0.643X_4 + 0.081X_6 - 1.699X_8 \quad (6\text{-}3)$$

影响因素农民人均纯收入（$X_4$）的显著性 $T$ 检验的概率 $p<0.05$，非标准化回归系数 $B$ 值为 0.643，说明变量 $X_4$ 统计学意义明显，且对因变量的影响显著。一定程度上反映了旅游从业移民中农民工占据重要比重，收入较高的农民更愿意迁移到此。旅游总收入（$X_6$）的显著性 $T$ 检验的概率 $p<0.05$，$B$ 值为 0.081，说明该变量对旅游从业移民数量具有显著影响。旅游总收入代表来源地的旅游发展情况，旅游发展情况较好的来源地，旅游从业移民对于旅游业的行业偏见较弱，旅游从业经验丰富，为了获得更高的收入，会选择一定距离内知名度高的景区迁移，导致来源地旅游发展越好，迁移而来的旅游从业者数量越多。距离（$X_8$）的显著性 $T$ 检验的概率 $p<0.05$，$B$ 为–1.699，统计学意义显著，这说明与迁入地相隔不同距离的县区的旅游从业者人数存在显著差异，且距离越远，旅游从业者数量越少。

**表 6-3　回归系数分析**

| 模型 | | 非标准化回归系数 | | 标准化回归系数 | $T$ | sig. |
|---|---|---|---|---|---|---|
| | | $B$ | 标准差 | $\beta$ | | |
| 1 | （Constant） | 11.673 | 0.967 | | 12.077 | 0.000 |
| | ln 距离 | –1.551 | 0.144 | –0.666 | –10.750 | 0.000 |
| 2 | （Constant） | 10.425 | 0.968 | | 10.770 | 0.000 |
| | ln 距离 | –1.524 | 0.137 | –0.654 | –11.105 | 0.000 |
| | ln 旅游总收入 | 0.115 | 0.028 | 0.240 | 4.078 | 0.000 |
| 3 | （Constant） | 6.595 | 1.759 | | 3.750 | 0.000 |
| | ln 距离 | –1.699 | 0.151 | –0.729 | –11.281 | 0.000 |
| | ln 旅游总收入 | 0.081 | 0.030 | 0.170 | 2.658 | 0.009 |
| | ln 农民人均纯收入 | 0.643 | 0.249 | 0.180 | 2.587 | 0.011 |

### 2. 2013 年九寨沟旅游从业移民回归方程分析

在模型拟合过程中，确定第三个模型为最终解释模型。该模型的解释率上升到 80.9%。残差检验值为 1.734，表明解释变量之间基本无自相关。$p$ 值为 0.01 表明此方程的线性关系显著。

继而进行回归系数分析（表 6-4），通过变量标准化回归系数，得出旅游从业移民源多元线性回归方程为

$$\ln L = 5.015 + 0.925X_4 - 0.206X_7 - 1.649X_8 \tag{6-4}$$

同样经过显著性 $T$ 检验发现，农民人均纯收入（$X_4$）、人口密度（$X_7$）和距离（$X_8$）的 $p$ 值都小于 0.05，在统计学上都具有显著意义，对因变量旅游从业移民人数的影响都较显著。$X_4$ 的 $B$ 值为 0.925，而农民人均纯收入对迁移而来的旅游从业者人数的正向影响，再次验证来源地收入高的农民工占据较高比例。$X_7$ 的 $B$ 值为–0.206，表明人口密度与旅游从业移民人数成反比关系，即人口密度低的来源地迁移来的旅游从业者反而更多，可能是与人口密度低的地方相对贫穷有关。$X_8$ 的非标准化回归系数 $B$ 为–1.649，再次验证距离和旅游从业移民的反比关系。

**表 6-4　回归系数分析**

| 模型 | | 非标准化回归系数 | | 标准化回归系数 | $T$ | sig. |
|---|---|---|---|---|---|---|
| | | $B$ | 标准差 | $\beta$ | | |
| 1 | (Constant) | 11.452 | 0.967 | | 11.843 | 0.000 |
| | ln 距离 | –1.550 | 0.144 | –0.666 | –10.764 | 0.000 |
| 2 | (Constant) | 6.634 | 0.968 | | 6.853 | 0.000 |
| | ln 距离 | –1.672 | 0.137 | –0.724 | –12.204 | 0.000 |
| | ln 人均农民纯收入 | 0.635 | 0.028 | 0.182 | 22.679 | 0.000 |
| 3 | (Constant) | 5.015 | 1.759 | | 2.851 | 0.000 |
| | ln 距离 | –1.649 | 0.151 | –0.698 | –10.921 | 0.000 |
| | ln 农民人均纯收入 | 0.925 | 0.031 | 0.636 | 29.839 | 0.008 |
| | ln 人口密度 | –0.206 | 0.248 | –0.145 | –0.831 | 0.002 |

#### 6.3.2.2　黄山旅游从业移民源空间变化影响因素分析

##### 1. 2009 年黄山旅游从业移民回归方程分析

经过逐步回归反复检验拟合线性回归方程，最终却只有距离 $X_8$ 留在方程中。相关系数 $R^2$ 拟合优度为 0.714，说明方程可以解释 71.4%的变量，模型解释率相对较低。残差检验值为 1.348，说明样本数据残差基本无自相关。最终的回归方程偏 $F$ 检验得出 $p$ 值小于 0.01，由此可知，因变量与解释变量间的线性关系显著。

模型建立并检验符合要求后，对数据进行回归系数分析，得出表 6-5。由表中的标准化回归系数，可得出 2009 年黄山旅游从业者多元线性回归方程：

$$\ln L = 4.574 - 0.575 X_8 \tag{6-5}$$

**表 6-5　回归系数分析**

| 模型 | 非标准化回归系数 | | 标准化回归系数 | $T$ | sig. |
|---|---|---|---|---|---|
| | $B$ | 标准差 | $\beta$ | | |
| 1 （Constant） | 4.574 | 0.674 | | 6.788 | 0.000 |
| ln 距离 | –0.575 | 0.109 | –0.447 | –5.292 | 0.000 |

影响因素距离（$X_8$）的显著性 $T$ 检验的概率 $p<0.05$，非标准化回归系数 $B$ 值为–0.575，说明变量 $X_8$ 统计学意义明显，且对因变量的反向影响显著。仅有距离的影响留下，其他的影响因素在距离的制约下影响并不显著。

2. 2015 年黄山旅游从业移民回归方程分析

回归检验分析发现该模型的解释率为 78.2%，且残差检验值为 1.193，表明该方程具有较好的代表性，各个因子之间的残差基本无自相关。$F$ 值为 39.064，$p$ 值小于 0.01，表明因变量和各个自变量之间存在显著的线性关系。

模型建立并检验符合要求后，对数据进行回归系数分析，得出表 6-6。由表中的标准化回归系数，可得出 2015 年黄山旅游从业移民多元线性回归方程：

$$\ln L = 12.439 - 0.505 X_4 - 0.997 X_8 \tag{6-6}$$

**表 6-6　回归系数分析**

| 模型 | 非标准化回归系数 | | 标准化回归系数 | $T$ | sig. |
|---|---|---|---|---|---|
| | $B$ | 标准差 | $\beta$ | | |
| 1 （Constant） | 6.955 | 0.674 | | 9.366 | 0.000 |
| ln 距离 | –0.965 | 0.109 | –0.659 | –8.068 | 0.000 |
| 2 （Constant） | 12.439 | 2.087 | | 5.959 | 0.000 |
| ln 距离 | –0.997 | 0.116 | –0.681 | –8.624 | 0.000 |
| ln 农民人均纯收入 | –0.505 | 0.181 | –0.221 | –2.796 | 0.006 |

影响因素农民人均纯收入（$X_4$）和距离（$X_8$）的显著性 $T$ 检验 $p$ 值都小于 0.01，说明这两个变量具有显著统计意义。另，$X_4$ 和 $X_8$ 与因变量旅游从业移民数量存在反向的线性关系，其 $B$ 值分别为–0.505 和–0.997。

从两案例地的回归分析可发现，距离对旅游从业移民的影响持续显著。2007 年九寨沟的旅游从业移民源空间分布影响因素按影响作用排列依次是距离、农民人均纯收入和旅游总收入；到 2013 年影响因素主要有距离、农民人均纯收入和人口密度。旅游总收入的影响不显著是因为 2007 年时知名度高的景区旅游发展更加成熟、游客量高、旅游从业移民的收入也更高，而到 2013 年其他小景区逐渐发展起来，来源地发展较好的旅游从业者更愿意在本地发展。2009 年黄山旅游从业移民源空间分布影响因素仅有距离，到 2015 年其影响因素按影响作用依次为距离、农民人均纯收入。

## 6.4　本章小结

九寨沟旅游从业移民的源空间分布变化分层分析发现存在差异：女性旅游从业移民的空间集聚程度及趋势强于男性；汉族旅游从业移民空间集聚程度由弱于变为强于少数民族；旅游从业移民集聚程度及趋势与年龄段呈反比关系。黄山旅游从业移民源空间分布及变化存在性别差异。女性旅游从业移民省外源空间分布较男性更分散；男性旅游从业移民源空间省内分布遍布安徽省，而女性旅游从业移民则趋向铁路轴线带状分布。各年龄段的旅游从业移民源空间分布及变化存在显著差异。省外旅游从业移民源空间的主体年龄段一直是 25 岁以上和 44 岁以下从业者。年龄段与旅游从业移民源空间集聚程度的正比关系发生了变化：2009 年 34 岁以下年龄段省内外的源空间分布都更分散，而 35 岁以上年龄段的源空间省外分布较少；2015 年，35～44 岁年龄段的旅游从业移民源空间分布较分散，而 45 岁以上年龄段的旅游从业移民源空间集中在安徽省及周边省市。

2007～2013 年九寨沟旅游从业移民源空间分布特征呈现出以下变化：省级行政边界效应弱化但仍较强；由东南指向转为圈层梯次递减分布；九环线轴带转向交通干线放射拓展；距离衰减由方向性转为圈层式；旅游从业移民源空间的重心向西北方向迁移。2009～2015 年黄山旅游从业移民源空间分布特征具有以下规律：省级行政边界效应强化；具有西半环式递减趋势；交通干线轴心作用显著；旅游从业移民源空间的重心向偏南方向迁移。黄山的省级行政边界屏蔽效应明显大于九寨沟。九寨沟的省级行政边界屏蔽效应略弱化，而黄山的省级边界屏蔽效应则是在强化。两案例地旅游从业移民源空间分布都是以交通干线为轴。九寨沟旅游从业者源空间的九环线轴心效应弱化，随着交通的发展，各交通干线发生合力作用。交通干线，尤其是纵线交通，在黄山旅游从业者源空间轴心作用仍较明显。旅游从业移民分布都符合不规则距离衰减规律。旅游从业移民源空间以案例地为核心，以省级行政边界为界限，向周边县市递减。旅游从业移民源空间向景区集聚。九寨沟景区的旅游从业移民源空间重心明显由省内旅游从业者集聚区向旅游景区迁移，与景区的空间直线距离明显缩短了。黄山移民重心与景区也略缩短了距离。旅游从业移民源空间的空间分布趋势实际是沿着交通线路，以圈层式递增形态，向旅游景区集聚。自然观光地旅游景区以食宿娱等传统业态为主，对技术能力要求相对较低的人力资源供给要求在周边区域即能得到满足，故而集聚趋势明显。

影响旅游从业移民源空间变化的因素主要包括旅游从业移民个体特征、旅游迁入地本身的地理区位、社会经济发展情况和交通情况等。内部因素主要体现在旅游从业移民本身的个体特征。经济因素、人口因素、交通距离和社会环境因素对旅游从业移民源空间也存在一定影响，距离对旅游从业移民源空间的影响持续显著。2007 年距离、农民人均纯收入和旅游总收入是影响九寨沟的旅游从业移民源空间分布的主要因素；2013 年影响因素依次是距离、农民人均纯收入和人口密度。黄山旅游从业移民源空间分布影响因素由 2009 年仅有距离，到 2015 年影响因素为距离和农民人均纯收入。

第三篇

# 驱动力实证研究

# 第 7 章　旅游从业移民微观入迁驱动力研究

本章借鉴国内外关于旅游从业移民驱动力研究，构建旅游从业移民微观入迁动力量表，采用问卷调查法和深度访谈法收集数据，在 2008 年对九寨沟旅游从业移民入迁驱动力进行实地调研，2010 年对黄山汤口旅游企业主入迁驱动力进行实地调研。获取数据后借助 SPSS 软件对问卷数据进行描述性分析、因子分析、独立样本 $T$ 检验和单因素方差分析等，采用质性编码数据对访谈内容进行情境分析、层次划分和维度构建，根据数据分析结果探讨自然观光地旅游从业者移民微观入迁驱动力结构与强度。

## 7.1　动力指标体系构建

Szivas 和 Riley（1999）基于四个理论假设对劳动力转移动机进行了分析，这些假设分别是增加经济收入、职业积极特性、职业避难所和企业家愿望。探索性因子分析结果检验了以上四个理论假设的存在，其构建的入迁驱动力量表也在 Szivas 等（2003）、Vaugeois 和 Rollins（2007）后续的不同案例地研究中得到了应用，且在移民入迁驱动力结构和对部分驱动力因子（如职业积极特性、避风港等）的重要性评价上有着基本相同的结论。以上研究构成了本书中旅游从业移民研究入迁驱动力量表的重要依据。但同时，该量表的适用性仍然存在如下方面的提升空间：首先，Szivas 和 Riley（1999）是在经济转型的背景下研究劳动力向旅游业的职业转换问题，其后才在相同情境下部分转向旅游企业主移民研究（Szivas, et al., 2003）。因此，在量表与研究背景的契合度上，需要谨慎对待。例如，在他们最初的研究中，“职业避难所”是需要检验的重要动机维度，但在相对稳定的经济环境下，这一维度基本可以忽略（Vaugeois and Rollins, 2007）。此外，广泛出现在旅游移民研究中的一个重要的生活方式型（质量类）因素在 Szivas 等（1999, 2003）的研究中是缺失的。比如 Snepenger 等（1995）较早尝试对黄石公园的 TEMs 进行了实证研究，结果发现，传统的商业环境类因素对其迁移决策的影响要弱于生活质量类因素。Benson 和 O’Reilly（2009a）的研究发现，带有生活方式型动机的企业主移民与传统移民不同，其在迁移时考虑构建一种能够自主控制的工作生活关系，追求美好的自然环境和乡村生活。此外，没有考虑与旅游地相关的动机。基于推拉理论视角考虑，除了有个性特征和利益诉求等推力因素外，旅游目的地属性及特征为促进旅游移民迁移提供了重要的拉力。此外，它还可能是造成旅游移民现象存在区域差异的重要原因。Szivas 等（2003）、Vaugeois 和 Rollins（2007）的研究也没有考虑与家庭相关的因素，而这是旅游移民研究者们考虑较多的问题之一，如 Getz 和 Carlsen（2000, 2005）。这一点在旅游企业主移民研究中尤其重要，这是因为绝大多数旅游小企业都是家庭小企业。

鉴于以上考虑，本书中的实证研究先以九寨沟为案例地，设计了符合中国研究情境的旅游从业移民动力量表，具体见表 7-1。主要设计思路是：一是对传统移民迁移理论（李明欢，2000；张晓青，2001）的借鉴；二是对相关旅游从业移民和消费移民动因文献的分析；三是对旅游从业者跨行业流动动力量表（Szivas, et al., 1999, 2003; Vaugeois and Rollins, 2007; Mendonsa, 1982）的参考；四是对九华山旅游从业迁移动机调查结果的推广性假设（Yang and Lu, 2008; 杨钊等, 2006, 2007, 2011）；五是十几位专家对初步形成的动力量表进行的讨论和建议。在经过检验而且效果较好的九寨沟旅游从业移民入迁动力量表的基础上（杨钊等, 2013），本书进一步对黄山汤口旅游企业主移民进行调查，增加了企业家愿望这一维度上的若干指标，形成黄山汤口旅游企业主移民动力量表，具体见表 7-2。

**表 7-1　九寨沟旅游从业移民动力量表的指标理论依据/假设**

| 理论依据/假设 | | 动力量表项目 |
|---|---|---|
| 移民迁移理论 | 新古典主义经济移民理论 | 提高收入；想获得与自己能力相符的收入 |
| | 劳动力市场分割理论 | 我做的工作本地人很少做 |
| | 社会资本移民理论 | 与亲友团聚；亲友的积极建议 |
| | 推拉理论 | 九寨沟知名度很大；九寨沟经济发展很快 |
| 旅游移民相关文献的分析 | 自然与文化吸引假设 | 独特的藏文化；旅游旺季气候宜人 |
| | 生活方式假设 | 想离开原来居住地；追求自己的生活方式 |
| 旅游从业者跨行业流动动力量表的参考 | 职业积极特性假设 | 旅游职业给人的印象很好；工作环境较好；不需要太多专业技能；相对比较自由；有大量的就业机会（从业容易）；与所学的专业相吻合；对旅游职业非常有兴趣；本地旅游业风险小；旅游业有更多的商机 |
| | 职业避风港假设 | 我在别的地方找不到工作；以前工作的行业衰退了；没有工作，需要一份职业； 原来的工作收入太低 |
| | 偶然因素假设 | 第一份工作恰巧在本地 |
| 九华山调研的推广性假设 | 丰富职业经历假设 | 拓展自己的创业能力；丰富自己的职业经历；本地人十分友好；离家较近 |
| | 逃离假设 | 想离开原来居住地；想在不同的地点生活 |
| 专家讨论建议 | 未来收益假设 | 将来的收入会更稳定；将来获得高收入的机会更多 |

**表 7-2　黄山汤口旅游企业主移民动力量表的指标理论依据/假设**

| 理论依据/假设 | | 动力量表项目 |
|---|---|---|
| 移民迁移理论 | 新古典主义经济移民理论 | 提高收入；做旅游生意赚钱快 |
| | 社会资本移民理论 | 本地亲友多；亲友的积极建议 |
| | 推拉理论 | 黄山游客多；本地商机多 |
| 旅游企业主移民相关文献的分析 | 自然吸引假设 | 风景优美；夏天气候凉爽；空气质量好 |
| | 社区吸引假设 | 汤口镇服务功能较好；汤口镇生活较方便；政府优惠政策多 |
| | 生活方式假设 | 想离开原来居住地；追求自己的生活方式 |
| 旅游从业者跨行业流动动力量表的参考 | 职业积极特性假设 | 好的投资方向；与所学专业吻合；工作时间相对自由；与人交往机会多；旅游生意风险小；旅游生意起步较容易；给家人提供就业机会 |
| | 企业家愿望假设 | 做旅游生意挑战性强；积累生意经验；发挥自己经商才能；想自己做老板；当老板名声好 |
| | 职业避风港假设 | 先前工作单位衰退了；别的地方工作难找；需要一份工作；原来职业收入太低 |
| | 偶然因素假设 | 偶然因素 |

## 7.2　九寨沟旅游从业移民入迁微观驱动力分析

### 7.2.1　九寨沟入迁旅游从业移民分布概况

据漳扎镇工商所和沟口漳扎、羊峒和嫩恩桑措三家派出所旅游从业人员登记资料整理发现，2007 年九寨沟旅游从业人员共有 6667 人，九寨沟县以外从业者 4888 人，登记职业的移民 3773 人。旅游从业者职业分布显示（图 7-1），饭店业占主体（61.6%），其次为娱乐业（13.7%）、本地服务业（8.6%）和餐饮业（4.9%）。从业职位显示，除本地服务业和饭店业岗位外，个体业主（13.5%）、歌手/演员（9.1%）和出租车司机/驾驶员（2.2%）具有较强的职业代表性。

### 7.2.2　研究方法与样本特征

1. 问卷调查法

本节以九寨沟风景区为案例地探讨旅游从业移民的微观驱动力。已有研究和案例地咨询显示，九寨沟旅游从业移民具有主体构成多样、动力因素复杂、驱动过程动态等特征，仅运用问卷难以揭示动力过程和判断指标的适宜性，仅运用访谈虽可了解动力过程，但无法定量测量和概括，因此同时使用问卷和访谈进行混合研究：在数据采集上，问卷调查动力结构、强度及相关人群特征，访谈调查动力过程、与问卷动力结构和强度进行互证并对问卷结果进行解释。问卷内容包括三个方面：第一，人口学特征；第二，迁移特征和定居感知；第三，动力量表。问卷采用利克特量表，1～5 表示“很同意”～“很不同意”（附录 1）。

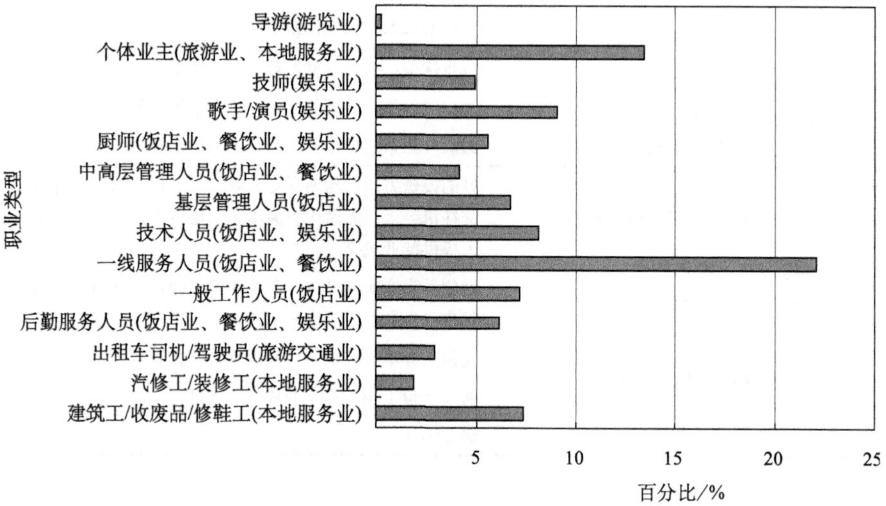


图 7-1 九寨沟旅游从业者移民职业分布（2007 年）

调查时间为 2008 年 4 月 28 日～5 月 10 日，问卷发放单位和个人包括九寨沟管理局下属企业（游客中心、贵宾楼、荷叶宾馆、诺日朗餐饮中心）、观光公司（景区巴士司机和讲解员）、较大社会宾馆、五星级酒店、边边街个体企业、沟口出租车司机。问卷发放对象是旅游从业人员，发放形式有两种：对个体业主和出租车司机，选择经营空闲时间面对面调查，当场回收；在较大企业，征得管理者同意后留置问卷，隔天回收。本次调研共发放问卷 800 份，回收有效问卷 241 份。动力量表信度为 0.869。样本特征见表 7-3。

**表 7-3 样本社会人口学特征和迁移特征（问卷法）**

| 特征指标/% | | 特征指标/% | | 特征指标/% | |
|---|---|---|---|---|---|
| 性别： | | 民族： | | 子女数： | |
| 男性 | 51.95 | 汉族 | 72.0 | 没有 | 57.41 |
| 女性 | 48.05 | 藏族 | 18.4 | 1 个 | 31.48 |
| | | 羌族 | 8.8 | 2 个及以上 | 11.11 |
| | | 回族 | 0.8 | | |
| 年龄： | | 月收入： | | 旅游地从业时间： | |
| 16～25 岁 | 50.21 | 1000 元以下 | 45.30 | 10 年前 | 2.97 |
| 26～35 岁 | 33.91 | 1000～3000 元 | 44.44 | 近 10 年 | 9.75 |

续表

| 特征指标/% | | 特征指标/% | | 特征指标/% | |
|---|---|---|---|---|---|
| 36～45 岁 | 13.73 | 3000～5000 元 | 7.69 | 近 6 年 | 38.14 |
| 46～55 岁 | 2.15 | 5000 元以上 | 2.56 | 2006 年以来 | 49.15 |
| 文化程度： | | 从业途径： | | 迁出地： | |
| 小学及以下 | 1.75 | 应聘 | 40.87 | 阿坝州内 | 22.82 |
| 初中 | 34.65 | 亲友推荐 | 39.57 | 州外省内 | 62.66 |
| 高中及中专 | 37.28 | 旅游经历 | 3.48 | 四川省外 | 14.52 |
| 大学专科 | 17.11 | 毕业分配 | 4.35 | | |
| 大学本科及以上 | 9.21 | 其他 | 11.74 | | |
| 职务： | | 专业学习/培训经历： | | 居住房屋： | |
| 服务员 | 27.39 | 没有经过正规培训 | 32.20 | 租房 | 28.63 |
| 一般员工 | 28.63 | 企业培训 | 36.86 | 自购房 | 9.83 |
| 企业中层管理者 | 11.20 | 旅游职业教育 | 19.07 | 住在亲友家 | 3.85 |
| 企业高层管理者 | 1.24 | 专科旅游专业学习 | 5.51 | 自建房 | 9.83 |
| 出租车司机 | 13.69 | 本科以上旅游专业学习 | 6.36 | 其他 | 10.68 |
| 个体业主 | 13.28 | | | 饭店员工宿舍 | 37.18 |
| 景区讲解员 | 2.49 | | | | |
| 景区巴士司机 | 2.07 | | | | |
| 之前旅游次数： | | 像哪类人： | | 总体感觉： | |
| 没有 | 44.81 | 原家乡人 | 35.62 | 很好 | 37.76 |
| 1 次 | 31.15 | 九寨沟本地人 | 9.01 | 较好 | 34.27 |
| 2～5 次 | 18.03 | 原家乡人和本地人之间 | 14.59 | 一般 | 26.57 |
| 6～10 次 | 0.55 | 新九寨沟人 | 15.88 | 较差 | 0.70 |
| 10 次以上 | 5.46 | 说不清 | 24.89 | 很差 | 0.70 |

问卷数据显示：样本男女均衡；年龄较小，一半在 25 岁以下；近六成没有子女；少数民族占比较高（28.0%）；收入总体较低，近九成月收入在 3000 元以下；高学历和受过专业教育比例较高，其中大学专科及以上占 1/4 左右，经过专业培训占比近七成；职业分布较均衡，主要从业途径为应聘和亲友推荐；主要迁出地为四川省内，之前来九寨沟次数较少，入迁时间较近（87.29%在 6 年内），六成以上居住在饭店员工宿舍和租房，自购房和自建房比例小；绝大多数在旅游地总体感觉较好，对当前的身份变化感知较强，六成以上认为自己不完全是原家乡人。

2. *深度访谈法*

深度访谈采取分层目的性抽样策略（访谈问卷见附录 2），即在对研究对象层次/类型划分基础上选择能实现研究目的的合适样本，以便在不同层次/类型中进行比较（陈向明，2000）。开放式咨询和统计资料显示，九寨沟旅游从业移民总体分为四大类型：个体业主、较大企业职工、歌手/演员和出租车司机/驾驶员。歌手/演员由于流动性较强，“移民”特征不显著且联系不便，没有列入本次受访对象。景区公司与较大社会宾馆在管理方式和职位特征上无明显差异，以宾馆员工代表。考虑到较大企业管理和一线职位的差异，最后确定四类受访对象：较大企业中高层管理人员（类型一）、较大企业一线工作人员（类型二）、个体业主（类型三）和出租车司机/驾驶员（类型四）。样本选择依据包括从业单位规模和经营业态的代表性、来源地、迁居时间等迁移特征的典型性、受访者表达能力和资料饱和度需要等，最终确定出 11 位受访对象，具体抽样方式包括目的性随机抽样（样本 1、3、5、10、11）、滚雪球（样本 2、4、6）和偶遇（样本 7、8、9）。访谈采取一对一面谈方式，时间约半小时，样本类型及部分特征见表 7-4。

### 7.2.3　九寨沟旅游从业移民入迁驱动力

1. *动力结构*

采用探索性因子分析法来探究九寨沟旅游从业移民的入迁驱动力。KMO 检测值为 0.817，巴特利特球形检验的显著值水平为 0.000，表明动力因子变量适合作因子分析。选用主成分分析法，通过方差极大法对因子负荷矩阵进行正交旋转。提取出 9 个公共因子（表 7-5），解释了总变异量的 62.58%。

因子 1 包括 5 个变量：原来的工作收入太低、别的地方找不到工作、需要一份职业、以前工作行业衰退了、第一份工作恰巧在本地，反映旅游职业的低门槛特性可作为职业被迫转换和首次就业的去向，命名为“职业避风港”；因子 2 包括 6 个变量：独特的藏文化、本地人十分友好、旅游旺季气候宜人、与所学的专业相吻合、对旅游职业非常有兴趣、旅游职业给人印象好，前 3 个变量反映旅游地资源和氛围的吸引，后 3 个变量反映旅游职业总体形象的吸引，因此命名为“吸引”；因子 3 包括 4 个变量：拓展自己创业能力、丰富自己职业经历、将来高收入机会更多、将来收入更稳定，反映为职业发展积累条件，命名为“未来收益”；因子 4 包括 3 个变量：与亲友团聚、亲友的积极建议、离家较近，反映家庭亲友的影响，命名为“亲友”；因子 5 包括 3 个变量：九寨沟经济发展很快、九寨沟知名度很大、有大量的就业机会，强调九寨沟发展带来的机会，命名为“发展机遇”；因子 6 包括 3 个变量：本地旅游业风险小、工作环境较好、旅游业有更多商机，反映出九寨沟旅游职业的某些优势，命名为“本地优势”。因子 7 包括 2 个变量：提高收入、获得能力相符收入，命名为“收入”；因子 8 包括 2 个变量：不需要太多专业技能、相对比较自由，命名为“低技能/自由”；因子 9 包括 3 个变量：想

表 7-4　样本类型及特征（深度访谈）

| 样本 | 类型 | 职务[①] | 性别 | 年龄 | 婚姻 | 子女 | 文化程度 | 年均收入[②] | 迁出地 | 迁入年份 | 迁入途径 | 定居形式 |
|---|---|---|---|---|---|---|---|---|---|---|---|---|
| 1 | 一 | 部门经理 | 男 | 34 | 已 | 1 | 本科 | 5 万元 | 四川绵阳 | 2001.4 | 朋友介绍 | 独自 |
| 2 | 一 | 副总经理 | 男 | 35 | 已 | 1 | 本科 | 6 万元 | 四川都江堰 | 2003.2 | 组织安排 | 独自 |
| 3 | 一 | 部门经理 | 女 | 43 | 已 | 1 | 大专 | 5 万元 | 九寨沟县 | 1985.4 | 应聘 | 独自 |
| 4 | 二 | 餐厅领班 | 女 | 20 | 否 | — | 中专 | 1.5 万元 | 四川绵阳 | 2004.7 | 本地亲友推荐 | 独自 |
| 5 | 二 | 餐厅厨师 | 男 | 23 | 否 | — | 专科 | 1.8 万元 | 吉林通化 | 2007.6 | 学校推荐 | 独自 |
| 6 | 二 | 客房主管 | 男 | 24 | 否 | — | 中专 | 3 万元 | 四川成都 | 2004.3 | 应聘 | 独自 |
| 7 | 三 | 小餐馆业主 | 男 | 28 | 已 | 1 | 初中 | 2 万元 | 四川成都 | 2005.4 | 先来同乡推荐 | 全家 |
| 8 | 三 | 文印室业主 | 男 | 51 | 已 | 1 | 大专 | 5 万元 | 四川成都 | 2002.4 | 旅游经历 | 夫妻 |
| 9 | 三 | 小超市业主 | 男 | 35 | 已 | 3 | 小学 | 2 万元 | 重庆奉节 | 2005.1 | 先来亲友推荐 | 全家 |
| 10 | 四 | 出租车司机 | 男 | 31 | 已 | 2 | 初中 | 4 万元 | 四川德阳 | 2003.5 | 先来同学推荐 | 全家 |
| 11 | 四 | 出租车司机 | 男 | 28 | 已 | 2 | 初中 | 6 万元 | 河南新乡 | 2004.10 | 先来亲友推荐 | 全家 |

注：①类型一和类型二皆为宾馆职务；②年均收入为自陈述。

离开原来居住地、我的工作本地人很少做、想在不同的地点生活，强调个人生活和从业的价值，命名为“个性价值”。进一步对因子归并出五个维度（表 7-5）：职业避风港、低技能/自由归为旅游职业的“职业特性”；收入、未来收益归为“职业收益”；发展机遇归为“旅游地吸引”；本地优势和吸引是“旅游地吸引”与“职业特性”的结合；亲友归为“社会资本”；个性价值归为“生活方式”。

**表 7-5 迁移动力正交旋转因子分析**

| 动力因子 | 因子负荷 | 特征根 | 变异解释率/% | 因子信度 | 因子均值 | 均值排序 | 因子维度 |
|---|---|---|---|---|---|---|---|
| **因子 1：职业避风港** | | | | | | | |
| 原来的工作收入太低 | 0.7130 | 2.83 | 9.13 | 0.764 | 3.6026 | 9 | 职业特性 1 |
| 别的地方找不到工作 | 0.7001 | | | | | | |
| 需要一份职业 | 0.6949 | | | | | | |
| 以前工作行业衰退了 | 0.6738 | | | | | | |
| 第一份工作恰巧在本地 | 0.6054 | | | | | | |
| **因子 2：吸引** | | | | | | | |
| 独特的藏文化 | 0.7694 | 2.77 | 8.95 | 0.732 | 2.3476 | 4 | 旅游地吸引 1+职业特性 2 |
| 本地人十分友好 | 0.6308 | | | | | | |
| 旅游旺季气候宜人 | 0.6217 | | | | | | |
| 与所学的专业相吻合 | 0.5227 | | | | | | |
| 对旅游职业非常有兴趣 | 0.4715 | | | | | | |
| 旅游职业给人印象好 | 0.4527 | | | | | | |
| **因子 3：未来收益** | | | | | | | |
| 拓展自己创业能力 | 0.8413 | 2.57 | 8.30 | 0.796 | 2.2006 | 2 | 职业收益 1 |
| 丰富自己职业经历 | 0.8144 | | | | | | |
| 将来高收入机会更多 | 0.6079 | | | | | | |
| 将来收入更稳定 | 0.5224 | | | | | | |
| **因子 4：亲友** | | | | | | | |
| 与亲友团聚 | 0.8169 | 2.17 | 7.01 | 0.728 | 2.9142 | 6 | 社会资本 |
| 亲友的积极建议 | 0.7419 | | | | | | |
| 离家较近 | 0.5516 | | | | | | |
| **因子 5：发展机遇** | | | | | | | |
| 九寨沟经济发展很快 | 0.7802 | 2.10 | 6.78 | 0.694 | 2.2318 | 3 | 旅游地吸引 2 |
| 九寨沟知名度很大 | 0.6682 | | | | | | |
| 有大量的就业机会 | 0.6267 | | | | | | |
| **因子 6：本地优势** | | | | | | | |
| 本地旅游业风险小 | 0.7382 | 2.05 | 6.63 | 0.513 | 2.5093 | 5 | 旅游地吸引 3+职业特性 3 |
| 工作环境较好 | 0.4372 | | | | | | |
| 旅游业有更多商机 | 0.4146 | | | | | | |

续表

| 动力因子 | 因子负荷 | 特征根 | 变异解释率/% | 因子信度 | 因子均值 | 均值排序 | 因子维度 |
|---|---|---|---|---|---|---|---|
| **因子 7：收入** | | | | | | | |
| 提高收入 | 0.8008 | 1.83 | 5.89 | 0.692 | 1.9785 | 1 | 职业收益 2 |
| 获得能力相符收入 | 0.7767 | | | | | | |
| **因子 8：低技能/自由** | | | | | | | |
| 不需要太多专业技能 | 0.7475 | 1.59 | 5.11 | 0.521 | 3.1073 | 8 | 职业特性 4 |
| 相对比较自由 | 0.6481 | | | | | | |
| **因子 9：个性价值** | | | | | | | |
| 想离开原来居住地 | 0.7081 | 1.48 | 4.76 | 0.481 | 3.0358 | 7 | 生活方式 |
| 我的工作本地人很少做 | 0.6601 | | | | | | |
| 想在不同的地点生活 | 0.4535 | | | | | | |

访谈资料显示（表 7-8），旅游从业者迁移动因具有初始和后继变化（以定居 6 个月为界限），为了解驱动力整体结构，把全部动因集中编码进行类属分析（表 7-6）。

**表 7-6　全部动因的逐级编码（深度访谈法）**

| 开放式编码 | 关联式编码 | 核心式编码 |
|---|---|---|
| （1）收入更高[6]；（28）收入渠道多[1]* | 获利手段[7] | 职业收益[27] |
| （2）丰富职业经历，拓展工作能力业[3]；（9）事业发展顺利[4]； | 事业发展[18] | |
| （3）九寨沟知名度大，职业发展前景（机会）好[7]*；（19）学习时间多[1]； | | |
| （17）了解自己从事的行业[1]；（26）外部交通条件改变，发展前景好[1]； | | |
| （4）社会关系更丰富，更有利于事业发展[1]* | | |
| （6）组织信任和安排[2] | 组织安排[2] | |
| （15）企业内部人际关系好[2]；（16）企业内部管理能帮助员工学习提高[2] | 工作环境[4] | 职业特性[10] |
| （21）同时旅游[2]*；（27）有机会陪客人到处旅游[1]；（25）工作比较稳定[1]* | 积极特性[4] | |
| （7）需要一份工作[2] | 职业避风港[2] | |
| （3）九寨沟知名度大，职业发展前景（机会）好[7]*；（25）工作比较稳定[1]*； | 景区优势[10] | 旅游地吸引[26] |
| （24）景区管理好，安全[1]；（28）收入渠道多[1]*； | | |
| （5）空气清新[5]；（14）夏天气候凉爽[5]；（22）风景优美[1]； | 环境吸引[11] | |
| （10）本地朋友多[1]*；（18）了解本地特色民俗[1]*；（20）本地人友好[1] | 人文吸引[3] | |
| （11）长时间生活对本地产生感情[2]； | 地方情感[2] | |
| （8）亲友团聚[1]；（10）本地朋友多[1]*；（12）亲友推荐[2]； | | 社会资本[8] |
| （23）亲戚朋友多，有安全感[3]；（4）社会关系更丰富，更有利于事业发展[1]* | | |
| （13）出来看看[1]；（18）了解本地特色民俗[1]*；（21）同时旅游[2]* | | 生活方式[4] |

注：（）内数字为动因编码；[ ]内数字表示出现频数；带*号表明该动机项目归属两个类属，表 7-7、表 7-8 同

访谈与量表结果互证发现：①研究建构效度较高。编码形成的五个核心类属与量表得出的五个动力因子维度名称和内涵一致，证实了五种驱动力的存在。②量表反映的主要是初始动因，内容效度较高。观察发现，动力量表指标与访谈初始动因较吻合（表 7-7），18 个访谈初始动因与量表完全不一致的仅 2 项，即同时旅游、工作比较稳定，量表内容效度较好。③访谈资料能够完善和深入解释量表，提高研究的效度。量表设计在社会资本维度考虑到亲友推荐和亲友团聚，却没有认识到移民亲人团聚的意义在于安全感的产生；旅游地吸引维度忽略了空气质量；生活方式维度没有考虑到很多年轻人往往首次就业选择旅游业；职业收益维度没有认识到九寨沟星级宾馆高层管理人员较多为上级委派；“工作环境”项目通过访谈明确为“企业人际关系”和“管理制度”两个子指标。这些在问卷设计阶段往往很难考虑的内容通过深度访谈可以对量表进行深入解释并加以完善。

**表 7-7　初始和后继驱动力比较（深度访谈法）**

| 初始动因 | | | 后继动因 | | |
|---|---|---|---|---|---|
| 开放式编码 | 关联式编码 | 核心式编码 | 开放式编码 | 关联式编码 | 核心式编码 |
| (1)[6],（28）[1]* | 获利手段[7] | 职业收益[18] | (3)[1]*,(9)[4],(19)[1],(26)[1],(4)[1]* | 事业发展[8] | 职业收益[8] |
| (2)[3],(3)[6]*,(17)[1] | 事业发展[10] | | (15)[2],(16)[2] | 工作环境[4] | 职业特性[5] |
| (6)[1] | 组织安排[1] | 职业特性[5] | (27)[1] | 积极特性[1] | |
| (21)[2]*,(25)[1]* | 积极特性[3] | | (3)[1]* | 景区优势[1] | 旅游地吸引[13] |
| (7)[2]* | 职业避风港[2] | | (5)[4],(14)[4] | 环境吸引[8] | |
| (3)[6]*,(25)[1]*,(24)[1],(28)[1]* | 景区优势[9] | | (20)[1](10)[1]* | 人文吸引[2] | |
| (5)[1],(14)[1],(22)[1] | 环境吸引[3] | 旅游地吸引[13] | (11)[2], | 地方情感[2] | |
| (18)[1]* | 人文吸引[1] | | (10)[[1]*,(23)[1],(4)[1]* | | 社会资本[3] |
| (8)[1],(12)[2],(23)[2] | | 社会资本[5] | | — | |
| (13)[1],(18)[1]*,(21)[2]* | | 生活方式[4] | | | |

注：（ ）内数字为动因编码，见表 7-6，表 7-8 同

2. 动力过程

初始和后继驱动力的编码分析显示（表 7-7）：①初始动因多于后继动因。初始动因开放式编码有 18 个项目，比后继动因多 4 个。②前后动因构成差异显著。前后动因仅有 4 个项目相同，核心式编码显示，前驱动力“生活方式”在后驱动力中遭到排除。③首位驱动力前后发生变化。九寨沟旅游从业者初始入迁时更关

注收入、职业发展前景以及亲友推荐和帮助，同时夹杂了某些年轻从业者找工作同时旅游的随意生活方式。随着在旅游地定居一段时间后，面临小孩教育、照顾家庭、业余生活单调、物价高、生意难做等生活和工作问题（表 7-8），吸引他们持续居留的主要因素变为旅游地良好的自然条件、工作的顺利开展（其中收入是主要指标）以及长时间生活产生的地方依恋，首位驱动力由初始入迁的职业收益变为旅游地吸引。

**表 7-8　移民动因的情境分析（深度访谈法）**

| 样本 | 类型 | 初始动因 | 总体感知 | 当前最大困扰 | 目前是否打算离开 | 外地同样收入，是否离开 | 后继动因 |
|---|---|---|---|---|---|---|---|
| 1 | 一 | (1)，(2)，(3) | 较好 | 淡季没事做；小孩教育；夫妻分居 | 暂不打算 | 若离家近，可以考虑 | (5) |
| 2 | 一 | (6)，(1)，(2)，(3) | 尚可 | 小孩教育；照顾家庭；淡季生意差；业余生活单调；信息封闭 | 暂不打算 | 服从组织 | — |
| 3 | 一 | (7)，(8) | 一般 | 照顾家庭；太忙 | 不打算 | 若在县城则愿意 | (9)，(10)，(11) |
| 4 | 二 | (12)，(13)，(1) | 较好 | 企业管理严格 | 暂不打算 | 没考虑 | (11)，(5)，(14)，(15)，(16) |
| 5 | 二 | (17)，(3)，(2)，(18)，(21) | 很好 | 菜品单一，不利于专业技能提高；语言略有不同；东西贵 | 不打算 | 不愿意 | (19)，(15)，(16)，(20) |
| 6 | 二 | (7)，(3)，(21) | 较差 | 高原呼吸不畅；业余生活单调；与朋友交流机会少 | 暂不打算 | 收入更高则愿意 | (3)，(5) |
| 7 | 三 | (1) | 一般 | 生意难做；业余生活单调 | 暂不打算 | 条件更优越则愿意 | (14)，(5) |
| 8 | 三 | (22)，(14)，(5)，(3) | 很差 | 蔬菜少，食品单调；本地人不友好；公共服务设施差；业余生活单调；朋友少 | 打算 | 愿意，想换行业 | (9) |
| 9 | 三 | (1)，(12) | 一般 | 生意难做；孩子多，负担重；小孩教育；照顾家庭；生活不便；冬天特别冷 | 打算 | 愿意 | (9)，(23) |
| 10 | 四 | (1)，(23)，(24)，(25) | 一般 | 照顾家庭；淡季没有收入 | 暂不打算 | 收入更高则愿意 | (26)，(14)，(27) |
| 11 | 四 | (28)，(23)，(3) | 一般 | 油价高，赚钱少；物价高；家人照顾；小孩教育；客源少，生意难做 | 暂不打算 | 收入更高则愿意 | (9)，(14)，(4) |

3. 动力强度

把问卷动力量表评价项目“很同意”“同意”归为“同意”，把“不同意”“很不同意”归为“反对”，得出了赞成率排序图（图 7-2）。结果显示，九寨沟知名度很大、获得能力相符收入、丰富自己职业经历、拓展自己创业能力、提高收入位于前五位，赞成率在 80%以上，反映出收入、事业发展及旅游地吸引的强驱动作用；别的地方找不到工作、以前工作行业衰退了、想离开原来居住地、原来的工作收入太低排在最后，反映出旅游从业者迁移更多是主动选择的结果，并非被“推入”旅游地，类似结论也出现在其他案例地（Szivas and Riley, 1999; Szivas, et al., 2003; Vaugeois and Rollins, 2007; 杨钊和陆林，2006）。因子均值排序显示（表 7-5）：

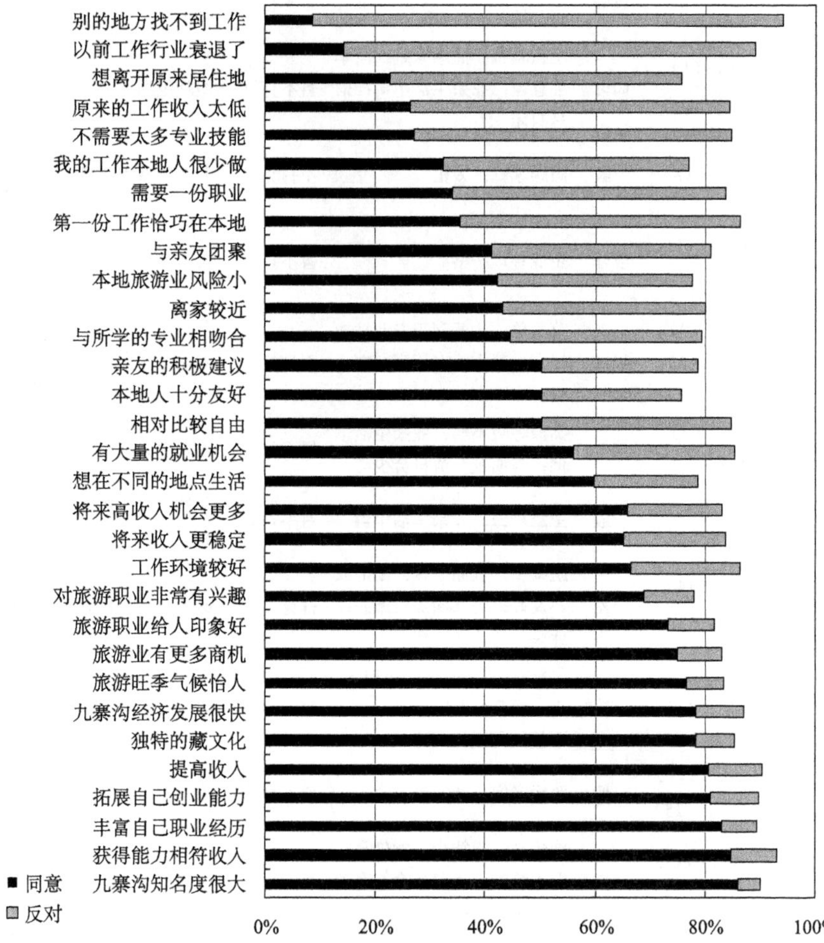


图 7-2　动力赞成率排序（问卷）

收入、未来收益、发展机遇、吸引排在前四位，职业收益和旅游地吸引是最强的两个动力维度；职业避风港排最后，与动力赞成率排序一致；低技能/自由排在倒数第二（均值大于 3），这与样本主要在宾馆和景区工作（74.9%），出租车司机/驾驶员和个体业主比例较小（15.1%），导游缺失有关。

访谈分析显示，整体和初始动因的 5 个核心类属频数由高到低排序为：职业收益、旅游地吸引、职业特性、社会资本和生活方式（表 7-6、表 7-7），与量表动力因子均值排序基本一致，反映出驱动力强度规律的一致性。

4. *动力相关人群特征*

问卷动力因子与样本特征的独立样本 $T$ 检验和单因素方差分析（表 7-9）发现：第一，“职业避风港”因子所有样本认可度低，学历越高、收入越高（5000 元以上占比 2.56%，此处不计）、迁移时间越短的越是反对。第二，“吸引”因子认可较为显著群体有两个：一是大学本科及以上、经过专科以上旅游专业学习的较大企业高层管理人员，该群体可能受旅游业形象吸引；二是初中学历为主、主要来自阿坝州内、之前旅游次数较多、在风景区内工作的诺日朗餐饮中心服务员、景区巴士司机和讲解员，他们多数在本地购房，对旅游地感觉好，认为自己更像是九寨沟本地人和新九寨沟人，该群体地方归属感较强，主要受九寨沟资源和人际氛围吸引。第三，“未来收益”因子得到所有样本认可，较为显著的是之前游览次数较多、对旅游地感觉好、认为自己更像是本地人的诺日朗餐饮中心服务员、景区巴士司机和讲解员，职业让他们熟悉本地旅游业良好发展状况，对景区未来发展信心较强。第四，“亲友”因子认可较高的群体是学历层次较低、收入较低、有两个子女以上、多数住在亲友家、居住时间较长的景区讲解员、巴士司机和诺日朗餐饮中心服务员。认可该因子的群体一部分来自州内，动机是离家近、可与亲友团聚；另一部分来自省外，由于距离远，通过先前移民亲友介绍进入旅游地，并与亲友居住在一起。第五，“发展机遇”和“本地优势”因子认可较高的群体基本一致。迁出地离景区越近、之前游览次数越多、对旅游总体感觉越好、归属感越强的群体认可度越高，他们多数为景区讲解员、巴士司机、诺日朗餐饮中心服务员以及经过专科以上旅游专业学习的较大企业高层管理人员。第六，“收入”因子得到所有样本认可，较为显著的群体是男性、有子女、迁移时间较长、主要职业为出租车司机/驾驶员、个体业主、诺日朗餐饮中心服务员和较大企业高层管理人员。第七，“低技能/自由”因子总体认可度较低，相对认可较高群体是学历较低、通过亲友推荐入迁的出租车司机/驾驶员和个体业主。他们的从业岗位技能要求较低、相对自由性更强，而其他样本如饭店员工、景区讲解员工作时间固定或需要一定的技能，对该因子认可度较低。第八，“个性价值”因子认可度不高，在各特征人群的差异不显著。这可能更多是个性的差异，与问卷所涉及的特征变量无关。

**表 7-9　样本特征与动力因子的独立样本 *T* 检验和单因素方差分析（问卷法）**

| | 因子 1<br>职业避风港 | 因子 2<br>吸引 | 因子 3<br>未来收益 | 因子 4<br>亲友 | 因子 5<br>发展机遇 | 因子 6<br>本地优势 | 因子 7<br>收入 | 因子 8<br>低技能/自由 | 因子 9<br>个性价值 |
|---|---|---|---|---|---|---|---|---|---|
| **性别（*T* 值）** | | | | | | | **–2.29**$^{**}$ | | |
| 男 | | | | | | | 1.8684 | | |
| 女 | | | | | | | 2.1101 | | |
| **文化程度（*F* 值）** | **2.65**$^{**}$ | **2.10**$^{*}$ | | **7.09**$^{***}$ | | | | **2.13**$^{*}$ | |
| 小学及以下 | 2.8500 | 2.3750 | | 2.3333 | | | | 2.8750 | |
| 初中 | 3.5117 | 2.2706 | | 2.6450 | | | | 2.9805 | |
| 高中及中专 | 3.6578 | 2.3293 | | 2.9317 | | | | 3.1145 | |
| 大学专科 | 3.7278 | 2.6157 | | 3.2500 | | | | 3.2500 | |
| 大学本科及以上 | 3.9714 | 2.2222 | | 3.6508 | | | | 3.5714 | |
| **月收入（*F* 值）** | **3.77**$^{**}$ | | | **2.36**$^{*}$ | | **3.32**$^{**}$ | | | |
| 1000 以下 | 3.4923 | | | 2.8077 | | 2.5897 | | | |
| 1000～3000 元 | 3.6760 | | | 2.9233 | | 2.3833 | | | |
| 3000～5000 元 | 4.1294 | | | 3.4510 | | 2.9020 | | | |
| 5000 以上 | 3.3600 | | | 3.0667 | | 2.3333 | | | |
| **子女数（*F* 值）** | **4.48**$^{**}$ | | | **3.01**$^{*}$ | | | **6.98**$^{***}$ | | |
| 没有 | 3.7197 | | | 3.0000 | | | 2.1457 | | |
| 1 个 | 3.4836 | | | 2.8905 | | | 1.7015 | | |
| 2 个及以上 | 3.2455 | | | 2.4697 | | | 1.9545 | | |
| **职务（*F* 值）** | **2.33**$^{**}$ | **3.41**$^{***}$ | **3.11**$^{***}$ | **3.66**$^{***}$ | **3.66**$^{***}$ | **4.07**$^{***}$ | **1.72**$^{**}$ | **3.71**$^{***}$ | |
| 服务员 | 3.5415 | 2.2744 | 2.0423 | 2.7333 | 2.0615 | 2.3179 | 1.9308 | 3.0769 | |
| 出租车司机/驾驶员 | 3.5030 | 2.5303 | 2.2273 | 2.8283 | 2.4040 | 2.6162 | 1.7576 | 2.6364 | |
| 个体业主 | 3.4733 | 2.4778 | 2.5333 | 2.7444 | 2.3111 | 2.7889 | 1.9833 | 2.7833 | |
| 一般员工 | 3.6269 | 2.3905 | 2.2537 | 3.1692 | 2.3184 | 2.6070 | 2.1567 | 3.3433 | |
| 较大企业中层管理者 | 4.1083 | 2.3472 | 2.2500 | 3.3611 | 2.5000 | 2.6250 | 2.1250 | 3.4792 | |
| 较大企业高层管理者 | 2.9333 | 1.8333 | 2.3333 | 3.0000 | 1.2222 | 2.2222 | 1.3333 | 3.8333 | |
| 景区讲解员 | 3.8667 | 2.1944 | 2.1250 | 2.5556 | 1.8889 | 2.1111 | 1.9167 | 3.0833 | |
| 景区巴士司机 | 3.1600 | 1.2333 | 1.1500 | 1.6667 | 1.4000 | 1.4000 | 1.4000 | 3.2000 | |
| **工作单位（*F* 值）** | **2.23**$^{*}$ | **5.30**$^{***}$ | | **6.45**$^{***}$ | **2.99**$^{**}$ | **2.50**$^{**}$ | **2.14**$^{*}$ | **5.94**$^{***}$ | **1.91**$^{*}$ |
| 观光公司 | 3.7067 | 1.8556 | | 2.5111 | 1.9333 | 2.2222 | 2.3333 | 3.4333 | 3.2889 |
| 较大社会宾馆 | 3.5525 | 2.3069 | | 2.9043 | 2.1716 | 2.4158 | 1.9356 | 3.1931 | 2.9703 |
| 诺日朗餐饮中心 | 3.3412 | 2.0196 | | 2.6667 | 1.9020 | 2.2941 | 1.8824 | 3.1765 | 3.4118 |
| 九寨天堂 | 4.0138 | 2.6494 | | 3.7126 | 2.5632 | 2.7126 | 2.2931 | 3.6034 | 3.1724 |
| 个体企业 | 3.5950 | 2.3708 | | 2.6167 | 2.2750 | 2.7250 | 1.9250 | 2.7000 | 2.8833 |
| 出租车公司 | 3.4839 | 2.5860 | | 2.9140 | 2.3871 | 2.6022 | 1.7742 | 2.6935 | 2.9892 |

续表

| | 因子 1 职业避风港 | 因子 2 吸引 | 因子 3 未来收益 | 因子 4 亲友 | 因子 5 发展机遇 | 因子 6 本地优势 | 因子 7 收入 | 因子 8 低技能/自由 | 因子 9 个性价值 |
|---|---|---|---|---|---|---|---|---|---|
| **专业学习/培训经历（*F* 值）** | | **2.06*** | | | | **3.85***** | | | |
| 没有经过正规培训 | | 2.4722 | | | | 2.7269 | | | |
| 企业培训 | | 2.3214 | | | | 2.3175 | | | |
| 旅游职业教育 | | 2.3741 | | | | 2.5407 | | | |
| 专科旅游学习 | | 2.2051 | | | | 2.6410 | | | |
| 本科以上旅游专业学习 | | 1.9889 | | | | 2.3111 | | | |
| **迁移时间（*F* 值）** | **2.96**** | | **2.11*** | **2.94**** | | | **2.76**** | | |
| 近 2 年 | 3.7133 | | 2.1527 | 2.9027 | | | 2.0973 | | |
| 近 6 年 | 3.5465 | | 2.2907 | 3.0698 | | | 1.9593 | | |
| 近 10 年 | 3.5478 | | 2.3696 | 2.6522 | | | 1.7174 | | |
| 10 年之前 | 2.8000 | | 1.6667 | 2.1111 | | | 1.4167 | | |
| **迁出地（*F* 值）** | | **5.09***** | | **5.41***** | **2.77*** | **3.34**** | | | |
| 阿坝州内 | | 2.1080 | | 2.6481 | 2.0309 | 2.3765 | | | |
| 四川省内 | | 2.4126 | | 3.0690 | 2.2851 | 2.4966 | | | |
| 四川省外 | | 2.4510 | | 2.6765 | 2.3235 | 2.7745 | | | |
| **从业途径（*F* 值）** | | | | | | | | **4.04***** | |
| 应聘 | | | | | | | | 3.3696 | |
| 亲友推荐 | | | | | | | | 2.8989 | |
| 旅游经历 | | | | | | | | 2.7143 | |
| 毕业分配 | | | | | | | | 3.4375 | |
| 其他 | | | | | | | | 2.9808 | |
| **之前旅游次数（*F* 值）** | **8.38***** | **7.43***** | **2.98**** | **11.18***** | **3.23**** | **2.59*** | | | |
| 没有 | 3.8840 | 2.5350 | 2.1512 | 3.2757 | 2.3992 | 2.6543 | | | |
| 1 次 | 3.5509 | 2.2453 | 2.3679 | 2.7673 | 2.1447 | 2.4528 | | | |
| 2～5 次 | 3.1000 | 1.9688 | 1.9609 | 2.4063 | 2.0000 | 2.3750 | | | |
| 6 次以上 | 3.4000 | 2.1000 | 1.8250 | 2.2000 | 2.0000 | 2.1667 | | | |
| **总体感觉（*F* 值）** | **6.15***** | **10.5***** | **3.46**** | **3.94**** | **7.46***** | **9.95***** | | | |
| 很好 | 3.1269 | 2.0192 | 2.0288 | 2.4231 | 1.9615 | 2.1346 | | | |
| 较好 | 3.6267 | 2.1593 | 2.2889 | 2.8148 | 2.1111 | 2.4593 | | | |
| 一般及以下 | 3.6350 | 2.5833 | 2.4188 | 2.8917 | 2.5083 | 2.7833 | | | |
| **本地朋友（*F* 值）** | | | | **3.35**** | | **2.35*** | | | |
| 2 个以下 | | | | 3.0652 | | 2.6522 | | | |
| 2～10 个 | | | | 3.1008 | | 2.5194 | | | |
| 11～20 个 | | | | 2.7742 | | 2.6237 | | | |
| 21 个以上 | | | | 2.6557 | | 2.3224 | | | |

续表

| | 因子 1<br>职业避风港 | 因子 2<br>吸引 | 因子 3<br>未来收益 | 因子 4<br>亲友 | 因子 5<br>发展机遇 | 因子 6<br>本地优势 | 因子 7<br>收入 | 因子 8<br>低技能/自由 | 因子 9<br>个性价值 |
|---|---|---|---|---|---|---|---|---|---|
| **像哪类人（$F$ 值）** | | **4.29$^{***}$** | **3.00$^{**}$** | **4.40$^{***}$** | **3.87$^{***}$** | **3.15$^{**}$** | | | |
| 原家乡人 | | 2.4980 | 2.2957 | 3.0488 | 2.3008 | 2.5813 | | | |
| 九寨沟本地人 | | 2.0583 | 1.7750 | 2.2500 | 1.9667 | 2.1167 | | | |
| 原家乡人和本地人之间 | | 2.2172 | 2.0682 | 2.6162 | 2.0202 | 2.4949 | | | |
| 新九寨沟人 | | 2.1127 | 2.0882 | 3.0392 | 2.0294 | 2.3529 | | | |
| 说不清 | | 2.4554 | 2.3214 | 3.0536 | 2.4643 | 2.6964 | | | |
| **居住房屋（$F$ 值）** | **2.27$^{**}$** | **6.35$^{***}$** | | **2.62$^{**}$** | **1.99$^{*}$** | **1.89$^{*}$** | | **4.65$^{***}$** | |
| 租房 | 3.5303 | 2.4596 | | 2.7525 | 2.2727 | 2.6818 | | 2.7197 | |
| 自购房 | 3.3826 | 1.9348 | | 2.7681 | 2.1014 | 2.2609 | | 3.0652 | |
| 住在亲友家 | 3.1500 | 2.1250 | | 2.6250 | 1.7500 | 2.3750 | | 3.3750 | |
| 自建房 | 3.4286 | 2.5556 | | 2.8571 | 2.1270 | 2.4444 | | 3.2619 | |
| 饭店员工宿舍 | 3.7667 | 2.4881 | | 3.2024 | 2.3770 | 2.5595 | | 3.3810 | |
| 其他 | 3.8000 | 1.9375 | | 2.6944 | 2.0556 | 2.3056 | | 3.0208 | |

*表示在 0.1 水平上统计差异具有显著性，**表示在 0.05 水平上统计差异具有显著性，***表示在 0.01 水平上统计差异具有显著性

访谈资料显示（表 7-8）：类型一“较大企业中高层管理者”初始入迁受职业收益（事业发展、收入和组织安排）驱动显著，后继居留首先被旅游地自然和人文环境吸引，职业收益其次；类型二“较大企业一线工作人员”初始入迁主要追求生活方式，其次为职业收益。后继居留首先受旅游地吸引，然后是职业积极特性和事业发展；类型三“个体业主”初始入迁主要受旅游地吸引和收入驱动，后继居留主要受事业发展和旅游地环境吸引；类型四“出租车司机/驾驶员”初始入迁受收入、亲友帮助和景区吸引，后继居留主要受事业发展和旅游地环境吸引。

综合分析发现：初始入迁“较大企业中高层管理人员”高度关注事业发展前景和收入，“较大企业一线工作人员”受生活方式影响较大，对旅游地发展前景和自然环境更为认可，迁出地离景区较近人员更多受亲友团聚和旅游地吸引，而“个体业主”和“出租车司机/驾驶员”更注重收入、旅游地发展前景和自然环境；后继居留“较大企业中高层管理人员”和“较大企业一线工作人员”主要被旅游地环境吸引，而“个体业主”和“出租车司机/驾驶员”更关注事业发展，旅游地吸引其次。

### 7.2.4 结论

本节以九寨沟为案例地，运用混合研究方法探讨了九寨沟旅游从业移民入迁

的微观驱动力结构、过程和强度。主要得出以下结论：

（1）九寨沟旅游从业移民初始入迁主要受职业收益、职业特性、旅游地吸引、社会资本和生活方式五种动力驱动，其中职业收益是首位驱动力，旅游地吸引其次。

（2）九寨沟旅游从业移民后继居留主要受职业收益、职业特性、旅游地吸引和社会资本四种动力驱动，旅游地吸引是首位驱动力，职业收益其次。

（3）不同类型旅游从业移民的迁移动力具有差异。初始入迁，“较大企业中高层管理人员”受事业发展和收入驱动显著，“较大企业一线工作人员”较多追求生活方式，“个体业主”和“出租车司机/驾驶员”更关注收入。后继居留，“较大企业中高层管理人员”和“较大企业一线工作人员”首先被旅游地吸引，而“个体业主”和“出租车司机/驾驶员”更强调事业发展前景，旅游地吸引其次。

（4）九寨沟旅游从业移民的入迁定居是一个动态变化过程，旅游地企业和政府不仅要注重运用职业收益指标吸引其初始入迁，更要加强旅游地环境和社区建设，以确保人力资源的持续居留。不同类型移民的驱动力具有差异，需要采取针对性的人才政策、宣传策略和管理措施，以保持旅游地活力和持续发展。

## 7.3　黄山汤口旅游企业主移民微观驱动力分析

### 7.3.1　黄山汤口入迁旅游企业主概况

Snepenger 等（1995）认为在旅游地发展的前中期阶段，旅游者人数和企业主移民数量存在交互式递增的现象，在此过程中，旅游地基础设施越来越完善，经济环境越来越利于企业主移民的生存和发展，经济业态也越来越多元化，到了后期停滞、复苏阶段，企业主移民在旅游地经济基础的转型过程中起到了重要的作用。显然，旅游移民现象的产生和演变除了受来源地区域发展的影响外，还与旅游地生命周期的演变密切相关。自 1979 年邓小平黄山谈话以来，黄山风景区已经历了 40 多年的发展。在遭遇早期的发展瓶颈之后（陆林，1997），通过改善基础设施状况、提升经营管理效率等措施，黄山风景区凭借其区位优势和资源禀赋逐步迈向“安徽旅游龙头”“华东旅游中心”“中国旅游名牌”“世界旅游胜地”，并成为皖南国际文化旅游示范区重要的旅游增长极。刘法建等（2014）认为黄山的旅游发展已进入了新的成熟和完善阶段。根据汤口镇派出所提供的数据（表 7-10），2009～2015 年，旅游从业移民总人数仅增加 311 人，平均每年增加不到 52 人，移民人口年增长率几乎可以忽略不计，总体移民现象趋于稳定。从空间集中度来看，以省级行政单位为来源地，汤口旅游从业者高度集中在安徽省内，考虑地市级尺度，主要集中在黄山市，近域地区充足的人力资源使得汤口旅游从业者的空间邻近效应凸显，从业移民集聚典型。就移民类型而言，调研显示汤口镇以旅游从业移民中的企业主移民居多。因此，以该区域为案例地有利于揭示出中国自然观光地旅游企业主移民（TEMs）入迁驱动力的一般规律和特征。

表 7-10　汤口镇 2009 年和 2015 年旅游从业移民分布

| 年份 | 总人数 | 以省级行政单位为来源地 | | 以地级市为来源地 | |
|---|---|---|---|---|---|
| | | 安徽省内 | 省外 | 黄山市内 | 市外 |
| 2009 | 3427 | 3076（89.76%） | 351（10.24%） | 2180（63.61%） | 1247（36.39%） |
| 2015 | 3738 | 3450（92.29%） | 288（7.71%） | 2543（68.03%） | 1195（31.97%） |

注：资料来源于汤口镇派出所 2010 年和 2016 年统计数据

### 7.3.2　研究方法与样本特征

1. 问卷调查法

汤口调研主要包括问卷调查和半结构式访谈，其中，问卷是对企业主移民的迁移动力、生活满意度、经营满意度、总体感知、社会融合等方面量化评价，而访谈提纲则涉及被试的基本信息、迁移信息和从业信息三大部分内容。基于本节的研究问题，主要用到以下两部分调研资料：第一，人口学特征变量，包括性别、年龄、婚姻状况、学历、子女数、家庭主要收入来源等（表 7-11）；第二，在借鉴九华山、九寨沟调研的基础上构建企业主移民动力量表，采用利克特量表，1～5 表示“很同意”～“很不同意”（见附录 3）。预调研在 2010 年 1 月初进行，调研了汤口 20 位企业主，并据此修改了部分问题和提纲。正式调研分为两个阶段：首先，为避免外人身份容易被拒访，聘请了当地 6 名大学生，在培训后与其一起利用寒假调研，获得 61 位样本数据，调研发现学生身份被拒访率较高；随后，组建了 5 名大学老师和 1 位硕士生的调研团队，于 2010 年 4 月 2 日至 10 日进行二次实地调研。在当地民警的帮助下（任务是介绍身份，增加信任），面对面逐户走访并附送小礼品，结果被拒访率低、效果较好。调查采用访谈者填写方式收集数据，共获得企业主数据有效样本 304 份。

问卷设置了“企业顾客比例”题项甄别，排除了 100%服务本地的企业主 15 位，确定旅游企业主样本 289 位。根据杨钊等（2013）对旅游从业移民的界定，考虑第五次人口普查中将离开户口地 6 个月以上的外来人口定义为“迁移人口”，本书将汤口镇行政隶属地黄山区视为本地，黄山区以外视为移民，最终确定 146 位企业主移民作为主要分析对象。

2. 连续体分析

运用 SPSS 软件对动力因素进行探索性因子分析和均值排序，分别得到汤口 TEMs 入迁驱动力结构和强度（表 7-12）。结合实地访谈调研（见附录 4）和移民迁移动力理论假设（Szivas and Riley, 1999; Szivas, et al., 2003; Vaugeois and Rollins, 2007）对因子进行归类。在此基础上，运用连续体方法探索 TEMs 迁移微观驱动力的复杂性和渐变性。

**表 7-11　人口学特征比较**

| 人口学特征 | 本地/% | **移民/%** | 全体/% | 人口学特征 | 本地/% | **移民/%** | 全体/% |
|---|---|---|---|---|---|---|---|
| ***性别： | *N*=138 | ***N*=146** | *N*=284 | 培训经历： | *N*=134 | ***N*=131** | *N*=265 |
| 男性 | 55.8 | **71.9** | 64.1 | 有 | 43.3 | **48.9** | 46.0 |
| 女性 | 44.2 | **28.1** | 35.9 | 无 | 56.7 | **51.1** | 54.0 |
| *年龄： | *N*=137 | ***N*=143** | *N*=280 | 学历： | *N*=135 | ***N*=136** | *N*=271 |
| ≤24 岁 | 4.4 | **2.8** | 3.6 | 小学及以下 | 9.6 | **11.8** | 10.7 |
| 25～34 岁 | 25.5 | **26.6** | 26.1 | 初中 | 54.1 | **55.9** | 55.0 |
| 35～44 岁 | 57.7 | **46.9** | 52.1 | 高中/职高/中专 | 31.9 | **22.8** | 27.3 |
| 45～54 岁 | 10.9 | **23.1** | 17.1 | 大学专科 | 3.7 | **6.6** | 5.2 |
| ≥55 岁 | 1.5 | **0.7** | 1.1 | 大学本科及以上 | 0.7 | **2.9** | 1.8 |
| 均值 | 37.39 | **38.49** | 37.95 | | | | |
| 婚姻状况： | *N*=137 | ***N*=143** | *N*=280 | **家庭主要收入来源： | *N*=137 | ***N*=131** | *N*=268 |
| 已婚 | 89.8 | **92.3** | 91.1 | 是 | 76.6 | **87.8** | 82.1 |
| 未婚 | 10.2 | **7.7** | 8.9 | 否 | 23.4 | **12.2** | 17.9 |
| 子女数： | *N*=138 | ***N*=132** | *N*=270 | 当前工作： | *N*=138 | ***N*=131** | *N*=269 |
| 没有 | 12.3 | **9.8** | 11.1 | 全职工作 | 91.3 | **90.8** | 91.1 |
| 1 个 | 59.4 | **51.5** | 55.6 | 主要工作 | 0.7 | **3.1** | 1.9 |
| ≥2 个 | 28.3 | **38.7** | 33.3 | 兼职工作 | 8.0 | **6.1** | 7.1 |

注：*表示在 0.1 水平上统计差异具有显著性，**表示在 0.05 水平上统计差异具有显著性，***表示在 0.01 水平上统计差异具有显著性；“年龄”和“子女数”为填写数据，作者对其进行了定序转化

**表 7-12　迁移动力正交旋转因子分析**

| 动力因子 | 因子负荷 | 特征根 | 变异解释率 | 因子信度 | 因子均值 | 均值排序 | 因子维度 |
|---|---|---|---|---|---|---|---|
| **因子 1：社区吸引** | | | | | | | |
| 汤口镇服务功能较好 | 0.7803 | 2.87 | 9.26 | 0.780 | 2.790 | 6 | 旅游地吸引 |
| 汤口镇生活较方便 | 0.7266 | | | | | | |
| 政府优惠政策多 | 0.7004 | | | | | | |
| 本地商机多 | 0.6212 | | | | | | |
| 黄山游客多 | 0.4363 | | | | | | |
| **因子 2：自然吸引** | | | | | | | |
| 风景优美 | 0.9043 | 2.51 | 8.11 | 0.863 | 1.959 | 1 | 旅游地吸引 |
| 夏天气候凉爽 | 0.8166 | | | | | | |
| 空气质量好 | 0.8160 | | | | | | |

续表

| 动力因子 | 因子负荷 | 特征根 | 变异解释率 | 因子信度 | 因子均值 | 均值排序 | 因子维度 |
|---|---|---|---|---|---|---|---|
| **因子 3：职业避风港** | | | | | | | |
| 先前工作单位衰败了 | 0.8552 | | | | | | |
| 别的地方工作难找 | 0.6930 | 2.39 | 7.71 | 0.751 | 3.512 | 10 | 积极特性 |
| 需要一份工作 | 0.6855 | | | | | | |
| 原来职业收入太低 | 0.6034 | | | | | | |
| **因子 4：收入** | | | | | | | |
| 做旅游生意赚钱快 | 0.7810 | 2.04 | 6.59 | 0.596 | 2.556 | 4 | 经济收益 |
| 提高收入 | 0.6283 | | | | | | |
| **因子 5：亲友** | | | | | | | |
| 本地亲友多 | 0.8473 | 1.96 | 6.33 | 0.711 | 2.859 | 7 | 社会资本 |
| 亲友的积极建议 | 0.7186 | | | | | | |
| **因子 6：生意优势** | | | | | | | |
| 给家人提供就业机会 | 0.8202 | 1.82 | 5.87 | 0.657 | 2.658 | 5 | 积极特性 |
| 做旅游生意挑战性强 | 0.7118 | | | | | | |
| 好的投资方向 | 0.4964 | | | | | | |
| **因子 7：个性价值** | | | | | | | |
| 偶然因素 | 0.7227 | | | | | | |
| 想离开原来居住地 | 0.5957 | 1.76 | 5.69 | 0.564 | 2.900 | 8 | 生活方式 |
| 追求自己的生活方式 | 0.5618 | | | | | | |
| 与所学专业吻合 | 0.4516 | | | | | | |
| **因子 8：生意追求** | | | | | | | |
| 积累生意经验 | 0.8288 | 1.75 | 5.63 | 0.650 | 2.085 | 2 | 企业家愿望 |
| 发挥自己经商才能 | 0.7258 | | | | | | |
| **因子 9：做老板** | | | | | | | |
| 工作时间相对自由 | 0.7685 | | | | | | |
| 想自己做老板 | 0.5812 | 1.69 | 5.45 | 0.579 | 2.449 | 3 | 企业家愿望+积极特性 |
| 当老板名声好 | 0.5276 | | | | | | |
| 与人交往机会多 | 0.4536 | | | | | | |
| **因子 10：低门槛** | | | | | | | |
| 旅游生意风险小 | 0.8009 | 1.68 | 5.42 | 0.631 | 3.314 | 9 | 积极特性 |
| 旅游生意起步较容易 | 0.7439 | | | | | | |

### 3. 样本特征

汤口 TEMs 男性主导；年龄段七成集中在 25～44 岁，平均年龄 38.49 岁；九成以上已结婚并有小孩；半数以上没有经过专业培训；学历层次偏低，六成以上为初中及以下学历，大学专科及以上不到 10%；当前工作是绝大多数 TEMs 的唯一工作和家庭主要收入来源（表 7-11）。参照本地企业主，可以更好地理解移民企业主的特征（Snepenger, et al., 1995）。卡方检验显示本地居民与移民在以下几方面具有显著差异：移民男性比例突出，女性比例低于本地 16.1%；移民平均年龄高出本地 1.10 岁，45 岁以上年龄段高出本地 11.4%；本地近 1/4 家庭不以当前工作为主要收入来源，而移民家庭收入高度依赖当前生意。

综合以上分析，与国外发达地区相比，汤口 TEMs 更为年轻化、学历偏低。与本地企业主相比，移民企业主男性更多且大多家庭负担较重。因此，汤口 TEMs 经济诉求比较明显。

### 7.3.3　旅游企业主移民入迁驱动力结构和强度分析

1. *动力结构*

KMO 检测值为 0.727，巴特利特球形检验的显著值水平为 0.000，表明变量适合作因子分析。因子分析采用主成分分析法，并通过方差极大法对因子负荷矩阵进行正交旋转。提取出 10 个特征根在 1 以上、负荷值范围在 0.4363 与 0.9043 之间的因子（表 7-12），解释了总变异量的 66.08%。

因子 1 包括五个变量，反映汤口社区服务管理和商业发展吸引，命名为“社区吸引”；因子 2 包括三个变量，反映旅游地自然环境质量的吸引，命名为“自然吸引”；因子 3 包括四个变量，体现了旅游企业经营的低门槛可成为职业被迫转换和暂时就业的去向，命名为“职业避风港”；因子 4 包括两个变量，反映了企业经营的经济追求，命名为“收入”；因子 5 包括两个变量，体现了亲友在入迁中的作用，命名为“亲友”；因子 6 包括三个变量，反映了从事旅游生意的某些优势，命名为“生意优势”；因子 7 包括四个变量，反映了 TEMs 入迁的个人因素，命名为“个性价值”；因子 8 包括两个变量，反映了企业主经营旅游企业的诉求，命名为“生意追求”；因子 9 包括四个变量，体现了经营旅游生意的优势和渴望，命名为“做老板”；因子 10 包括两个变量，反映了旅游企业低门槛特性，命名为“低门槛”。

Szivas 和 Riley（1999）提出并验证了从业者迁移驱动的增加经济收入、职业积极特性、职业避难所、企业家愿望四种理论假设，并在后续研究中进行了检验（Szivas, et al., 2003; Vaugeois and Rollins, 2007）。杨钊和陆林（2007, 2006）在此基础上对九华山、九寨沟旅游从业移民进行了相似的研究，除了验证了上述四种理论假设之外，还增加了旅游地吸引、社会资本、生活方式三个理论维度。鉴于此，本书进一步将因子归并为七个方面：社区吸引和自然吸引归并为“旅游地吸引”；职业避风港、生意优势、低门槛反映了旅游业的某些“积极特性”；生意追求归为“企业家愿望”；做老板是“企业家愿望”与“积极特性”的结合；收入归为“经济收益”；亲友归为“社会资本”；个性价值归为“生活方式”。

2. 动力强度

驱动力因子均值排序（表 7-12）显示：第一，自然吸引、生意追求和做老板是最强的三个驱动因子，随后为收入、生意优势，个性价值因子强度较弱。虽然汤口 TEMs 没有把追求经济收益的增加排在首位，但却有非常强烈的企业家愿望。结合人口学特征分析可知，以青壮年为主的 TEMs 对增加经济收入的诉求强烈，“养家糊口”仍然是其面临的根本问题，呈现出明显的发展中/转型经济体国家特征。这与国外发达地区 TEMs 注重生活方式追求存在较大差异。但值得注意的是，汤口 TEMs 对自然环境和职业积极特性的较大肯定与国外发达地区相近。第二，职业避风港和低门槛两个因子遭排斥。这两个动力因子超过了 3.3，其中职业避风港因子赋值最低并超过 3.5，汤口 TEMs 更多是被经济利益、自然环境、成为企业家等因素所吸引而主动进入，并非是因为找不到工作而被迫进入旅游地。这与 Szivas 等（1999, 2003）、Vaugeois 和 Rollins（2007），杨钊等（2013, 2007）的研究结果相类似；低门槛因子均值倒数第二，做旅游生意风险小和做旅游生意起步比较容易两个变量被排斥，TEMs 从业特征分析显示，汤口旅游企业竞争激烈，企业主的从业经历较为丰富，农民、家庭妇女或学生直接经营旅游企业的比例小，旅游企业的经营门槛较高。

总体来看，动力结构和强度揭示了汤口 TEMs 入迁动力的复杂性。同时，与国外 TEMs 进行对比，又在一定程度上反映出其由生产性向消费性渐变的趋势。

### 7.3.4 旅游企业主移民入迁驱动力的理论探析

连续体分析是一个解释事物复杂性和渐变性的有效方法。探索性因子分析得出了汤口 TEMs 在 6 个维度上的 10 个动力因子。结合理论假设（表 7-13）和实地调研分析公因子的具体内涵，可将其从生产性驱动力到消费性驱动力进行定性排列，由此可得到汤口 TEMs 入迁驱动力的连续体分析模型（图 7-3）。在该连续体上，考虑增加收入的经济收益维度和经营生意的企业家愿望无疑位于“生产性”这一端。与生活方式维度相比，追求目的地优质自然环境和居住条件的旅游地吸引维度则更具有纯粹的消费特性，故此将其置于连续体的另一端。行业潜力大、带动性强、可进入门槛较低和与人接触机会较多等职业积极特性促使 TEMs 在快速提高收入的同时，也开始考虑更高层次的需求，驱动力开始由生产性向消费性转变。此外，借助亲友的支持，也是 TEMs 在该地从事该行业的外在支撑因素。综合来看，尽管 TEMs 在这几个维度上表现出比一般从业移民更高层次的自我实现需求，但本质上还是以经济导向为主，而做老板这一动力因子考虑则与前面几个维度的因子有所区别。从其内涵来看，偏向这一因子考虑的 TEMs 主要追求一种与原来状态不同的轻松的工作环境，其对生活方式的考虑已经显现。

**表 7-13　国内外典型案例地旅游从业者行业转移驱动力维度比较**

| 公因子 | 理论假设与驱动力维度 | | | |
|---|---|---|---|---|
| | 匈牙利 | 英国 Somerset 和 Conventry | 中国九华山 | 中国九寨沟 |
| 1 | 获利手段 1 | 获利手段 1 | 企业家愿望+获利手段 | 职业特性 1 |
| 2 | 积极特性 1 | 职业避难所 1 | 获利手段+积极特性 | 旅游地吸引 1+职业特性 2 |
| 3 | 企业家愿望 1 | 企业家愿望+获利手段 | 积极特性 1 | 职业收益 1 |
| 4 | 职业避难所 1 | 获利手段 2 | 职业避难所 1 | 社会资本 |
| 5 | 企业家愿望 2 | 积极特性 | 职业避难所 2 | 旅游地吸引 2 |
| 6 | 职业避难所 2 | 职业避难所 2 | 尝试者 | 旅游地吸引 3+职业特性 3 |
| 7 | 积极特性 2 | 企业家愿望 | 积极特性 2 | 职业收益 2 |
| 8 | 获利手段 2 | 尝试者 | | 职业收益 4 |
| 9 | 尝试者 | | | 生活方式 |
| 总变异解释率 | 63.90 | 63.58 | 60.50 | 62.58 |

注：驱动力维度根据杨钊等（2013）、 Szivas 和 Riley（1999）、Szivas 等（2003）、杨钊和陆林（2006）研究整理

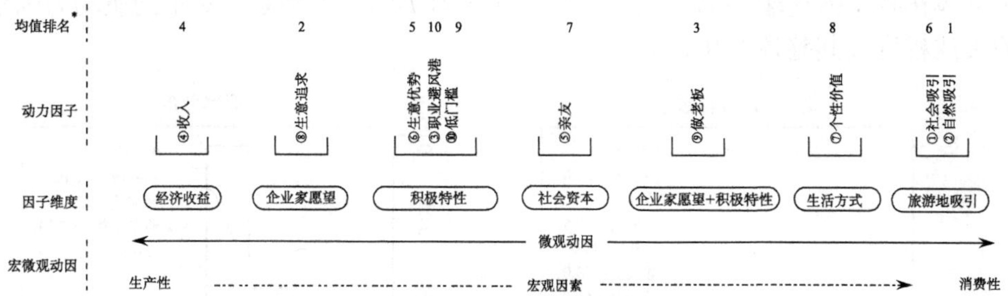


图 7-3　TEMs 入迁驱动力变化连续体

注：*TEMs 对因子 9 和 10 总体持否定态度

首先需要注意的是，企业主移民入迁驱动因素并非是单一的，而是某一类或几类动力为主导的多元复合体。实证研究表明，汤口 TEMs 男性比例突出。从中国传统的文化观念和当前社会发展情况来看，男性在家庭经济收入中一般处于主导地位。移民偏向于年轻化（平均年龄 38.49 岁）且学历层次偏低，说明移民较早进入社会务工。同时，绝大多数企业主移民已婚，其家庭生命周期仍处于传统的扩展期（吴帆，2012）。综合这些因素可以判断，汤口 TEMs 根本的迁移驱动力是以获取经济收益为主，附带其他动力，如受旅游地自然环境和社区条件的吸引。因子均值排序和动力强度分析亦证实了这一点。这与国外发达地区的生活方式企

业主移民存在较大差异。一方面，国外 TEMs 受教育程度普遍较高且工作经历丰富，从年龄特征看，退休者占据较大的比重（陈蕾和杨钊，2014）。另一方面，国外 TEMs 主要迁移驱动力是追求一种更好的生活方式，其经营小生意行为大多是为了维持新的生活状态（Benson and O'Reilly, 2009b; 唐香姐和徐红罡， 2015），而大多数中国 TEMs 则将当前工作作为家庭唯一的收入来源。

由区域背景不同所导致的 TEMs 迁移微观驱动力差异仅仅是表象，其深层次的诱因则是宏观社会经济背景上的差异。可以预见，随着时间的推移，当发展中/转型国家的社会和经济得到进一步发展，人们的工作和生活观念发生转变，企业主移民的整体迁移动因也必然相应发生变化。为了探索移民入迁微观驱动力的渐变性，本书主要考虑年龄特征对动力强度所产生的影响。

年龄特征是极为重要的人口学特征（李志刚等, 2014; 朱梅, 2016）。个体的年龄特征与其所处的家庭生命周期阶段密切相关,同时会影响其自身和家庭的行为。借鉴钟章奇等（2013）的研究，通过中位年龄值的概念对汤口 TEMs 的年龄结构进行重新思考。根据调研，除了 60 岁这一异常点之外（图 7-4（a）），移民在 20~53 岁，总体样本的中位年龄值是 39.5 岁；从核密度曲线形状来看（图 7-4（b）），年龄分布近似等同于正态分布（偏度系数为–0.146，峰度系数为–0.192），基本上符合年龄分组的理论标准。因此，将企业主移民划分为三组：34 岁及以下为“年轻型”，35~44 岁之间为“成年型”，45 岁及以上为“年长型”。通过对比不同年龄组群体在各个入迁驱动因子上的得分情况（图 7-5），来判断其对不同驱动力因素的关注程度及其整体变化趋势。

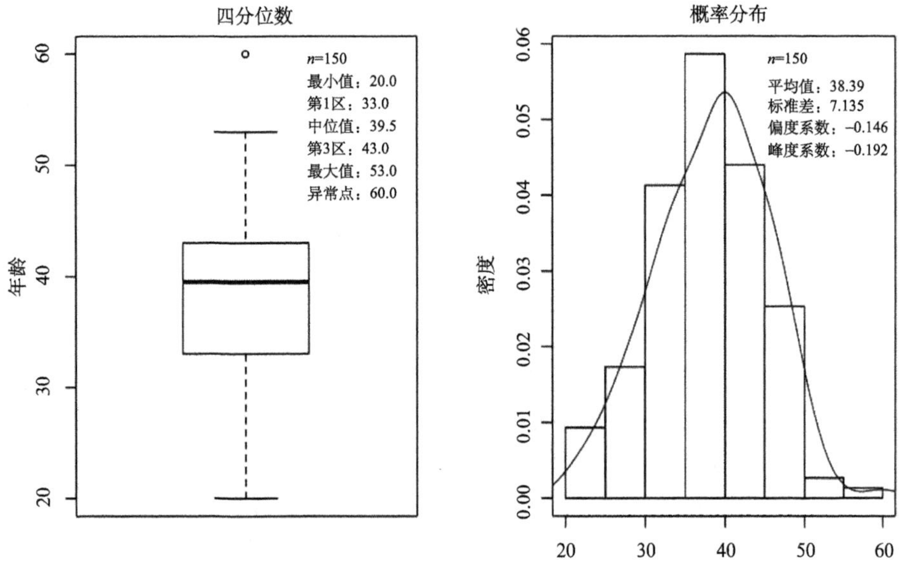


(a) 箱线图　　(b) 核密度图(横轴为年龄)

图 7-4　汤口 TEMs 年龄分布

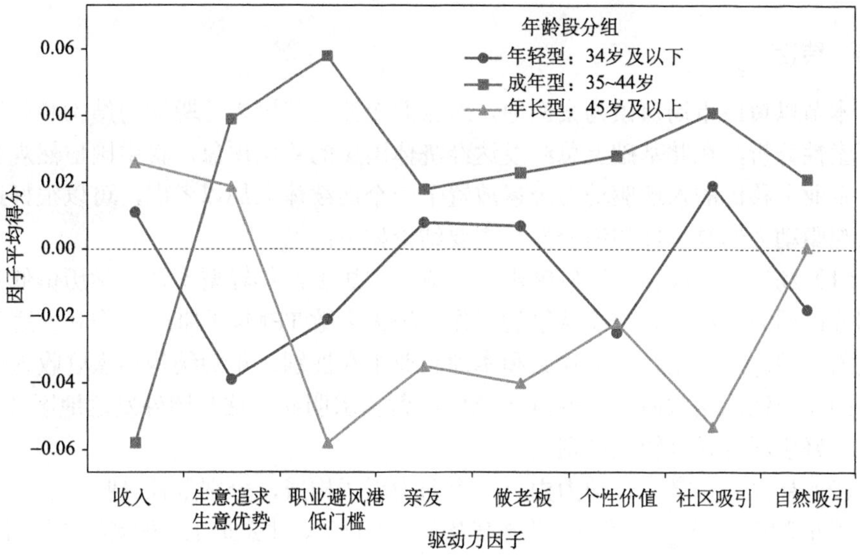


图7-5　不同年龄组因子平均得分

注：公因子得分是根据回归法估计得到，而每个年龄组的因子平均得分是对应组因子得分加总后除以总人数得到

首先，将位于相同年龄段的汤口年长型TEMs与国外生活方式型TEMs进行比较。理论上，此阶段汤口TEMs更应该考虑生活方式的改变，而结果却恰恰相反。他们更注重的是收入、生意优势和生意追求等偏向于生产性的驱动因素，这符合中国实际情况。一方面，此阶段的TEMs多数有两个及以上子女，子女的未来显然是他们考虑的重点；另一方面，与国外旅游小企业的生存特征（Solvoll, et al., 2015）不同，汤口TEMs大多经营自己的小企业已有一定的年限，其经营倾向从一开始就很明确。国外由于社会福利的增加，生活方式型TEMs在此阶段并不需要太多考虑经济问题，其经营获利倾向不明显，主要是为生活方式因素服务。

其次，从总体上看，年轻型和成年型TEMs迁移的微观驱动力比年长型更具有明显的渐变趋势。年轻型TEMs的动力结构更偏向于生产性，而成年型则更关注消费性驱动因素。对比三组TEMs的整体变化趋势可以发现，成年型比年长型具有更新的价值观念，这显然是社会经济的综合发展所导致的。而这种趋势之所以未在汤口年轻型TEMs身上出现，是由其受教育程度、家庭生命周期、当前工作等人口学特征所决定的。但需要注意的是，随着后现代主义的发展，未来该年龄段群体的生活工作观念可能也会受到宏观因素的影响而发生改变——集工作和生活方式于一体的生活方式型旅游从业移民开始出现（杨钊和陆林, 2008；陈蕾和杨钊, 2014；徐红罡和唐香姐，2015）。

### 7.3.5 结论

本节以黄山市汤口镇为案例地，对旅游企业主移民入迁驱动力结构和强度进行探索性分析，在此基础上总结发达经济体国家的移民现象，将中国自然观光地旅游企业主移民的入迁驱动力因素放置于一个连续体上加以考虑，可以很好地解释微观驱动力的复杂性和渐变性，主要结论如下：

（1）汤口 TEMs 男性比例突出，以成年型居多，年轻型次之，学历偏低且绝大部分已婚并有小孩。当前从事的工作是绝大多数 TEMs 的唯一工作和家庭最主要收入来源。通过比较发现移民和本地企业主在性别、年龄结构和家庭收入结构方面的差异性，相对而言，汤口 TEMs 经营需求明显，这与国外发达地区 TEMs 追求更好生活方式有较大区别。

（2）移民迁移微观驱动力由 10 个动力因子构成，分别是社区吸引、自然吸引、职业避风港、收入、亲友、生意优势、个性价值、生意追求、做老板和低门槛。依据已有研究得出的理论假设将 10 个动力因子归为旅游地吸引、积极特性、企业家愿望、经济收益、社会资本、生活方式六类。该结论验证并扩充了国内外相关研究成果。

（3）汤口 TEMs 迁移的微观驱动力具有复杂性。与国外发达地区 TEMs 专注于寻找“更好的生活方式”不同，汤口 TEMs 既关注生产性驱动因素——收入和做生意，又关注消费性驱动因素——旅游地自然环境。根据其性别、年龄、婚姻状况等人口学特征，结合动力强度分析，可以判断出汤口 TEMs 的本质需求仍然是增加经济收益，同时兼顾旅游地吸引要素、企业家愿望以及后期的生活方式要素。

（4）受宏观因素的影响，汤口 TEMs 入迁微观驱动力具有渐变性。从国外旅游企业主移民现象的演变来看，汤口 TEMs 受宏观社会经济因素的影响，未来的主要入迁驱动力将会由生产性向消费性转变。这一特征在成年型移民和年长型移民的对比中已经开始显现。而此趋势之所以未在年轻型移民群体中得以延伸，是由其受教育程度、家庭生命周期、当前工作等人口学特征所决定的。

## 7.4 自然观光地旅游从业移民入迁驱动力比较

### 7.4.1 入迁驱动力结构

2010 年黄山汤口旅游企业主移民驱动力量表在 2008 年九寨沟旅游从业移民驱动力量表的基础上进行了改良，结合预调研情况，从旅游地发展角度出发增加了“自然吸引”这一拉力因素，成为“旅游地吸引”维度中不可或缺的一部分。此外，根据黄山调研群体“旅游企业主移民”特殊性，增加“企业家愿望”相关测量题项。数据分析结果（表 7-14）显示，九寨沟旅游从业移民入迁驱动力与黄山汤口外来旅游企业主入迁驱动力结构相似，略有差异。九寨沟旅游从业移民和黄山汤口旅游企业主移民入迁驱动力公共维度有 5 个，分别为：旅游地吸引、职业收益/经济收益、职业特性/积极特性、社会资本和生活方式。此外，旅游企业主移民的入迁驱动力包含特殊维度——企业家愿望，如表 7-15 所示。

**表 7-14 自然观光地旅游从业移民与旅游企业主移民入迁驱动力量表比较**

| 九寨沟旅游从业移民 | | | | 黄山汤口旅游企业主移民 | | | |
|---|---|---|---|---|---|---|---|
| 动力因子 | 因子均值 | 均值排序 | 因子维度 | 动力因子 | 因子均值 | 均值排序 | 因子维度 |
| **因子 1：职业避风港**<br>原来的工作收入太低<br>别的地方找不到工作<br>需要一份职业<br>以前工作行业衰败了<br>第一份工作恰巧在本地 | 3.6026 | 9 | 职业特性 1 | **因子 1：职业避风港**<br>先前工作单位衰退了<br>别的地方工作难找<br>需要一份工作<br>原来职业收入太低 | 3.512 | 10 | 积极特性 |
| **因子 2：吸引**<br>独特的藏文化<br>本地人十分友好<br>旅游旺季气候宜人<br>与所学的专业相吻合<br>对旅游职业非常有兴趣<br>旅游职业给人印象好 | 2.3476 | 4 | 旅游地吸引 1+职业特性 2 | **因子 2：社区吸引**<br>汤口镇服务功能较好<br>汤口镇生活较方便<br>政府优惠政策多<br>本地商机多<br>黄山游客多 | 2.790 | 6 | 旅游地吸引 |
| **因子 3：未来收益**<br>拓展自己创业能力<br>丰富自己职业经历<br>将来高收入机会更多<br>将来收入更稳定 | 2.2006 | 2 | 职业收益 1 | **因子 3：自然吸引**<br>风景优美<br>夏天气候凉爽<br>空气质量好 | 1.959 | 1 | 旅游地吸引 |
| **因子 4：亲友**<br>与亲友团聚<br>亲友的积极建议<br>离家较近 | 2.9142 | 6 | 社会资本 | **因子 4：亲友**<br>本地亲友多<br>亲友的积极建议 | 2.859 | 7 | 社会资本 |
| **因子 5：发展机遇**<br>九寨沟经济发展很快<br>九寨沟知名度很大<br>有大量的就业机会 | 2.2318 | 3 | 旅游地吸引 2 | **因子 5：生意优势**<br>给家人提供就业机会<br>做旅游生意挑战性强<br>好的投资方向 | 2.658 | 5 | 积极特性 |
| **因子 6：本地优势**<br>本地旅游业风险小<br>工作环境较好<br>旅游业有更多商机 | 2.5093 | 5 | 旅游地吸引 3+职业特性 3 | **因子 6：做老板**<br>工作时间相对自由<br>想自己做老板<br>当老板名声好<br>与人交往机会多 | 2.449 | 3 | 企业家愿望+积极特性 |
| | | | | **因子 7：生意追求**<br>积累生意经验<br>发挥自己经商才能 | 2.085 | 2 | 企业家愿望 |

续表

| 九寨沟旅游从业移民 | | | | 黄山汤口旅游企业主移民 | | | |
|---|---|---|---|---|---|---|---|
| 动力因子 | 因子均值 | 均值排序 | 因子维度 | 动力因子 | 因子均值 | 均值排序 | 因子维度 |
| **因子 7：收入**<br>提高收入<br>获得能力相符收入 | 1.9785 | 1 | 职业收益 2 | **因子 8：收入**<br>做旅游生意赚钱快<br>提高收入 | 2.556 | 4 | 经济收益 |
| **因子 8：低技能/自由**<br>不需要太多专业技能<br>相对比较自由 | 3.1073 | 8 | 职业特性 4 | **因子 9：低门槛**<br>旅游生意风险小<br>旅游生意起步较容易 | 3.314 | 9 | 积极特性 |
| **因子 9：个性价值**<br>想离开原来居住地<br>我的工作本地人很少做<br>想在不同的地点生活 | 3.0358 | 7 | 生活方式 | **因子 10：个性价值**<br>偶然因素<br>想离开原来居住地<br>追求自己的生活方式<br>与所学专业吻合 | 2.900 | 8 | 生活方式 |

**表 7-15　旅游移民入迁驱动力结构比较**

| 九寨沟旅游从业移民 | | 黄山汤口旅游企业主移民 | |
|---|---|---|---|
| 动力维度 | 指标 | 动力维度 | 指标 |
| 旅游地吸引 | 吸引<br>发展机遇<br>本地优势 | 旅游地吸引 | 社区吸引<br>自然吸引 |
| 职业收益 | 收入<br>未来收益 | 经济收益 | 收入 |
| 职业特性 | 职业避风港<br>低技能/自由 | 积极特性 | 职业避风港<br>生意优势<br>低门槛 |
| 社会资本 | 亲友 | 社会资本 | 亲友 |
| 生活方式 | 个性价值 | 生活方式 | 个性价值 |
| / | | 企业家愿望 | 生意追求<br>做老板 |

综上，通过质性（访谈法）与定量（问卷法）相结合，跨时间、跨区域研究结果相互印证，得出自然观光地旅游从业移民驱动力至少包含 5 个维度：旅游地吸引、职业收益/经济收益、职业特性/积极特性、社会资本和生活方式。

### 7.4.2　入迁驱动力强度

从驱动力因子均值排序来看（图 7-6、图 7-7）：九寨沟旅游从业移民入迁驱动力因子中收入、未来收益、发展机遇、旅游地吸引排在前四位，即职业收益和旅游地吸引是最强的两个动力维度，均为拉力因素；其余驱动力因子动力强度排序为：本地优势、亲友、个性价值、低技能/自由，职业避风港动力因子超过 3.5，排名最后，遭到排斥。说明九寨沟旅游从业移民入迁驱动力中拉力因素大于推力因素，旅游从业移民更多是主动入迁而非被迫迁入。黄山汤口外来企业主移民驱动力因子中自然吸引、生意追求、做老板、收入、生意优势、社区吸引驱动力强度排名前六，即企业家愿望、旅游地吸引和经济收益是三个最强的驱动力维度；职业避风港和低门槛两个因子排名最后，遭到排斥，这两个动力因子超过了 3.3，其中“职业避风港”因子赋值最低且超过 3，说明汤口 TEMs 更多是被经济利益、自然环境、成为企业家等因素吸引而主动进入，而非是因为找不到工作而被迫进入。

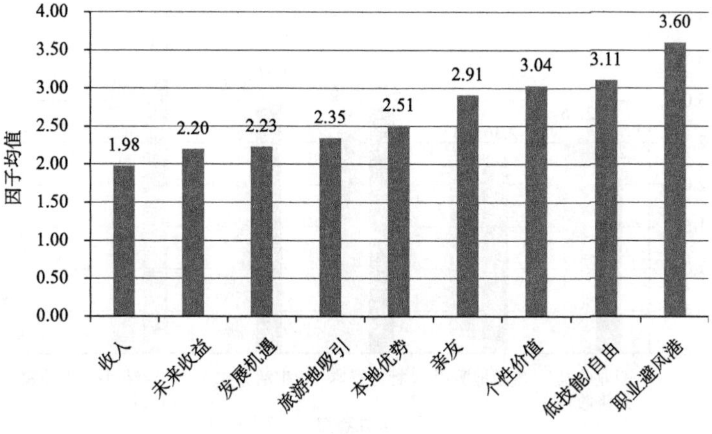


图 7-6　九寨沟旅游从业移民入迁驱动力强度排序

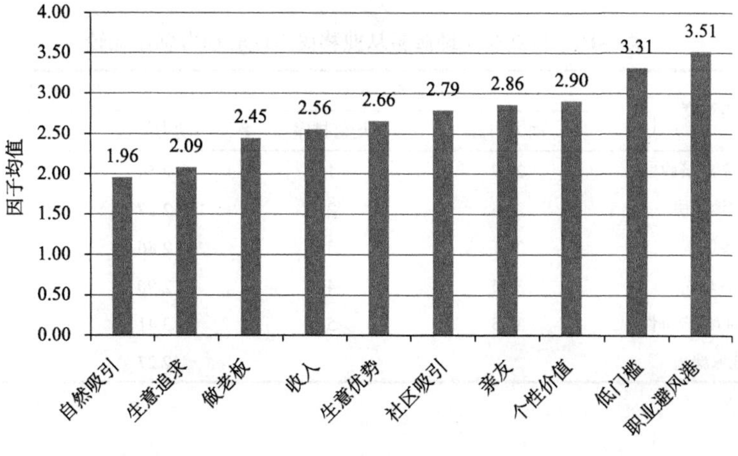


图 7-7　黄山汤口外来企业主入迁驱动力强度排序

从驱动力维度的强度来看（图 7-8、表 7-16），九寨沟旅游从业移民入迁驱动力维度排序为：职业收益、旅游地吸引、社会资本、生活方式和职业特性；黄山汤口外来企业主移民驱动力维度排序为：企业家愿望、旅游地吸引、经济收益、社会资本、生活方式、积极特性。除了企业主特殊驱动力维度“企业家愿望”之外，其余 5 个驱动力维度排序基本相同，稍有差异。其中九寨沟驱动力强度排序中职业收益＞旅游地吸引，黄山汤口驱动力强度排序中旅游地吸引＞经济收益，主要因为黄山汤口驱动力量表中关于旅游地吸引首次增加了“自然吸引”这一动力因子，增大了旅游地吸引这一维度的强度。“自然吸引”首次被纳入自然观光地旅游从业移民驱动力量表，引发驱动力维度的强度发生了变化，因此关于自然观光地旅游从业移民入迁驱动力——旅游地吸引和职业收益/经济收益强度孰大孰小还有待继续验证。

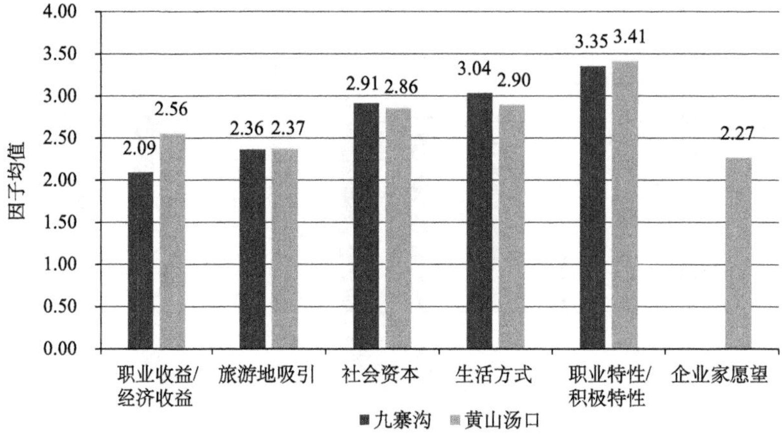


图 7-8　九寨沟旅游从业移民与黄山汤口旅游企业主移民入迁驱动力强度比较

**表 7-16　自然观光地旅游从业移民入迁驱动力强度比较**

| 动力维度 | 九寨沟 | | 黄山汤口 | |
|---|---|---|---|---|
| | 动力均值 | 均值排序 | 动力均值 | 均值排序 |
| 职业收益/经济收益 | 2.09 | 1 | 2.56 | 3 |
| 旅游地吸引 | 2.36 | 2 | 2.37 | 2 |
| 社会资本 | 2.91 | 3 | 2.86 | 4 |
| 生活方式 | 3.04 | 4 | 2.90 | 5 |
| 职业特性/积极特性 | 3.35 | 5 | 3.41 | 6 |
| 企业家愿望 | / | | 2.27 | 1 |

# 第 8 章　旅游企业主移民定居驱动机制研究

关于定居意愿结构方程模型构建的尝试，起始于笔者 2012 年对九寨沟旅游从业移民离开意愿结构模型的探讨：运用多元回归分析，从生活感知、工作感知、动机三方面对旅游从业者移民离开意愿的支持因素进行了判别，并描述了离开意愿的相关人群特征。结果显示，离开意愿与入迁动力、工作生活满意度相关，尝试构建驱动力、满意度与离开意愿的结构方程模型，但拟合效果不好。实地调查和数据分析显示，如果把离开意愿改为定居意愿，增加社会融合意愿和继续经营意愿变量组，可能有助于结构方程模型的理论构建和拟合。基于这一实证研究的探索，本书在汤口 TEMs 的定居意愿驱动机制探索中，采用相同的研究范式，但将部分潜变量和观测变量进行了调整。在展示具体的分析过程之前，先介绍本章所使用的数据。

在已有研究和文献查阅的基础上，构建了汤口企业主移民访谈提纲和定居意愿结构方程模型测量量表，访谈提纲包括企业主基本信息、迁移信息和从业信息三部分，本书主要用到的是人口学特征信息。测量量表包含四方面内容：① 生活、经营满意度指标，共计 20 个测量项；② 社会融合意愿，共计 5 个测量项；③ 继续经营及定居意愿，共计 2 个测量项；④ 企业主移民动力量表，共 31 个测量项。量表的主要测量项目见表 7-2 和表 8-1。采用利克特量表，其中，经营满意度、生活满意度、社会融合意愿、继续经营及定居意愿量表使用 1～5 分表示“很满意”～“很不满意”，动机量表的设计主要使用 1～5 分表示“很同意”～“很不同意”。除社会融合意愿和继续经营及定居意愿以外，其他主要测量指标均来自旅游从业移民相关文献（杨钊等，2011, 2007, 2006; Vaugeois and Rollins, 2007; Szivas et al., 2003,1999）研究和其他案例地（九华山、九寨沟）调研的推广性假设。预调研与正式调研时间分别是 2010 年 1 月和 4 月。调查采用访谈者填写方式收集数据，共获得企业主数据有效样本 304 份。根据一定的标准进行筛选（杨钊和程豪，2018），最终获得 146 位旅游企业主移民作为研究对象。

## 8.1　持续定居意愿的支持因素判别

### 8.1.1　生活、经营满意度及动力因素判别

结合我国宏观经济背景和社会发展状况，企业主移民经营动机更为强烈，生

意经营顺利与否是其考虑后继居留的重要前提条件。因此，在以移民定居为结果变量时，应该考虑到其与国外 TEMs 定居意愿的差异，不能简单把其纳为一个因子，需要进一步分为购房定居和退休定居两个变量来判别。前者指 TEMs 中的多数群体目前主要关注经营因素，有扩张意愿并愿意在本地购房定居，目的是购房投资或继续经营。而后者则假设该类群体随着年龄的增长及经济基础的提高，开始偏重于自然环境、社区条件等生活因素及与当地社会的融合状况等，继而可能会产生退休后在此定居的意愿。调研中，实际操作为两个指标加以衡量，即“在本地购房定居”和“退休后来本地定居”，选项“很同意～很不同意”分别赋值 1～5。由于两个问题所表达内涵有区别，在支持度判别时，分别以这两个变量作为因变量与相关变量进行了回归分析，寻找支持因素。

以“在本地购房定居”为因变量，分别以 20 个生活、经营满意度指标（表 8-1）和 31 个动力因素为自变量进行回归分析（使用 stepwise 法），得到表 8-2。在生活、经营满意度因素中，“生意发展前景”“居住条件”两个指标正向支持了因变量，生意是首要因素；动力因素中两个指标正向支持了因变量，表明生意经营（发展前景、企业家愿望）动力越强的移民越倾向于在本地购房定居。

**表 8-1　汤口企业主调查问卷的指标理论/假设来源**

| 指标大类 | 理论依据 | 测量项 | 最终模型变量测量项 |
|---|---|---|---|
| 经营满意度 | 根据 Szivas 等（2003,1999）的研究，杨钊等人在此基础上，构建了九华山旅游从业者从业感知量表（10 个指标）（杨钊等，2007,2006）。此外，张文宏和雷开春（2009）在研究城市新移民的社会认同时，分别构建了地域认同和职业认同指标，较为典型 | 收入；商业竞争；能自己做主；生意与个人生活难区分；社会地位/声望；职业本身；生意发展前景；工作时间长度；工作稳定性；淡旺季差异 | “经营总体满意度”单项指标直接测量 |
| 生活满意度 | 在系列研究（杨钊和陆林，2007,2006；Szivas, et al., 2003,1999）以及九寨沟调研的基础上，结合专家讨论，增加了对生活质量感知的考虑。同时，指标构建还借鉴了张文宏和雷开春（2009）的地域认同指标 | 照顾家庭；居住条件；医疗条件；教育条件；治安状况；物价水平；本地气候适应；休闲娱乐机会；日常饮食；本地居民友善 | “生活总体满意度”单项指标直接测量 |
| 社会融合意愿 | 借鉴城市新移民社会认同中文化认同和群体认同指标（张文宏和雷开春，2009），选择交朋友、接受价值（本地节日、生活方式）、熟悉风俗、社区参与等四个维度，用 5 个指标衡量 | 主动了解本地风俗人情；过本地节日；认同本地人生活方式；交本地朋友；愿意参加社区活动 | 5 项指标间接测量 |
| 继续经营[①]及定居意愿 | 未来职业推广性假设 | 推荐亲友来此做生意；继续在本地做生意 | 2 项指标间接测量 |

注：①继续经营意愿的测量指标是在九华山、九寨沟等案例地调研的基础上，根据同行专家的讨论建议而设计

**表 8-2　生活、经营满意度和动力因素支持定居意愿水平的多元回归分析**

| 定居意愿 | 指标类别 | 自变量 | 标准化回归系数 | $T$ | $p$ | 累计调整的 $R^2$ | 容忍度 | 方差膨胀因子 |
|---|---|---|---|---|---|---|---|---|
| 购房定居 | 生活、经营满意度因素 | 生意发展前景 | 0.277 | 3.522 | 0.001 | 0.109 | 00.917 | 1.090 |
| | | 居住条件 | 0.218 | 2.763 | 0.006 | 0.147 | 00.917 | 1.090 |
| | 动力因素 | 黄山游客多 | 0.278 | 3.577 | 0.000 | 0.077 | 00.994 | 1.006 |
| | | 当老板给人印象（名声）好 | 0.156 | 2.010 | 0.046 | 0.096 | 00.994 | 1.006 |
| 退休定居 | 生活、经营满意度因素 | 居住条件 | 0.281 | 3.718 | 0.000 | 0.131 | 00.914 | 1.094 |
| | | 生意发展前景 | 0.229 | 2.931 | 0.004 | 0.194 | 00.858 | 1.165 |
| | | 淡旺季差异 | 0.165 | 2.184 | 0.031 | 0.214 | 00.918 | 1.089 |
| | 动力因素 | 游玩/休闲机会多 | 0.264 | 3.488 | 0.001 | 0.077 | 00.930 | 1.075 |
| | | 汤口镇服务功能较好 | 0.196 | 2.620 | 0.010 | 0.124 | 00.958 | 1.044 |
| | | 当老板给人印象（名声）好 | 0.172 | 2.272 | 0.025 | 0.144 | 00.936 | 1.068 |
| | | 没有工作，需要一份职业 | –0.237 | –2.993 | 0.003 | 0.169 | 00.851 | 1.175 |
| | | 想离开原居住地 | 0.183 | 2.328 | 0.021 | 0.193 | 00.867 | 1.153 |

以“退休定居”为因变量分析时，发现生活、经营满意度因素中有三个指标，即“居住条件”“生意发展前景”和“淡旺季差异”正向支持了因变量，“居住条件”成为首要因素。可以看出，生意经营状况和居住条件是支持汤口镇移民退休定居意愿两个最为重要因素，淡旺季差异可能体现了以本地顾客为主的店铺企业主（淡旺季不明显）的意愿。动力因素中有四个指标正向支持了因变量，可以看出，生活方式（游玩/休闲机会多、汤口镇服务功能较好、想离开原居住地）和企业家愿望动机越强的移民越倾向于退休后在本地定居。

### 8.1.2　定居意愿相关人群特征

对定居意愿相关人群特征进行独立样本 $T$ 检验和单因素方差分析（表 8-3）发现：首先，购房定居意愿方面，年龄越大、子女越多、学历越低、租赁居住、预计收入没有实现、店铺 80%以上客源为游客的企业主移民定居意向越弱；而年轻（24 岁以下、没有子女）、高学历（专科以上学历）、预期收入满意、店铺客源分布较为稳定（游客与本地客源各半、60%～80%为本地客源）的企业主移民更倾向于在汤口购房定居。其次，退休定居意愿方面，已婚、年龄越大、子女越多、学历越低、租赁居住、预计收入没有实现、没有兼职、店铺 80%以上客源为游客的企业主移民意向越弱；年轻（24 岁以下、未婚、没有子女）、高学历（大学专科以上学历）、预期收入满意、店铺客源分布较为稳定（游客与本地客源各半、60%～80%为本地客源）的企业主移民更倾向于退休后在汤口定居。由此可见，倾向于在汤口购房定居和退休定居的企业主移民具有某些共同点，如年轻、考虑收入问题等。

**表 8-3　样本特征与定居意愿的独立样本 *T* 检验和单因素方差分析**

| 指标 | 均值 | | *T* 值/*F* 值 | |
|---|---|---|---|---|
| | 购房定居 | 退休定居 | 购房定居 | 退休定居 |
| **年龄： | | | | |
| ≤24 岁 | 2.2000 | 2.0000 | | |
| 25～34 岁 | 2.7632 | 3.0000 | 2.521 | 3.584 |
| 35～44 岁 | 3.0423 | 3.3944 | | |
| ≥45 | 3.2647 | 3.3529 | | |
| **学历： | | | | |
| 小学及以下 | 3.6250 | 3.8125 | | |
| 初中 | 2.9241 | 3.1899 | 3.773 | 3.063 |
| 高中/职高/中专 | 3.0313 | 3.2813 | | |
| 大学专科以上 | 2.3846 | 2.6154 | | |
| **店铺客源： | | | | |
| ≥80%为游客 | 3.1461 | 3.3820 | | |
| 60%～80%为游客 | 2.8667 | 3.2667 | 2.541 | 2.814 |
| 游客与本地各 1/2 | 2.2500 | 2.3750 | | |
| ≥80%为本地 | 2.7143 | 2.9643 | | |
| 60%～80%为本地 | 2.5000 | 2.5000 | | |
| **所居房屋： | | | | |
| 自有 | 2.3810 | 2.5714 | 4.618 | 4.333 |
| 租赁 | 3.3636 | 3.3168 | | |
| 自己店里 | 3.0396 | 3.3636 | | |

| 指标 | 均值 | | *T* 值/*F* 值 | |
|---|---|---|---|---|
| | 购房定居 | 退休定居 | 购房定居 | 退休定居 |
| 婚否： | | | | |
| 已婚 | — | 3.2847 | — | 1.926 |
| 未婚 | — | 2.6364 | | |
| **子女数： | | | | |
| 没有 | 2.3571 | 2.5000 | 6.696 | 4.548 |
| 1 个 | 2.8310 | 3.1831 | | |
| ≥2 个 | 3.3269 | 3.4615 | | |
| 是否兼职： | | | | |
| 是 | — | 2.5000 | — | 3.776 |
| 否 | — | 3.2124 | | |
| **收入实现： | | | | |
| 是 | 2.7727 | 2.9545 | | |
| 否 | 3.2308 | 3.5897 | 2.415 | 4.336 |
| 才开业，不清楚 | 3.0000 | 3.0000 | | |
| ***预期收入 | | | | |
| 满意 | 2.6842 | 2.8947 | | |
| 一般/不清楚 | 2.9048 | 3.0000 | 4.705 | 6.095 |
| 不满意 | 3.2679 | 3.5714 | | |

**表示在 0.05 水平上统计差异具有显著性；***表示在 0.01 水平上统计差异具有显著性

探索性分析结果（表 8-1、表 8-2）表明，生活、经营满意度因素（包括生意发展前景、预期收入是否实现）一直是影响企业主移民定居的首要因素，其次是居住条件、社区服务功能等致使生活满意与否的因素。这一点与国外发达经济体 TEMs 有很大的区别。鉴于高定居意愿的人口特征，更为年轻化的中国自然观光地 TEMs 在其当前所处的家庭生命周期阶段考虑的首要问题仍然是经营收益，然后才是后续定居。值得注意的是，店铺客源分布也是影响移民定居的重要因素。当本地人在店铺客源中比例上升甚至占据多数时，说明移民与本地人交往机会多，移民在当地的社会融合状况较好，定居意愿则更强。以上对定居意愿支持因素的判别和相关人群特征的描述，可以为后续模型假设提供实证支撑。

## 8.2　定居意愿模型的构建及检验

### 8.2.1　总体感知变量的来源

在前期九寨沟旅游从业移民研究（杨钊等，2013）中，尝试构建驱动力、工作/生活满意度与离开意愿的结构方程模型。尽管经验研究表明它们之间存在明显的关联，但模型的实际拟合结果不能很好地支持这一点。在此基础上，本书考虑将离开意愿改为定居意愿，增加社会融合意愿和继续经营意愿变量组，以助于构建定居意愿结构方程模型。初步拟合显示经营满意度与购房定居、退休定居意愿没有直接关系，生活满意度与购房定居意愿没有直接关系，仅与退休定居意愿弱相关，这与汤口实地访谈和回归分析的结果不能完全匹配。鉴于此，考虑增加“总体感知”潜变量，试图探讨总体满意度增加后，各变量之间的路径关系和拟合效果。该变量主要考察的是 TEMs 在目的地的总体感受，考虑到经营收益是中国自然观光地 TEMs 的主要目的，在构建其测量指标时，将经营感受囊括在内，同时与较为复杂的动机建立关联，具体操作化为 3 项指标：“满足了自己的动机愿望”“达到了我的经营目标”和“您在本地总体感觉”。前两项指标分为“很同意”～“很不同意”五种感知，最后一项指标分为“很好”～“很差”五种程度评价，分别赋值 1～5 分。

### 8.2.2　研究假设与模型建构

国外对旅游移民定居问题的探讨主要集中于消费导向移民群体。该群体年龄偏大，基本上属于相对富裕阶层，多关注生活方式因素，与本书研究对象存在较大差别。因此，本书在考虑构建定居意愿的结构方程模型时，主要依据已有文献、探索性分析、实地访谈调研三个方面提出研究假设。

定居意愿支持因素判别及访谈调研发现，汤口旅游企业主移民普遍较为年轻、家庭负担重，在旅游地以做生意赚钱为主要目的，生活方式动机不显著，移民持续居留的前提条件来自生意经营是否顺利。而 Benson 和 O’Reilly（2009a）等的研究显示，多数发达地区的生活方式移民为了更好地维持当前的生活状态，往往会经营一些小生意来获得必要的经济支撑。因此做出以下假设：

$H_1$：经营满意度会正向影响生活满意度。

$H_2$：经营满意度会正向影响总体感知。

$H_3$：经营满意度会正向影响继续经营意愿。

$H_4$：继续经营意愿正向影响购房定居意愿。

Haug 等（2007）研究了一类具有纯粹消费性的季节性移民群体，他们基本不考虑经济基础问题，仅仅关注目的地的自然环境、气候、社区服务、基础设施等生活因素。实际上，这也是发达地区的多数消费导向移民群体在进行暂时性迁移或移民时考虑的首要因素（Wong and Musa, 2015a; Salazar and Zhang, 2013; Glorioso and Moss, 2006; Pavelka and Draper, 2015; Benson and O'Reilly, 2009a; Ruiz-Ballesteros and Caceres-Feria, 2016; Schaeffer et al., 2016）。汤口调研可知：社区综合服务功能、乡村自然条件（空气质量、风景）是企业主移民后继驱动的重要因素，因此做出如下假设：

$H_5$：生活满意度正向影响总体感知。

$H_6$：生活满意度正向影响社会融合意愿。

$H_7$：生活满意度正向影响退休定居意愿。

Ooi 等（2016）的研究发现，季节性工作者在试图从暂时迁移转变为永久移民过程中面临着难以克服的社会障碍，他们既无法融入本地居民已有的稳固社会关系，也很难与其建立新的社会关系。Casado-Diaz 等（2014）对西班牙的英国裔离退休移民进行研究，发现他们在迁居之后既与自己的同胞保持联系，又积极融入当地社会。理论上，旅游企业主移民作为旅游地新居民，必然会与当地老居民产出联系和交往，如果只是短暂经营需要，这种交往会局限在有限范围内，如行政、购物以及较少的医疗、教育联系等。实地调研显示，为了节约成本，汤口外来企业主多数居住在自己租赁的店铺内，以店为家，主客交往的机会并不多，且汤口外来从业人员众多，企业主移民多以老乡为纽带进入旅游地，形成自己的社会网络圈，如企业主移民较为集中的庐江、安庆群体。但如果企业主计划在旅游地购房定居，就必然与当地人发生更为广泛的社会联系，社会融合意愿会成为企业主移民定居选择的重要考虑因素，因此形成假设：

$H_8$：社会融合意愿正向影响购房定居意愿。

"总体感知"变量的测量指标涉及经营和生活感知、社会适应等问题，因此形成如下假设：

$H_9$：总体感知正向影响继续经营意愿。

$H_{10}$：总体感知正向影响社会融合意愿。

$H_{11}$：总体感知正向影响购房定居意愿。

$H_{12}$：总体感知正向影响退休定居意愿。

九寨沟、汤口的调查显示，我国自然观光地企业主移民年龄集中在 45 岁以下，55 岁以上企业主移民极少，这与国外旅游地出现的大量退休企业主移民、生活方式企业主移民有较大差别，汤口企业主移民可能会出于投资或其他生产性目的进行购房定居，这些企业主移民成为纯消费性的退休定居者尚需要进行转化，因此形成假设：

$H_{13}$：购房定居意愿正向影响退休定居意愿。

由于样本量较小，对以上变量的测量尽量明晰简化，采取直接测量和间接测量两种方式：首先，对旅游企业主移民定居意愿影响因素中的“社会融合意愿”“总体感知”“继续经营意愿”三类变量分别命名为 F1、F2、F3，并采取间接指标测量的方式；其次，将“生活满意度”和“经营满意度”变量操作化为“生活总体满意度”和“经营总体满意度”各 1 个直接测量指标（表 8-1），用 1～5 分表示“很满意”～“很不满意”；最后，将“购房定居意愿”和“退休定居意愿”变量操作化为“您的未来打算：在本地购房定居”和“您的未来打算：退休后在本地定居”各 1 个直接测量指标，用 1～5 分表示“很同意”～“很不同意”。

根据以上假设，图 8-1 构建了显性变量和潜在变量共存的混合型路径分析模型（张文宏和雷开春，2009；吴明隆，2009）。模型首先容许旅游企业主移民定居意愿模型各变量之间的影响关系全部自由估计，而不容许指标的误差相关。

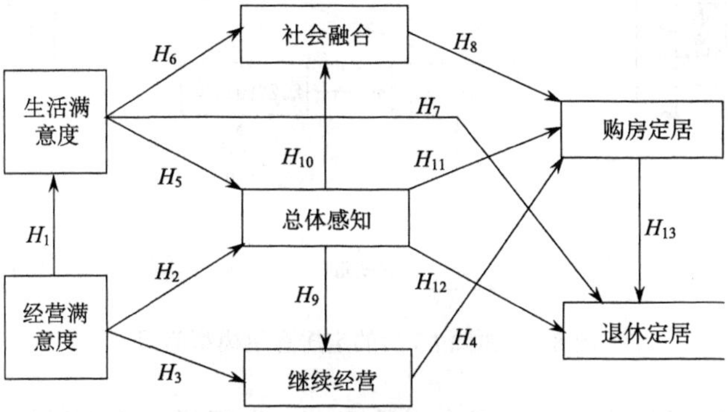


图 8-1　定居意愿假设模型

### 8.2.3　结果分析

#### 8.2.3.1　模型拟合与修正

初始模型拟合结果（表 8-4）显示，模型没有通过绝对拟合检验（CMIN=96.381，df=69，$p<0.05$），拟合指数 AGFI 和 RFI 均小于 0.90，没有达到拟合测量标准，近似均方根误差（RMSEA=0.051）较高，需要对模型进行修正。

**表 8-4　模型修正前后的拟合指标对比**

| 参数 | 绝对拟合指数 | | | | | | 相对拟合指数 | | | | |
|---|---|---|---|---|---|---|---|---|---|---|---|
| | CMIN | *p* | RMR | GFI | AGFI | RMSEA | NFI | RFI | IFI | TLI | CFI |
| 初始模型 | 96.381 | 0.016 | 0.040 | 0.918 | 0.875 | 0.051 | 0.907 | 0.878 | 0.972 | 0.962 | 0.971 |
| 删除 F3 后 | 95.386 | 0.000 | 0.047 | 0.912 | 0.860 | 0.079 | 0.895 | 0.859 | 0.946 | 0.926 | 0.945 |
| 最终修正 | 54.558 | 0.239 | 0.033 | 0.946 | 0.912 | 0.030 | 0.940 | 0.918 | 0.992 | 0.989 | 0.992 |

通过对模型参数估计值观察发现：在加入总体感知潜变量（F2）后，经营满意度对继续经营意愿的影响、继续经营意愿潜变量（F3）对购房定居意愿的影响均不显著（$T<1.96$，$p>0.05$），总体感知潜变量对继续经营意愿潜变量具有一定的替代作用，因此删除了继续经营意愿潜变量（F3），删除后的模型如图 8-2。

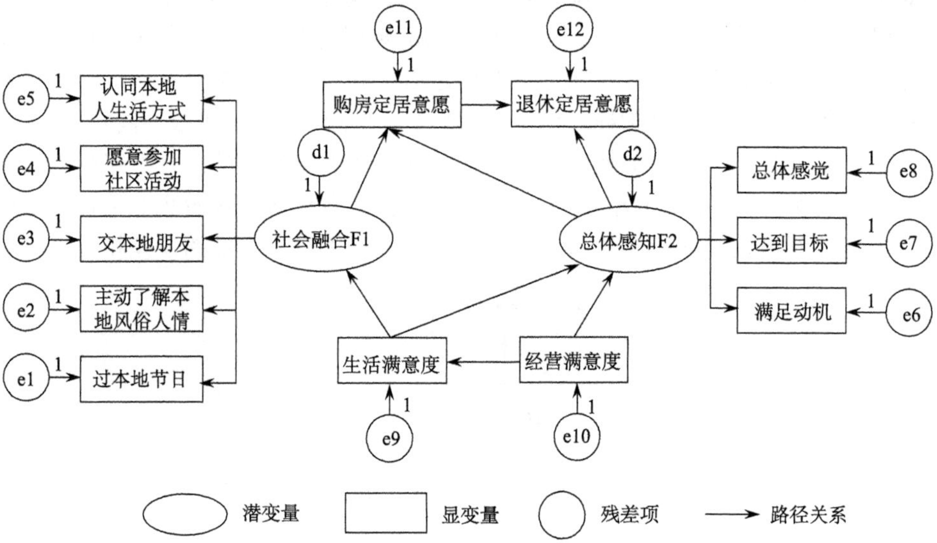


图 8-2　删除 F3 后的定居意愿模型假设

对删除 F3 后的模型进行拟合指数观察，发现模型没有通过绝对拟合检验（CMIN=95.386，df=69，$p<0.05$），参数估计值显示，总体感知潜变量（F2）对社会融合意愿的影响不显著，对这条路径进行了删除。对重新模拟后的参数检验结果观察发现，“达到经营目标”与“满足动机愿望”的残差相关 MI=30.409，“交本地朋友”与“主动了解本地风俗人情”残差相关的 MI=5.966，是所有 MI 中最大的。从理论上认为达到自己经营目标的旅游企业主移民更认为实现了自己的动机愿望，这符合汤口旅游企业主移民以经营获利为主要动机的现实；“交本地朋友”与“主动了解本地风俗人情”也具有理论价值。因此，分别增加了两组变量的残差相关。

增加这两项修正后，模型修正结果（表 8-4）显示：模型通过绝对拟合检验，调整后的拟合指数均达拟合测量标准；MI 虽然显示有>5 的残差相关，但都违反了 SEM 假定，也没有发现新的变量路径；所有参数值估计都达到显著水平。说明修正后的模型为能拟合数据的最简模型。

#### 8.2.3.2　信度与效度检验

采用克龙巴赫 $\alpha$ 系数法，利用 SPSS 统计软件对收集的数据进行了计算（表 8-5）。两个潜变量 F1、F2 的 $\alpha$ 系数分别为 0.839、0.744，均高于 0.6，总量表 $\alpha$ 系数达到 0.857，问卷内在信度较好。2 个潜变量的组合信度分别为 0.8427、0.7505，均大于 0.6，说明测量模型具有较高的目标可靠性。

**表 8-5　信度分析结果**

| 潜变量 | 观测变量 | $\alpha$ 系数 | 组合信度 |
| --- | --- | --- | --- |
| F1：社会融合意愿 | 过本地节日；交本地朋友；主动了解本地风俗人情；愿意参加社区活动；认同本地人生活方式 | 0.839 | 0.8427 |
| F2：总体感知 | 满足了自己的动机愿望；达到了我的经营目标；您在本地总体感觉 | 0.744 | 0.7505 |
| 总量表 | — | 0.857 | — |

采用验证性因子分析方法，分析显性变量对两个潜变量的影响程度。结果显示（表 8-6）：所有显性变量的因子负荷值均大于 0.5，说明测量模型中的显性变量对潜变量的影响是显著的，没有必要剔除任何显性变量。

**表 8-6　潜变量的因子负荷表**

| 变量 | F1：社会融合意愿 | F2：总体感知 | $R^2$ |
| --- | --- | --- | --- |
| 交本地朋友 | 0.718 | — | 0.515 |
| 主动了解本地风俗人情 | 0.765 | — | 0.586 |
| 过本地节日 | 0.755 | — | 0.570 |
| 愿意参加社区活动 | 0.660 | — | 0.435 |
| 认同本地人生活方式 | 0.696 | — | 0.484 |
| 在本地总体感觉 | — | 0.626 | 0.392 |
| 达到了我的经营目标 | — | 0.729 | 0.532 |
| 满足了自己的动机愿望 | — | 0.764 | 0.584 |

#### 8.2.3.3　假设检验

根据修正模型，我们确定了定居意愿结构方程模型（图 8-3）。由于变量的测量单位不同，为了清楚地看到各变量之间的关系，图中标出的是各观测变量、潜变量之间的标准回归系数及统计显著水平。

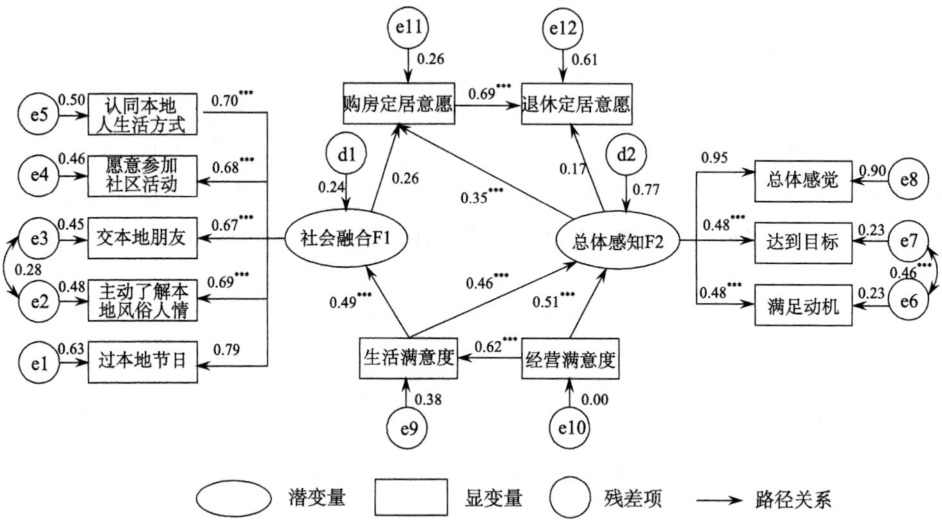


图 8-3 旅游企业主移民定居意愿结构方程模型

***表示在 0.001 水平上统计差异具有显著性

假设 $H_1$ 和 $H_2$ 得到验证，经营满意度与生活满意度和总体感知（F2）的路径系数分别为 0.62（$p<0.001$）和 0.51（$p<0.001$），表明经营满意度越高的旅游企业主移民生活满意度越高、正面总体感知更强。$H_3$、$H_4$ 和 $H_9$ 没有得到验证是由于继续经营意愿潜变量被删除而无法检验。

假设 $H_5$ 和 $H_6$ 得到验证，生活满意度与总体感知（F2）和社会融合意愿（F1）的路径系数分别为 0.46（$p<0.001$）和 0.49（$p<0.001$），表明生活满意度越强的旅游企业主移民社会融合意愿的正面总体感知越强。$H_7$ 没有通过检验，表明生活满意度没有直接影响退休定居意愿，但模型显示，其通过支持总体感知对退休定居意愿产生了间接影响。

假设 $H_8$ 得到验证，社会融合意愿与购房定居意愿的路径系数为 0.26，表明社会融合意愿越强的企业主越倾向于在旅游地购房定居。

假设 $H_{11}$ 和 $H_{12}$ 得到验证，总体感知与购房定居意愿和退休定居意愿的路径系数分别为 0.35（$p<0.001$）和 0.17，表明总体感知越好的 TEMs 更倾向于在汤口购房定居和退休定居。$H_{10}$ 没有通过验证，表明总体感知对社会融合意愿没有直接影响。

假设 $H_{13}$ 通过验证，其路径系数为 0.69（$p<0.001$），是模型中路径系数最高的，表明旅游企业主移民购房定居意愿越强，越倾向于退休后在旅游地定居。此外，“达到经营目标”与“满足动机愿望”的残差相关系数为 0.46（$p<0.001$），表明越认为达到自己经营目标的旅游企业主移民越认为自己实现了动机愿望。“交本地朋友”与“主动了解本地风俗人情”的残差的相关系数为 0.28，表明越期望与

本地人交朋友的旅游企业主移民越倾向于主动了解当地风俗人情。

## 8.3　旅游企业主移民定居意愿驱动机制探讨

理论上，经营满意度、生活满意度、社会融合意愿三方面因素对 TEMs 的定居意愿存在影响。实证分析发现，经营满意因素与移民定居意愿呈正相关关系（表 8-2）。然而，路径分析显示，经营满意度并不直接对购房定居意愿和退休定居意愿产生影响，而是受到总体感知的中介作用。理论上，在一定的宏观经济背景和社会状况下，中国自然观光地 TEMs 年轻化及其家庭所处的生命周期决定了其迁移后考虑的首要问题是经营收益而非定居。与此同时，总体感知与经营目标和动机的内在关联性又表明了其对移民定居意愿的间接影响。

生活满意度对定居意愿没有直接影响，而是受社会融合意愿、总体感知的中介作用分别对购房定居意愿和退休定居意愿产生间接影响。这与国外企业主移民区别较大。尽管有大量实证研究表明国外 TEMs 在选择第二居住地时会首要考虑能让生活满意的气候、环境、社区功能、居住条件等要素，但汤口情境下 TEMs 的生活满意度受经营满意度的显著直接影响，其很难仅仅凭借生活满意这一项依据来决定后续居留，访谈结果也证实了当前阶段的 TEMs 对物质基础的关注仍然很明显。

社会融合意愿对购房定居意愿有显著直接影响。结合访谈资料，在本地和移民的关系上，由于黄山旅游开发早，外来人口的持续进入使本地居民逐渐适应，且超过九成的 TEMs 租赁店铺，给本地居民带来大量收益，本地人对移民的态度较为友好，这有助于促进移民与本地人的融合，进而促使其后续定居。然而，社会融合意愿对退休定居意愿却没有直接影响，而是受到了购房定居意愿的中介作用。考虑 TEMs 人群特征和入迁动机，随着职业的发展及家庭生命周期的推进，旅游企业主移民会先考虑经营收益问题，然后才会考虑是否购买第二房产以及后续的居留。此外，模型拟合过程显示，总体感知变量替代了继续经营意愿变量，经营满意度、继续经营意愿对购房定居意愿的路径关系无法体现。但访谈显示，基于经营满意的继续经营意愿与移民购房定居意愿之间存在一定程度的相关，这有待于后续研究证实。

# 第四篇

# 在地社会行为实证研究

# 第 9 章　旅游从业移民行为特征与社会融合

西方旅游从业移民研究以描述性研究为主，对移民动因探讨较多，而对移民行为和融合过程及影响关注相对较少。本章以开发早、旅游从业移民现象典型的九华山为案例地，于 2004 年运用深度访谈法对旅游从业移民进行深度调研，采用质性编码技术对访谈内容进行剖析，探讨九华山旅游从业移民行为特征和社会融合模式。在九华山旅游从业移民社会融合模式的基础上，选取我国顶级自然观光地九寨沟为案例地，于 2015 年以旅游从业移民为研究对象，采用半结构访谈问卷进行数据收集，借助 SPSS 17.0 软件对问卷数据进行描述性分析、因子分析和均值分析，采用质性分析法对访谈数据进行处理，探讨九寨沟旅游从业移民社会融合结构及其影响因素。

## 9.1　九华山旅游从业移民行为特征

### 9.1.1　九华山旅游地概况

九华山景区开发早，旅游从业移民现象典型。1978 年以来，九华山游客量和旅游收入从 9 万人次和 12 万元持续快速上升到 2004 年的 60.55 万人次和 24 463 万元（安徽省统计局，2005），旅游经济的快速发展吸引了大量旅游从业移民入山。景区唯一集散地——九华街，1982 年户籍人口为 1747 人（九华山志编纂委员会，1990），而 2000 年总人口达到了 5724 人，其中外来人口 2568 人（九华山风景区人口普查办公室，2001）。旅游从业移民类型多样，层次丰富。与大多数位于乡村地界的国内旅游区一样，九华山本地从业多为务农人员，难以胜任管理及高技能服务工作，大量通过应聘、调动的经营管理人员以及韩语导游（韩国是九华山第一客源国）等高技能从业移民入山；九华山景区文化特质明显，动机类型丰富。作为佛教名山，九华山上有寺庙 99 座，僧尼 634 人①，浓厚的佛教氛围和优美的自然风光可能会引发多样移民动机。

---

① 此僧尼人数为 2004 年 4 月 12 日九华山风景区宗教事务局统计人数

### 9.1.2　研究方法与样本特征

1. 深度访谈法

旅游从业移民作为一种新人口迁移现象具有主体构成多样性、表现形式复杂性、融合模式差异性、融合过程渐入性等特点，运用已有理论对其进行演绎推断都是难以做到的，选择适合对异质性样本进行态度、感知动态调查，以归纳解释为研究起点的质性研究方法对这种新生事象进行研究无疑是一种可行的选择。本节选择深度访谈法探究九华山旅游从业移民行为特征和社会融合模式，研究设计和过程如图 9-1 所示。

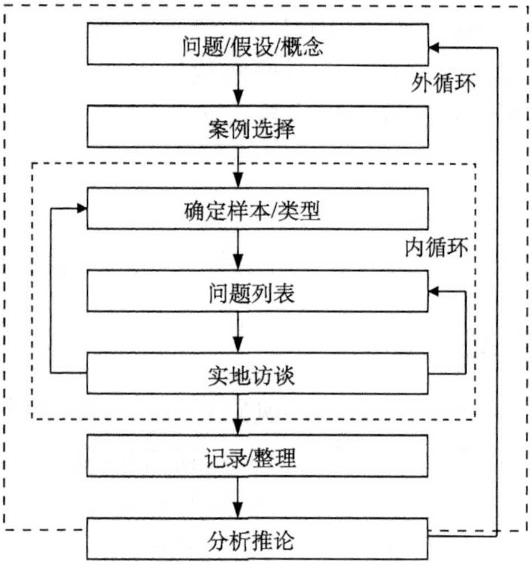


图 9-1　研究设计和过程

2. 案例选择和问题列表

作者通过相关文献分析和专家组研讨确定了访谈问题列表（图 9-2），并于 2004 年 7 月 21 日至 7 月 27 日和 11 月 3 日至 11 月 5 日分两个时间段进行了实地调研，每位样本平均访谈时间约为 1h，考虑部分信息的敏感性，采取了单独面谈形式。在实地逐个访谈进行中，对问题列表进行了调整：排除了对九华山旅游从业移民无意义的“同乡社区”问题（问题 4）；增加了“是否信佛”的追问（问题 3），通过印证追问（问题 15）及时调整并确定了访谈样本（内循环）。为防止部分样本对问题的不理解，对问题 9、10 设定了开放式备选项。在访谈过程中，把自己定位在倾听者（学习者）的身份上，在保持友好谈话氛围同时鼓励访谈对象对问题进行自由思考，表述真实意见，不表示同意与否定并发表自己看法。同时，采取了由 Whyte（1982）提出的六种不同程度干预方式对访谈进行控制，在保证相关问题得到对方意见的基础上，采取了录音和笔记相结合的办法，以笔记为主。分析采取扎根理论方法中的编码法对抄本进行整理（陈向明，2000），分析结果返回到问题/假设/概念并进行重新评估、提炼和修改（外循环），通过多次双向过程进行归纳总结，得出结论。整个调研过程体现以访谈者为中心和递归比较的特性。

| | |
|---|---|
| 1. 人口学特征 | 年龄； 婚姻； 子女<br>收入； 文化程度 |
| 2. 移民信息 | 家庭所在地； 定居形式<br>原籍/户口地；迁出地<br>迁入时间；迁入途径 |
| 3. 是否信佛(增加) | 是/否　居士? |
| 4. 同乡社区(排除) | 有/无　人数/交流活动 |
| 5. 移民感知 | 与游客的区别度<br>是否在旅游? |
| 6. 与旅游者的行为差别 | 时间；空间；<br>行为；知识和能力 |
| 7. 淡季从事的职业活动 | |
| 8. 山上经常的活动方式 | |
| 9. 两地日常生活区别 | 区别程度<br>区别之处 |
| 10. 在本地生活的侧重点(有备选) | |
| 11. VFR旅游 | 年平均工作月数；<br>每年回去次数，均停留天数；<br>回去目的；年家人来此次数 |
| 12. 九华山人态度 | 如何看待自己(有备选)<br>是否认同?<br>对其是否友好? |
| 13. 自我定位 | 如何看待自我? (有备选)<br>更像哪类人(有备选)<br>为什么? |
| 14. 总体态度 | 与当地居民的区别<br>是否愿意完全融入当地?<br>是否打算离开? |
| 15. 印证追问 | 旅游从业类型? 特征?<br>迁移过程? 阶段及标志? |
| 自我记录：性别；岗位及职位；座谈时间；座谈地点 | |

图 9-2　深度访谈问题列表

### 3. 样本特征

通过开放式咨询和印证追问，本书发现九华山旅游从业集体入迁主要集中在两个阶段：第一个阶段在 20 世纪 90 年代，由于芙蓉、祈云两个旅游大市场的建立（1994 年）和政府相关政策的支持，山下大量农村剩余劳动力和部分企业下岗工人进入九华山从事小饭店、小纪念品店等个体经营；第二阶段是 2000 年后，九华山旅游集团为组建股份有限公司招聘一批中高层管理人员入山。这样依据职业差别就分出了九华山旅游从业移民的两大主要类型：个体小生意者和九华山旅游集团招聘员工，考虑集团公司内部职位的层次差别和省内外迁出地不同带来的移民感知差异，把九华山旅游从业移民分为四种类型：集团中高层管理者、集团中低层员工、个体小生意者和省外移民者。考虑到性别、年龄以及异质性程度，确定总样本数为 15 位，样本类型及特征见表 9-1。

### 9.1.3　旅游从业移民行为分析

对九华山旅游从业移民行为特征的研究从与游客和在原居住地生活差别的比较、山上行为方式以及 VFR 旅游四个方面来进行描述。内容分析运用了编码法对访谈抄本进行整理归纳，首先采用一级开放式编码对访谈信息进行逐项细致登录，并尽可能使用访谈对象的原话进行编码命名（表 9-2、表 9-3）；然后通过二级编码对"山上经常活动方式"和"与原居住地日常生活差别"两项内容的编码进行关联性分析归类，分别建立了四个和三个类属（表 9-4），得出初步生成性观点。

"与游客差别"分析表明，多数样本认为自己与游客相差很大或较大（频数为 11），移民生活并非是在旅游（频数为 13），有 4 位样本表示自己很像游客，但其中仅 2 人（样本 7 和 14）认为自己当前是或有一点像在旅游。追问探究表明，样本 6 认为与游客差别很少，主要是指在收入、消费能力上与游客相似；样本 7 是一个 25 岁的女孩，从学校毕业后直接上山工作，对工作和生活充满热情，喜欢工作，把工作与休闲视为一体，在心态上感觉与游客差不多，学生时代自由自在与现在的生活感觉基本相同，因此认为两地生活并无差别；样本 14 是来自图们市的韩语导游，由于离婚，抱着散心和外出发展的目的来到九华山旅行社工作，导游工作的自由性、佛教名山的清净氛围、当地人的友好相待、亲友生活上的照应使其生活十分愉快，有一种游客休闲的心态。行为差别分析表明，所有访谈者都认为他们与游客的本质区别在于目的的差异，前者是工作和修行（样本 13），而后者是休闲。

从山上行为方式来看，由于职业机会有限，所有访谈者都表示在淡季时并无从事第二职业，处于一种悠闲和调整的状态，这种状态并非是他们想追求的一种生活模式，而是缺乏机会的一种无奈，反映出山岳型旅游地旅游从业移民的机会成本较高；"山上经常活动方式"一级编码显示（表 9-4），频数最多是"去当地人经常去的地方"[13]，其次为"过自己的生活方式"[6]，"自己做饭，过当地人的生活方式"[5]。二级编码归类分析表明，九华山旅游从业移民的活动方式包括"当地人""自己""旅游者"和"家乡人"四种，其中过"当地人"和"自己"的生活方式是主要两种方式，入山后的旅游从业移民活动方式发生了明显的转变。

**表 9-1　样本类型及人口学特征**

| 样本 | 类型 | 年龄 | 性别 | 婚姻 | 子女 | 文化程度 | 职位 | 可支配收入（年均）[2] | 是否信佛 | 迁出地[1] | 迁入时间 | 迁入途径 | 定居形式 |
|---|---|---|---|---|---|---|---|---|---|---|---|---|---|
| 1 | 一 | 40 | 男 | 已 | 1 | 大专 | 股份公司副总 | 3 万元 | 否 | 贵池区 | 2001.5 | 应聘 | 独自 |
| 2 | 一 | 32 | 女 | 已 | 1 | 本科 | 股份公司中层 | 2.5 万元 | 信一点 | 贵池区 | 2001.4 | 应聘 | 独自 |
| 3 | 一 | 37 | 男 | 已 | 1 | 本科 | 子公司副总 | 3 万元 | 否 | 贵池区 | 2002.1 | 应聘 | 独自 |
| 4 | 一 | 35 | 男 | 已 | 1 | 本科 | 子公司副总 | 4 万元 | 信一点 | 贵池区 | 2001.4 | 应聘 | 独自 |
| 5 | 一 | 40 | 男 | 已 | 1 | 大专 | 子公司正总 | 4 万元 | 信一点 | 贵池区 | 1982.12 | 随父就业 | 独自 |
| 6 | 一 | 32 | 男 | 已 | 1 | 本科 | 子公司正职 | 2.5 万元 | 否 | 贵池区 | 1995.9 | 毕业分配 | 全家 |
| 7 | 二 | 25 | 女 | 未 | 0 | 高中 | 子公司主管 | 1.5 万元 | 信一点 | 贵池区 | 1997.3 | 应聘 | 独自 |
| 8 | 二 | 21 | 女 | 未 | 0 | 高中 | 子公司服务员 | 1 万元 | 是 | 淮南市 | 2004.5 | 应聘 | 独自 |
| 9 | 三 | 57 | 女 | 已 | 4 | 小学 | 个体业主 | 1 万元 | 否 | 青阳县 | 1994.3 | 亲友介绍 | 全家 |
| 10 | 三 | 36 | 女 | 已 | 1 | 初中 | 个体业主 | 4 万元 | 是 | 青阳县 | 1988 | 亲友介绍 | 全家 |
| 11 | 三 | 28 | 男 | 已 | 2 | 初中 | 个体业主 | 4 万元 | 信一点 | 青阳县 | 1999.6 | 亲友介绍 | 全家 |
| 12 | 三 | 女 | 37 | 已 | 1 | 初中 | 个体业主 | 2 万元 | 信一点 | 青阳蓉城 | 2000.3 | 亲友介绍 | 全家 |
| 13 | 四 | 55 | 男 | 已 | 2 | 高中 | 个体业主 | 5 万元 | 居士[3] | 江苏南京 | 1989.10 | 偶然听闻 | 全家 |
| 14 | 四 | 35 | 女 | 未 | 0 | 高中 | 韩语导游 | 6 万元 | 否 | 吉林图们 | 2000.3 | 亲友介绍 | 亲友同住 |
| 15 | 四 | 46 | 男 | 已 | 0 | 本科 | 个体业主 | 6 万元 | 居士 | 江苏无锡 | 1993.4 | 大师邀请/生意契机 | 全家 |

注：①原籍/户口地记录与迁出地一样，不再单独列出；②年均可支配收入为自陈述，通过相关印证追问基本符合实情；③居士指不出家的信佛或修道的人（《现代汉语词典》第 7 版），此处指在家修持佛法的佛教徒；类型一在九华山有近百人，但异质性较强，选取了 6 个样本；类型三人数较多（九华街工商所统计约有千人），但同质性强，选取了 4 位样本；类型四人数较少，从客源市场和个性特征选取了 3 位样本

**表 9-2 旅游从业移民行为的开放式编码**

| 样本类型 | | 与游客差别 | | | 山上行为方式 | | | 与原居住地生活差别 | |
|---|---|---|---|---|---|---|---|---|---|
| | | 与游客的区别度 | 是不是在旅游 | 与旅游者的行为差别 | 淡季职业活动 | 山上经常活动方式 | 在本地生活的侧重点 | 两地日常生活区别程度 | 与原居住地日常生活差别 |
| 1 | 一 | 与游客的心态很像 | 否 | 工作/休闲 | 原来工作 | (1),(2),(3),(4) | 工作 | 很大 | 1., 2. |
| 2 | 一 | 很大 | 否 | 工作/休闲 | 原来工作 | (1),(2),(3),(4) | 工作 | 很大 | 1., 2., 3., 4. |
| 3 | 一 | 很大 | 否 | 工作/休闲 | 原来工作 | (1),(2),(3),(4) | 工作 | 较大 | 1., 2., 4. |
| 4 | 一 | 很大 | 否 | 工作/休闲 | 原来工作 | (1),(2),(3),(4) | 工作 | 很大 | 1., 2., 4., 5. |
| 5 | 一 | 很大 | 否 | 工作/休闲 | 观摩学习 | (1),(2),(3),(5) | 工作 | 基本一样 | — |
| 6 | 一 | 很少 | 否 | 工作/休闲 | 原来工作 | (1),(6) | 工作 | 基本一样 | — |
| 7 | 二 | 很少 | 是 | 工作/休闲 | 原来工作 | (1),(2),(3),(7) | 工作① | 基本一样 | — |
| 8 | 二 | 很大 | 否 | 工作/休闲 | 原来工作 | (1),(6) | 工作和融合 | 较大 | 6., 7. |
| 9 | 三 | 很大 | 否 | 工作/休闲 | 娱乐休息 | (1),(6),(9) | 做生意 | 很大 | 6., 9. |
| 10 | 三 | 较大 | 否 | 工作/休闲 | 娱乐休息 | (1),(6),(9) | 做生意 | 较大 | 6., 9. |
| 11 | 三 | 很大 | 否 | 工作/休闲 | 娱乐休息 | (1),(6),(9) | 做生意 | 较大 | 6., 9. |
| 12 | 三 | 很大 | 否 | 工作/休闲 | 娱乐休息 | (9),(10) | 做生意 | 较大 | 6., 9. |
| 13 | 四 | 很大 | 否 | 修行/休闲 | 娱乐休息 | (1),(10) | 修行 | 很大 | 11. |
| 14 | 四 | 很少 | 有一点 | 工作/休闲 | 业务推销 | (1),(8) | 工作① | 很大 | 8. |
| 15 | 四 | 很大 | 否 | 工作/休闲 | 原来生意 | (10) | 做生意，寻找发展机会 | 很大 | 10. |

注：（ ）内和加点的数字分别表示“在山上经常活动方式”和“与原居住地日常生活差别”的内容编码，具体见表 9-4；①表示“在本地过原来的生活”

**表 9-3 九华山旅游从业移民的 VFR 旅游**

| 样本<br>VFR 旅游 | 1 | 2 | 3 | 4 | 5 | 6 | 7 | 8① | 9 | 10 | 11 | 12 | 13 | 14 | 15 |
|---|---|---|---|---|---|---|---|---|---|---|---|---|---|---|---|
| 工作月数/（月/年） | 12 | 12 | 12 | 12 | 12 | 12 | 12 | — | 12 | 12 | 12 | 12 | 12 | 11 | 12 |
| 回去次数/（次/年） | 24 | 48 | 48 | 24 | 12～24 | 3～4 | 12 | — | 4～5 | 1～2 | 10 | 1 | 1～2 | 1 | 2 |
| 均留天数/（天/次） | 2 | 2 | 1～2 | 2 | 2 | 1～2 | 2 | — | 3～4 | 2 | 1～2 | 3 | 4～5 | 30 | 7 |
| 回去目的 | 家人团聚 | 家人团聚 | 家人团聚 | 家人团聚 | 家人团聚 | 看望父母 | 看望父母 | — | 看望父母 | 看望父母 | 看望父母 | 看望父母 | 家人团聚 | 看望父母 | 看望父母 |
| 家人来此/（人/年） | 无 | 无 | 无 | 无 | 无 | 无 | 很少 | — | 无② | 无 | 无 | 很少 | 很少 | 很少 | 很少 |

注：①样本 8 于 2004 年 5 月才来到九华山，尚未稳定；②样本 9 的子女都迁移入山，共同生活在一起

**表 9-4　“山上经常活动方式”和“与原居住地日常生活差别”的编码分析**

| 山上经常活动方式 | | 与原居住地日常生活差别 | |
|---|---|---|---|
| 一级编码 | 二级编码 | 一级编码 | 二级编码 |
| (1) 去当地人经常去的地方[13] | | 1. 业余可支配时间少[4] | |
| (6) 自己做饭，过当地人的生活方式[5] | 当地人 | 4. 当地缺少高质量的休闲方式，上网是主要娱乐方式[3] | 业余生活 |
| (9) 每月初一、十五和重大佛事节庆上山拜佛[4] | | 5. 与朋友聚会机会和愿望不强烈[1] | |
| (2) 吃食堂[6] | | 2. 工作量及其压力变大[4] | |
| (3) 过自己的生活方式[6] | | 6. 从事职业不同[5] | 职业 |
| (4) 食堂—办公室—房间，三点一线[4] | 自己 | 9. 收入更高，生活质量更好[4] | |
| (5) 业余生活单调，经常爬山，锻炼身体[1] | | 3. 与孩子交流和对其教育时间变少[1] | |
| (10) 自己做饭，过自己的生活方式[3] | | 7. 物价较高，乘车不便[1] | |
| (7) 爬山、拜佛等旅游者的活动方式[1] | 旅游者 | 11. 生活方式改变[1] | 生活环境 |
| (8) 自己做饭，过家乡人的生活[1] | 家乡人 | 8. 心情更愉快[1] | |
| | | 10. 十分清静，晚上听不到汽车声[1] | |

注：[ ]内数字表示出现频数；一级编码为开放式编码；二级编码为关联式编码

“与原居住地日常生活差别”的编码分析表明（表 9-4），样本对“职业”和“业余生活”变化的差别感知最强烈，不同类型样本表现出不同的态度：类型一（以样本 1～4 为代表）认为两地的生活区别大，侧重生活质量变化的感知。作为集团外聘的中高层管理人员，他们在工作上需要与当地人进行多方面的沟通以方便工作开展，工作任务重、压力大，业余可支配时间少，与孩子交流和对其教育时间变少；在心理和业余生活上，他们不愿意与当地人进行完全的融合，他们吃集体食堂，以上网作为主要娱乐方式，过着“食堂—办公室—房间，三点一线”的生活，缺少高质量的休闲方式，业余生活十分单调；类型二（包括样本 5）认为两地的生活基本相同。他们从学校毕业后就入山工作至今，经历单纯，缺乏职业间的可比性，基本认同了当前的生活方式；类型三认为两地的生活区别较大，侧重职业性质变化的感知。他们来自山下农村和工厂，从务农、务工转为经商，收入和生活质量得到了较大提高，对现状比较满意；类型四认为两地生活区别大，侧重佛教氛围的清净感知，他们来自省外，对生活环境和心态变化的感知明显，如样本 13 入山成为居士，每天打坐诵经，注重佛学修行，把经商作为副业，如其所述：“每天晚上 6 点，我就把店铺关上，回去打坐念经，生意好坏我并不太在意……”。样本 14 认为脱离了原来的不愉快环境，来到了佛门清净之地，自己的心情放松了，更加愉快。样本 15 认为与原来喧嚣的城市生活相比，九华山更加清静。

VFR 旅游分析表明（表 9-3），以求职为主的从业移民绝大部分时间都在山上工作，很少有整段时间回家探亲访友，大多每次停留 2 天，并且停留时间与迁移距离同比增长，这一方面是由于远距离移民回去次数较少，来回路途时间较长；另一方面也是由于移民对九华山阴、凉、湿的高山小气候不适应。九华街年平均日照 1746.6h，平均气温 13.4℃，降水量 2437.5mm，全年雾日 168 天，“多雾、多雨、多寒”成为九华山气候的特征。正如样本 14 表述的那样：“这里雨雾天气频繁，与我们北方那种干冷不一样，冬天湿漉漉的，感觉特别冷，冬天我们家里有暖炕，而这里什么都没有。”

由于从业移民的年龄较轻，作为退休移民经常出现的子女晚辈探访情况在九华山没有发生，来访亲友很少。值得关注的一点是，样本 1～5 的回家频率很高，每月平均回去达 2～4 次，家人团聚、子女教育等使其移民成本较高，影响到他们在当地的社会融合和移民感知。

### 9.1.4 结论

在全球化的背景下，人口迁移在形式、类别、过程、主体、动机以及社会经济文化上呈现复杂多样的形态，“混混然而无法条分缕析、定型定式”（华金·阿朗戈，2001）。本书通过目的抽样、信息编码和比较分析阐述了九华山旅游从业移民的行为特征：

（1）九华山旅游从业移民的生活重心在于工作，他们主要为游客提供服务。

（2）九华山旅游从业移民入山后具有明显的行为变化。不同类型样本具有不同的行为表现，在山上过“本地人”和“自己”的生活方式是主要两种行为模式。类型三中的从事个体经商的旅游从业移民每月初一、十五和重大佛事节庆都上山拜佛，这成为他们山上生活的一个重要组成部分，可见旅游地文化对他们的生活信念和行为方式产生了影响。

## 9.2 九华山旅游从业移民社会融合模式

### 9.2.1 融合模式与特征

#### 1. 编码分析

采用“变量取向”的方法，从“九华山人态度”“自我定位”和“总体态度”三个维度对旅游从业移民入山后的社会融合状况进行调查。首先以列表形式对主要信息进行全面展示，并尽可能使用访谈原话进行记录（表 9-5）；接着，对“自我定位原因”和“与本地居民差异”两个重要概念进行类属分析，寻找出各自的“核心类属”，得出初步生成性观点。

整体显示，九华山居民对旅游从业移民的感知总体表现为两种：其一，认为是“高收入特权阶层”，出现频率为 8，对象为学历较高的集团中高层管理者和省外移民。其二，认为是“本地人”，出现频率为 6，主要是来自山下青阳县、学历较低的个体小生意者。由于语言相通、风俗相同、气质相近，当地人把他们当作本地人，如样本 9 所述：“我就在山下，生活和当地人一样，讲话、习惯、人情（风俗习惯）等都差不多。”

样本 8 虽来自省内外市，但属于“准姻缘入迁”（男友为本地人），按照“媳妇是自家人”的本地观点，当地人认为她是本地人。样本 6 虽为集团管理者，但其大学毕业后就分配入山并在此娶妻生子，属于九华山早期迁入者，自我感知为当地居民。九华山本地居民对较早迁入的个体生意者和招聘入山的管理人员存在欢迎和排斥两种截然不同态度，原因在于当地人认为在创业期迁入的早期移民对九华山旅游发展有贡献，而后者是来重新调整秩序，影响他们既得利益的人。如一位已入山 20 年的移民所述：“由于担心这些招聘管理者会改变原有的经营秩序，瓜分他们的利益蛋糕，使当前已经较为难做的旅游生意越来越差，一些小富既安的当地人对他们较为不满……实际上这些人是来帮助把蛋糕（利益）做大的。”

对于本地人的看法各样本反应不一：对第一种态度，除一个样本对“高收入”表述认同外，其他都表示不认同或无所谓。二手资料和开放式咨询证实九华山旅游从业人员的收入基本可以分为四等（图 9-3），九华山管委会采取控制建房政策使外来从业移民需要租用本地民房从事经营和生活，原生居民出租房产获得的收入普遍高于集团管理者，但由于缺乏有效沟通，他们对其认识存在偏差，这也反映出他们之间的融合程度较差。对第二种态度，样本都表示认同，反映出较为充分的融合状态。

从“自我定位”来看（表 9-5），8 位认为自己是暂时性居住者，4 位认为是当地居民。“更像哪类人”进行融合定位时有 6 位认为是融合复合体，5 位认为是本地人，3 位认为他们是原居住地人，1 位认为自己更像是半旅客。“自我定位原因”开放式编码显示共有 15 项（表 9-6），关联式编码聚类为 5 个类属（category），即情感归属（9 项）、生活习惯（4 项）、生活状态（4 项）、素质能力（5 项）和工作要求（2 项），三级编码将核心类属定为“生产生活方式对自我融合定位的选择作用”，并得出两个初步生成性观点：①生活方式及情感状态是九华山旅游从业移民自我归属宏观定位的根本原因，由于习俗相近和长期生活情感，多数样本认为自己更像是“融合复合体”和“本地人”；②工作要求和素质差别决定了样本的微观具体定位。工作和经营需要旅游从业移民加强与本地人融合，但本地人不同的生活价值取向又使集团管理者不愿意成为本地人。

**表 9-5　社会融合感知的开放式编码**

| 样本 | 类型 | 九华山人态度 | | | 自我定位 | | | 总体态度 | | | 家庭所在地 |
|---|---|---|---|---|---|---|---|---|---|---|---|
| | | 如何看待① | 是否认同 | 是否友好 | 自我看待 | 更像哪类人 | 自我定位原因 | 与本地居民差异 | 是否愿意完全融入当地 | 目前是否打算离开 | |
| 1 | 一 | (1),(5) | 否 | 渐进友好 | 暂时性居住者 | 半游客 | 1. | ① | 无所谓 | 如有机会，打算离开 | 贵池区 |
| 2 | 一 | (1),(5) | 否 | 渐进友好 | 暂时性居住者 | 原居住地人 | 2., 3. | ①,②,③ | 不愿意 | 打算离开 | 贵池区 |
| 3 | 一 | (1),(4),(5) | 否 | 渐进友好 | 暂时性居住者 | 原居住地人 | 2., 6. | ②,④ | 不愿意 | 如有机会，打算离开 | 贵池区 |
| 4 | 一 | (1),(2),(5) | 否 | 渐进友好 | 暂时性居住者 | 融合复合体 | 7., 8. | ②,④ | 不愿意 | 目前没有，有更好发展机会，可能离开 | 贵池区 |
| 5 | 一 | (1),(2) | 否 | 友好 | 新九华山人 | 融合复合体 | 2., 4. | ①,② | 较为矛盾 | 不打算，事业发展机会是最大的决定因素 | 贵池区 |
| 6 | 一 | (3) | 认同 | 友好 | 当地居民 | 本地人 | 4., 5. | 无 | 愿意 | 主观上想，但要服从组织的安排 | 山上 |
| 7 | 二 | (1),(6) | 无所谓 | 友好 | 半旅游者 | 融合复合体 | 9. | ⑤ | 不愿意 | 不打算，如有更好的发展机会和收入，会考虑 | 山上 |
| 8 | 二 | (3) | 认同 | 友好 | 当地居民 | 融合复合体 | 10. | 无 | 愿意 | 不打算 | 淮南 |
| 9 | 三 | (3) | 认同 | 友好 | 当地居民 | 本地人 | 13. | 无 | 愿意 | 不打算 | 山上 |
| 10 | 三 | (3) | 认同 | 友好 | 暂时性居住者 | 本地人 | 13. | ⑦,⑧ | 愿意 | 不打算 | 山上 |
| 11 | 三 | (3) | 认同 | 友好 | 暂时性居住者 | 本地人 | 13. | ⑦,⑧ | 愿意 | 不打算 | 山上 |
| 12 | 三 | (2) | 认同 | 友好 | 暂时性居住者 | 原居住地人 | 15. | ⑦ | 无所谓 | 暂不打算 | 山上 |
| 13 | 四 | (3) | 认同 | 友好 | 当地居民 | 融合复合体 | 4., 5. | ⑨ | 无所谓 | 有一点倾向 | 山上 |
| 14 | 四 | (1),(2) | 部分认同 | 友好 | 暂时性居住者 | 本地人 | 11., 12. | ⑥ | 愿意 | 不打算 | 图们 |
| 15 | 四 | (1),(7) | 无所谓 | 友好 | 等待者 | 融合复合体 | 4., 5., 14. | ② | 随事业而定 | 如果仍未有发展机会，打算离开 | 山上 |

注：①码号(1)指“高收入特权阶层”，(2)指“自成一体，但经常交往”，(3)指“本地人”，(4)指“自成一体，相对封闭”，(5)指“生活秩序破坏者”，(6)指“羡慕他们工作稳定”，(7)指“素质高，人缘很好”；“自我定位原因”内码号指代意义见表 9-6；“与本地居民差异”内码号指代意义见表 9-7；表述排序按照访谈对象的真实意思

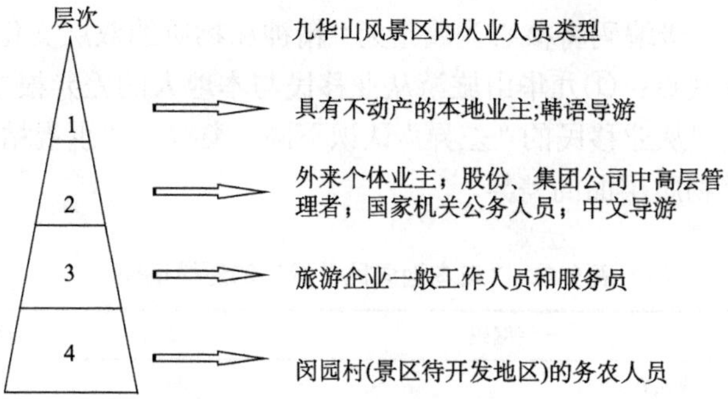


图 9-3　九华山风景区内从业人员收入等级塔

注：资料来源于九华山统计局及与其局长的座谈

**表 9-6　“自我定位原因”的逐级编码**

| 一级编码 | 二级编码 | 三级编码 |
|---|---|---|
| 1. 处于人生不断的选择之中，没有真正稳定的感觉[1] | 情感归属[9] | 生产生活方式对自我融合定位的选择作用 |
| 3. 心理上不愿意成为九华山人[1] | | |
| 4. 长时间在山上生活，从感情上偏向认为自己是九华山人[4] | | |
| 11. 以前生活不幸福，不愿回家[1] | | |
| 12. 喜欢九华山的环境和从事的旅游职业[1] | | |
| 14. 从面子上，认为自己是原居住地人（江苏人）[1] | | |
| 13. 当地生活方式和风俗习惯、语言等与家乡相同[3] | 生活习惯[4] | |
| 15. 从感情、人际关系、生活习惯上与原居住地人更相近[1] | | |
| 5. 在山上成立家庭[3] | 生活状态[4] | |
| 10. 过来时间较短，尚未能完全融合[1] | | |
| 2. 在知识素养、眼界能力上高于九华山原居住地人，并对他们的打麻将、打牌为主的业余生活方式不认同。[3] | 素质能力[5] | |
| 6. 很难与当地人真正融合[1] | | |
| 9. 比家里务农的亲友更开放，见识也更多。[1] | | |
| 7. 职业要求自己以山为家，关注山上一滴一点变化，强迫自己与他们更紧密融合[1] | 工作要求[2] | |
| 8. 与当地人的融合在逐渐深入[1] | | |

注：[ ]内数字表示出现频数；一级编码为开放式编码，二级编码为关联式编码，三级编码为核心式编码

“总体态度”表明（表 9-5），6 人表示愿意完全融入当地，4 人表示不愿意，5 人表示无所谓、较为矛盾或随事业而定；3 人明确表明打算离开九华山，4 人表示根据情况而定，有 3 人虽然表示暂不打算离开，但如果有更好的发展机遇会离开。“与本地居民差异”开放式编码显示（表 9-7）共有 9 项，频数较高的是②（5 频次）和④（4 频次）；关联式编码归类为四类，即素质能力、精神情感、生活方

式和收入差异；三级编码将核心类属定为“精神和物质的双层文化差异”，并得出两个初步生成性观点：①九华山旅游从业移民与本地人的差异根本在于文化上的差别；②不同类型从业移民的“差异”认识不同，类型一较重视精神素质的差别，而类型三更注重物质层面的差异。

**表 9-7　“与本地居民差异”的逐级编码**

| 一级编码 | 二级编码 | 三级编码 |
|---|---|---|
| ①自身的素质较原居住地人较高[3]<br>②业余生活更注重自我提高，看书、听音乐、上网、身体锻炼等，关心外面的世界，而当地人习惯打牌、喝酒，小农意识较强。[5]<br>③工作的能力、知识和敬业精神比本地人要强，给他们很大冲击。[1] | 素质能力[9] | 精神和物质的双层文化差异 |
| ⑤当地人不重视亲情，只想着赚钱。[1]<br>④家不在这里，心理上没有归属感。[4]<br>⑨生活方式相同，但更注重精神上的修行。[1] | 精神情感[6] | |
| ⑥吃饭等生活习惯有较大区别[1]<br>⑧生活方式已经彻底改变，现在不可能再回去务农。[2] | 生活方式[3] | |
| ⑦当地人比我们更有钱[3] | 收入差异[3] | |

注：[ ]内数字表示出现频数；一级编码为开放式编码，二级编码为关联式编码，三级编码为核心式编码

2. 交叉表定位和实质理论构建

以两个关键指标——“九华山人态度”和“自我定位”分别为横、纵坐标，从当地人感知和自我感知两个维度勾勒出样本社会融合程度的交叉表。横坐标分为“破坏者”“自成一体”和“本地人”，纵坐标分为“原居住地人”“融合复合体”和“本地人”三种由低至高的融合状态，根据样本陈述概念的情境、因果和先后关系判断样本的归类，在横坐标上把样本 4 定位在“破坏者”与“自成一体”之间，把样本 7 和 15 归为“自成一体”；在纵坐标上把样本 1 陈述的“半旅游者”定位在“融合复合体”与“原居住地人”之间。这样就得出了样本的融合分布状态（图 9-4）。

通过编码分析和交叉表定位，构建出九华山旅游从业移民融合的三个实质理论：①九华山人态度与旅游从业移民自我融合定位呈现线性关系，生产生活方式对移民自我融合定位起决定作用，本地人态度对移民的融合层次和融合过程具有重要影响。②文化差异是本地人和外来移民的根本差异，物质和精神文化的先进与否影响旅游从业移民的融合态度。③不同类型移民有着不同的融合模式及特征，差异显著。

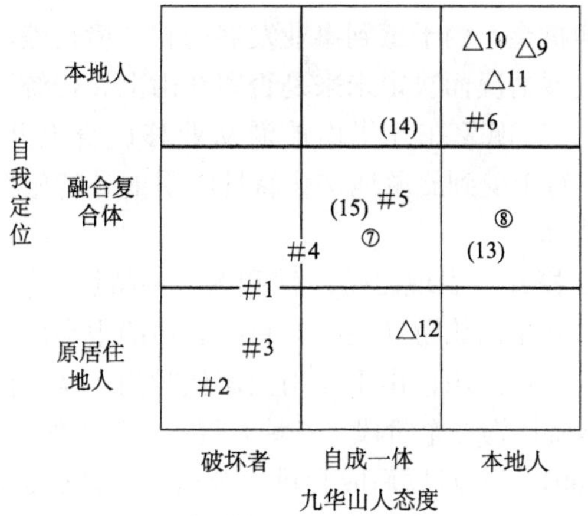


图 9-4　社会融合交叉表

注：数字前标 # 表示类型一，加○表示类型二，前标△表示类型三，加（）表示类型四；数字代表样本号

3. 融合模式及特征

在重要概念类属分析（categorization）和交叉表定位基础上得出的实质理论返还到具体样本中进行整体情境分析（contextualization），构建出九华山旅游从业移民的三种社会融合模式：

**第一，快速融合模式**。表现出快速化和全面性特征。以类型三中样本 9～11 为代表，他们来自山下农村，通过亲友介绍和帮助由务农转为个体经营，其思想观念、行为方式、风俗习惯及文化水平与当地人基本相同，他们承租当地人房屋经营，给当地人带来租金收益，当地人对他们十分友好，视其为本地人，这些移民上山后很快完成了社会融合。

**第二，自由融合模式**。表现出个性化和差异性特征。以类型四为代表，他们来自省外，个人事业、生活的不幸是其入山的一个重要初始动因，他们注重九华山佛教清净氛围感知，强调随意自然。样本 13、14 和 15 可分别称为“修行型”“生活型”和“事业型”。样本 13 由于家庭不幸很早就入山成为居士，注重个人修行，把生意当作副业，如其所说：“每天晚上 6 点，我就把店关上，回去打坐（念经），生意好坏我无所谓……”

样本 14 家庭破裂后入山，对九华山的清净环境和当前职业较为满意，她与亲友生活在一起，生活方式自成体系，当地人对其十分友好，她愿意长久居住成为一名九华山人；样本 15 生意失败来到九华山，在山上重新获得创业机会并成立家庭，其重视事业发展，关心国家大事，喜欢九华山的佛教氛围，但对九华山本地人习惯打牌、喝酒的文化生活方式不认同，他对本地人评价不在意，最为重视的是事业发展前途和机会，由于感到事业发展的软环境较差，十分压抑，自称为“等待者”，随事业发展情况而决定未来是否留在山上。传统认为，从业移民在迁移后将很快产生融合的现象在九华山旅游从业移民身上并没有得到完全体现（Gustafson, 2002），对于受到旅游地文化特性吸引的外省旅游从业移民来说，融合更多是一种自由选择。

**第三，渐进融合模式**。表现出阶段性和渐入性特征。以类型一中样本 1～5 为代表，他们同属于九华山旅游（集团）有限公司的中高层管理者，四人应聘入山，一位早年随亲友从业入山，由于在山上居住时间、从事岗位差异，表现出不同的融合感知，总体概括为三个阶段、三种表现：一是工作融合阶段，以样本 1～3 为代表，他们于 2001 年 4 月以后应聘进入公司，一直在总部工作（样本 1，2）或刚刚下到子公司（样本 3），他们的工作任务主要是上传下达，与政府部门和集团子公司的协调促使他们进行工作融合。他们的收入比预期要低，工作缺乏创造性，事业发展前途不明，独自一人在上山生活，付出的家庭成本较多。同时，九华山人对他们有一定的排斥情绪，认为他们是高收入特权阶层，会破坏当地的生活秩序，影响他们的既得利益。他们自认为是“暂时性居住者”，觉得更像“原居住地人”，对当地人的素质水平和生活方式不认同，不愿意成为本地人，有打算离开的意图；二是渐入融合阶段，以样本 4 为代表，他与样本 1～3 同时入山在公司总部工作，一年前调入下属子公司担任副总，作为有明确分管任务的子公司主要负责人，一方面，个人的知识和能力得以发挥，工作主动性包括主动融合意识增强；另一方面，工作责任加大，为了工作的有效开展，必须加大与基层员工的交流及与其他行业、部门的协调沟通，有时为了建立良好的人际环境，还需要利用业余时间进行交流，促进了生活上的部分融合。与样本 1～3 不同，他觉得自己更像“融合复合体”，目前不打算离开，但对当地人的素质水平和生活方式不认同，不愿意成为九华山本地人；三是高度融合阶段，以样本 5 为代表，17 岁入山工作至今，通过自身的努力和不断学习提高，担任了公司下属的一个子公司正总，事业较为成功。由于长时间在山上生活，并在此娶妻生子（妻、子已下迁至贵池），有自己的亲属，结交了大量各阶层、行业朋友，感情上认同自己是九华山人，但对当地人的素质水平和生活方式不认同，对是否愿意完全融入当地感到十分矛盾，自认为是“新九华山人”。如果以工作融合为横坐标，生活融合为纵坐标，渐进融合模式从工作到生活呈现一个“S”形融合矩阵（图 9-5），在矩阵的左下端可称为“外地人”，矩阵中间位置可称其为“复合人”，在矩阵右高端，生活和工作融合都达到最佳状态，可称其为“新九华山人”，在矩阵内部贯穿一条融合链：外来移民从原居住地人通过融合的渐进深入，最后成了“新九华山人”。“新九华山人”并不同于原来的九华山人，他们思维更开阔，意识更先进，能力更突出，是九华山旅游业发展的核心人才和关键要素。融合链过程并不一定能保证顺利完成，如果处理不好，可能会造成中间断裂，人才流失。作为九华山旅游发展中最为重要的高学历、高职位旅游从业移民，其“S”形融合矩阵需要相关部门高度重视、谨慎维护。

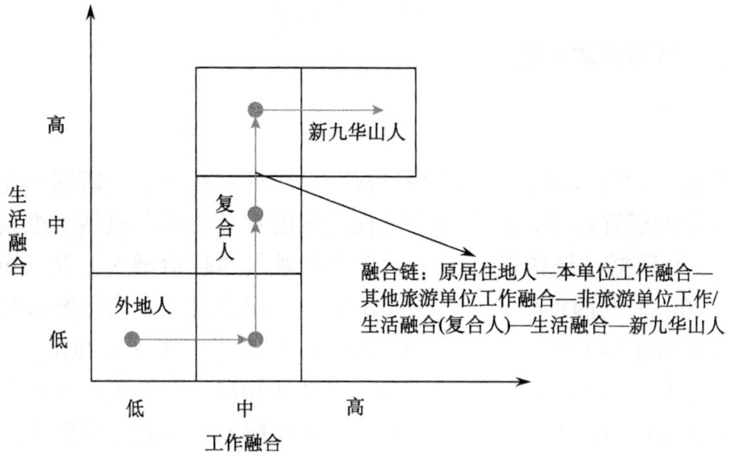


图 9-5　“S”形融合矩阵

### 9.2.2　结论

生产生活方式决定了九华山旅游从业移民的自我融合定位，文化差异是外来移民与本地人的根本差异，九华山旅游从业移民呈现快速、自由和渐进三种融合模式，不同类型移民融合模式差异显著，中高层管理者的“S”形融合矩阵应引起相关部门的重视。

（1）生产生活方式对九华山旅游从业移民的自我融合定位起决定作用。九华山人态度决定了移民融合层次和融合过程。

（2）文化差异是九华山旅游从业移民与本地人的根本差异，物质和精神文化的先进与否影响旅游从业移民的融合态度。

（3）九华山旅游从业移民呈现快速、自由和渐进三种融合模式，不同类型移民融合模式差异显著。中高层管理者的“S”形融合矩阵应引起相关部门的高度重视和维护。

## 9.3　九寨沟旅游从业移民社会融合结构及其影响因素

九寨沟旅游从业移民是九寨沟旅游发展中重要的组成部分，以旅游从业移民为主体出发，采用半结构访谈法收集数据，借助 SPSS 17.0 等软件，运用因子分析和文本分析法探究自然观光地九寨沟旅游从业移民社会融合及影响因素，有利于当地政府和旅游管理部门发现九寨沟旅游发展的不利环节，并针对问题解决问题，缓解九寨沟旅游从业移民与本地居民的社会矛盾，促进九寨沟社会环境更好的发展。

### 9.3.1 研究方法与样本特征

1. 问卷设计

移民社会融合尚未形成统一的测量标准，国外对社会融合研究的起源较早，现已形成成熟的研究体系，社会融合过程的维度划分清晰，包括二维模型（结构性融入）、三维模型（结构性融入、社会文化融入和政治融入）及 Entzinger 和 Biezeveld（2003）的四维模型（社会经济融入、政治融入、文化融入和主流社会对移民的接纳或拒斥）（梁波和王海英，2010）。国内学者张文宏和雷开春（2009）、陆淑珍（2012）、任远和邬民乐（2006）、周皓（2012）在借鉴西方社会融合理论基础上也对社会融合的测量维度进行界定，并在研究中得到了较好验证。本书在设计量表时主要考量了几个方面因素：一是空间属性上，案例地位于乡村，应考虑乡村社区公共服务等供给特征；二是特征属性上，旅游从业移民主体构成以及迁移动机具有多样性和复杂性，观光地的租赁经营方式导致市场竞争激烈和房租市场不稳定；三是地理区位上，九寨沟地处四川北部藏羌地区，风景、气候与文化的地域特色鲜明。仅借用已有量表不能满足本书的研究要求，需进行重新建构。量表生成分为三个阶段：首先，分析借鉴了国内外社会融合的测量维度及主要指标（郭志仪和颜咏华, 2015; 任远和邬民乐, 2006; 陆淑珍, 2012; 周皓, 2012; Hum and Simpson, 2004; Entzinger and Biezeveld, 2003; 张文宏和雷开春, 2008; 周思伽, 2013），生成了初步量表；然后，与熟悉案例地和本领域的相关学者进行了研讨，对量表进行修订；最后，于 2015 年 4 月 8～10 日，在九寨沟漳扎镇进行了实地预调研，对量表指标进行了增减和修改语句表述，形成了最终量表（附录 5）。

2. 调研过程

调查工具为半结构访谈问卷：结构化部分为人口学特征和利克特量表，用 1～5 表示“很同意”～“很不同意”，让受访者填写；另一部分为半结构问题（附录 6、7），涉及移民经济社会生活现状和心理文化接纳现状，由调查者填写。调查对象为漳扎镇、龙康村和边边街沿街小企业主及其员工、沟口出租车司机，四人组成的调查小组于 2015 年 4 月 11～21 日进行了 220 个样本的调查，调查时间选择受访者经营空闲时间，调查方式为一对一面谈自填，平均每份问卷用时 30～40min。面对面访谈可以更加详细地了解从业移民对九寨沟的想法和感受，信息收集更准确丰富，可以根据受访者的回答进行追问，三角互证检验问卷调查的结果（杨钊等，2013），研究效度较好。通过剔除漏选、错选和所答内容前后矛盾的无效问卷，获得有效问卷共 202 份，问卷的有效率为 91.8%。

3. 样本特征

如表 9-8 所示，被访者多数已婚（69.8%）；男性居多；平均年龄 37 岁；学历偏低，大专/职高及以上学历仅占 9.9%；迁移时间以 5 年内占 65.3%，5 年以上 34.7%；汉族为主，占 90.1%；主要经营餐馆（30.9%）、工艺品店（24.7%）、宾馆（21.6%）和土特产店（15.4%）；住房类型以租住居多（62.3%）；从事职业包括四大类：小企业主（47.0%）、店员（25.2%）、出租车司机（19.8%）和小企业管理者（7.9%）；迁移动机主要是“赚钱”（70.8%）。

**表 9-8　样本社会人口学特征（*N*=202）**

| 人口学特征 | 统计内容 | 百分比/% | 人口学特征 | 统计内容 | 百分比/% |
|---|---|---|---|---|---|
| 性别 | 男 | 58.4 | 婚否 | 已婚 | 69.8 |
| | 女 | 41.6 | | 未婚 | 30.2 |
| 年龄 | 24 岁以下 | 17.3 | 学历 | 小学及以下 | 26.7 |
| | 25～35 岁 | 36.6 | | 初中 | 43.1 |
| | 36～45 岁 | 31.7 | | 高中/中专 | 20.3 |
| | 46～55 岁 | 13.4 | | 大专/职高 | 6.4 |
| | 56 岁以上 | 1.0 | | 本科及以上 | 3.5 |
| 迁移时间 | 1 年以下 | 19.3 | 民族 | 汉族 | 90.1 |
| | 1～5 年 | 46.0 | | 藏族 | 7.4 |
| | 6～10 年 | 23.8 | | 回族 | 1.5 |
| | 11 年以上 | 10.9 | | 白族 | 1.0 |
| 店铺类型 | 工艺品店 | 24.7 | 住房类型 | 租住 | 62.3 |
| | 土特产店 | 15.4 | | 包住① | 16.3 |
| | 餐馆 | 30.9 | | 前店后坊 | 18.9 |
| | 宾馆 | 21.6 | | 自建/自购 | 2.0 |
| | 超市 | 7.4 | | 其他 | 0.5 |
| 主要职业 | 小企业主 | 47.0 | 迁移动机 | 赚钱 | 70.8 |
| | 店员 | 25.2 | | 环境吸引 | 14.4 |
| | 小企业管理者 | 7.9 | | 亲友推荐 | 11.9 |
| | 出租车司机 | 19.8 | | 通婚 | 3.0 |

注：“年龄”“迁移时间”“学历”和“店铺类型”为填写数据，对此进行了定序转化；①包住是指宾馆或酒店给其员工提供免费住宿

### 9.3.2 社会融合结构

1. 社会融合维度

KMO 检测值为 0.879，巴特利特球形检验的显著值水平为 0.000，表明变量适合作因子分析。因子分析采用主成分分析法，并通过方差极大法对因子负荷矩阵进行正交旋转。提取出 6 个特征根在 1 以上，因子负荷值范围在 0.441 与 0.852 之间的因子（表 9-9），解释了总变异量的 61.39%。

**表 9-9 社会融合正交旋转因子分析**

| 因子 | 因子负荷 | 特征根 | 变异解释率 | 因子信度 | 因子均值 | 均值排序 | 因子维度 |
|---|---|---|---|---|---|---|---|
| 因子 1：生活环境 | | | | | | | |
| 这里的住宿条件很好 | 0.737 | | | | | | |
| 与本地人交往密切 | 0.680 | | | | | | |
| 在这里做生意很稳定 | 0.657 | 8.450 | 31.284 | 0.811 | 2.909 | 4 | 社会融入 1 |
| 有困难找本地人帮忙 | 0.639 | | | | | | |
| 愿意和本地人交朋友 | 0.611 | | | | | | |
| 享受本地子女的教育保障 | 0.441 | | | | | | |
| 因子 2：心理接纳 | | | | | | | |
| 愿意（子女）和本地人通婚 | 0.720 | | | | | | |
| 愿意在本地定居 | 0.616 | 2.140 | 7.922 | 0.777 | 2.981 | 5 | 心理融入 |
| 喜欢本地服饰 | 0.611 | | | | | | |
| 习惯这里的饮食 | 0.596 | | | | | | |
| 愿意和本地人一起休闲 | 0.598 | | | | | | |
| 因子 3：社会环境 | | | | | | | |
| 社会治安很好 | 0.836 | | | | | | |
| 景区经济发展好 | 0.787 | 1.670 | 6.024 | 0.773 | 2.472 | 1 | 社会融入 2 |
| 社会冲突减少 | 0.645 | | | | | | |
| 喜欢这里的社会环境 | 0.579 | | | | | | |
| 因子 4：经营环境 | | | | | | | |
| 店铺租金很满意 | 0.728 | | | | | | |
| 对物价很满意 | 0.725 | 1.380 | 5.099 | 0.681 | 3.354 | 6 | 经济融入 1 |
| 恶性竞争减少 | 0.545 | | | | | | |
| 收入满意 | 0.463 | | | | | | |

续表

| 因子 | 因子负荷 | 特征根 | 变异解释率 | 因子信度 | 因子均值 | 均值排序 | 因子维度 |
|---|---|---|---|---|---|---|---|
| 因子 5：文化相融 | | | | | | | |
| 语言没有障碍 | 0.695 | | | | | | |
| 主动了解风俗人情 | 0.539 | | | | | | |
| 过本地人节日 | 0.533 | 1.280 | 4.732 | 0.683 | 2.781 | 3 | 文化融入 |
| 本地人主动介绍本地文化 | 0.465 | | | | | | |
| 本地人比较友好 | 0.442 | | | | | | |
| 因子 6：经营前景 | | | | | | | |
| 亲戚朋友多 | 0.852 | 1.140 | 4.231 | 0.463 | 2.720 | 2 | 经济融入 2 |
| 打算扩大经营规模 | 0.506 | | | | | | |

因子 1 包括六个变量：这里的住宿条件很好、与本地人交往密切、在这里做生意很稳定、有困难找本地人帮忙、愿意和本地人交朋友、享受本地子女的教育保障，反映了旅游从业移民在九寨沟的生活环境，命名为“生活环境”；因子 2 包括五个变量：愿意（子女）和本地人通婚、愿意在本地定居、喜欢本地服饰、习惯这里的饮食、愿意和本地人一起休闲，反映旅游从业移民从心理上接纳少数民族的风俗和文化，命名为“心理接纳”；因子 3 包括四个变量：社会治安很好、景区经济发展好、社会冲突减少和喜欢这里的社会环境，体现了九寨沟的社会环境较好，命名为“社会环境”；因子 4 包括四个变量：店铺租金很满意、对物价很满意、恶性竞争减少、收入满意，反映了市场经营环境，命名为“经营环境”。因子 5 包括五个变量：语言没有障碍、主动了解风俗人情、过本地人节日、本地人主动介绍本地文化和本地人比较友好，反映出主客居民文化的积极相融，命名为“文化相融”；因子 6 包括两个变量：亲戚朋友多、打算扩大经营规模，九寨沟旅游小企业主和出租车司机移民入迁主要通过亲友推荐（杨钊等，2013），亲友集聚在经营上可互扶互补，有利于扩大经营规模（耿献辉和周应恒，2014），因此命名为“经营前景”。

进一步对因子进行归并，出现四个维度：生活环境和社会环境归并为“社会融入”；经营环境和经营前景归并为“经济融入”；心理接纳为“心理融入”；文化相融为“文化融入”。

### 2. 社会融合维度强度比较

通过社会融合指标均值（表 9-10）得出社会融合维度均值，测得社会融合程度由低到高依次为经济融入（3.143）、心理融入（2.981）、文化融入（2.781）、社会融入（2.734）。九寨沟旅游从业移民社会融入与文化融入程度较高，心理融入较低，经济融入则呈现矛盾，对经济环境感知较差，而对经营前景却保持乐观。

表 9-10　社会融合指标均值

| 社会融合指标 | 排序 | 均值 | 社会融合指标 | 排序 | 均值 |
|---|---|---|---|---|---|
| 本地人比较友好 | 1 | 2.2071 | 这里住宿条件很好 | 14 | 2.8762 |
| 喜欢这里的社会环境 | 2 | 2.3138 | 过本地人节日 | 15 | 2.9356 |
| 社会治安很好 | 3 | 2.4653 | 在这里做生意很稳定 | 16 | 2.9703 |
| 景区经济发展很好 | 4 | 2.4851 | 享受本地子女的教育保障 | 17 | 2.9802 |
| 主动了解风俗人情 | 5 | 2.5198 | 有困难找本地人帮忙 | 18 | 3.005 |
| 愿意和本地人交朋友 | 6 | 2.5891 | 与本地人交往密切 | 19 | 3.0347 |
| 亲戚朋友多 | 7 | 2.5941 | 收入很满意 | 20 | 3.0743 |
| 社会冲突减少 | 8 | 2.6238 | 愿意（子女）和本地人通婚 | 21 | 3.2228 |
| 愿意和本地人一起休闲 | 9 | 2.7673 | 愿意在本地定居 | 22 | 3.2772 |
| 喜欢本地服饰 | 10 | 2.7822 | 对物价很满意 | 23 | 3.3317 |
| 打算扩大经营规模 | 11 | 2.8465 | 语言没有障碍 | 24 | 3.3762 |
| 习惯这里的饮食 | 12 | 2.8564 | 恶性竞争减少 | 25 | 3.406 |
| 本地人主动介绍本地文化 | 13 | 2.8663 | 店铺租金很满意 | 26 | 3.604 |

### 9.3.3　社会融合影响因素分析

1. 社会融合积极因素分析

**社会生活环境改善。**九寨沟旅游业开发初期，本地人力资源供给不足，从业移民进入给九寨沟旅游业发展注入新鲜血液，本地人易接纳旅游从业移民并帮助他们解决在生产生活中遇到的困难。九寨沟旅游业的快速发展，使本地和移民居民都实现了收入增加，社会治安、公共服务以及居住条件有所改善。他们生意互补，共同发展，社会冲突少，促进旅游从业移民很快融入九寨沟社区。

F:“本地人现在收入稳定，人富了素质也提高了，对待我们外地人也很友好，我们有困难会找本地人帮忙，平时没有生意的时候也会一起打牌、聊天。”（重庆，43 岁，工艺品店老板）

M:“这里的治安比老家的好，夜里都有民警巡逻，几乎很少出现盗窃、抢劫事件，老家经济不好，大街上小偷很多。这里的居民经济条件都很好，赚钱也容易，社会治安自然很好。”（甘肃文县，42 岁，餐馆老板）

**交往深入和文化统一。**文化融入主要包括语言、风俗节日、价值观念和宗教信仰等几个方面，共同生产生活促进了主客居民相互了解。在交往的过程中，少数民族的宗教信仰和风俗习惯不断被汉族人接受；同时，为满足游客的旅游需求，藏族居民开始穿汉服、说汉语等，逐渐促进了移民的文化融入。

F:“藏族人现在慢慢学说普通话，穿休闲装。我们外地人尊重他们的宗教信仰，不触碰他们的禁忌，藏族人过重大节日的时候会邀请我们一起参加。”（四川遂宁，29 岁，服务员）

**长期共同生活和情感交流。**旅游地定居时间会对旅游从业移民心里融入产生影响。分析显示，迁移时间在 5 年以下的旅游从业移民心理融入较低，他们不习惯九寨沟的饮食和风俗习惯，很少和本地人交流，对家乡比较留恋，生活总体满意度低；迁移时间在 5～10 年的旅游从业移民的心理融入较高，本地朋友比较多，经常和本地人一起休闲；迁移时间在 11 年以上的旅游从业移民心理融入高，他们很少回家乡，生活满意度高，在自我身份认定中认为更像是新九寨沟人，愿意在九寨沟长期生活。

M:“我已经在这里生活 20 年了，我已经习惯这里的生活方式，现在老家的朋友都不太联系了，我很少回老家，在这里生活挺好的，不打算回老家生活了。”（云南昆明，53 岁，工艺品店老板）

**经济互补和经营前景良好。**本地居民和旅游企业主移民生产方式会形成一定互补，旅游企业主移民租赁本地居民房屋从事经营，本地居民收取房租并在企业中兼职，如藏家乐经营业主多数为汉族移民（本地人常常缺乏经营能力，更愿意出租给外来移民经营），本地藏族居民善于歌舞，常常在企业中担当歌舞演员，形成了经营共同体。随着九寨沟旅游业快速发展，许多旅游从业移民引荐亲朋好友共同迁入九寨沟，共同发展，经营上的互补互助有利于扩大经营规模，经营前景良好。生产方式互补和良好的经营环境促进旅游从业移民的经济融入。

F:“经济发展得好，我们和本地人各做各的生意，相互不打扰，本地人把他们的毛坯房租给我们，我们自己装修开宾馆，互利共赢。”（四川成都，43 岁，宾馆老板）

### 2. 社会融合阻碍因素分析

**教育和医疗水平较低。**九寨沟位于四川省偏远山区，经济发展相对落后，教师大多为本地居民，文化水平较低、教学质量一般，一些旅游从业移民会因为子女教育问题离开九寨沟。社区医疗条件较差，医生水平较低，医院设施落后，药品价格较贵，旅游从业移民常常需要到成都就医，造成生活不便，缺乏安全感，很难愿意长期在本地定居。这是九寨沟旅游地城镇化的阶段性表现，来源地与入迁地的城镇化水平和公共服务差异，阻碍了九寨沟旅游从业移民的社会融入。

**文化差异显著。**九寨沟位于四川北部藏羌地区，地域文化鲜明，与移民主体汉族的文化形成了巨大差异。为避免触犯本地少数民族的禁忌，移民很少参与本地人的节日活动，而本地人也较少积极主动地介绍本地文化，阻碍了移民与本地文化的交融，造成移民文化融入困难。

M:“藏族有很多忌讳，我们刚来的时候不懂，比如说，藏族人门口的经幡是不能跨越的，藏族人敬酒必须喝完，不喝完他们就会当场翻脸。”（福建，44 岁，厨师）

F:“藏族人有宗教信仰，还有很多禁忌，我们很少和他们接触，藏族人过重大节日的时候我们也不会参加。对那些宗教的东西不感兴趣，只想安心赚钱。”（四川遂宁，36 岁，工艺品店老板）

**竞争加剧和经营环境无序**。本地政府对外来移民经营旅游小企业的扶持政策少，租赁市场无序，缺乏有效管理，房租无序上升造成从业移民生活成本增加，部分出现亏本、倒闭现象。本地的非法营运车辆司机经常与移民的出租车司机“抢生意”。同质化的业态也造成竞争加剧（店铺类型有五种，其中餐馆和工艺品店共占比 55.6%），阻碍了旅游从业移民的经济融入。

F:“主要是房租（店铺租金）太贵了，年年都涨价，本地人把钱看得很重，你租不起就会让你走，他们也不和我们签合约。”（绵阳市，40 岁，特产店老板）

M:“本地非法营运车辆太多，到处抢生意，当地政府也不管……”（成都，30 岁，出租车司机）

**生活休闲方式单一**。旅游从业移民的工作时间长，用于休闲娱乐的闲暇时间少，生活比较单调、精神生活需求得不到满足。调查显示 72%的旅游从业移民经常感到生活乏味和缺乏归属感。旅游从业移民的休闲方式主要为看电视或与其他移民一起聊天，休闲方式单一。闲暇时间和休闲方式的差异导致旅游从业移民的情感融入困难。本地居民与迁入的从业移民社会收入分配不均衡，导致了部分从业移民对九寨沟产生心理上的抵触。

M:“我来这三四年了，本地人把房子租给我们，收取租金很高，他们比我们有钱多了，基本上不会和他们交流，在这里生活也比较枯燥，没有什么娱乐的，我们也就是与亲戚老乡或者与自己周围店铺的人聊聊天，不聊天就在自己店里看看电视，如果说生活中有困难了也只能自己解决，因为当地政府根本就不管我们。”（自贡市，35 岁，超市老板）

### 9.3.4 结论

九寨沟旅游从业移民社会融合中的经济融合程度最低，与已有城市新移民社会融合研究相同，但直接影响城市新移民经济融合的因素为购房需求与实际购买率之间差距（周思伽，2013），而旅游从业移民更多受到竞争加剧与经营环境无序的影响。另外，九寨沟旅游从业移民社会融合的文化融合源于不同民族文化差异融合，城市新移民的文化融入更倾向于向城市生活方式的转变。本书尝试构建符合自然观光地旅游从业移民的社会融合量表，得出以下结论：

（1）九寨沟旅游从业移民的社会融合包括社会融入、经济融入、文化融入和心理融入四个层面，其中社会融入和文化融入程度较高，心理融入较低，经济融入呈现一定矛盾。

（2）旅游从业移民与本地藏族居民的价值观和文化差异明显，短时间内很难接纳对方文化。文化差异显著、竞争加剧、经营环境无序、教育和医疗水平较低以及生活休闲方式单一等成为旅游从业移民社会融入的阻碍因素。

（3）旅游从业移民在九寨沟“赚钱”的动机较强，景区经济稳步发展、经营前景良好、社会生活环境改善、本地和移民长期共同生活和情感交流、交往深入和文化统一，相互了解逐渐增多促进了旅游从业移民的社会融合。

# 第 10 章　九寨沟旅游企业主移民社会网络现状及其演化研究

本章采用了国内外移民研究中常用的社会网络研究视角，选择九寨沟旅游企业主移民为研究对象，基于扎根理论，利用现象学方法、定量研究和质性研究相结合，于 2014 年采用访谈加自填式问卷的方式收集了九寨沟旅游企业主移民的社会网络一手样本数据，综合运用因子分析、均值分析、聚类分析等统计分析方法。其中第一节主要展现旅游企业主移民社会网络的基本现状，包括社会网络的强度、联系类型和质量等；第二节重点识别旅游企业主移民社会网络的状态及其演化，得出了困难、自立、偏离、拓展、维持 5 种状态结果，并揭示出其随时间呈现情感重心由家乡向在地偏移的特性。

## 10.1　九寨沟旅游企业主移民社会网络现状

### 10.1.1　九寨沟旅游小企业概况

九寨沟地处四川省北部山区，是藏羌少数民族聚居区，本地人口较少，相对封闭。随着旅游业的快速发展，本地人力资源供给不足致使大量外来经营者不断向九寨沟地区迁移，在旅游地形成一个特殊的群体——旅游企业主移民。他们在九寨沟风景区的集散地漳扎镇大量分布，九寨沟县漳扎镇工商所 2014 年资料显示，在全部 626 家旅游企业中，外来旅游企业有 338 家，超过半数。九寨沟地区的本地居民以藏族和羌族为主，而外来企业主绝大多数为汉族；另外，企业主移民的来源地广泛多样，因此，无论是信仰还是生活习惯等方面，本地居民与企业主移民以及企业主移民内部都有着很大的不同，由此而产生旅游企业主移民的跨地区、跨民族的适应问题，并且在企业主移民与本地居民融合过程中产生社会网络的再构建。此外，九寨沟景区受交通和地形等影响，相对封闭，社会关系基本附着于此，有利于社会网络的识别与分析，是研究旅游企业主移民社会网络的理想空间。

九寨沟景区旅游小企业集中在沟内和沟外两个区域，受政策影响外来企业主多集中在沟外，大量分布于风景区集散地漳扎镇。本地居民掌握着土地、房屋等基础生产资料，移民企业主们在租房、租店铺、补货等经营及日常生活中不可避免地与本地居民产生交往活动。九寨沟旅游企业主移民受地域和生产方式影响，社会网络层次多样，网络关联性和凝聚性强，是研究旅游企业主移民社会网络的可靠对象。

### 10.1.2　数据收集及样本特征

1. 数据收集

数据主要通过问卷形式收集，收集的样本信息包括人口学特征、经营信息以及社会网络等相关内容。在收集的方法上采用的是自填式问卷和访谈问卷相结合的方式，考虑内容的丰富度和样本群体的文化水平等影响，形成了以访谈问卷（附录 8）为主，自填式问卷（附录 9）为辅的形式。通过现场询问保证回答的准确有效，在涉及社会关系的构成等复杂问题时采用了半结构化的访谈（表 10-1），让受访对象自由回答问题，在答诉困难时会给予一定的提示；自填式问卷主要以利克特量表（从 1～5 表明非常不同意～非常同意的有序递增）形式来收集定量化的社会网络关系数据。其中访谈数据的记录方式包括笔录和录音（在征得受访对象同意后）两种形式。在数据收集过程中，调查者全程参与，单个样本完成数据采集的平均时间约 30～60min。最后共收集两类有效问卷各 116 份，剔除填写质量较差和询问不佳的问卷，有效收回率为 92.06%。

**表 10-1　访谈问题列表**

| 题项 | 备选（提示） |
| --- | --- |
| 1. 人口学特征：性别：　年龄：　民族：<br>婚姻：　子女：　学历： | — |
| 2. 经营信息：经营范围：　家庭收入主要来源：<br>店铺性质：　居住地点：　淡季经营： | — |
| 3. 迁移信息：迁出地：　迁入时间：　选址原因：<br>迁入途径：　户口地：　定居形式： | — |
| 4. 网络构成：如何交朋友？ | 合作、雇佣、朋友介绍、老乡 |
| 本地朋友一般从事何种工作？ | 政府人员、小企业者、当地居民、旅游工作者 |
| 5. 关系类型：在一起做什么？ | 聊家常、娱乐、分享生意经、合作洽谈 |
| 6. 网络质量：你或者你的朋友遇到困难时，你会怎么办？ | 互相寻求帮助、自己解决 |
| 本地朋友和家乡朋友有何区别？ | 基础不同、路径不同、作用不同 |
| 7. 网络融合：交朋友有困难吗？为什么？ | 有：价值观差异、语言障碍<br>无：共同兴趣、共同目标 |

本书主要的调查对象为景区外（当地称沟外）的旅游企业主移民（九寨沟景区内店铺主要为本地人经营），调查到的小企业经营范围包括工艺品店、杂货店、

饭店、超市、服装店、土特产店、饰品店、宾馆等，移民的迁出地以四川省内城市和重庆居多。这里需要特别说明的是超市既服务于本地居民，也服务于游客，因此，将超市也划入旅游小企业的范围。沟外还有一些批发商店，同时也兼顾服务游客的零售业务，也将其纳入旅游小企业的范畴（表 10-2）。

**表 10-2　被访旅游企业主移民的特征**

| 特征指标 | 比例/% | 特征指标 | 比例/% |
|---|---|---|---|
| 性别： | | 迁出地： | |
| 男性 | 43.1 | 四川省内 | 57.8 |
| 女性 | 56.9 | 重庆 | 18.1 |
| 迁移时间： | | 其他 | 19.8 |
| 2000 年以前 | 4.3 | 未填 | 4.3 |
| 2000～2008 年 | 51.7 | 经营范围： | |
| 2008 年以后 | 41.4 | 饭店 | 35.3 |
| 未填 | 2.6 | 宾馆 | 3.4 |
| 年龄： | | 工艺品店 | 14.7 |
| 24 岁以下 | 7.8 | 超市 | 19.8 |
| 25～34 岁 | 25.7 | 其他 | 26.7 |
| 35～44 岁 | 46.6 | | |
| 45～54 岁 | 15.5 | | |
| 55 岁以上 | 4.3 | | |

### 2. 数据检验

利用 SPSS 17.0 中度量（scale）模块进行可靠性分析，得出测量量表中三个维度的 α 系数在 0.684～0.728，基本大于 0.7，表明各维度指标具有良好信度，所有变量对应的因子载荷都高于 0.5；利用因子分析中的 KMO 值及巴特利特球形检验来检验量表的结构效度，分析显示量表的 KMO 值等于 0.837，巴特利特球形值等于 1221.412，在 0.01 水平上显著，表明量表具有较好的结构效度，并达到了 60%以上的总体解释度（表 10-3）。

**表 10-3　样本信度分析结果**

| 因子 | 变量 | 因子载荷 | 可靠性系数（α 系数） |
|---|---|---|---|
| 企业网络联系 | P1 大多数其他企业知道本企业名称 | 0.737 | |
| | P2 与其他企业建立业务联系 | 0.733 | |

续表

| 因子 | 变量 | 因子载荷 | 可靠性系数（α 系数） |
|---|---|---|---|
| 企业网络联系 | P3 对其他企业提供帮助 | 0.830 | 0.706 |
| | P4 从其他企业获得帮助 | 0.624 | |
| 企业网络质量 | P5 避免提出有损对方利益的要求 | 0.639 | 0.684 |
| | P6 不会刻意损害对方利益 | 0.586 | |
| | P7 不会怀疑其他企业提供的信息正确与否 | 0.620 | |
| | P8 合作企业可以履行诺言 | 0.774 | |
| 企业管理人员关系 | P9 与其他企业的管理人员是可以深入交流的伙伴 | 0.653 | 0.728 |
| | P10 与其他企业的管理人员可以分享自己的生活经历 | 0.649 | |
| | P11 与其他企业的管理人员会彼此关心 | 0.631 | |
| | P12 与其他企业的管理人员会相互欣赏 | 0.637 | |
| | P13 与其他企业的管理人员的关系不是基于实质利益的 | 0.539 | |
| | P14 对其他企业的管理人员的帮助，不是以得到回报为目的 | 0.613 | |
| | P15 与其他企业的管理人员的关系不是为了获得某些物质目标 | 0.605 | |

### 10.1.3　九寨沟旅游企业主移民社会网络分析

#### 1. 网络强度

对社会网络测量变量进行均值分析，均值越高表明认同程度越高。从表 10-4 中可以看出，大部分题项的平均分值大于 3.0，P1 和 P10 题项高于 4，表明九寨沟小企业社会网络状况比较良好。

**表 10-4　描述性统计分析**

| 因子 | 变量 | 样本数 | 最小值 | 最大值 | 平均值 | 标准差 |
|---|---|---|---|---|---|---|
| 企业网络联系 | P1 大多数其他企业知道本企业名称 | 116 | 2 | 5 | 4.3922 | 0.64673 |
| | P2 与其他企业建立业务联系 | 116 | 1 | 5 | 3.5268 | 0.74783 |
| | P3 对其他企业提供帮助 | 116 | 1 | 5 | 3.1205 | 0.70809 |
| | P4 从其他企业获得帮助 | 116 | 1 | 4 | 3.5385 | 0.69241 |
| 企业网络质量 | P5 避免提出有损对方利益的要求 | 116 | 3 | 5 | 3.5631 | 0.65260 |
| | P6 不会刻意损害对方利益 | 116 | 3 | 5 | 3.2276 | 0.74781 |
| | P7 不会怀疑其他企业提供的信息正确与否 | 116 | 1 | 5 | 2.5693 | 0.61161 |
| | P8 合作企业可以履行诺言 | 116 | 2 | 5 | 3.5251 | 0.67438 |

续表

| 因子 | 变量 | 样本数 | 最小值 | 最大值 | 平均值 | 标准差 |
|---|---|---|---|---|---|---|
| 企业管理人员关系 | P9 与其他企业的管理人员是可以深入交流的伙伴 | 116 | 1 | 4 | 2.9369 | 0.61495 |
| | P10 与其他企业的管理人员可以分享自己的生活经历 | 116 | 3 | 5 | 4.4363 | 0.74382 |
| | P11 与其他企业的管理人员会彼此关心 | 116 | 3 | 5 | 3.3036 | 0.68481 |
| | P12 与其他企业的管理人员会相互欣赏 | 116 | 1 | 5 | 3.0821 | 0.69542 |
| | P13 与其他企业的管理人员的关系不是基于实质利益的 | 116 | 1 | 4 | 3.3669 | 0.95728 |
| | P14 对其他企业的管理人员的帮助，不是以得到回报为目的 | 116 | 1 | 4 | 2.6836 | 0.94994 |
| | P15 与其他企业的管理人员的关系不是为了获得某些物质目标 | 116 | 1 | 4 | 3.4678 | 0.95642 |

被调查的旅游小企业社会网络变量中，均值较高的有 P1“大多数其他企业知道本企业名称”、 P2“与其他企业建立业务联系”、P4“从其他企业获得帮助”、P5“避免提出有损对方利益的要求”、P10“与其他企业的管理人员可以分享自己的生活经历”，其均值都超过 3.5。其中，P1“大多数其他企业知道本企业名称”、P10“与其他企业的管理人员可以分享自己的生活经历”两项均值超过 4.0，位于“同意”和“非常同意”之间。在变量中，均值较低的变量有 P7“不会怀疑其他企业提供的信息正确与否”、P9“与其他企业的管理人员是可以深入交流的伙伴”、P14“对其他企业的管理人员的帮助，不是以得到回报为目的”，这说明虽然九寨沟有一定数量的旅游小企业之间存在业务联系，业务及经营联系相对稳定，但是，小企业之间针对企业信息方面设置的障碍较多，相互间缺乏信任，提供帮助以得到回报为前提。

2. 企业网络联系

九寨沟旅游小企业网络联系整体情况较好，企业之间存在联系。但在实际调查中发现，根据不同的动力，企业间产生联系的类型不尽相同。可将企业间的联系类型划分为业务型和地缘型两种。

**业务型联系。**业务型联系是指由于行业所具有的特定属性而使企业间产生的经济联系。经调查发现，业务型联系产生的直接原因就是企业所处的行业不同。从表 10-5 中可以看出，P1“大多数其他企业知道本企业名称”中，均值排名前三位的行业有饭店、工艺品店、超市。这三个行业中，饭店和工艺品店的均值超过了 4.0，说明这两个行业在企业网络中知名度较高。P2“与其他企业建立业务联系”中，均值排名前三位的行业为服装店、工艺品店、饭店。其中，饭店和工艺品店在 P1 变量中，均值得分也同样较高，由此可知这两个行业不仅在网络中有较高的知名度，同时也有较多的业务联系，联系强度较大。

**表 10-5　不同行业的企业社会网络分析**

| 产业均值 | 有效样本数 | P1 大多数其他企业知道本企业名称 | P2 与其他企业建立业务联系 |
|---|---|---|---|
| 饭店 | 42 | 4.2008 | 3.1254 |
| 宾馆 | 8 | 1.6003 | 1.9221 |
| 工艺品店 | 31 | 4.0945 | 3.5549 |
| 超市 | 17 | 3.6855 | 2.5162 |
| 服装店 | 12 | 3.4582 | 3.6044 |
| 土特产店 | 6 | 2.1436 | 1.9427 |

在调查的 42 家饭店中，有 36 家提到“周围商户经常到自己开的饭店吃饭，时间久了，也就有了联系”。其余 6 家是因为在九寨沟开店都不超过一年，所以，不觉得与其他企业有联系。

M:“我们在这开店都快十年了，这里的游客来了许多，回头客肯定是少数。但是开店的老板、伙计都经常来我家吃饭，这么一来二往的，大家也就熟悉了，自然也就有了联系。有时，其他的店老板也会向游客推荐我们家饭店。”(来自四川)

在 31 家工艺品店中，有 23 家提到“零售兼批发生意，生意伙伴较多”。九寨沟的旅游小企业主要分布在沟内和沟外两个区域，本次调查的小企业集中在沟外，沟外交通相对沟内较为便利，沟内的许多小企业从沟外批发商寻找货源。另外，沟外的工艺品店在经营游客生意的同时，也兼顾批发生意，因此产生了经营上的联系。

F:“我们与沟内的联系非常多，他们常来我这里进货，沟里大多是本地人，时间久了，我们的关系不仅停留在业务上，有时还有人情上的往来。”(来自重庆)

**地缘型联系**。地缘型联系是指由于地域相近，而使得联系更加密切的情况。调查后发现，影响地缘型联系的因素是迁出地的不同（表 10-6）。

**表 10-6　不同迁出地企业主的社会网络分析**

| 项目 | 有效样本数（比例） | P3 对其他企业提供帮助 | P4 从其他企业获得帮助 |
|---|---|---|---|
| 四川 | 44（37.9%） | 3.3901 | 3.4645 |
| 重庆 | 25（21.6%） | 4.2943 | 4.0174 |
| 甘肃 | 18（15.5%） | 2.9533 | 4.4412 |
| 其他地区 | 29（25.0%） | 1.6288 | 2.0003 |

由表 10-6 可以看出，被调查的企业主中，迁出地来自四川、重庆和甘肃的比较集中，占到了总量的 75.0%，而其他地区的企业主则来自福建、云南、安徽、

湖北等地，分布较为分散。变量 P3“对其他企业提供帮助”，重庆和四川均值较高，其他地区均值较低，介于“非常不同意”与“不同意”之间。而 P4“从其他企业获得帮助”，甘肃和重庆的均值较高，都高于 4.0，介于“同意”与“非常同意”之间；其他地区均值相比也同样偏低，基本“不同意”。产生这种现象的原因是地缘因素，形成“老乡会”，同一迁出地的企业主们会聚集在一起，互相帮助，互相扶持。九寨沟内企业主的“老乡会”有两种类型，一类为自发型，另一类为血缘型（图 10-1）。自发型是指企业主在来到九寨沟经营后，主动寻找老乡，融入网络。血缘型是指企业主在来到九寨沟之前，是九寨沟内企业主的亲戚或者朋友，受推荐后来到九寨沟经营，因此，自然融入企业主社会网络。这些观点在访谈中得到了验证：

M：“来到这里以后，发现有许多老乡，有的离我家特别近，也就觉得特别亲切，关系也就比较好。定期都会聚会，大家聊聊生意、聊聊生活，我们遇到难事，老乡之间都会互相帮助。”（来自四川 自发型）

M：“我是听说家里亲戚做得还不错，也就一起到这里做生意。有时生意上遇到困难，会找亲戚和老乡帮忙，借钱也是常有的事。过年过节，如果不回家的，亲戚、老乡也会在一起过节，所以联系比较多。”（来自重庆 血缘型）

F：“来这里认识的人很少，大家都自己做自己的生意，平时根本没有联系，更谈不上帮忙，如果生意上遇到困难，缺钱的时候，都还是找家里的亲戚朋友借钱，这里哪能找到人帮忙。”（来自安徽 无网络型）

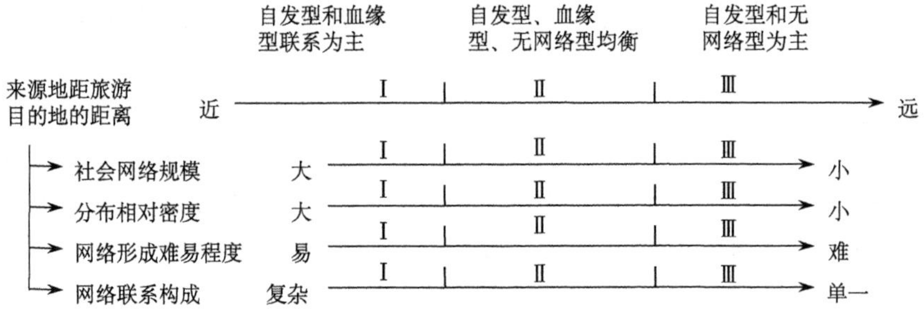


图 10-1　地缘型联系类型图

由图 10-1 可知，各个地区都存在血缘型、自发型和无网络型，三种联系所占比重不尽相同。造成这种比重不平衡的原因是企业主移民的迁出地距离旅游目的地的远近（图 10-2）。四川的企业主社会网络自发型的联系比重较大，重庆的企业主血缘型的联系所占比重较大，两个地区无网络型的比重都相对较少。产生这种情况是由于四川和重庆距离九寨沟景区相对较近，人口迁移便利，“老乡”较多，网络容易形成。甘肃的企业主三种联系比例较为平均，究其原因，是甘肃与九寨沟景区距离适中，来此经营的人口数量相对四川、重庆较少，但又具有一定规模，网络联系多样。其他地区的企业主以自发型和无网络型为主，其人数虽然不少，但分布分散，难以形成规模。有少数经营素质较高的企业主可以融入网络，产生网络联系，但强度较弱，也仅限于生活交流方面，经营方面帮助甚少。仍有许多企业主处在无网络型状态，与其他企业没有产生网络联系。血缘型联系比例相对很小，是由于多数地区距离九寨沟景区较远，人口迁移障碍较多。

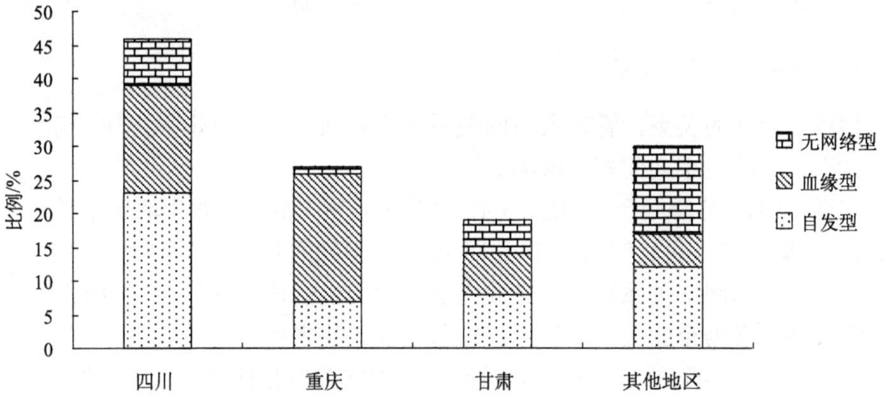


图 10-2　目的地距离对社会网络的影响

由前文知，企业主移民来源地距离旅游目的地的距离直接影响目的地社会网络规模、分布相对密度、网络形成难易程度以及网络联系构成。距离较近的企业主移民易融入较大规模的网络，网络中“老乡”众多，又比较容易形成新的社会网络。由于人数较多，从事的经营业态也多，在产生的联系中，既有上下游移民的供应链关系，也有产生日常消费的关系，最终网络联系构成复杂化。相反，距离较远的企业主移民，在旅游目的地的“熟人”较少，也就难以形成网络，网络联系构成单一。

3. 企业网络质量

企业网络质量是指企业经营的角度，在企业与企业合作的过程中，信任程度如何。从表 10-4 中描述性统计分析可以看出，均值较高的有 P5“避免提出有损对方利益的要求”、P8“合作企业可以履行诺言”，均值都在 3.5 以上，倾向于“同意”，说明企业之间的合作可以做到互利互惠，信守承诺，企业网络质量较好。但在企业网络中也存在一定问题，P7“不会怀疑其他企业提供的信息正确与否”均值较低，在 2.5 左右，说明企业在合作的过程中，信任程度一般，企业对于合作伙伴提供的信息真实度有所保留。

通过对访谈内容进行总结分析后发现，企业怀疑信息正确与否的原因主要有

“信息传递延迟”“传递过程中信息失真”“对方企业选择性发布信息”“发布未经确认的信息”。“信息传递延迟”是指在信息传递过程中的信息的滞后性。“传递过程中信息失真”是指信息在传递过程中不真实。“对方企业选择性发布信息”是指企业只选择有利信息发布。“发布未经确认的信息”是指企业在非正式场合得到信息，在未经考证确认的情况下发布。信息传递障碍的主观因素远远大于客观因素，也就是企业在传递信息时，多趋向于传递对自身有利的信息，而可能在客观上损害合作伙伴的利益。因此，企业间的信任就逐渐变弱。

4. 管理人员网络质量

相较企业间的关系，管理人员的关系更为复杂。它不仅牵涉工作关系，也有生活关系，两种关系之间相互影响。

在调查中，“分享经历”“彼此关心”“互相欣赏”主要针对生活网络关系，“深入交流”“基于实质利益”“希望得到回报”“获得物质目标”主要针对工作网络关系。这里将生活网络关系定义为企业人员之间因生活日常交往而产生的联系；工作网络关系定义为企业人员因生产、经营等业务往来而产生的联系。

从图 10-3 中可以看出，管理人员的生活网络关系整体优于工作网络关系。在生活网络关系中，“分享经历”的得分最高，达到 4.4363，位于“同意”和“非常同意”之间，说明企业管理人员生活网络关系较好，可以分享自己的生活经历、价值观念等，并且能互相关心和欣赏。在工作网络关系中，“深入交流”和“不希望得到回报”得分较低，介于“不同意”和“不确定”之间。这说明企业管理人员在涉及工作和业务的问题时，缺乏信任，不愿谈及企业管理等方面的信息。“不希望得到回报”中的“回报”既指工作上的回报，也包括情感的交流等，该项得分较低说明企业管理人员之间提供帮助是希望有所回报的。“不是基于利益”和“不

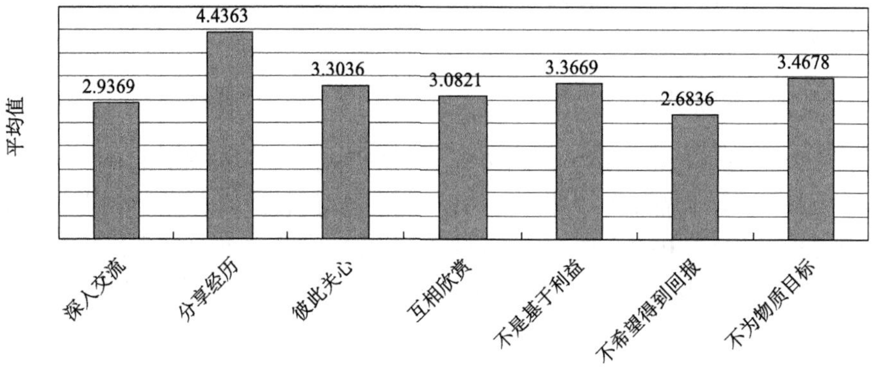


图 10-3　管理人员网络质量均值

为物质目标”得分较高，位于“不确定”和“同意”之间，进一步说明了企业管理人员之间的回报不是以利益和物质为主的，关键在情感上的回报。

M:“我们跟别的管理人员有一些往来，无论是业务上的还是生活中的。说到得到回报，多少肯定是有点的吧，比如人情往来啊，主要是大家熟了以后，可以经常在一起聊天打牌，这也算是回报吧。”（来自重庆）

F:“说到回报就是大家在一起耍，麻将、打牌。跟别人借钱估计比较难，自己也没想过，毕竟大家都是小生意，钱也不会宽裕吧。”（来自湖北）

### 10.1.4　结论

（1）九寨沟企业网络联系总体情况较好，主要是业务型和地缘型联系。在业务型联系中，主要以工艺品店、饭店和服装店的中心性最高，由于他们兼顾批发和零售，且服务对象包括当地居民和游客，业务联系较多，且知名度高。地缘型联系主要以迁出地为四川、重庆、甘肃的企业主为代表，由于他们与案例地地缘相近，在案例地经营的人数较多，便容易形成“老乡会”“亲友会”等，地缘型联系又可按成因分为“自发型”和“血缘型”，“自发型”主要以四川为代表，“血缘型”则以重庆为代表。

（2）九寨沟企业的网络质量整体较高。企业在经营的过程中大多能诚信经营，遵守承诺，不损害竞争对手或伙伴的利益，使得企业之间的关系良好。但也存在一些问题，最突出的问题就是“信息流动障碍”，由于主观和客观的因素影响，造成了信息失真、信息延迟、信息失实等问题。

（3）企业管理人员是企业的一部分，因此，也是企业网络的一部分，是企业网络的细化和具体化表现。九寨沟企业管理人员网络质量中，生活网络关系整体上优于工作网络关系。生活网络关系中可以分享自己的经历，而工作网络关系中对于企业的信息传递障碍较大。虽然管理人员之间提供帮助倾向于以回报为基础，但并非以利益和物质为基础，而更倾向于情感上的回报。

## 10.2　九寨沟旅游企业主移民社会网络演化

### 10.2.1　概念与研究框架

社会网络既可以被看作是“环境”，也可以是“渠道”（刘冰, 2015）。旅游企业主移民在迁移过程中涉及迁出、迁移、迁入三个时间阶段和迁出地及迁入地两个空间背景。考虑旅游企业主移民社会网络的空间“附着”特点（家乡—本地），本书将与这一时空过程有关的移民社会网络划分为“家乡”和“本地”两个部分，其中本地的社会网络指的是移民在迁入地的各类社会关系的总和（下称本地网络），家乡的社会网络指迁出地社会网络（下称家乡网络），家乡网络和本地网络的“环境”指向性明显。在迁移过程中，社会网络还肩负起一定的“渠道”作用，但在迁移过程完成后即转化为本地的网络关系之一。

本书基于“本地网络”，引入“家乡网络”，本地网络重点探究“网络构成”和“网络质量”两个维度，是个人关系网研究的主要方面（胡振球, 2011）；家乡网络重点比较两地自致性“朋友”关系，形成“网络比较”维度，这里的“朋友”是除去血缘、亲戚之后的非先赋性良好关系的统称（张欣然, 2010）。基于以上构建起来的三个维度，形成研究框架（图 10-4）。本书目的是分析旅游企业主移民在三个维度上表现出来的特点，通过聚类分析，进行一体化网络状态类型的识别与解读。

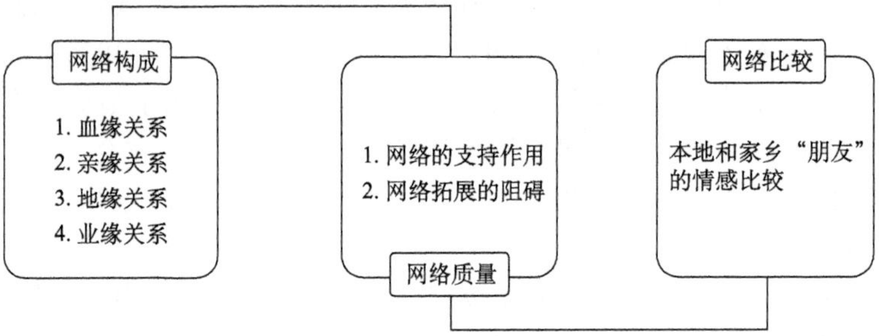


图 10-4　研究框架

### 10.2.2　社会网络构成、质量和比较

访谈对象自由畅谈了来九寨沟后在本地和原家乡的主要社交对象。分析发现在总体的提及次数上，本地网络的各类关系提及次数要明显少于家乡网络，家乡网络的数量强度要高于本地网络。访谈中提到的对象包括子女、父母、亲属、密友、老乡、近邻（店铺和居住）、生意伙伴、老顾客和同事共 9 个（表 10-7），对其进行四类关系的归属划分，其中先赋型的血缘和亲缘关系（这里考虑长久性将密友划入了亲缘关系）与自致型的地缘和业缘关系在两地间表现差异明显，受到九寨沟经营和生活条件的限制，以自致型的关系为主，先赋型关系较弱，多数子女未能陪在身边，除部分亲属、密友外，老乡和生意伙伴是他们的主要社交对象；而在家乡则是同子女、亲属等先赋型关系为主，包括少量近邻等自致型关系。结果一方面彰显了本地和原家乡两地间基于血缘、地缘和业缘关系的差异，另外一方面也在某种程度上说明移民来九寨沟后，家乡关系维系路径的单一化以及社交关系圈的收缩。

表 10-7 网络构成分析

| | 血缘关系 | | 亲缘关系 | | 地缘关系 | | 业缘关系 | | | 提及次数 |
|---|---|---|---|---|---|---|---|---|---|---|
| | 子女 | 父母 | 亲属 | 密友 | 老乡 | 近邻 | 生意伙伴 | 老顾客 | 同事 | |
| 本地网络 | 15 | 0 | 5 | 17 | 44 | 5 | 47 | 4 | 3 | 145 |
| 样本占比/% | 13 | 0 | 3 | 15 | 38 | 3 | 41 | 3 | 2 | |
| 家乡网络 | 101 | 110 | 113 | 23 | 0 | 20 | 0 | 0 | 0 | 355 |
| 样本占比/% | 87 | 94 | 97 | 20 | 0 | 17 | 0 | 0 | 0 | |

避开以情感和血缘为纽带的先赋型关系，重点探讨亲缘关系和自致型网络关系质量。通过对访谈回答的整理发现，在整体的社交圈中，依据所涉及的主要社会关系，访谈对象的活动关系总体可以分为四个类型（图 10-5）。聊天网：闲话家常，该类型活动主要发生在日常经营和生活中，以闲话家常为主，几乎所有访谈对象都存在，主要谈论生意、聊家常生活等；情感支持网：休闲伙伴，主要发生在老乡和密友、生意伙伴、老顾客、同事等群体中，因地缘和业缘关系的深化，闲暇时共同出游、吃饭等，并进行一定程度情感交流，在与家乡网络脱离接触的过程中寻找心理“共情”；信息网：信息共享，相较于闲谈生意经式的交流，他们更多谈及的是较为敏感的经营信息，包括经营的金额、进出货渠道等，主要发生在共同做生意的老乡和密友及生意伙伴等群体之间，在淡季和年节其间回乡聚会、进出货周期等时间进行经营信息的沟通交流；资金支持网：困难援助，只发生在共同在九寨沟做生意的密友、有密切关系的老乡之间，以经济援助为主。总体来看，社交活动强弱程度上层次分异明显，且随着程度的递增，对象范围也逐步缩小；此外老乡和密友等原家乡关系是支撑强社交关系存在的关键，这在后续的网络状态类型研究结果中被再次证实。

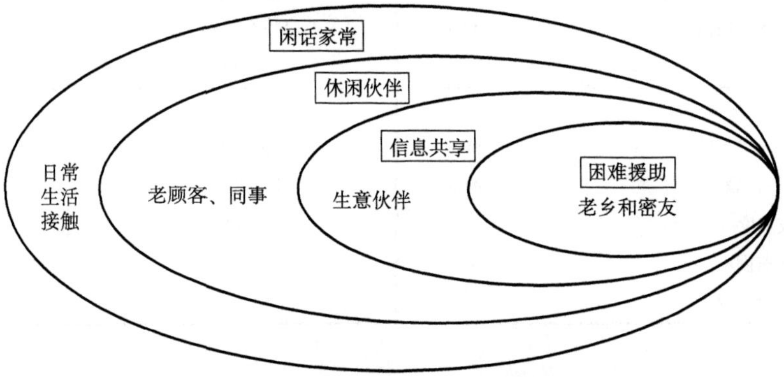


图 10-5 社交对象与关系层次

考虑到血缘关系等的先赋型特征，重点比较了“密友”这一建构起来的社会网络关系，引导访谈对象谈一谈“家乡朋友”和“本地朋友”之间的区别，了解他们在本地“交友”过程中遇到的困难和障碍。回答分为两地没有区别、家乡朋友更好、本地朋友更好三种（表10-8）。其中部分人出于家乡朋友的交往时间、交往目的等角度去判断，认为家乡朋友关系更纯粹、感情更深厚，在与本地朋友交往时更多是打发时间和利益关系；而认为两者之间没有区别的人多是因为交往对象为原家乡关系，交往对象未发生太大变化或缺乏本地社交等；认为本地朋友更好的数量较少，他们基本已经完成融入了本地或与原家乡关系基本隔断。有 40%的受访者认为本地交友存在一定的困难（表 10-9），认为家乡朋友好的群体更多地认为与本地人交往存在一定困难，要明显多于认为两者没有区别的群体，其中交往的困难主要体现在语言、性格、风俗等方面。

**表 10-8　本地和家乡“朋友”比较**

| | 情感差异类型 | 样本数量 | 理由 |
|---|---|---|---|
| 1 | 两地没有区别 | 55 | 本地朋友都是老乡；各做各的，没有区别 |
| 2 | 家乡朋友＞本地朋友 | 49 | 家乡朋友有感情，这边主要是利益关系；这里主要因为离得近是打发时间；家乡了解时间长、程度深；家乡朋友更亲切；家乡是同学；九寨沟不交心；家里的朋友可以互相借钱 |
| 3 | 本地朋友＞家乡朋友 | 12 | 长期不回家，家乡已经没有什么朋友；本地朋友更热情 |

**表 10-9　预测变量分析**

| 预测变量 | 比例/% | 预测变量 | 比例/% |
|---|---|---|---|
| 朋友比较： | | 交友方式： | |
| 家乡朋友好 | 42.2 | 亲友老乡 | 42.1 |
| 两地没有区别 | 10.3 | 生意往来 | 43.9 |
| 本地朋友好 | 47.4 | 日常接触 | 7.9 |
| | | 不交朋友 | 6.1 |
| 脱困对策： | | 交往层次： | |
| 寻求帮助 | 58.5 | 日常休闲 | 68.9 |
| 自己解决 | 41.5 | 外出娱乐 | 8.9 |
| 交友难度： | | 信息分享 | 22.2 |
| 有困难 | 40 | | |
| 没有困难 | 60 | | |

### 10.2.3　本地与家乡社会网络演化

综合本地社会网络的构成、质量和两地社会网络的比较内容，将访谈问卷的结果进行结构化处理，为进行社会网络的状态区分，本书采用两步聚类的手段进行数据分析，以下指标用于衡量他们的综合状态：交友方式、交往层次、交友难度、脱困对策、朋友比较（表 10-9）。另外为考察时间因素的区分，将未做阶段处理的原始年份数据作为连续变量带入聚类分析。

通过分析集群与集群变量的关联，本书共得出了五种状态，分别将其标记为：困难状态、自立状态、偏离状态、拓展状态、维持状态（表 10-10）。

**表 10-10　旅游企业主移民的社会网络状态**

| 预测变量 | 困难状态（14.8%） | 自力状态（19.3%） | 偏离状态（18.2%） | 拓展状态（26.1%） | 维持状态（21.6%） | 预测变量重要性 |
|---|---|---|---|---|---|---|
| 交往层次 | 日常休闲（76.9%） | 信息分享（100.0%） | 日常休闲（62.5%） | 日常休闲（100.0%） | 日常休闲（94.7%） | 1.0 |
| 交友难度 | 有困难（92.3%） | 没有困难（64.7%） | 有困难(100.0%) | 没有困难（100.0%） | 没有困难（100.0%） | 0.94 |
| 交友方式 | 亲友老乡（61.5%） | 生意往来（70.6%） | 生意往来（56.2%） | 生意往来（82.6%） | 亲友老乡（100.0%） | 0.65 |
| 朋友比较 | 家乡朋友好（100.0%） | 没有区别（76.5%） | 没有区别（68.8%） | 没有区别（52.2%） | 没有区别（63.2%） | 0.46 |
| 来九寨沟年份（中位数） | 2008～2011 年（2009 年） | 2007～2010 年（2008 年） | 2001～2007 年（2004 年） | 2006～2009 年（2007 年） | 2005～2011 年（2008 年） | 0.22 |
| 脱困对策 | 寻求帮助（84.6%） | 自己解决（64.7%） | 寻求帮助（50%） | 寻求帮助（56.5%） | 寻求帮助（78.9%） | 0.12 |

1. 困难状态：本地网络缺失，家乡网络维持

处于“困难状态”的旅游企业主移民表现出本地社会网络构建困难以及依恋原有家乡社会网络的状态。由于景区旅游小企业数量多，店铺同质化问题严重，竞争激烈，这类店铺的共同特点是顾客群体主要是游客，与当地其他店铺业务、情感联系较少，企业主之间很难进行信息交流，来的时间相对较短，感受到了在本地交友的困难（有困难，92.3%），表现出了对亲友、老乡群体这类较容易获得的社会关系群体的偏向。九寨沟景区每年的 11 月到第二年 3 月是淡季，游客较少，大部分企业主移民在 12 月左右就会回家过年，由于本地网络的缺失，企业主移民会感到孤单、无助，在重新融入家乡网络以后，更加看重和珍惜，对家乡社会网

络表现出了强烈的依恋，会认为家乡朋友更为亲切（家乡朋友好，100.0%），这与易飞龙（2016）对初始期城市移民关系结构的描述相吻合。

2. 自力状态：本地网络建立，家乡网络缺失

处于“自力状态”旅游企业主移民的本地网络建立一般较为顺利，但家乡网络由于客观的时空因素而处于缺失状态。主要在生意过程中与顾客、生意合作伙伴等产生联系，成为朋友，因此生意网络成了他们的主要本地网络来源（生意往来，70.6%）。正是得益于与他人的经济联系和往来，通过信息共享（信息分享，100.0%），他们的收入得到了提高。而回到原家乡网络以后，因为长期缺少维持，关系逐渐弱化，所以家乡社交圈也在不断萎缩（没有区别，76.5%）。

3. 偏离状态：本地网络建立，家乡网络破裂

处于“偏离状态”中的旅游企业主移民，由于地缘因素以及业务的往来，建立起本地网络，且来九寨沟时间较长（来九寨沟年份最早，中位年份为 2004 年），无论是他们的日常生活还是经营，都与本地网络发生了较为广泛的联系，交友方式最为多元（生意往来，56.2%，为各状态中单一方式比例最少的）。但他们在长期的离家状态下，由于时空限制，家乡网络缺失，乃至破裂，被动疏离家乡网络，融入本地网络，部分已经因为嫁娶等因素完全融入本地，但在本地交流中他们也深刻地认识到了交往的困难（有困难，100.0%），整体上他们的交往层次不深（日常休闲，62.5%），使他们并未对两地“朋友”产生情感上的倾向差异（没有区别，68.8%）。

4. 拓展状态：本地网络拓展，家乡网络优化

处于“拓展状态”的旅游企业主移民本地网络是以利益和业务往来为基础（生意往来，82.6%），在融入本地网络以后，企业开始盈利，企业主移民获取利润，经济条件得到改善。企业主移民以其良好的财务状况重新进入家乡网络以后，对家乡网络的适应性大为提高，因为与家乡网络成员有了利益上的互动，也就是企业主移民在网络中变得更加“有用”，且自身的经济稳定性也大大提高，所以推动家乡网络得到优化。

5. 维持状态：本地网络接入，家乡网络维持

处于“维持状态”的旅游企业主移民多是经过老乡或是亲戚的介绍而来到景区，在这里原本就有一个熟悉的社会网络，且大部分由老乡和亲戚组成（亲友老乡，100.0%），可以较为便利地接入本地网络。而在他们参与经营以后，又会根据实际需要，在已有网络的基础上进行拓展认识更多的“亲友老乡”，并从中获得

帮助，使得企业主移民所在的网络能够发挥更加积极的作用，家乡和本地网络成员间存在共性，因此在两地之间差别感相对较小。

为了解每种状态中企业主的主体特征，选择了“选址原因”（判断本地网络建立中是否得到帮助）、“网络关系”（判断网络关系的复杂程度）、“淡季经营”（判断经营状态和与家乡网络关系的保持机会）、“亲友老乡数量”（判断本地网络建立中的家乡网络作用）、“收入高低”（判断经营状态与网络状态关系）等因素来进行群体特征的判断，表中“—”符号表示该因素不具有明显集中性（表 10-11）。各状态主体构成人群的特征表现如下：①“困难状态”中，主要是通过“自己考察”的形式建立，通过不同方式得到景区相关信息，来到九寨沟。由于在来到九寨沟之前无可利用关系，且多为零售业务，接触人群类型多样，扩展社交关系中的对象更复杂，但来此时间较短，总体层次较浅，且淡季停业居多，有更多时间维持家乡社会网络。②“自力状态”中，主要通过“自己考察”形式建立。这类企业主移民本地社交关系发展方式简单，从事批发等非零售生意，因此社交对象人群简单；在工作过程中，生意伙伴较多，网络自然形成，收入较高，在本地没有太多的亲友关系，因此在遇到困难时的“自力能力”更强。③“偏离状态”中，主要通过“亲友介绍”，该类企业主移民大多来此时间较长，初期通过亲友介绍来此工作或创业，由从业群体逐渐走向自主经营，在所接触人群类型上更为复杂，与原家乡网络基本脱离联系。④“拓展状态”中，主要是由“亲友介绍”的企业主移民构成，这类企业主移民在到九寨沟经营以后，由于得到亲朋的支持和帮助，便于顺利拓展本地网络，经营收益良好，并在家乡网络中获得了更多的尊重。⑤“维持状态”中，主要由“亲友介绍”的企业主移民构成，“亲友老乡”的力量占据主导地位，可以较为便捷地接入本地网络，以“人带人”的模式进行网络拓展。而家乡中的老乡大多一起在九寨沟做生意，家乡网络得以维持。

**表 10-11　社会网络属性**

| 网络状态 | 网络构成主体属性 | | | | |
| --- | --- | --- | --- | --- | --- |
| | 选址原因 | 网络关系 | 淡季经营 | 亲友老乡数量 | 收入高低 |
| 困难状态 | 自己考察 | 复杂 | 停业 | 少 | 低 |
| 自力状态 | 自己考察 | 简单 | — | 少 | 高 |
| 偏离状态 | 亲友介绍 | 复杂 | 营业 | — | — |
| 拓展状态 | 亲友介绍 | 简单 | 营业 | 多 | 较高 |
| 维持状态 | 亲友介绍（亲友老乡主导） | 单一 | — | 多 | 较高 |

### 10.2.4 结论与讨论

旅游企业主移民行为伴随着社会网络的异地分割过程，背离家乡前往九寨沟将原本在同一地理环境中的社会网络进行了切割，形成了以生意关系为主的九寨沟本地社会网络和以亲缘关系为主的家乡社会网络分。这种现象与目前多数移民社会网络研究的前提存在差异，旅游企业主移民成了由“显性”（本地网络）和“隐性”（家乡网络）所构成的“综合体”。本章得出了以下研究结果，为拓宽旅游企业主移民社会网络的研究思路提供了实践佐证。

一是九寨沟旅游企业主移民的社会网络具有“时间演化特性”，逐渐形成由原籍地向本地的情感偏移演进过程，这一过程受到关系构成、经营的持续性等诸多因素的影响，且历时较长，过程较为缓慢，由近及远，从困难状态、自力状态、维持状态、拓展状态到偏离状态的产生历时 5～10 年，乃至更久，这也从某种程度上反映出九寨沟旅游企业主移民在当地社会网络深化、拓展的艰辛与不易。

二是经营成效是推动家乡和本地社会网络状态关联变化的“中介变量”，本地网络的发展有助于打开生意关系，意味着拥有更好的营收环境与营收成效；营收成效反之也影响着本地社交的动力，激烈的竞争使得诸多经营困难的企业主无暇他顾，无心交友。而家乡网络表现出两种关联发展，一种因为本地经营不畅、生活孤寂使得对家乡网络的格外眷恋，主要体现在“困难状态”的企业主移民身上；另一种是本地经营顺利，社交广泛，同时由于收益的提升，在家乡网络中赢得了更多尊重，这主要体现在“拓展状态”的企业主移民身上。

三是亲友老乡是社会网络状态变化中重要的“调节变量”，该群体所带来的社会支持性要明显强于以生意往来为主的社会关系类型群体，是“困难状态”和“维持状态”群体的脱困主导策略。亲友老乡对九寨沟旅游企业主移民，尤其是初至群体有着重要支持作用。但从另一个角度来看，这种关系是九寨沟旅游企业主移民相互取暖的“同温层”，也是阻碍该群体融入当地社会的“温室”，一定程度上限制了他们融合当地的意愿，使部分人置身于离不开原家乡，融不进当地社会关系的夹缝，这与城市尤其大都市的部分农村从业移民处境较为类似。

作为一项探索性的研究，本书从本地、家乡两个社会网络的视角去分析和观察，得出了部分研究结果，但研究框架尚存诸多可深化细研之处：①将旅游企业主移民的社会网络作为“变量”，用量化或质性手段揭示社会网络类型形成的驱动和影响因素，研究对社会融合等方面的后续影响；②除自然旅游地外，可将研究拓展到城市旅游地，以分析城市环境对旅游企业主移民社会网络产生的影响，并进行比较研究；③此外，可从对经营影响、是否歇业回乡等角度研究经营淡旺季的作用，以探讨旅游地独特的季节性差异对旅游企业主移民行为和社会网络的影响。

# 第 11 章　旅游从业移民地方感研究

地方感作为人地关系研究中的重要概念，常被用于研究移民与迁居地的关系。旅游从业移民作为旅游业的从业主体之一，对工作场所和工作地的地方感研究能够揭示他们对地方的情感和地方对他们的意义。本章选择了旅游企业主移民和饭店从业移民，代表了创业和就业两种主要形式。基于旅游从业移民视角修改完善了地方感测量指标，形成调查问卷。调查小组于 2013 年在九寨沟景区对旅游企业主移民进行问卷发放，同时辅助采取深度访谈获取相关文本数据，以探究九寨沟企业主移民的地方感现状及影响机制。另外以饭店从业移民为研究主体，于 2013 年通过调查问卷的方式收集了北京两家酒店外来从业者的人口特征与地方感数据，以了解他们的地方感，并探究工作场所与工作城市之间的地方感内在关系与路径。

## 11.1　九寨沟旅游企业主移民地方感特征及其影响机制

### 11.1.1　研究方法与样本特征

1. 问卷调查为主，半结构化访谈为辅

本书主要采用问卷调查（附录 10）和深度访谈（附录 11）相结合的方式来获取 TEMs 地方感数据。问卷主要包括两部分内容，第一部分是被访者的性别、学历、年龄、来源地等人口学特征（表 11-1）。第二部分主要是对九寨沟 TEMs 地方感的定量测量，通过梳理 Qian 等（2011）、Deutsch 和 Goulias（2009）、Jorgensen 和 Stedman（2001）、Nanzer（2004）等学者的研究成果发现，在研究游客、城市移民、地产业主等对旅游地、居住城市以及某个项目等的地方感时，主要划分为地方认同、地方依恋和地方依赖三个维度。考虑到九寨沟独特的藏羌文化，本书增加了文化认同维度，共设计了 18 个指标，量表主要借鉴 Qian 等（2011）、唐文跃等（2007）、李芬（2012）、顾宋华（2011）、邱慧等（2012）学者的研究成果，并结合九寨沟的实际做了修改。地方感测量量表采用利克特量表，从“很同意”到“很不同意”给予 1～5 的测量数值。问卷调查后在尊重受访者意愿基础上进行面对面半结构化访谈。

2. 调研过程

调研区域集中在TEMs集中分布的边边街、漳扎和火地坝三个区域，调研小组8人于2013年11月9～21日对商铺店主逐一走访发放问卷，调查选择TEMs经营空闲时间，当场收回。共发放150份问卷和访谈75位TEMs，收回问卷130份，有效问卷116份，有效率为89.2%。

3. 样本特征

调查显示（表11-1），受访者年龄主要集中在21～50岁（共占91.4%）；定居时间主要在10年以内（84.4%），夫妻一起定居的居多（49.6%）；学历主要在初中学历及以下（75.0%），大学专科及以上比例小（3.4%）；绝大多数受访者已婚（93.1%），且有子女（89.7%）；以汉族为主（85.3%），63.0%样本来自四川省内。

**表11-1　旅游企业主移民人口学特征（*N*=116）**

| 人口学特征 | 统计内容 | 百分比/% | 人口学特征 | 统计内容 | 百分比/% |
|---|---|---|---|---|---|
| 性别 | 男 | 43.3 | 学历 | 小学及以下 | 32.8 |
| | 女 | 56.7 | | 初中 | 42.2 |
| 年龄 | 20岁及以下 | 0.9 | | 高中/中专/职高 | 21.6 |
| | 21～30岁 | 20.7 | | 大学专科及以上 | 3.4 |
| | 31～40岁 | 32.8 | 婚否 | 已婚 | 93.1 |
| | 41～50岁 | 37.9 | | 未婚 | 6.9 |
| | 51～60岁 | 6.0 | 有无子女 | 有 | 89.7 |
| | 61岁及以上 | 1.7 | | 无 | 10.3 |
| 定居时间 | 1～5年 | 46.5 | 子女是否在身边 | 是 | 12.9 |
| | 6～10年 | 37.9 | | 否 | 87.1 |
| | 10年以上 | 15.6 | 民族 | 汉族 | 85.3 |
| 定居形式 | 独自 | 17.7 | | 少数民族 | 14.7 |
| | 夫妻 | 49.6 | 来源地 | 四川省内 | 63.0 |
| | 全家 | 22.9 | | 四川省外 | 37.0 |
| | 其他 | 9.8 | | | |

注：“年龄”“定居时间”“学历”和“来源地”原为连续变量和文本数据，进行了等级和分类变量的转化

### 11.1.2　旅游企业主移民地方感特征

1. 问卷信度与效度分析

信度分析（表11-2）显示，TEMs地方感总量表的α系数为0.885，各维度α

系数值都在 0.80 以上，量表整体信度较好。量表的 KMO 统计量为 0.853，巴特利特球形检验显著性概率值为 0.000，说明量表结构效度较好。

**表 11-2　量表信度分析**

| 量表 | 总量表 | 地方依恋维度 | 地方认同维度 | 地方依赖维度 | 文化认同维度 |
|---|---|---|---|---|---|
| α 系数 | 0.885 | 0.823 | 0.810 | 0.853 | 0.830 |

### 2. 地方感总体特征分析

为便于特征识别，将“很同意”与“同意”合并为“同意”，将“很不同意”与“不同意”合并为“不同意”，得出了地方感各维度的赞成率（表 11-3）。均值分析发现，地方感量表各题项均值多数小于 2.4，量表的总均值为 2.445，说明总体上 TEMs 对九寨沟的地方感正向认同度高。从具体维度来看：地方依恋维度，TEMs 对“九寨沟的自然风景独一无二”认同度最高，“对九寨沟有感情”认同度最低，说明九寨沟良好的生态环境对 TEMs 有很大的吸引力，是 TEMs 对九寨沟产生情感依恋的重要因素；地方认同维度，“在九寨沟的经营符合我的性格爱好”认同度最高，对“感觉自己与九寨沟融为一体”认同度最低，TEMs 更多将九寨沟作为临时工作场所，归属感较弱；地方依赖维度，“九寨沟比较宽松自由”认同度最高，“在九寨沟做生意能赚更多的钱”认同度最低，可见经济获利并非是地方

**表 11-3　旅游企业主移民地方感描述统计**

| 维度与指标 | 百分比/% | | | 均值 |
|---|---|---|---|---|
| | 同意 | 无所谓 | 不同意 | |
| 地方依恋： | 67 | 22 | 11 | 2.30 |
| 对九寨沟有感情 | 53 | 28 | 19 | 2.62 |
| 九寨沟给我的整体感觉很好 | 74 | 16 | 10 | 2.24 |
| 九寨沟是我生活中的一部分 | 66 | 24 | 10 | 2.36 |
| 九寨沟的自然风景独一无二 | 74 | 18 | 8 | 1.99 |
| 地方认同： | 43 | 39 | 18 | 2.67 |
| 在九寨沟的经营可以帮助探索内在 | 35 | 49 | 16 | 2.67 |
| 对九寨沟有强烈的归属感 | 45 | 40 | 15 | 2.62 |
| 感觉自己与九寨沟融为一体 | 35 | 42 | 23 | 2.83 |
| 在九寨沟的经营符合我的性格爱好 | 58 | 24 | 18 | 2.55 |
| 地方依赖： | 53 | 22 | 25 | 2.61 |
| 在九寨沟做生意能赚更多的钱 | 46 | 11 | 43 | 2.85 |
| 喜欢九寨沟独特的生活方式 | 53 | 26 | 21 | 2.53 |

续表

| 维度与指标 | 百分比/% | | | 均值 |
|---|---|---|---|---|
| | 同意 | 无所谓 | 不同意 | |
| 九寨沟比较宽松自由 | 59 | 24 | 17 | 2.43 |
| 个人能力和知识在九寨沟得到加强 | 62 | 16 | 22 | 2.52 |
| 在九寨沟生活、经营给了其他地方没有的满足感 | 47 | 29 | 24 | 2.71 |
| 文化认同： | 72 | 21 | 7 | 2.23 |
| 希望九寨沟继续保持文化特色 | 83 | 14 | 3 | 2.08 |
| 九寨沟能满足艺术价值追求 | 47 | 40 | 13 | 2.60 |
| 九寨沟保留了藏族传统文化 | 76 | 20 | 4 | 1.93 |
| 喜欢九寨沟的藏族风情 | 80 | 12 | 8 | 2.10 |
| 对九寨沟的文化很认同 | 72 | 23 | 5 | 2.18 |

依赖的决定因素；文化认同维度，“九寨沟保留了藏族传统文化”认同度最高，“九寨沟能满足艺术价值追求”认同度最低，体现出 TEMs 对九寨沟的文化认同但非文化追求，西方旅游地出现的大量艺术追求型的生活方式企业主移民在九寨沟并不典型。四个维度认同度由高到低分别是文化认同（2.23）、地方依恋（2.30）、地方依赖（2.61）和地方认同（2.67），TEMs 对九寨沟的文化认同高，有较高的地方依恋，对九寨沟的地方依赖和地方认同相对较低。

3. 地方感差异特征分析

以地方感总均值以及各维度均值为变量，运用单因素方差分析和独立样本 $T$ 检验分析地方感在不同人口学特征上的差异表现（表 11-4）。

**表 11-4 旅游企业主移民地方感差异分析**

| | | 地方依恋 | 地方认同 | 地方依赖 | 文化认同 |
|---|---|---|---|---|---|
| 性别 | $T$ 值 | −0.732 | −0.566 | 0.033 | −0.599 |
| | $p$ 值 | 0.466 | 0.572 | 0.974 | 0.550 |
| 年龄 | $F$ 值 | 0.783 | 1.196 | 0.465 | 0.468 |
| | $p$ 值 | 0.564 | 0.316 | 0.802 | 0.799 |
| 民族 | $F$ 值 | 11.701 | 3.554 | 4.482 | 0.005 |
| | $p$ 值 | 0.139 | 0.229 | 0.070 | 0.272 |
| 学历 | $F$ 值 | 2.590 | 0.187 | 1.223 | 2.834 |
| | $p$ 值 | 0.056 | 0.905 | 0.905 | 0.042* |
| 有无子女 | $T$ 值 | −0.006 | 0.337 | 0.452 | 0.363 |
| | $p$ 值 | 0.995 | 0.737 | 0.652 | 0.717 |

续表

| | | 地方依恋 | 地方认同 | 地方依赖 | 文化认同 |
|---|---|---|---|---|---|
| 子女是否在身边 | *T* 值 | –2.009 | –2.042 | –1.212 | –1.059 |
| | *p* 值 | 0.038* | 0.044* | 0.228 | 0.292 |
| 来源地 | *T* 值 | 1.687 | 0.730 | –0.426 | 2.224 |
| | *p* 值 | 0.095 | 0.468 | 0.671 | 0.029* |
| 收入是否达到预期 | *T* 值 | 2.289 | 2.755 | 1.978 | 2.785 |
| | *p* 值 | 0.024* | 0.007** | 0.049* | 0.006** |
| 定居时间 | *F* 值 | 3.162 | 1.239 | 1.999 | 0.268 |
| | *p* 值 | 0.019* | 0.300 | 0.119 | 0.848 |
| 定居形式 | *F* 值 | 0.938 | 3.220 | 1.798 | 1.265 |
| | *p* 值 | 0.425 | 0.026* | 0.153 | 0.290 |

*表示显著性概率 *p* 值小于 0.05，  **表示显著性概率 *p* 值小于 0.01

分析发现，TEMs 的性别、年龄、民族和有无子女这四个变量在地方依恋、地方认同、地方依赖和文化认同四个维度上均未达到显著性水平（$p \geqslant 0.05$），无显著差异。

不同学历的 TEMs 对九寨沟的文化认同有显著差异，大学专科及以上学历 TEMs 对九寨沟的文化认同要高于初中及以下学历；子女在身边、全家都定居在九寨沟的 TEMs 的地方依恋和地方认同明显高于子女不在身边和只有夫妻定居在本地的 TEMs，子女在身边的 TEMs 可以经营同时照顾家庭，不仅有工作还有生活与休闲，从而对九寨沟有更深的情感和归属感；不同来源地的 TEMs 对九寨沟的文化认同有显著差异，来自四川省外的 TEMs 文化认同明显高于来自四川省内，省外的 TEMs 多为汉族，与本地文化差异较大，对本地藏族服饰、建筑、饮食、宗教等文化更有新奇感和体验感，对本地藏族传统文化更易认同；不同定居时间的 TEMs 对九寨沟的地方依恋有显著差异，定居时间在 10 年以上的 TEMs 地方依恋明显高于定居时间在 10 年以内的，定居时间越长体现 TEMs 的地方认同度越高，也会让 TEMs 对地方产生更多感情依恋；收入是否达到预期在地方依恋、地方认同、地方依赖和文化认同上均有显著差异，收入达到预期的 TEMs 对四个维度的认同度均高于收入未达到预期。调查显示，TEMs 在九寨沟的主要目的是经营获利（杨钊等，2013），生活方式型较少，收入成为影响地方感强弱的主因之一。

### 11.1.3　地方感形成影响因素

对访谈资料进行编码分析发现，九寨沟 TEMs 地方感的形成原因多样：开放式编码有 39 个；关联式编码归纳为情感联结、生活关联、社交关系、文化认同、身份认同、经营障碍、设施功能和环境吸引 8 个类属；最后，核心式编码可以归为在社会环境和在自然环境中形成的地方感两个核心类属（表 11-5）。

**表 11-5　旅游企业主移民地方感形成原因**

| 开放式编码 | 关联式编码 | 核心式编码 |
|---|---|---|
| （1）长时间生活对九寨沟产生感情[13]；（2）对九寨沟比较熟悉[16]；（3）习惯九寨沟生活[9]；（4）对九寨沟整体感觉很好[39]；（5）对九寨沟有感情，不会轻易离开[24] | 情感联结[101] | 在社会环境中形成的地方感[808] |
| （6）生活自由[7]；（7）安稳的生活环境[30]；（8）喜欢九寨沟独特的生活方式[17]；（9）家人都在九寨沟[28]；（10）有更多时间照顾家庭[32] | 生活关联[114] | |
| （11）本地亲戚朋友多[37]；（12）本地居民比较友善[25]；（13）街上很多都是老乡[21]；（14）朋友之间会相互帮助[15]；（15）人与人之间比较熟悉，生意好做点[10] | 社交关系[108] | |
| （16）喜欢藏族风情[46]；（17）希望发扬藏族传统文化[7]；（18）对藏传佛教的追求[2]；（19）希望继续保持藏族传统文化特色[14] | 文化认同[69] | |
| （20）自己属于原家乡人[48]；（21）家乡更亲切[16]；（22）家乡的朋友更有感情[42]；（23）在家乡赚钱比在九寨沟赚钱多[9] | 身份认同[115] | |
| （24）租金太高[63]；（25）淡旺季差异[24]；（26）竞争激烈[38]；（27）生意难做[27]；（28）经营环境恶化[16]；（29）天灾影响生意[15]；（30）店铺位置不好[6] | 经营障碍[189] | |
| （31）没有学校，子女教育问题无法解决[37]；（32）交通不便[14]；（33）生活成本高[14]；（34）缺少娱乐设施，业余生活单调[26]；（35）住宿条件差[21] | 设施功能[112] | |
| （36）风景优美[55]；（37）夏天气候凉爽[18]；（38）空气质量好[33]；（39）环境卫生好[25] | 环境吸引[131] | 在自然环境中形成的地方感[131] |

注：[ ]内数字表示出现频数

### 1. 情感联结

情感联结主要体现在 TEMs 对九寨沟产生的独特情感，包括归属感、安全感、自豪感等情感因素。个人与地方之间的情感联结影响着个人的地方感，积极/消极的情感联结易产生正面/负面地方感。多数 TEMs 都认为九寨沟的生活比较惬意，且与本地居民相处融洽，对九寨沟产生了积极的情感。

F：九寨沟各方面给我的感觉都很好，而且我年轻时就来九寨沟做生意了，九寨沟承载着我太多美好的回忆……对我来说，九寨沟是一个非常特别而且有吸引力的地方，一旦你来九寨沟生活居住了一段时间，你会舍不得离开的。（30 岁，服装店老板）

### 2. 生活关联

生活关联主要体现为 TEMs 对九寨沟生活方式和生活环境的追求。地方感与日常经验和生活经验紧密相连，是生活的一种映射。TEMs 在九寨沟做生意，工作时间比较自由随意，有更多的时间陪伴、照顾家人，这种宽松自由的生活方式是其他许多旅游地所没有的，同时九寨沟的生活环境良好、自然环境优美，促使 TEMs 对九寨沟产生了积极地方感。

M：在九寨沟做生意能休息四个月，比在外面打工自由，这四个月可以回老家照顾老人和孩子，也可以跟家里的朋友玩耍，我很喜欢这种生活方式。在大城市做生意，有时一年都不能回家一次，而家里的小孩正处于叛逆期，只在电话中和孩子交流是不行的。（27 岁，特产店老板）

### 3. 社交关系

社交关系主要是 TEMs 在本地的社会关系网，是在社交环境中形成的地方感。大部分 TEMs 来九寨沟做生意都是通过亲朋好友介绍，他们在这里并不孤单，有很多拥有共同兴趣爱好、价值观的熟人或老乡，形成了自己的社交圈子。同时 TEMs 与当地居民共享一个空间，与他们相处融洽，从而对九寨沟产生更为强烈的归属感。

M：来九寨沟做生意是老乡介绍的，这里有很多人都是我的老乡，平时大家有空的时候，一起玩玩、吃吃东西、聊聊家常，也会相互分享生意相关信息，大家熟悉之后，生意也好做很多。（48 岁，超市老板）

### 4. 文化认同

文化认同体现在 TEMs 对九寨沟的藏族服饰、歌舞、节庆、住房、宗教等传统文化的认同。一般文化特色越突出的地方越容易使人产生正向的地方感，九寨沟有原始的、传统的、独特的藏族传统文化和民俗风情，这些都给予 TEMs 独特的文化体验，进而更易于将自己的真实情感投入九寨沟。

M：我是朝鲜族的，以前在北京开店，后来因为对宗教的追求，来到了九寨沟，在这里我对宗教文化有了更深入的了解，我觉得信仰能解决我的一切烦恼，让我的心更平静，不会因为追逐金钱而迷失了自己。（43 岁，工艺品店老板）

### 5. 身份认同

身份及家乡认同主要是 TEMs 对自己“异乡人”身份的认同及对家乡的依恋和认同。个人与地方的关系不仅体现在其与亲朋好友在地方上的体验，更体现在其对自己生活的认同，个人对自己生活经历的认同度影响其地方感。虽然 TEMs 的工作与生活都在九寨沟，但他们依旧认为自己不是九寨沟人。

F：九寨沟蛮好的，但是我觉得我的家乡大理更好，那里风景也好，当初来九寨沟做生意，是因为丈夫继承了我父亲打银饰的手艺，不开个银饰店就浪费了这门手艺，所以就来了。但我觉得人不能忘本，我很爱我的家乡，走到哪里我都是大理人，一辈子都不可能变的。（38 岁，工艺品店老板娘）

6. 经营障碍

近年来，房租上涨、竞争压力大、自然灾害、淡旺季明显等一系列因素导致 TEMs 在九寨沟做生意越来越难，这些变化使得 TEMs 的生活成本不断增加，收入达不到预期，严重影响了 TEMs 对九寨沟地方感的认同度。

F：前几年生意很好做，家里亲戚推荐我过来，说这里做半年休息半年，我觉得九寨沟知名度大，游客多，生意应该不会差，然后就来了。可是近两年受到自然灾害的影响，导致游客量少了很多，而房租却成倍增长，现在压力好大，收入根本维持不了开支。（32 岁，饭店老板）

7. 环境吸引

九寨沟有彩林、翠海、叠瀑、雪山等原始天然的美景，对人们尤其是城市人群有很强吸引力，成为部分 TEMs 持续居留的动因。

F：当初选择来九寨沟开店，是因为姐姐说这里风景特别好，来九寨沟后就首先去沟里面游玩了一天，游览风景时人是非常放松的，九寨沟的水不像其他地方，这里的水是纯天然的，总之，很喜欢九寨沟的自然风景。（34 岁，饭店老板）

8. 设施功能

九寨沟作为自然旅游地，公共服务设施与城市相比较弱。设施不完善主要表现在四个方面：一是外连交通不太便利；二是教育、医疗等公共服务设施不健全；三是娱乐设施比较缺乏；四是没有商品房售卖，租住条件较差。

F：九寨沟的交通不太方便，每次从成都坐车都得八九个小时，遇到地震、泥石流的时候，路就没法走……在九寨沟做生意，小孩的教育问题无法解决，只能将小孩留在老家，不能自己带，而这里离家又远，回家一趟很不容易，所以一年回家的次数不多，生意不好或者闲的时候就很想家。（35 岁，宾馆老板）

### 11.1.4　地方感影响机制

地方感的形成与人们的日常生活息息相关，其形成过程是人们对特定地方的主观认知过程，该过程是动态变化的，人们总是在与地方的不断互动中形成新的地方感（图 11-1）。

九寨沟 TEMs 在与九寨沟的不断互动中形成地方感，其地方感特征可从地方依赖、地方依恋、地方认同、文化认同这四个维度进行测度。TEMs 的生产与生活都集中在九寨沟并形成了地方感，同时又受到情感联结、生活关联、社交关系、

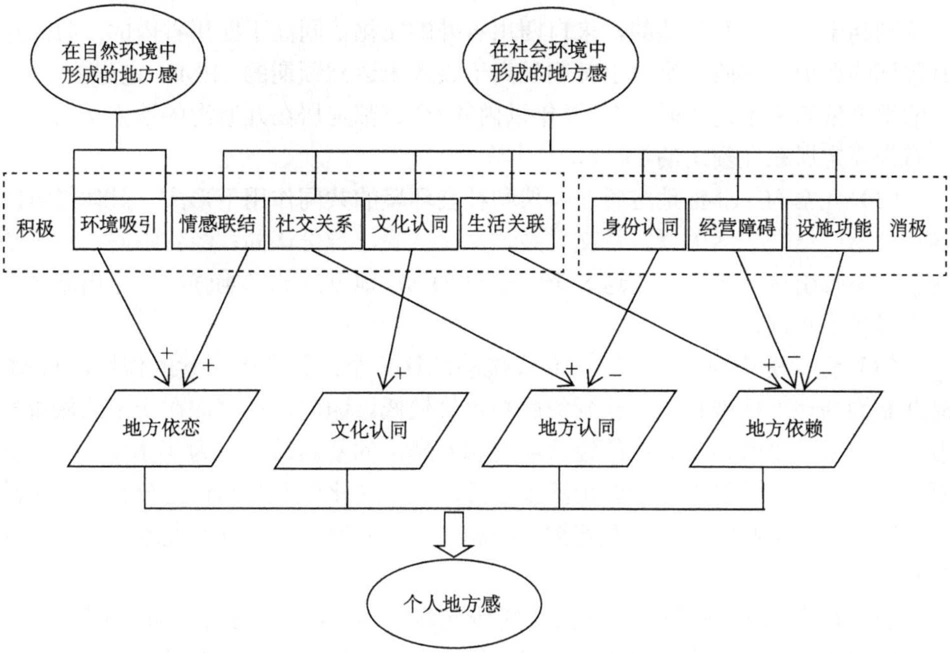


图 11-1　旅游企业主移民地方感影响机制

文化认同、身份认同、经营障碍、设施功能、环境吸引等 8 个因素的共同影响，其中经营障碍对 TEMs 地方感的影响最强，文化认同对 TEMs 地方感的影响最小，这与杨钊等（2013）的研究结论相吻合。从各维度来看，地方依恋的形成主要受九寨沟良好的自然环境，以及 TEMs 对九寨沟投入情感的正向影响；对九寨沟藏族传统文化的喜爱与认同使得 TEMs 对九寨沟的文化认同度高；九寨沟当地融洽的社交环境让 TEMs 对九寨沟产生更为强烈的归属感，从而对九寨沟的地方认同产生正向影响，而 TEMs 对家乡的依恋以及对自己“异乡人”身份的认同都对地方认同产生负向影响；九寨沟独特的生活方式、自由的工作时间、休闲惬意的生活是 TEMs 对九寨沟产生地方依赖的重要原因，但九寨沟不完善的设施以及经营存在的障碍都对地方依赖产生负向影响。

### 11.1.5　结论

（1）九寨沟 TEMs 地方感分为地方依恋、地方依赖、地方认同和文化认同四个维度，TEMs 对九寨沟的地方依恋和文化认同高于对九寨沟的地方依赖和地方认同。

（2）九寨沟 TEMs 地方感在不同人口学特征上有差异。大学专科及以上学历的 TEMs 对九寨沟的文化认同高于初中及以下学历，子女在身边的地方依恋和地方认同高于子女不在身边的，来自四川省外的文化认同高于四川省内的，收入达到预期的在地方感四个维度上都明显高于收入未达到预期的 TEMs，定居 10 年以上的地方依恋高于定居时间在 10 年以内的，全家都定居在九寨沟的地方认同高于只有夫妻定居在九寨沟的 TEMs。

（3）九寨沟 TEMs 地方感在自然和社会环境的共同作用下形成，具体影响因素有情感联结、生活关联、社交关系、文化认同、身份认同、经营障碍、设施功能和环境吸引这 8 个因素，这 8 个因素对 TEMs 地方感的影响强度、作用路径以及方式各不相同。

（4）受身份认同、经营障碍和设施功能这三个消极影响因素的作用，TEMs 对九寨沟的地方依赖和地方认同的感知评价较低。因此，九寨沟在未来的旅游开发过程中应着重改善 TEMs 的经营环境和九寨沟的基础设施，为 TEMs 提供更加舒心的生活环境以及丰富的业余活动。开发民俗文化旅游产品，充分挖掘九寨沟的历史文化，提高 TEMs 对九寨沟的归属感与认同感，增强其对九寨沟的地方依赖和地方认同。

（5）本书采用质性与量化相结合的研究方法，利用访谈资料对问卷进行佐证。由于样本数据相对偏少，对本书的研究结论会有一定的影响，在以后的研究中可增加样本数量，以得到更加可靠的数据。TEMs 地方感类型划分为其他研究对象地方感划分提供了借鉴，对于这一划分标准在其他旅游地的适应性有待进一步验证，同时 TEMs 地方感的层次、维度、形成机理以及变化特征（时间、空间）也是下一步的研究方向。

## 11.2 北京市饭店从业移民地方感知与尺度间关系研究

### 11.2.1 研究方法与样本特征

#### 1. 研究区域概况

以饭店从业移民为研究主体，将饭店与都市设定为尺度背景，只考虑一家饭店难以满足样本量的需求，且不同饭店会因为环境条件等各方面差异影响到整体的感知结果，从而选取了某集团下的两家酒店作为案例地，两家酒店在人员构成、酒店经营环境等各方面具有同质性，均属五星商务酒店，规模较大，外来员工占比高，以其中一家酒店为例，其外来员工占比达 75%以上，近 260 人。此外，北京是外来从业人员的重要目的地，而饭店业则是外来从业人员的重要从业场所，案例酒店可以作为具有代表性的可靠案例地。

### 2. 问卷调查法

调查于 2013 年 7 月和 12 月在北京的两家酒店进行，主要采取自上而下方式进行问卷（附录 12）的发放，充分利用两家酒店人力资源部门的协助将问卷均匀发放到各部门，以防止问卷集中于某个部门，导致难以反映酒店的整体情况。此外，为提高问卷填写的内容有效性和保证问卷对饭店行业特征的反映，只选取了员工学历层次较高或行业特征明显的部门进行了发放，对不具有饭店行业特征的保安及工程等部门不予发放。本次调研共发放问卷 400 份，回收问卷 400 份，回收率 100%，其中有效问卷 305 份，有效率 76%，问卷的数量与题项比能够达到要求。问卷所收集的数据主要采用 SPSS 软件和 AMOS 软件来进行分析与模型构建。

### 3. 测量指标设计

地方感研究主要采用定量化指标测量，一般包含有地方依恋、地方依赖和地方认同三个维度（Steven, 2005），其本身并不能定量化自我表达，因此需要针对各维度设立可观察指标。地方依恋突出情感性依附，地方依赖突出功能性依恋，地方认同突出情感信念（Phil and Susan, 2006; Shamai, 1991），在借鉴了成熟的地方感知测量指标体系的基础上，设计出从业移民在饭店与北京两尺度上的地方感知测量指标体系，经过酒店的预调研，确立了最终的地方感知测量量表。其中包括两个部分，一是饭店水平上的测量结构量表，二是北京市水平上的测量结构量表，各含 3 个维度，共 22 个指标。两指标体系具有一致的结构与测量内容，以保证测量的可比性，其中 h 开头的变量意为饭店（hotel）水平，b 开头的变量意为北京市（Beijing）水平。

各维度下包含的测量指标经过预调研等方式进行了一系列的删减与修改，以保证各指标能够既全面而又不冗杂地反映所在的维度，如删除了原有设想中不能突出和贴切反映感知状况指标，增加了一些能更好体现企业和城市特征的指标等，此外还通过精简提升了各指标的囊括性，以减少题量，保证问卷的填写水准。在最后确立的指标体系中包含以下内容：首先是在饭店尺度水平上，其中地方依恋有 hpa1～hpa4 四项指标，地方认同包含有 hpi1～hpi3 三项指标，地方依赖包括 hpd1～hpd3 三项指标，社会联系有 hsc1 和 hsc2 两项，文化认同有 hci1～hci4 四项；其次是在北京市尺度水平上，其中地方依恋有 bpa1～bpa4 四项指标，地方认同包含有 bpi1～bpi3 三项指标，地方依赖包括 bpd1～bpd5 五项指标，社会联系有 bsc1 和 bsc2 两项，文化认同有 bci1～bci3 三项。各指标具体内容见表 11-6。

**表 11-6　饭店与北京市地方感测量指标体系**

| 饭店水平上的测量指标体系 | | | 北京市水平上的测量指标体系 | | |
|---|---|---|---|---|---|
| 潜变量 | 编号 | 指标内容 | 潜变量 | 编号 | 指标内容 |
| 地方依恋 | hpa1 | 同批评酒店的人争论 | 地方依恋 | bpa1 | 自豪在北京生活 |
| | hpa2 | 酒店工作感到愉快 | | bpa2 | 在北京生活感到愉快 |
| | hpa3 | 酒店工作感到满足 | | bpa3 | 希望在北京生活下去 |
| | hpa4 | 希望一直在这工作下去 | | bpa4 | 假如离开了北京，会想念 |
| 地方认同 | hpi1 | 酒店氛围适合自己 | 地方认同 | bpi1 | 北京氛围和生活符合自己性格 |
| | hpi2 | 自己是酒店一份子 | | bpi2 | 在北京能更好地认识自己 |
| | hpi3 | 感受自己价值 | | bpi3 | 对北京有一种归属感 |
| 地方依赖 | hpd1 | 更喜欢这里 | 地方依赖 | bpd1 | 北京是做自己喜欢事情最好的地方 |
| | hpd2 | 需求得到满足 | | bpd2 | 习惯了北京生活 |
| | hpd3 | 提升机会多 | | bpd3 | 北京有着优质医教资源 |
| | | | | bpd4 | 拓展视野和知识面 |
| | | | | bpd5 | 北京能给自己和家人带来机会 |
| 社会联系 | hsc1 | 在酒店结交了重要朋友 | 社会联系 | bsc1 | 很多亲友都在北京 |
| | hsc2 | 朋友喜欢这个酒店 | | bsc2 | 亲友喜欢北京 |
| 文化认同 | hci1 | 酒店竞赛和文娱活动多 | 文化认同 | bci1 | 北京有独特文化魅力 |
| | hci2 | 能感受到对员工的关心 | | bci2 | 北京文化能影响自己 |
| | hci3 | 觉得管理及制度合理 | | bci3 | 首都社保及劳动政策更加健全 |
| | hci4 | 能感受到直属领导关心 | | | |

4. *被访者基本信息*

饭店业作为劳动力密集型行业，北京市的两家酒店的外来从业人员人口特征分析能够在一定程度上展现出其中的基本特征与状况。如表 11-7 所示，在性别上男女比例的差异较为明显，女性相较于男性多出了 21.4 个百分点；年龄层主要集中于 34 岁以下的群体，因此整体上年轻人占据了绝大多数，比例超过 90%；来源地差异较大，其中来自河北、辽宁两省数量最多，安徽、陕西等省份也有较多前往北京就业的人口，主要受距京距离与来源地发展水平等因素影响；来京时间以 3 年内的短居者最多（55.7%），长居者较少；在企工作 3 年以下为主（64.6%）；在文化程度上，高中及中专与大学专科人才是就业人群的主要部分，其中大学专科数量最多，比例最大，但较高学历的大学本科及以上的比例不大，只有 15.4%；多数从业人员位于基层岗位（服务员、领班及一般员工）（78.3%）。

**表 11-7　被访者基本信息**

| 特征项 | 比例/% | 频数 | 特征项 | 比例/% | 频数 |
|---|---|---|---|---|---|
| 性别： | | | 来源地： | | |
| 男 | 39.3 | 120 | 河北 | 23.6 | 72 |
| 女 | 60.7 | 185 | 辽宁 | 11.8 | 36 |
| 年龄： | | | 河南 | 9.5 | 29 |
| <24 岁 | 46.9 | 143 | 山东 | 8.2 | 25 |
| 25～34 岁 | 44.6 | 136 | 黑龙江 | 7.2 | 22 |
| 35～44 岁 | 6.2 | 19 | 安徽 | 6.6 | 20 |
| 45～55 岁 | 2.3 | 7 | 陕西 | 6.2 | 19 |
| 来京时间： | | | 山西 | 5.2 | 16 |
| 1 年以下 | 18.7 | 57 | 湖北 | 3.9 | 12 |
| 1～3 年 | 37.0 | 113 | 吉林 | 2.6 | 8 |
| 3～5 年 | 18.4 | 56 | 四川 | 2.6 | 8 |
| 5～10 年 | 19.3 | 59 | 浙江 | 2.6 | 8 |
| 10 年以上 | 6.6 | 20 | 内蒙古 | 2.3 | 7 |
| 在企业时间： | | | 江苏 | 1.6 | 5 |
| 1 年以下 | 29.5 | 90 | 甘肃 | 1.3 | 4 |
| 1～3 年 | 35.1 | 107 | 其他省份 | 4.6 | 14 |
| 3～5 年 | 15.7 | 48 | 职务： | | |
| 5～10 年 | 19.7 | 60 | 服务员 | 25.6 | 78 |
| 学历： | | | 领班 | 26.7 | 82 |
| 小学及以下 | 0 | 0 | 企业中层管理者 | 13.8 | 42 |
| 初中 | 7.5 | 23 | 企业高层管理者 | 0.7 | 2 |
| 高中及中专 | 30.2 | 92 | 一般员工 | 25.9 | 79 |
| 大学专科 | 46.9 | 143 | 企业技术人员 | 3.0 | 9 |
| 大学本科及以上 | 15.4 | 47 | 厨师 | 4.3 | 13 |

### 11.2.2　地方感知特征分析

地方感知评价主要试图从整体上了解地方感知的现状程度，并通过对两个不同尺度水平上的比较得出地方感知的差异特征。

#### 1. 饭店尺度上的地方感知特征

**饭店地方感评价**。问卷采用利克特量表要求应答者用 1（很同意）～5（很不同意）等对案例地方感的各项指标进行选择，通过均值计算，如果低于“3”（“一般”）则表示总体评价是积极的，反之则表示消极，分别以 2.5 和 3.5 为积极与消极评价程度的分割。

对样本的地方感知指标进行均值排序分析（表11-8），反映的是各项指标的整体水平，得出样本对整个饭店尺度上地方感的评价，指标均采用正面描述，均值分越低表明对这项表示同意水平越高，也表明这项描述的积极面更多。在全部十六项指标中，得分全部低于 3，均达到了满意以上的水平，其中正面性最高的是“自己是酒店一分子”的表述，而表现最弱的是“朋友喜欢这个酒店”。结果显示样本对饭店的认同程度整体上处于较高水平，其中最高与最低水平的差距较为明显，表明样本群体对于不同表述间的认同水平存在较为明显的差异。

**表 11-8 饭店尺度地方感评价**

| 项目 | 样本量 | 均值 | 总体评价 |
|---|---|---|---|
| 自己是酒店一分子 | 305 | 1.96 | 强势同意 |
| 在酒店结交了重要朋友 | 305 | 2.11 | 强势同意 |
| 能感受到直属领导关心 | 305 | 2.11 | 强势同意 |
| 酒店氛围适合自己 | 305 | 2.21 | 强势同意 |
| 酒店竞赛和文娱活动多 | 305 | 2.30 | 强势同意 |
| 感受自己价值 | 305 | 2.39 | 强势同意 |
| 更喜欢这里 | 305 | 2.41 | 强势同意 |
| 觉得管理及制度合理 | 305 | 2.41 | 强势同意 |
| 能感受到对员工的关心 | 305 | 2.47 | 强势同意 |
| 提升机会多 | 305 | 2.49 | 强势同意 |
| 同批评酒店的人争论 | 305 | 2.51 | 弱势同意 |
| 酒店工作感到愉快 | 305 | 2.52 | 弱势同意 |
| 希望一直在这工作下去 | 305 | 2.56 | 弱势同意 |
| 酒店工作感到满足 | 305 | 2.56 | 弱势同意 |
| 需求得到满足 | 305 | 2.65 | 弱势同意 |
| 朋友喜欢这个酒店 | 305 | 2.70 | 弱势同意 |

**饭店地方感认同强度分析。**在均值分析的基础上，了解了样本群体饭店地方感的整体表征，但对每个指标内在细节的分析还需要进行进一步分析，把问卷动机量表评价项目“很同意”“同意”归为“同意”，把“不同意”“很不同意”归为“反对”，得出了赞成率排序图（图 11-2）。结果显示，“自己是酒店一分子”“在酒店我结交了重要朋友”“酒店氛围适合自己”等都表现出了较强的赞同程度，均达到或超过 80%，其中有两项都是属于地方认同维度，表明样本对饭店具有较为强烈的地方认同感；在“社会联系”这一维度中多数人都认为自己结交了很多重

要的朋友，但对于“朋友喜欢这个酒店”这一表述表示同意的人却是最少的，进一步分析可以发现认同程度较低的表述多属于“依恋”和“依赖”这两个维度，这从另一个角度解释了为什么“朋友喜欢这个酒店”的表述属于最低的水平；而对于“文化认同”这一维度大多数所表现出来的都是较高的赞同程度。综合观察可以发现对于与自身利益有着密切关系的“依恋”和“依赖”部分都表示处于较低的认同，对于相对重要性较低的“社会联系”和饭店的管理与文化氛围等均有着较高的赞同程度；而且通过表现出较强的“地方认同”维度可以发现在外来员工中存在着一种“强烈归属感与较弱生活/工作满意感”的矛盾情绪。

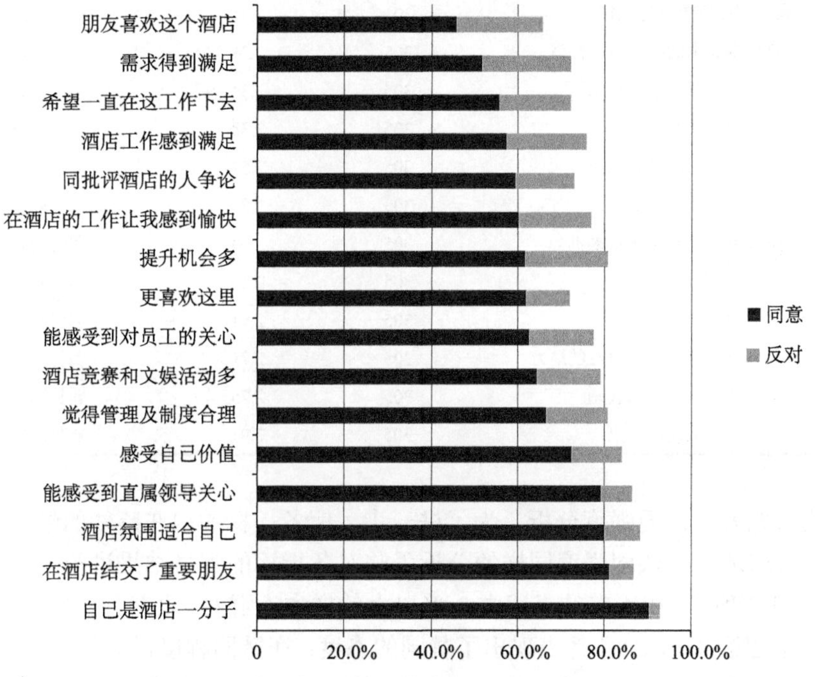


图 11-2　饭店感知指标强度排序

2. 北京尺度上的地方感知特征

**北京地方感评价**。对北京尺度上地方感知进行均值分析（表11-9），得出了北京市地方感知各项指标的均值排序，结果显示，所有描述均显示出正面的整体评价，评价水平较高，其中对“北京有独特文化魅力”表述表现出了最高的评价水平，对“很多亲友在北京”的表述评价较低，两描述之间的评价差异较为明显。在整体的排序中，评价水平较高的以“文化认同”和“地方依赖”两维度中的指标较多，表明外来员工对北京这座城市的都市资源和城市文化有着不错的印象和感知，其次是以“地方认同”和“地方依恋”这两个维度中表述为主。

**表 11-9　北京尺度地方感评价**

| 项目 | 样本量 | 均值 | 总体评价 |
|---|---|---|---|
| 北京有独特文化魅力 | 305 | 1.99 | 强势同意 |
| 拓展视野和知识面 | 305 | 2.04 | 强势同意 |
| 首都社保及劳动政策更加健全 | 305 | 2.12 | 强势同意 |
| 北京文化能影响自己 | 305 | 2.17 | 强势同意 |
| 北京有着优质医教资源 | 305 | 2.25 | 强势同意 |
| 在北京能够更好地认识自己 | 305 | 2.31 | 强势同意 |
| 北京氛围和生活符合自己性格 | 305 | 2.31 | 强势同意 |
| 假如离开北京会想念 | 305 | 2.34 | 强势同意 |
| 习惯了北京生活 | 305 | 2.38 | 强势同意 |
| 在北京生活感到愉快 | 305 | 2.52 | 弱势同意 |
| 希望在北京生活下去 | 305 | 2.53 | 弱势同意 |
| 北京能给自己和家人带来机会 | 305 | 2.54 | 弱势同意 |
| 亲友喜欢北京 | 305 | 2.55 | 弱势同意 |
| 自豪在北京生活 | 305 | 2.71 | 弱势同意 |
| 北京是做自己喜欢事情最好的地方 | 305 | 2.71 | 弱势同意 |
| 对北京有一种归属感 | 305 | 2.75 | 弱势同意 |
| 很多亲友在北京 | 305 | 2.93 | 弱势同意 |

**北京地方感认同强度分析**。为了进一步了解各指标的内在感知的细节，通过采用与饭店地方感认同强度同样的分析手法对各指标的测量结果进行分析，其结果如图 11-3 所示，在所有的表述中 80%以上的样本人群对“北京有独特文化魅力”和“拓展视野和知识面”都表现出了赞同的态度；在赞同程度最高的几个选项中，与评价分析相同，多属于“文化认同”和“地方依赖”两个维度，主要以文化魅力、优质资源和提升机会为主要内容，符合北京的“都市功能”和“历史古都”的现状；而在“地方认同”维度中认同程度最高的是“在北京能够更好地认识自己”的表述，表明北京能够给外来人员一个新的定位和认识自己的“环境”与“背景”；同样作为“地方认同”指标，人们对“北京的归属感”却不是很强，这与之前对自我认同的测量结果类似，只有较少的人认为自己是新北京人和北京人；虽然整体上样本群体对“地方依恋”的认同程度并不是很高，而作为地方依恋重要指标的“假如离开北京会想念”的表述，样本群体对其却有着较高的评价，表明人们对北京存在着“恋恋不舍”的情绪。而在“社会关系”这一维度中，分析结果显示外来员工多数都是独自前来北京闯荡生活。

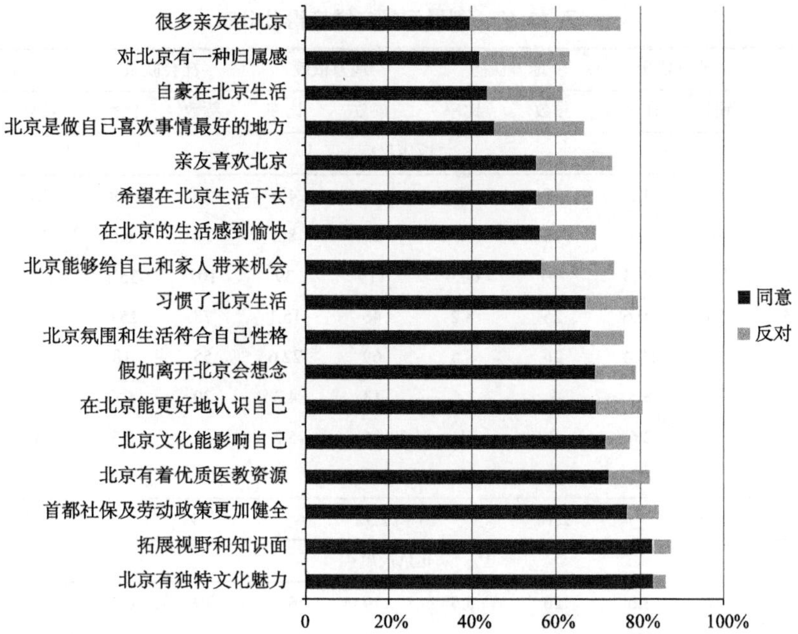


图 11-3　北京尺度地方感知指标强度排序

### 3. 尺度间比较分析与总体特征描述

为探究饭店从业移民对两地方尺度的感知水平，以各维度均值为强度标准，将其归为八个区间，依次是 1～1.5、1.5～2 到 4.5～5，其同意程度逐渐降低。统计分析出各维度的得分分布，得出饭店从业移民的各维度感知分布。

表 11-10 分析结果显示饭店从业移民对两尺度内各维度整体上均表现出较为赞同态度，均值保持在 2.5 左右水平，表明样本群体对所从业饭店与北京市有着较好感知，其中对饭店的“地方认同”程度最高。整体分布上，较高同意水平的“1～2”与较低同意水平的“4～5”上的样本人数较少，多数集中于中间部分，整体呈倒“U”形，对所有表述呈现极端评价和认同的较少。在同一尺度的横向比较中，可以发现饭店与北京尺度中的五个维度比例最大、人数最多的均集中于 2～2.5 水平区间内，而饭店尺度中“地方认同”此区间占比最高，得分分布从顶点下降趋势更为显著，北京尺度中“社会联系”差异最小，得分分布从顶点下降的趋势也最为平缓。在纵向比较中发现“地方认同”、“地方依赖”和“社会联系”上出现了较为显著的差异，饭店“地方认同”强度明显高于北京“地方认同”，且顶点下降趋势更为显著；而饭店“地方依赖”强度要低于北京“地方依赖”，顶点下降趋势更不显著；而北京尺度中的“社会联系”则相对于饭店尺度表现出了更加平缓的趋势。

**表 11-10　测量问卷各维度得分分布**

| | 地方依恋 | | 地方认同 | | 地方依赖 | | 社会联系 | | 文化认同 | |
|---|---|---|---|---|---|---|---|---|---|---|
| | 频数 | 比率 | 频数 | 比率 | 频数 | 比率 | 频数 | 比率 | 频数 | 比率 |
| 饭店尺度 | | | | | | | | | | |
| 1～1.5[①] | 13 | 4.3 | 28 | 9.1 | 14 | 4.6 | 15 | 4.9 | 16 | 2.6 |
| 1.5～2 | 16 | 5.3 | 18 | 5.9 | 25 | 8.2 | 20 | 6.6 | 37 | 12.1 |
| 2～2.5 | 120 | 39.3 | 197 | 64.4 | 119 | 39 | 107 | 35.1 | 132 | 43.2 |
| 2.5～3 | 63 | 20.6 | 25 | 8.2 | 46 | 15.1 | 78 | 25.6 | 54 | 17.7 |
| 3～3.5 | 56 | 18.4 | 26 | 8.5 | 69 | 22.6 | 55 | 18 | 36 | 11.8 |
| 3.5～4 | 26 | 8.5 | 8 | 2.6 | 13 | 4.3 | 20 | 6.6 | 17 | 5.6 |
| 4～4.5 | 8 | 2.6 | 3 | 1 | 16 | 5.2 | 7 | 2.3 | 11 | 3.6 |
| 4.5～5 | 3 | 1 | 0 | 0 | 3 | 1 | 1 | 0.3 | 2 | 0.6 |
| 均值 | 2.52 | | 2.16 | | 2.52 | | 2.4 | | 2.35 | |
| 北京尺度 | | | | | | | | | | |
| 1～1.5 | 11 | 3.6 | 20 | 6.5 | 19 | 6.3 | 19 | 6.2 | 51 | 16.8 |
| 1.5～2 | 19 | 6.3 | 13 | 4.3 | 25 | 8.2 | 9 | 3 | 27 | 8.9 |
| 2～2.5 | 106 | 34.7 | 141 | 46.3 | 149 | 48.9 | 75 | 24.6 | 156 | 51.1 |
| 2.5～3 | 84 | 27.5 | 54 | 17.7 | 53 | 17.4 | 46 | 15.1 | 37 | 12.1 |
| 3～3.5 | 49 | 16.1 | 55 | 18 | 40 | 13.1 | 71 | 23.3 | 24 | 7.9 |
| 3.5～4 | 23 | 7.6 | 6 | 2 | 16 | 5.3 | 40 | 13.1 | 6 | 2 |
| 4～4.5 | 9 | 2.9 | 15 | 4.9 | 3 | 1 | 38 | 12.5 | 4 | 1.3 |
| 4.5～5 | 4 | 1.3 | 1 | 0.3 | 0 | 0 | 7 | 2.3 | 0 | 0 |
| 均值 | 2.53 | | 2.46 | | 2.39 | | 2.74 | | 2.09 | |

注：①表示的是各指标的强度分段，将 1～5 的同意程度由强到弱分为八个区间

关键区间影响着整体的感知水平，整体分布结果表明 2～2.5 及 2.5～3 是决定整体认同程度的关键区间，该区间样本数量越多，认同程度则越高。

分布趋势各尺度中均存在差异明显，无论是北京尺度还是饭店尺度中，样本群体对不同维度的选择都有着较为显著差异，分布趋势越陡则表明选择越集中，反之则越离散，表明人们对各维度存在着不同的判断与认识，并且存在着判断差异越大，则整体的感知认同水平越低的状况。

“地方认同”成为两尺度间差异最大的维度，而归属感的表述则成为两尺度间差异最大的指标项，在饭店中人们对“自己是酒店一分子”的表述在排序中位于首位，而在北京尺度上人们“对北京有一种归属感”则处于尾端，表明融入大尺度的北京要比融入小尺度的饭店困难得多。

### 11.2.3　饭店从业移民地方感知内在尺度关系

1. 假设关系模型

在明确地方感维度结构与指标体系基础上，利用结构方程模型来探究饭店与北京市地方感的关系与路径。在参考相关研究的基础上，提出了饭店与北京市地方感假设关系路径，主要包括内部维度关系与地方感间关系两个部分。在内部维度关系中，城市等尺度的地方认同与依赖在诸多研究中均表现出对地方依恋的正向影响（Williams, et al., 1992），此外还有学者认为需求与满意度会影响地方认同（Lisa, 2007），而需求与满意度隶属依赖范畴，这与本书中的依赖内涵相吻合，于是本书假设地方依赖正向影响地方认同，从而构建起地方感的内部维度关系，而饭店这一背景未有对其地方感维度关系的研究，因此假设其与北京市的地方感维度关系相同。在外部关系中，本书认为整体上饭店地方感正向影响北京地方感，且涉及的是工作场所与城市间关系，与钱俊希等（2011）研究的城市移民的文化活动中心与城市地方感关系具有一定的差异。本书认为饭店作为工作场所与北京地方依赖中的机会与需求等功能性感知联系更为密切，因此饭店的地方依恋并不会如前者所研究的那样直接影响到城市地方依恋。为了验证这一猜想是否成立，提出了如下的假设关系，形成了验证从业移民的饭店与北京市地方感知与关系的结构模型（图 11-4）。

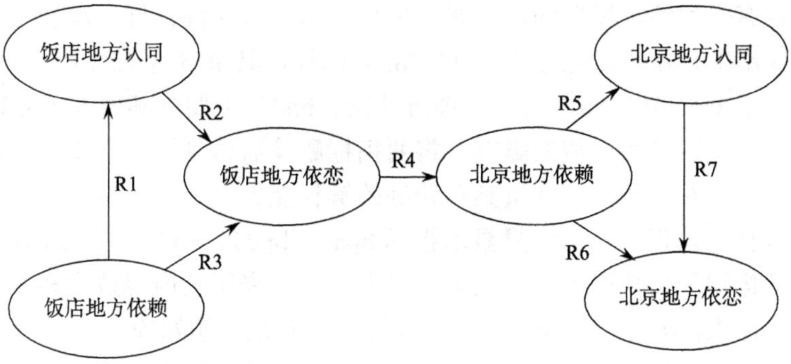


图 11-4　假设关系模型

假设关系 R1：饭店地方依赖（hpd）正向影响饭店地方认同（hpi）。
假设关系 R2：饭店地方认同（hpi）正向影响饭店地方依恋（hpa）。
假设关系 R3：饭店地方依赖（hpd）正向影响饭店地方依恋（hpa）。
假设关系 R4：饭店地方依恋（hpa）正向影响北京地方依赖（bpd）。
假设关系 R5：北京地方依赖（bpd）正向影响北京地方认同（bpi）。

假设关系 R6：北京地方依赖（bpd）正向影响北京地方依恋（bpa）。

假设关系 R7：北京地方认同（bpi）正向影响北京地方依恋（bpa）。

2. 结构方程模型结果分析

**信度与效度检验**。利用 SPSS 17.0 统计软件中的度量（scale）来进行问卷信度检验与可靠性（reliability）分析，结果显示 6 个维度的信度克龙巴赫 $\alpha$ 系数均达到了 0.70 以上，介于 0.741～0.808，表明各维度的内部一致性良好，各指标能够可靠反映饭店外来从业人员地方感知评价。效度检验主要分析其内容与结构效度，分析结果显示除 hpa1、bpd3、bpd4 和 bpa4 外，其余测量指标的单项指标与总和相关系数（item-total correlation）均介于 0.532～0.726，表明删除以上指标后，余下各指标能很好地反映所在维度测量的主题内容；结构效度的因子分析结果显示，测量量表的 KMO 值为 0.914，巴特利特球形值为 3169.571，在 0.001 的水平显著，表明本地方感测量量表结构效度佳。

**测量模型验证**。运用 amos 17.0 软件对假设模型进行了验证性因子分析（CFA），结果表明在各项评估标准中，标准化因子负荷除 hpa1（0.441）、bpd3（0.482）、bpd4（0.469）和 bpa4（0.439）低于 0.5 以外，其余变量均介于 0.579～0.865，且因子负荷量显著的不等于 0，$T$ 值介于 7.514～15.824，相关关系显著（$p<0.01$），表明除以上 4 个观察变量外，其余观察变量对潜变量均重要。测量模型中 6 个潜变量的组成信度值介于 0.76～0.827，达到了超过 0.7 的要求，表明测量量表内部具有一致性，模型的内在质量理想，目标可靠性良好。测量量表平均方差提取值（AVE）除北京地方认同（0.383）以外，其余 5 个维度均达到超过 0.5 的标准，介于 0.5～0.5586，而北京地方认同（bpd）主要受其内部 bpd3 和 bpd4 两指标的标准化因子负荷值的影响，将两指标删除后达到了 0.5 要求，表明测量模型的观察变量对其所在潜变量具有较好的解释能力。

**模型拟合与修正**。分析结果显示指标 hpa1、bpd3、bpd4 和 bpa4 在单项总和系数与标准化因子负荷均未能达到 0.5 以上水平，表明其内容效度和重要性都不能满足测量需求，因此予以删除，指标删除后构建出“初始模型（MP）”。模型的拟合检验与修正目的在于检验假设关系结构模型与测量数据拟合程度，并通过修正与再拟合得出理想模型，其具体指标有卡方检验 $\chi^2$/df、拟合优度指数（GFI）、调整拟合优度指数（AGFI）、近似均方根误差（RMSEA）、规范拟合指数（NFI）、比较拟合指数（CFI）等。初始模型中（表 11-11）各项拟合指数基本达到了适配标准或临界值要求，调整拟合优度指数还需进行调整。初始模型验证性因子分析发现，误差 $a4$ 与 $a7$、$a8$ 之间存在共变关系，对其进行释放，其中假设路径关系 R7（北京地方认同正向影响北京地方依恋）的标准化因子负荷不足 0.5，$T$=0.088（$p$=0.930），表明这一路径关系不成立，予以删除，两步修正后得出最终关系结构模型，进行验证分析发现各项指标均能满足适配标准，与样本数据有较好的拟合程度，因此选择这一模型作为最终模型（MF）（图 11-5）。

**表 11-11　初始模型与最终模型的拟合检验**

| 拟合指标 | $\chi^2$/df | GFI | AGFI | RMSEA | NFI | CFI | 备注 |
|---|---|---|---|---|---|---|---|
| 适配标准 | ＜2 | ＞0.9 | ＞0.9 | ＜0.08/0.05 | ＞0.9 | ＞0.9 | 参考来源 |
| 初始模型 | 1.740 | 0.923 | 0.898 | 0.049 | 0.921 | 0.965 | 剔除 4 指标 |
| 最终模型 | 1.554 | 0.932 | 0.908 | 0.043 | 0.930 | 0.974 | 删除 R7 |

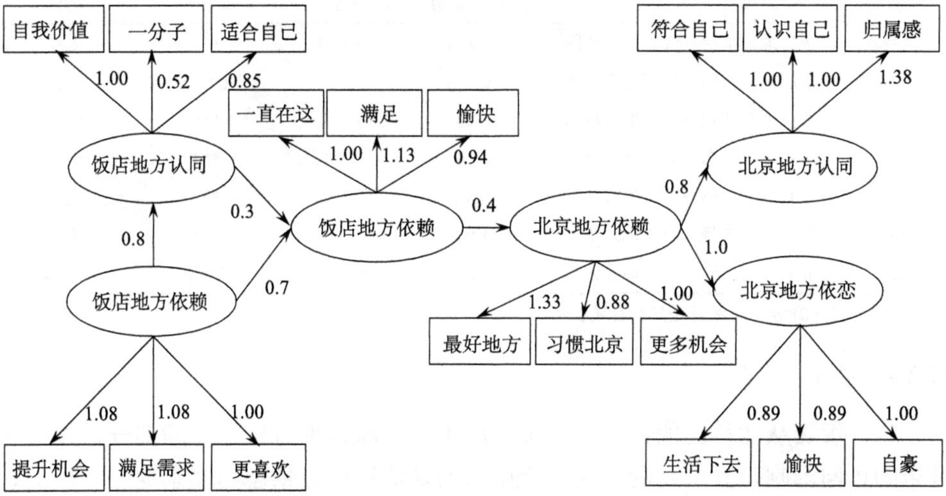


图 11-5　最终模型 MF

**结构模型检验与解释**。数据与模型达到理想契合要求，进一步验证数据对潜变量间假设关系的支持程度，以分析 7 个假设路径成立与否，主要采用最大似然法得出路径参数估计值，在 R1～R7 的 7 条路径中，除路径 R7 外，其余 6 项假设路径关系均达到了成立条件。

地方感内部维度关系检验：内部维度关系有北京和饭店两部分，有 R1、R2、R3、R5、R6 与 R7 这 6 条假设路径，极大似然法（ML）得出的结果（表 11-12）显示这 6 条路径关系中除 R7 外均达到了成立条件，*T* 值达到显著水平。其中北京地方认同（bpi）不能正向影响北京地方依恋（bpa）、饭店地方认同（hpi）对饭店地方依恋（hpa）的影响较弱，表明饭店从业移民地方认同在两个尺度上对地方依恋的贡献都不甚显著。而两个尺度上地方依赖都对地方认同和地方依恋表现出了较强的正向影响，其通径系数均达到了 0.7 以上，这与钱俊希等（2011）结果具有一致性。可以看出饭店从业移民对饭店和城市功能需求是影响他们对地方产生依恋及认同的基础条件。

地方感间假设关系检验：地方感间关系为假设路径 R4（表 11-12），验证结果显示饭店从业移民对饭店的地方依赖会正向影响到对北京的地方依赖，其通径系数为 0.445，且达到了显著水平。表明饭店移民更多是因为饭店或对饭店的依恋而依赖于北京这个城市，此外饭店地方感还会间接地影响到对北京的地方认同和北京地方依恋，整体上说明饭店地方感与北京地方感间存在着单一正向影响，与钱俊希等（2011）地方感研究结果相吻合。

**表 11-12 假设关系路径检验结果**

| 编号 | 假设路径关系 | 通径系数 | $T$ 值 | 显著性 | 结果 |
|---|---|---|---|---|---|
| R1 | 饭店地方依赖→饭店地方认同 | 0.834 | 10.633 | *** | 成立 |
| R2 | 饭店地方认同→饭店地方依恋 | 0.313 | 2.515 | 0.012 | 较成立 |
| R3 | 饭店地方依赖→饭店地方依恋 | 0.704 | 5.228 | *** | 成立 |
| R4 | 饭店地方依恋→北京地方依赖 | 0.445 | 7.231 | *** | 成立 |
| R5 | 北京地方依赖→北京地方认同 | 0.831 | 9.394 | *** | 成立 |
| R6 | 北京地方依赖→北京地方依恋 | 1.024 | 10.999 | *** | 成立 |
| R7 | 北京地方认同→北京地方依恋 | 0.049 | 0.088 | 0.930 | 不成立 |

***表示在 0.01 水平上统计差异具有显著性

### 11.2.4 结论

（1）饭店从业移民的饭店地方感隶属于北京城市地方感的依赖部分，并产生显著的正向影响。其中起着关键媒介作用的是酒店地方依恋与北京地方依赖，其余维度间无直接影响关系，这与之前研究存在影响通道上的差异。前者是以生活场所为对象，本书是以工作场所为对象，而工作场所更加凸显功能性的感知情节，与城市的依赖感知吻合。

（2）地方依赖在工作场所与城市中均发挥着功能性与基础性的重要作用，都显著影响着地方认同和地方依恋。结果表明这一群体会因为需求满足等而对工作地与城市产生认同与依恋，城市与饭店给从业移民带来的机会与需求满足会直接影响到他们的归属感与依恋感。

（3）饭店从业移民的地方认同比地方依恋关系更为独立。分析结果表明地方认同在宏微观尺度上对地方依恋影响并不显著，尤其是在北京宏观尺度上，这说明在饭店和北京的归属感及身份的认同并不会对情感依恋产生特别显著的影响。

（4）地方感知的路径由饭店向地方拓展。在明确了宏微观尺度的内在感知关系和关联关系以后，构建出了一个融合二者于一体的完整路径体系，以更加明晰和准确的视角判读出感知的发生与发展。

# 参 考 文 献


阿坝州政府信息公开工作办公室. 2014 年九寨沟景区接待游客 456 万余人次[EB/OL]. (2015-01-05). http://www.abazhou.gov.cN/jrab/zwyw/201501/t20150105_1054960.html.

安徽省统计局. 2005. 安徽统计年鉴. 北京: 中国统计出版社.

白凯, 王晓娜. 2018. 社会氛围对旅游从业者移民地方融入的影响研究——以丽江古城为例.人文地理, 33(05): 133-142.

陈蕾, 杨钊. 2014. 生活方式型旅游小企业的特征及研究启示.旅游学刊, 29(8): 80-88.

陈向明. 2000. 质的研究方法与社会科学研究. 北京: 教育科学出版社.

陈勇. 2000. 当今永久性国际人口迁移现状及其特点. 人口与经济, 2: 44-50.

崔芳芳, 徐红罡. 2012. 西递旅游从业者移民迁移动因研究.资源开发与市场, 28(10): 908-912, 916.

方德敏, 杨钊. 2017. 自然观光地旅游企业主移民地方感研究——以九寨沟为例.云南地理环境研究, 29(05): 28-37.

耿献辉, 周应恒. 2014. 农民的人脉关系、市场导向与经营绩效——来自我国大蒜主产区的调查. 农业经济问题, 35(1): 71-78.

顾宋华. 2011. 休闲者的地方感研究——以环西湖休闲街区为例. 杭州: 浙江大学.

郭志仪, 颜咏华. 2015. 甘肃省流动人口社会融合状况及影响因素. 城市问题, 5: 97-103.

何豫皖, 徐龙梅, 杨钊. 2017. 自然观光地旅游从业者移民社会融合结构及其影响因素分析——以九寨沟为例. 安徽农业大学学报(社会科学版), (06): 78-85.

胡振球. 2011. 社会关系网络视野下的人口迁移研究.合肥: 安徽大学.

华金·阿朗戈. 2001. 移民研究的评析. 国际社会科学杂志(中文版), (8): 35.

九华山风景区人口普查办公室. 2001. 九华山风景区 2000 年人口普查资料. 池州: 池州市统计文印中心.

九华山志编纂委员会. 1990. 九华山志. 合肥: 黄山书社.

李芬. 2012. 城市内湖旅游者地方感研究——以扬州瘦西湖为例. 福州: 福建师范大学.

李明欢. 2000. 20 世纪西方国际移民理论. 厦门大学学报(哲学社会科学版), (4): 12-18.

李青. 2005. 旅游+房产让海南房价一路高歌. 中国旅游报: 01-19(第 4 版).

李小龙. 2014. 黄河经济带经济与人口时空格局演变及空间耦合研究. 开封: 河南大学.

李勋来, 李国平. 2005. 农村劳动力转移模型及实证分析. 财经研究, 6: 78-85.

李艳凝, 徐红罡. 2009. 游客还是居民——旅居拉萨和尼泊尔的自主经营者. 旅游论坛, 2(02): 182-187.

李志刚, 吴缚龙, 肖扬. 2014. 基于全国第六次人口普查数据的广州新移民居住分异研究.地理研究, 33(11): 2056-2068.

梁波, 王海英. 2010. 国外移民社会融入研究综述. 甘肃行政学院学报, (2): 18-27.
刘冰. 2015. 旅游学科研究中的社会网络思想及其研究范式.中山大学学报(社会科学版), 55(2): 205-210.
刘法建, 张捷, 章锦河, 等. 2014. 旅游地网络的演化与时空特征研究——以黄山风景区及汤口社区为例.地理科学, 34(12): 1428-1437.
卢松, 张业臣, 王琳琳. 2017. 古村落旅游移民社会融合结构及其影响因素研究——以世界文化遗产宏村为例.人文地理, 32(04): 138-145.
陆林. 1997. 山岳型旅游地生命周期研究——安徽黄山、九华山实证分析.地理科学, 7(1): 63-69.
陆淑珍. 2012. 城市外来人口社会融合研究: 基于珠江三角洲地区的分析. 广州: 中山大学.
马少吟, 徐红罡. 2016. 从消费到生产: 大理古城生活方式型旅游企业主移民的生存特征. 旅游学刊, 31(5): 81-88.
邱慧, 周强, 赵宁曦, 等. 2012. 旅游者与当地居民的地方感差异分析——以黄山屯溪老街为例. 人文地理, 27(6): 151-157.
任远, 邬民乐. 2006. 城市流动人口的社会融合: 文献述评. 人口研究, 30(3): 87-94.
谭华云, 许春晓. 2018. 巴马盘阳河流域季节性移民社区类型与形成机理. 人文地理, 33(05): 46-54.
唐文跃, 张捷, 罗浩, 等. 2007. 九寨沟自然观光地旅游者地方感特征分析. 地理学报, (6): 599-608.
唐香姐, 徐红罡. 2015. 生活方式型移民研究综述. 地理科学进展, 34(9): 1096-1106.
王春光. 1995. 社会流动和社会重构. 杭州: 浙江人民出版社: 1.
王开帅. 2014. 中部六省 5A 级旅游景区空间结构研究. 武汉: 华中师范大学.
王舒媛, 白凯. 2017. 西安回坊旅游从业者移民的地方依恋与幸福感.旅游学刊, 32(10): 12-27.
吴必虎. 2001. 区域旅游规划原理. 北京: 中国旅游出版社.
吴帆. 2012. 家庭生命周期结构: 一个理论框架和基于 CHNS 的实证.学术研究, (9): 42-49.
吴明隆. 2009. 结构方程模型——AMOS 的操作与应用. 重庆: 重庆大学出版社, 344-365.
吴俏, 严艳, 刘畅. 2017. 流动视角下生活方式型企业主移民综合感知及归属倾向研究——以丽江束河古镇为例.人文地理, 32(04): 15-21.
吴悦芳, 徐红罡. 2012. 基于流动性视角的第二居所旅游研究综述.地理科学进展, 31(6): 799-807.
徐红罡, 马少吟, 姜辽. 2017. 生活方式型旅游企业主移民社会交往研究.旅游学刊, 32(07): 69-76.
徐红罡, 唐香姐. 2015. 流动性视角下打工旅游者行为特征研究——以大理古城为例.人文地理, (4): 129-135.
杨慧, 渠丽萍, 杨保战, 等. 2018. 粮食与经济重心迁移路径及空间耦合关系分析——以湖北省粮食主产县为例.中国农业资源与区划, 39(12): 40-47.
杨菊华. 2010. 流动人口在流入地社会融入的指标体系——基于社会融入理论的进一步研究.人口与经济, (02): 64-70.
杨培峰, 朱燕. 2002. 三峡移民户籍制度和小城镇建设. 规划师, 18(10): 11-13.
杨钊. 2005. 旅游移民研究体系分析及九华山旅游从业者转移和移民研究. 芜湖: 安徽师范大学.

杨钊, 程豪. 2018. 中国自然观光地旅游企业主移民微观驱动力研究——以黄山汤口为例.地理研究, 37(05): 954-966.

杨钊, 陆林. 2005. 国外旅游移民研究综述.地理与地理信息科学, (04): 84-89.

杨钊, 陆林. 2006. 旅游从业者职业转换动力实证分析——以九华山为例.旅游学刊, 21(2): 76-81.

杨钊, 陆林. 2007. 九华山旅游从业者移民行为特征分析. 资源开发与市场, 23(2): 171-175.

杨钊, 陆林. 2008. 旅游移民研究体系及方法探究. 地理研究, 27(4): 949-961.

杨钊, 陆林, 陆应诚. 2007. 九华山旅游从业者转移模式及从业感知研究.安徽师范大学学报(自然科学版), 30(2): 177-180.

杨钊, 上官筱燕, 蔡永寿, 等. 2013. 九寨沟旅游从业者迁移微观驱动力分析. 地理研究, 32(2): 347-359.

杨钊, 张捷, 蔡永寿, 等. 2011. 基于中外五区比较的旅游从业者行业流动规律分析.地理研究, 30(3): 447-462.

易飞龙. 2016. 乡城移民社会网络关系演变的阶段性与社会支持. 杭州: 浙江大学.

袁超, 陈志钢. 2017.不同类型旅游移民的地方认同建构研究——以丽江古城为例. 浙江大学学报(理学版), 44(2): 235-242.

张宏梅, 陆林. 2004. 国内旅游研究方法的初步分析. 旅游学刊, 19(3): 77-81.

张倩帆. 2011. 旅游移民的社会互动研究——以大理古城小企业主旅游移民为例. 广州: 中山大学.

张薇, 杨永春, 史坤博, 等. 2018. 居住空间视角下多民族聚居城市民族融合格局演变及影响因素分析——以呼和浩特为例. 地理研究, 37(2): 333-352.

张伟, 吴必虎. 2002. 利益主体理论在区域旅游规划中的应用——以四川省乐山市为例. 旅游学刊, 17(4): 63-68.

张文宏, 雷开春. 2008. 城市新移民社会融合的结构、现状与影响因素分析. 社会学研究, 5: 117-141.

张文宏, 雷开春. 2009. 城市新移民社会认同的结构模型. 社会学研究, (4): 61-87.

张晓青. 2001. 国际人口迁移理论述评. 人口学刊, (3): 41-45.

张欣然. 2010. 社会网络的先赋性与自致性研究. 广州: 中山大学.

张业臣, 卢松, 余伶莲, 等. 2018. 古村落旅游移民微观迁移动机研究——以世界文化遗产宏村为例. 旅游科学, 32(05): 54-66.

钟章奇, 李山, 张秀云, 等. 2013. 旅游者中位年龄的几个市场指示意义. 旅游学刊, 28(7): 73-81.

周敏. 1995. 唐人街: 深具社会经济潜质的华人社区. 北京: 商务印书馆: 1-3.

周聿峨, 阮征宇. 2003. 当代国际移民理论研究的现状与趋势. 暨南学报(哲学社会科学), 25(2): 1-9.

朱冬亚. 2005. 环境移民及其对策. 环境科学与技术, 28(2): 56-57.

朱竑, 戴光全. 2005. 经济驱动型城市的旅游发展模式研究——以广东省东莞市为例. 旅游学刊, 20(2): 41-46.

朱梅. 2016. 基于多样本潜在类别的旅游者生态文明行为分析——以苏州市为例.地理研究, 35(7): 1329-1343.

朱生东, 杨钊. 2008. 国内外旅游移民研究现状与展望.资源开发与市场, (10): 914-917.

周皓. 2012. 流动人口社会融合的测量及理论思考. 人口研究, 36(3): 27-37.
周思伽. 2013. 迁移融合，还是本土融合. 上海: 上海大学.
Adler P A, Adler P. 1999. Resort workers: Adaptations in the leisure-work nexus. Sociological Perspectives, 42(3): 369-402.
Åkerlund U, Sandberg L. 2015. Stories of lifestyle mobility: representing self and place in the search for the 'good life'. Social & Cultural Geography, 16(3): 351-370.
Anderson A. 2000. Paradox in the periphery: an entrepreneurial reconstruction? Entrepreneurship & Regional Development, 12(3): 91-109.
Aryal S, Cockfield G, Maraseni T N. 2017. Globalisation and traditional social-ecological systems: Understanding impacts of tourism and labour migration to the transhumance systems in the Himalayas. Environmental Development, 25: 73-84.
Ashtar L, Shani A, Uriely N. 2017. Blending 'home'and 'away': young Israeli migrants as VFR travelers . Tourism Geographies, 19(4): 658-672.
Ateljevic I, Doorne S. 2000. 'Staying Within the Fence': Lifestyle entrepreneurship in tourism. Journal of Sustainable Tourism, 18(5): 378-392.
Attanapola C T. 2006. Were they ever 'in place'? Sense of place and self-identities among migrant female export-processing zone workers in Sri Lanka. Norsk Geografisk Tidsskrift-Norwegian Journal of Geography, 60(3): 217-226.
Avcikurt C. 2003. Auditing managerial training needs of Turkish small and medium sized hotel enterprise. Managerial Auditing Journal, 18(5): 399-404.
Ball R M. 1989. Some aspects of tourism, seasonality and local labour markets. Area, 21(1): 35-45.
Balli F, Balli H O, Louis R J. 2016. The impacts of immigrants and institutions on bilateral tourism flows . Tourism Management, 52: 221-229.
Banerjee R, Kelly P, Tungohan E, et al. 2018. From "Migrant" to "Citizen" : Labor market integration of former live-in caregivers in Canada. ILR Review, 71(4): 908-936.
Bell C. 2015. Bar talk in Bali with (s)expat residential tourists . Journal of Tourism and Cultural Change, 13(3): 261-274.
Bell C. 2017."We Feel Like the King and Queen": Western retirees in Bali, Indonesia . Asian Journal of Social Science, 45(3): 271-293.
Bell M, Ward G. 2000. Comparing temporary mobility with permanent migration. Tourism Geographies, 2(1): 87-107.
Bender O, Haller A. 2017. The cultural embeddedness of population mobility in the Alps: Consequences for sustainable development. Norsk Geografisk Tidsskrift-Norwegian Journal of Geography, 71(3): 132-145.
Benitez-Capistros F, Hugé J, Koedam N. 2014. Environmental impacts on the Galapagos Islands: Identification of interactions, perceptions and steps ahead. Ecological Indicators, 38: 113-123.
Benson M C. 2010. The context and trajectory of lifestyle migration: the case of the British residents of Southwest France. European Societies, 12(1): 45-64.

Benson M C. 2013. The British in Rural France: Lifestyle Migration and the Ongoing Quest for a Better Way of Life. Manchester: Manchester University Press.

Benson M, O'Reilly K. 2009a. Lifestyle Migration. Expectations, Aspirations and Experiences. London: Routledge.

Benson M, O'Reilly K. 2009b. Migration and the search for a better way of life: a critical exploration of lifestyle migration. The Sociological Review, 57(4): 608-625.

Betty C, Cahill M. 1996. Social and health problems of older British expatriates on the Costa del Sol. In: Social Policy Association Conference. Convergence or Diversity? Social Policy in Europe.

Bianchi R V. 2000. Migrant tourist-workers: Exploring the 'Contact Zones' of post-industrial tourism. Current Issues in Tourism, 3(2): 107-137.

Bigano A, Goria A, Hamilton J M, et al. 2005. The effect of climate change and extreme weather events on tourism. Social Science Electronic Publishing, 30: 173-196.

Boas I, Kloppenburg S, van Leeuwen J, et al. 2018. Environmental mobilities: An alternative lens to global environmental governance. Global Environmental Politics, 18(4): 107-126.

Boon B. 2006. When leisure and work are allies: The case of skiers and tourist resort hotels. Career Development International, 11(7): 594-608.

Bosworth G, Farrell H. 2011. Tourism entrepreneurs in Northumberland. Annals of Tourism Research, 38(4): 1474-1494.

Boyle P J, Halfacree K H, Robinson V. 1998.Exploring Contemporary Migration. Harlow: Addison Wesley Longman.

Braunlich C G, Nadkarni N. 1995. The importance of the VFR-visiting friends and relatives-market to the hotel industry. Journal of Tourism Studies, 6(1): 38-47.

Brouder P. 2012. Creative outposts: Tourism's place in rural innovation. Tourism Planning & Development, 9(4): 383-396.

Bui H T, Wilkins H C.2016. The mobility of young Japanese: The travel–migration nexus . Journal of Travel & Tourism Marketing, 33(5): 581-596.

Buller H, Hoggart K.1994.International Counterurbanization: British Migrants in Rural France. Aldershot: Avebury.

Burrell J, Manfredi S, Rollin H, et al. 1997. Equal opportunities for women employees in the hospitality industry: a comparison between France, Italy, Spain and the UK. International Journal of Hospitality Management, 16(2): 161-179.

Butler R W. 1980. The concept of a tourist area cycle of evolution: Implications for management of resources. The Canadian Geographer, 1980, 24(1): 5-12.

Cai L A, Liu J, Huang J. 2010. Effects of population migration on rural tourism. International Journal of Services Technology and Management, 13(3-4): 192-204.

Cañada E. 2018. Too precarious to be inclusive? Hotel maid employment in Spain. Tourism Geographies, 20(4): 653-674.

Capistrano R C G, Weaver A. 2018. That's what friends are for: Emotional solidarity, friendship and social interactions between first-generation immigrants and their visiting friends. Journal of Hospitality and Tourism Management, 36: 57-66.

Carson D A, Carson D B. 2011. Why tourism may not be everybody's business: the challenge of tradition in resource peripheries. Rangeland Journal, 33(4): 373-383.

Carson D A, Carson D B. 2018. International lifestyle immigrants and their contributions to rural tourism innovation: Experiences from Sweden's far north. Journal of Rural Studies, 64: 230-240.

Casado-Diaz M A. 2009. Social Capital in the Sun: Bonding and Bridging Social Capital Among British Retirees. In Benson M, O'Reilly K. Life style Migration: Expections, Aspirations and Experiences. Aldershot: Ashgate.

Casado-Diaz M A, Casado-Diaz A B, Casado-Diaz J M. 2014. Linking tourism, retirement migration and social capital. Tourism Geographies, 16(1): 124-140.

Case D, Fowler D, Morgan H, et al. 2008. Moving to the Mountains: Amenity Migration in the Sierra and Southern Appalachian Mountains. In Wescoat J L, Johnston D M. Political Economies of Landscape Change. Dordrecht: Springer, 77-88.

Chang I Y, Sam M P, Jackson S J. 2017. Transnationalism, return visits and identity negotiation: South Korean-New Zealanders and the Korean national sports festival. International Review for the Sociology of Sport, 52(3): 314-335.

Chappell L, Latorre M, Rutter J, et al. 2009. Migration and rural economies: assessing and addressing risks. London: Institute for Public Policy Research.

Chen J S, Wang W. 2015. Foreign labours in Arctic destinations: seasonal workers' motivations and job skills. Current Issues in Tourism, 18(4): 350-360.

Choi J G, Woods R H, Murrmann S K. 2000. International labor markets and the migration of labor forces as an alternative solution for labor shortages in the hospitality industry. International Journal of Contemporary Hospitality Management, 12(1): 61-67.

Cieslik A. 2011. Where do you prefer to work? How the work environment influences return migration decisions from the United Kingdom to Poland. Journal of Ethnic and Migration Studies, 37(9): 1367-1383.

Cohen E. 1995. Contemporary Tourism-trends and Challenges: Sustainable Authenticity or Contrived Post-Modernity? In Ricard B, Douglas G. Change in Tourism: People, Places, Processes. London: Routledge: 12-29.

Cohen S A, Duncan T, Thulemark M. 2015. Lifestyle mobilities: The crossroads of travel, leisure and migration. Mobilities, 10(1): 155-172.

Cook J, Dwyer P, Waite L. 2011. The experiences of Accession 8 migrants in England: Motivations, work and agency. International Migration, 49(2): 54-79.

Cooper C, Fletcher J, Gilbert D, et al. 1996. Tourism: Principles and Practice. Essex: Longman.

Cortes-Vazquez J A. 2017. The end of the idyll? Post-crisis conservation and amenity migration in natural protected areas. Journal of Rural Studies, 51: 115-124.

Creswell J W. 2003. Research Design: Qualitative, Quantitative, and Mixed Method Approaches.

Thousand Oaks: SAGE Publishing.

Cruz A G B, Buchanan-Oliver M. 2017. Moving toward settlement: tourism as acculturation practice. European Journal of Marketing, 51(4): 772-794.

Davies A, Hoath A. 2016. The migration of Australians to Bali, Indonesia: More than retirees and surfers. Geographical Research, 54(1): 35-51.

Davis J S, Nelson A C, Dueker K J. 1994.The new' burbs the exurbs and their implications for planning policy. Journal of the American Planning Association, 60(1): 45-59.

Decrop A. 1999. Triangulation in qualitative tourism research. Tourism Management, 20: 157-161.

DeFilippis J. 2001. The myth of social capital in community development. Housing Policy Debate, 12(4): 781-806.

Deutsch K, Goulias K. 2009. Investigating the Impact of Sense of Place on Travel Behavior Using an Intercept Survey Methodology.Santa Barbara: University of California, 887-908.

Devine F, Baum T, Hearns N, et al. 2007. Cultural diversity in hospitality work: the Northern Ireland experience. The International Journal of Human Resource Management, 18(2): 333-349.

Domínguez-Mujica J, González-Pérez J, Parreño-Castellano J. 2011. Tourism and human mobility in Spanish Archipelagos. Annals of Tourism Research, 38(2): 586-606.

Duncan T. 2007. Working Tourists: Identity Formation in a Leisure Space. London: University of London.

Eaton M. 1995. British expatriate service provision in Spain's Costa del Sol. Service Industries Journal, 15(2): 251-266.

Eimermann M. 2016. Two sides of the same coin: Dutch rural tourism entrepreneurs and countryside capital in Sweden. Rural Society, 25(1): 55-73.

Ellingsen W. 2003. Social Integration of Ethnic Groups in Europe. How Can Concepts of Place and Territoriality Help Explain Processes, Policies and Problems of Socially Integrating Different Ethnic Groups in a European Context? Bergen: University of Bergen, Department of Geography.

Emmet Jones R, Mark Fly J, Talley J, et al. 2003. Green migration into rural America: the new frontier of environmentalism?Society &Natural Resources, 16(3): 221-238.

Entzinger H B, Biezeveld R L. 2003. Benchmarking in Immigrant Integration. Rotterdam: Erasmus University Rotterdam, European Research Centre on Migration and Ethnic Relations (ERCOMER) and Faculty of Social Sciences.

Etzo I, Massidda C, Piras R. 2014. Migration and outbound tourism: Evidence from Italy. Annals of Tourism Research, 48: 235-249.

Filimonau V, Mika M. 2019. Return labour migration: an exploratory study of Polish migrant workers from the UK hospitality industry. Current Issues in Tourism, 22(3): 357-378.

Findlay A, McCollum D, Shubin S, et al. 2013. The role of recruitment agencies in imagining and producing the 'good'migrant. Social & Cultural Geography, 14(2): 145-167.

Gallina M, Williams A. 2015. Variations in sense of place across immigrant status and gender in Hamilton, Ontario; Saskatoon, Saskatchewan; and, Charlottetown, Prince Edward Island,

Canada. Social Indicators Research, 12(1): 241-252.

García-Almeida D J, Hormiga E. 2017. Immigration and the competitiveness of an island tourism destination: a knowledge-based reputation analysis of Lanzarote, Canary Islands. Island Studies Journal, 12(1): 207-222.

Getz D, Carlsen J.2000.Characteristics and goals of family and owner-operated businesses in the rural tourism and hospitality sectors.Tourism Management, 21(6): 547-560.

Getz D, Carlsen J. 2005. Family business in tourism: State of the art. Annals of Tourism Research, 32(1): 237-258.

Glanville J L, Bienenstock E J. 2009. A typology for understanding the connections among different forms of social capital. American Behavioral Scientist, 52(11): 1507-1530.

Glorioso R S, Moss L A G. 2007. Amenity migration to mountain regions: Current knowledge and a strategic construct for sustainable management. Social Change, 37(1): 137-161.

Gössling S. 2001. Tourism, environmental degradation and economic transition: interacting processes in a Tanzanian coastal community. Tourism Geographies, 3(4): 230-254.

Gössling S. 2002. Human–environmental relations with tourism. Annals of Tourism Research, 29(2): 539-556.

Gössling S. 2003. Tourism and Development in Tropical Islands: Political Ecology Perspectives. Camberley: Edward Elgar Publishing Ltd.

Gössling S, Schulz U. 2005. Tourism-related migration in Zanzibar, Tanzania. Tourism Geographies, 7(1): 43-62.

Graber E E. 1974. Newcomers and oldtimers: growth and change in a mountain town. Rural Sociology, 39(4): 504.

Green P. 2016. Biomedicine and 'risky'retirement destinations: Older western residents in Ubud, Bali. Medical Anthropology, 35(2): 147-160.

Greve H R. 1994. Industry diversity effects on job mobility. Acta Sociologica, 37(2): 119-139.

Guimond L, Simard M. 2010. Gentrification and neo-rural populations in the Québec countryside: Representations of various actors. Journal of Rural Studies, 26(4): 449-464.

Gustafson P. 2002. Tourism and seasonal retirement migration. Annals of Tourism Research, 4(29): 899-918.

Gustafson P. 2008. Transnationalism in retirement migration: the case of North European retirees in Spain. Ethnic and Racial Studies, 31(3): 451-475.

Haas W H, Serow W J. 1997. Retirement migration decision making: life course mobility, sequencing of events, social ties and alternatives. Journal of the Community Development Society, 28(1): 116-130.

Hall C M, Johnson G.1998. Wine and Food Tourism in New Zealand: Difficulties in the Creation of Sustainable Tourism Business Networks. In Rural Tourism Management: Sustainable Options, Conference Proceedings, Ayr: Scottish Agricultural College.

Hall C M, Page S. 1997. Tourism in the Pacific: Issues and Cases. London: International Thomson

Business Press.

Hall C M, Page S. 1999. Geography of Tourism and Recreation: Environment, Place and Space. London: Routledge.

Halseth G. 1993.Communities within communities: changing 'residential'areas at Cultus Lake, British Columbia. Journal of Rural Studies, 9(2): 175-187.

Halseth G. 2004. The 'Cottage' Privilege: Increasingly Elite Landscapes of Second Homes in Canada. //Hall M C, Müller D K. Tourism, Mobility and Second Homes: Between Elite Landscape and Common Ground, 35-54.

Halseth G, Rosenberg M W. 1995. Cottagers in an urban field.The Professional Geographer, 47(2): 148-159.

Hansen P. 1995. Questions from somewhere: Who's Who in attitude research about "immigrants"? Innovation, 8: 191-199.

Harvey D. 2007.A Brief History of Neoliberalism. New York: Oxford University Press.

Harrison D. 2001. Tourism and the Less Developed World: Issues and Studies. Wallingford: Cabi

Haug B, Dann G M S, Mehmetoglu M. 2007. Little Norway in Spain: From tourism to migration. Annals of Tourism Research, 34(1): 202-222.

Hayes M. 2015. Moving south: The economic motives and structural context of North America's emigrants in Cuenca, Ecuador. Mobilities, 10(2): 267-284.

Hedberg C, Forsberg G, Najib A. 2012. When the world goes rural: transnational potentials of international migration in rural Swedish labour markets. In Translocal Ruralism. Dordrecht: Springer, 125-142.

Hedberg C, Haandrikman K. 2014. Repopulation of the Swedish countryside: Globalisation by international migration . Journal of Rural Studies, 34: 128-138.

Henderson J. 2002. Building the rural economy with high-growth entrepreneurs. Economic Review-Federal Reserve Bank of Kansas City, 87(3): 45-75.

Hogan T D. 1987. Determinants of seasonal migration of older people to Sunbelt States. Research on Ageing, 9(1): 115-133.

Holland C, Martin E. 2015. Lifestyle migration and work choices. Hospitality & Society, 5(1): 23-42.

Hugo G, Morén - Alegret R. 2008. International migration to non-metropolitan areas of high income countries: editorial introduction. Population, Space and Place, 14(6): 473-477.

Hum D, Simpson W. 2004. Economic integration of immigrants to Canada: A short survey. Canadian Journal of Urban Research, 13(1): 46-61.

Iversen I, Jacobsen J K S. 2016. Migrant tourism entrepreneurs in rural Norway. Scandinavian Journal of Hospitality and Tourism, 16(4): 484-499.

Jackson R T. 1990. VFR tourism: is it underestimated? Journal of Tourism Studies, 1(2): 10-17.

Jacob F R, Schreyer R. 1980. Conflict in outdoor recreation: a theoretical perspective. Journal of Leisure Research, (12): 368-380.

Janoschka M. 2009. The contested spaces of lifestyle mobilities: regime analysis as a tool to study political claims in Latin American retirement destinations. DIE ERDE, 140(3): 251-274.

Janta H, Brown L, Lugosi P, et al. 2011. Migrant relationships and tourism employment. Annals of Tourism Research, 38(4): 1322-1343.

Janta H, Ladkin A. 2009. Polish migrant labor in the hospitality workforce: Implications for recruitment and retention. Tourism Culture & Communication, 9(1-2): 5-15.

Jolliffe L, Farnsworth R. 2003. Seasonality in tourism employment: human resource challenges. International Journal of Contemporary Hospitality Management, 15(6): 312-316.

Joo-Ee G. 2016. Minimum wage and the hospitality industry in Malaysia: an analysis of employee perceptions. Journal of Human Resources in Hospitality & Tourism, 15(1): 29-44.

Jorgensen B S, Stedman R C. 2001. Sense of place as an attitude: lake-shore owners attitudes toward their properties. Journal of Environmental Psychology, 21(1): 233-248.

Kalantaridis C, Bika Z. 2011. Entrepreneurial origin and the configuration of innovation in rural areas: the case of Cumbria, North West England. Environment and Planning A, 43(4): 866-884.

Kaltenborn B P, Andersen O, Nellemann C. 2009. Amenity development in the Norwegian mountains: Effects of second home owner environmental attitudes on preferences for alternative development options. Landscape and Urban Planning, 91(4): 195-201.

Kearsley G.1998. Rural tourism in Otago and Southland, New Zealand. Tourism and Recreation in Rural Areas, 81-95.

Kim W G, Choi H M, Li J J. 2016. Antecedents and outcomes of migrant workers' sociocultural adjustment in the hospitality industry. International Journal of Hospitality Management, 58: 1-12.

King B. 1994. What is ethnic tourism? An Australian perspective. Tourism Management, 15(3): 173-176.

King R, Warnes A M, Williams A M. 1998. International retirement migration in Europe. International Journal of Population Geography, 4(2): 91-111.

King R, Warnes A M, Williams A M. 2000. Sunset Lives: British Retirement to Southern Europe. Oxford: Berg.

King R.1995. Tourism, labour and international migration. European Tourism: Regions, Spaces and Restructuring, 177-190.

Klein-Hitpaß K. 2016. Return Migrants as Knowledge Brokers and Institutional Innovators: New Theoretical Conceptualisations and the Example of Poland. In Return Migration and Regional Development in Europe. London: Palgrave Macmillan: 55-81.

Koch-Schulte J. 2011. La Migraciόn Residencial en Udon Thani, Tailandia. In T. Mazόn, Huete R, Mantecόn A.(Eds.) Construir Una Nueva Vida. . Santander: Milrazones: 129-153.

Komppula R. 2004. Success and growth in rural tourism microbusinesses in Finland. In: Thomas R. Small Firms in Tourism: International Perspectives. Oxford: Elsevier: 115-138.

Kuentzel W F, Ramaswamy V M. 2005. Tourism and amenity migration: A longitudinal analysis. Annals of Tourism Research, 32(2): 419-438.

Landolt S, Thieme S. 2018. Highly skilled migrants entering the labour market: Experiences and strategies in the contested field of overqualification and skills mismatch. Geoforum, 90: 36-44.

Lardiés R. 1999. Migration and tourism entrepreneurship: North-European immigrants in Catalua and Languedoc. International Journal of Population Geography, 5(3): 477-491.

Lazaridis G, Wickens E. 1999. "Us" and the "Others": ethnic minorities in Greece. Annals of Tourism Research, 26(3): 632-655.

Lev-Ari L. 2009. The question of borders in migration: On transnationalism, social relationships, and identity among Israelis living in Europe. Oranim Journal, 2: 41-53.

Lewis R C, Chambers R E, Chacko I E. 1995. Marketing: leadership in hospitality. New York: Van Nostrand Reinhold, 171.

Lisa M. 2007. Promoting the sense of self, place, and belonging in displaced persons: The example of homelessness.Archives of Psychiatric Nursing. 5: 241-248.

Lizarraga O, Mantecón A, Huete R. 2015.Transnationality and social integration within lifestyle migration: A comparative study of two cases in Mexico and Spain. Journal of Latin American Geography, 139-159.

Longino Jr C F. 1992. The forest and the trees: micro-level considerations in the study of geographic mobility in old age. In Elderly Migration and Population Redistribution, 23-34.

Lundberg C, Gudmundson A, Andersson T D. 2009. Herzberg's two-factor theory of work motivation tested empirically on seasonal workers in hospitality and tourism. Tourism Management, 30(6): 890-899.

Lundmark L. 2006. Mobility, migration and seasonal tourism employment: Evidence from Swedish mountain municipalities. Scandinavian Journal of Hospitality and Tourism, 6(3): 197-213.

Lyons S T, Ng E S, Schweitzer L. 2014. Changing demographics and the shifting nature of careers: Implications for research and human resource development. Human Resource Development Review, 13(2): 181-206.

Madden L. 1999. Making Money in the Sun: the Development of British-and-Irish-Owned Businesses in the Costa del Sol. Brighton: Geography Laboratory, University of Sussex.

Marchant B, Mottiar Z. 2011. Understanding lifestyle entrepreneurs and digging beneath the issue of profits: Profiling surf tourism lifestyle entrepreneurs in Ireland.Tourism Planning & Development, 8(2): 171-183.

Marcketti S B, Niehm L S, Fuloria R. 2006. Family and consumer sciences research. Family and Consumer Sciences Research Journal, 34(3): 241-259.

Mason P A. 2002. Sunset lives: British retirement migration to the Mediterranean. Annals of Tourism Research, 2(29): 579-580.

Massidda C, Piras R. 2015. Does internal migration affect Italian domestic tourism? A panel data analysis. Tourism Economics, 21(3): 581-600.

Massidda C, Etzo I , Piras R. 2015. Migration and inbound tourism: an Italian perspective. Current Issues in Tourism, 18(12): 1152-1171.

Massidda C, Etzo I, Piras R. 2017. The relationship between immigration and tourism firms. Tourism

Economics, 23(8): 1537-1552.

Matarrita-C, Stocks G. 2013. Amenity migration to the global south: Implications for community development. Geoforum, 49: 91-102.

Mayer H, Meili R. 2016. New highlander entrepreneurs in the Swiss Alps. Mountain Research and Development, 36(3): 267-275.

McCollum D, Findlay A. 2015. 'Flexible'workers for 'flexible'jobs? The labour market function of A8 migrant labour in the UK. Work, Employment and Society, 29(3): 427-443.

Mendonsa E. 1982. Benefits of migration as a personal strategy in Nazaré. Portugal. International Migration Review, 16(3): 635-645.

Mill H, Durham H. 2007. Entrepreneurship in the tourism industry issues in developing countries. International Journal of Hospitality Management, 30(4): 827-835.

Minerbi L. 1992. Impacts of tourism development in Pacific Islands. Manoa: Department of Urban and Regional Planning, University of Hawaii.

Möller P. 2012. Young adult transition in a tourism dominated rural area. Tourism Planning & Development, 9(4): 429-440.

Möller P, Amcoff J. 2018. Tourism's localised population effect in the rural areas of Sweden. Scandinavian Journal of Hospitality and Tourism, 18(1): 39-55.

Morawska E. 2009. A Sociology of Immigration: (Re)making Multifaceted America. Berlin: Springer.

Moss L. 2006. The Amenity Migrants: Seeking and Sustaining Mountains and Their Cultures. New York: CABI Publishing: 86-87.

Munkejord M C. 2015. Rural immigrant entrepreneurship: An arena for new constructions of gender in Finnmark, northernmost Norway. Remapping Gender, Place and Mobility: Global Confluences and Local Particularities in Nordic Peripheries, 159-174.

Najib A B. 2016. Immigrant small enterprises in rural Sweden: local and transnational resource mobilisation. Regional Resilience, Economy and Society. Globalising Rural Places, 131-148.

Nanzer B. 2004. Measuring sense of place: A scale for Michigan. Administrative Theory & Praxis, 26(3): 362-382.

Nielsen-Pincus M, Hall T, Force J E, et al. 2010. Sociodemographic effects on place bonding. Journal of Environmental Psychology, 30(4): 443-454.

Norris M, Winston N. 2010. Second-home owners: escaping, investing or retiring? Tourism Geographies, 12(4): 546-567.

O'Reilly K. 1995. A new trend in European migration: contemporary British migration to Fuengirola, Costa del Sol. Geographical viewpoint, 23(1): 25-36.

O'Reilly K. 2000a. Trading intimacy for liberty: British women on the Costa del Sol. Gender and Migration in Southern Europe, 227-248.

O'Reilly K. 2000b. The British on the Costa del Sol: Transnational Identities and Local Communities. London: Routledge.

O'Reilly K. 2009. Hosts and guests, guests and hosts: British residential tourism in the Costa del Sol. Cultures of Mass Tourism: Doing the Mediterranean in the Age of Banal Mobilities: 129-142.

O'Reilly K, Benson M. 2016. Lifestyle migration: escaping to the good life? . In Lifestyle Migration. London: Routledge: 11-24.

Ooi N, Mair J, Laing J. 2016. The transition from seasonal worker to permanent resident: social barriers faced within a mountain resort community. Journal of Travel Research, 55(2): 246-260.

Oigenblick L, Kirschenbaum A. 2002. Tourism and immigration: Comparing alternative approaches. Annals of Tourism Research, 29(4): 1086-1100.

Ono M. 2015. Commoditization of lifestyle migration: Japanese retirees in Malaysia. Mobilities, 10(4): 609-627.

Paniagua A. 2002. Urban-rural migration, tourism entrepreneurs and rural restructuring in Spain. Tourism Geographies, 4(4): 349-371.

Parutis V. 2014. "Economic migrants" or "middling transnationals"? East European migrants' experiences of work in the UK. International Migration, 52(1): 36-55.

Pascual-de-Sans À. 2004. Sense of place and migration histories Idiotopy and idiotope. Area, 36(4): 348-357.

Pavelka J, Draper D. 2015. Leisure negotiation within amenity migration. Annals of Tourism Research, 50(50): 128-142.

Phil T, Susan T. 2006. Place, Sense of Place, and Presence. Cambridge: Massachusetts Institute of Technology, 2: 204-217.

Piso A. 2016. Migrant labour in rural tourism: Continuity and change. International Journal of Tourism Research, 18(1): 10-18.

Proshansky H M, Fabian A K, Kaminoff R. 1983. Place identity: physical world socialization of the self. Journal of Environmental Psychology. 3(1): 57-83.

Provenzano D, Baggio R. 2017. The contribution of human migration to tourism: The VFR travel between the EU 28 member states. International Journal of Tourism Research, 19(4): 412-420.

Qian J, Zhu H, Liu Y. 2011. Investigating urban migrants' sense of place through a multiscalar perspective. Journal of Environmental Psychology, 31(2): 170-183.

Redwood L. 2008. The rebuilding of a tourist industry: immigrant labor exploitation in the post-Katrina reconstruction of New Orleans. In Seeking Higher Ground. New York: Palgrave Macmillan, 141-150.

Reich R. 1989. Roads to follow: Regulating direct foreign investment. International Organization, 43: 543-584.

Rex J. 2006. Plural Societies. In Blackwell Encyclopedia of Sociology, G. Ritzer(Chief Editor), Black wells, Oxford.

Riebsame W E, Gosnell H, Theobald D M. 1999. Land use and landscape change in the Colorado mountains I: Theory, scale, and pattern. Mountain Research and Development, 395-405.

Rienzo C, Vargas-Silva C. 2012. Migrants in the UK: An overview. Oxford: The Migration

Observatory.

Riley M, Lockwood A, Powell - Perry J, et al. 1998. Job satisfaction, organisation commitment and occupational culture: a case from the UK pub industry. Progress in Tourism and Hospitality Research, 4(2): 159-168.

Robert H. 1998. Sense of place in developmental context. Journal of Environmental Psychology, 18: 5-29.

Robertson S. 2016. Intertwined mobilities of education, tourism and labour: The consequences of 417 and 485 visas in Australia. The Impact of Migration Law and Policy, 53.

Rodríguez V. 2001. Tourism as a recruiting post for retirement migration.Tourism Geographies, 3(1): 52-63.

Rodríguez V, Fernández - Mayoralas G, Rojo F. 1998. European retirees on the Costa del Sol: a cross-national comparison. International Journal of Population Geography, 4(2): 183-200.

Rogers A, Frey W H. 1992. Elderly Migration and Population Redistribution: A Comparative Study. Jackson: Belhaven.

Rojas V, LeBlanc P, Sunil T. 2014. US retirement migration to mexico: Understanding issues of adaptation, networking and social integration. Journal of International Migration and Integration, 15: 257-273.

Romsa G, Blenman M. 1989. Vacations patterns of elderly Germans. Annals of Tourism Research, 16: 178-188.

Rowles G D, Watkins J F. 1993. Elderly migration and development in small communities. Growth and Change, 24(4): 509-538.

Ruiz-Ballesteros E, Caceres-Feria R. 2016. Community-building and amenity migration in community-based tourism development. An approach from southwest Spain. Tourism Management, 54: 513-523.

Russell R, Faulkner B. 2004. Entrepreneurship, chaos and the tourism area life cycle. Annals of Tourism Research, 31(3): 556-579.

Rye J F. 2015. Moving to the countryside? The case of second home uses in Norway. Norsk Geografisk Tidsskrift-Norwegian Journal of Geography, 69(3): 166-177.

Salazar N B, Zhang Y. 2013. Seasonal lifestyle tourism: The case of Chinese elites. Annals of Tourism Research, 43(4): 81-99.

Scannell L, Gifford R. 2010.Defining place attachment: A tripartite organizing framework. Journal of Environmental Psychology, 30(1): 1-10.

Schaeffer Y, Cremer-Schulte D, Tartiu C, et al. 2016. Natural amenity-driven segregation: Evidence from location choices in French metropolitan areas. Ecological Economics, 130: 37-52.

Shamai S. 1991. Sense of place: an empirical measurement. Geoforum, 22(3): 347-358.

Shaw G, Williams A M. 1994. Critical Issues in Tourism: A Geographical Perspective. Oxford: Blackwell Publishers.

Shaw G, Williams A M. 1997. The private sector: Tourism entrepreneurship—a constraint or resource. The Rise and Fall of British Coastal Resorts, 117-137.

Simpson P M, Nasif N. 2012. Winter Texan 2011-2012 Survey.

Simpson P M, Siguaw J A, Sheng X. 2016. Tourists' life satisfaction at home and away: A tale of two cities. Journal of Travel Research, 55(2): 161-175.

Smith M D, Krannich R S. 2000. "Culture Clash" revisited: Newcomer and longer - term residents' attitudes toward land use, development, and environmental issues in rural communities in the Rocky Mountain West. Rural Sociology, 65(3): 396-421.

Smith S K, House M. 2006. Snowbirds, sunbirds, and stayers: seasonal migration of elderly adults in Florida. The Journals of Gerontology Series B: Psychological Sciences and Social Sciences, 61(5): S232-S239.

Snepenger D J, Johnson J D, Rasker R. 1995. Travel-stimulated entrepreneurial migration. Journal of Travel Research, 34(1): 40-44.

Solvoll S, Alsos G A, Bulanova O. 2015. Tourism entrepreneurship — review and future directions. Scandinavian Journal of Hospitality & Tourism, 15(sup1): 120-137.

Soontayatron S. 2015. Residents' perceptions towards sociocultural impacts induced by internal migration. Asia Pacific Journal of Tourism Research, 20(11): 1234-1245.

Stenbacka S. 2001. Landsbygdsboendei inflyttarnas perspektiv. Intention och handling i lokalsamhället.

Stenbacka S. 2013. International migration and resilience: Rural introductory spaces and refugee immigration as a resource. Regional Resilience, Economy and Society: Globalising Rural Places, 75-94.

Steven S. 2005. Sense of place and place-based introductory geoscience teaching for American Indian and Alaska Native Undergraduates.Journal of Geoscience Education, 2: 149-157.

Stimson R J, Minnery J R, Kabamba A, et al. 1996. Sun belt migration decisions: A study of the Gold Coast. Bureau of Immigration, Multicultural and Population Research, Canberra(Australian Government Printing Service, Canberra).

Stone I, Stubbs C. 2007. Enterprising expatriates: lifestyle migration and entrepreneurship in rural southern Europe. Entrepreneurship & Regional Development, 19(5): 433-450.

Stonich S C. 2003. The political ecology of marine protected areas: the case of the Bay Islands. Tourism and Development in Tropical Islands: Political Ecology Perspectives, 121-147.

Sunil T S, Rojas V, Bradley D E. 2007. United States' international retirement migration: the reasons for retiring to the environs of Lake Chapala, Mexico. Ageing & Society, 27(4): 489-510.

Szivas E, Riley M, Airey D. 2003. Labor mobility into tourism attraction and satisfaction.Annals of Tourism Research, 30(1): 64-76.

Szivas E. 2001. Entrance into tourism entrepreneurship: A UK case study. Tourism and Hospitality Research, 3(2): 173-172.

Szivas E, Riley M. 1999. Tourism employment during economic transition.Annals of Tourism Research, 26(4): 747-771.

Taylor J E, Dyer G A, Stewart M, et al. 2003. The economics of ecotourism: A Galápagos Islands economy-wide perspective. Economic Development and Cultural Change, 51(4): 977-997.

Thulemark M. 2017. Community formation and sense of place–seasonal tourism workers in rural Sweden. Population, Space and Place, 23(3): e2018.

Todaro M P. 1969. A model of labor migration and urban unemployment in less developed countries. The American Economic Review, 59(1): 138-148.

Tomljenovic R, Faulkner B. 2000. Tourism and residents in a sun belt resort. Annals of Tourism Research, 27(1): 93-114.

Truly D. 2002. International retirement migration and tourism along the Lake Chapala Riviera: developing a matrix of retirement migration behaviour. Tourism Geographies, 4(3): 261-281.

Turismo M. 1995. Sintesis del informe sobre la imagen exterior de espana. aspectos comerciales, tunsticos e inversores. Boletin Economico ICE, 2489: 25-32.

Uriely N. 2010. “Home” and“away”in VFR tourism. Annals of Tourism Research, 37(3): 854-857.

Vannoorloos F. 2013. Residential tourism and multiple mobilities: Local citizenship and community fragmentation in Costa Rica. Sustainability, 5(2): 570-589.

Vathi Z. 2015. A(home)land with a sea: the leisure and tourism in the Western Balkans of Kosovan migrants and their children living in London. Leisure Studies, 34(1): 82-97.

Vaugeois N, Rollins R. 2007. Mobility into tourism refuge employer? Annals of Tourism Research, 34(3): 630-648.

Veal A J. 2006. Research Methods for Leisure and Tourism—A Practical Guide(third edition). Great Britan: Ashford Colour Press, 95.

Visser G, Hoogendoorn G. 2015. A decade of second home tourism research in South Africa: research prospects for the developing world?South African Geographical Journal, 97(2): 111-122.

Walle A H. 1997. Quantitative versus qualitative tourism research. Annals of Tourism Research, 24(3): 524-536.

Warnes A M. 1991. Migration and seasonal residence in Spain of Northern European elderly people. European Journal of Gerontology, 1: 53-60.

Warnes A M. 1994. Permanent and seasonal international retirement migration: The prospects for Europe. Netherlands Geographical Studies, 173: 69-81.

White A, Ryan L. 2008. Polish ‘temporary’migration: the formation and significance of social networks. Europe-Asia Studies, 60(9): 1467-1502.

White N R, White P B. 2004. Travel as transition: Identity and place. Annals of Tourism Research, 31(1): 200-218.

Whyte W E. 1982. Interviewing in Field Research. Burgess R. G. Field Research: A Sourcebook and Field Manual. London: Allen & Unwin, 111-122.

Williams A M, Hall C M. 2000a. Guest editorial: tourism and migration. Tourism Geographies, 2(1): 2-4.

Williams A M, Hall C M. 2000b. Tourism and migration: New relationships between production and consumption. Tourism Geographies, 2(1): 5-27.

Williams A M, Shaw G, Greenwood J. 1989. From tourist to tourism entrepreneur, from consumption to production: evidence from Cornwall, England. Environment and Planning A, 21(12): 1639-1653.

Williams A M, King R, Warnes T. 1997. A place in the sun: International retirement migration from Northern to Southern Europe. European Urban and Regional Studies, 4: 115-134.

Williams D R, Patterson M E, Roggenbuck J W, et al. 1992. Beyond the commodity metaphor: Examining emotional and symbolic attachment to place. Leisure Sciences , 14(1): 29-46.

Wong K M, Musa G. 2015a. Challenges of international retirees in second home destination: A phenomenological analysis. Tourism Management Perspectives, 15: 81-90.

Wong K M, Musa G. 2015b. International second home retirement motives in Malaysia: Comparing British and Japanese retirees. Asia Pacific Journal of Tourism Research, 20(9): 1041-1062.

Worswick C. 2004. Immigrants' declining earnings: Reasons and remedies. Backgrounder-CD Howe Institute, (81): 1.

Wu Y F, Xu H G, Lew A A. 2015. Consumption-led mobilized urbanism: socio-spatial separation in the second-home city of Sanya. Mobilities, 10(1): 136-154.

Yang Z, Lu L. 2008. Analysis of social integration models of tourism labor migrants: A case study of Jiuhua Mountain of Anhui Province, China.Chinese Geographical Science, 18(2): 127-136.

# 附 录

## 附录1 九寨沟外来旅游从业人员调查问卷

尊敬的各位旅游业同仁：你们好！

我们是南京大学的研究生，正在从事九寨沟旅游就业人员的问卷调查，除少数地方外，您只需对表格内认为适合的选项打“√”即可，非常感谢您的支持与合作！

南京大学 2008年4月

**一、您到九寨沟从事旅游业的动机，请在相应的（ ）内打√**

| | 很同意 | 同意 | 无所谓 | 不同意 | 很不同意 |
|---|---|---|---|---|---|
| 提高收入 | （ ） | （ ） | （ ） | （ ） | （ ） |
| 想获得与自己能力相符的收入 | （ ） | （ ） | （ ） | （ ） | （ ） |
| 将来的收入会更稳定 | （ ） | （ ） | （ ） | （ ） | （ ） |
| 将来获得高收入的机会更多 | （ ） | （ ） | （ ） | （ ） | （ ） |
| 拓展自己的创业能力 | （ ） | （ ） | （ ） | （ ） | （ ） |
| 丰富自己的职业经历 | （ ） | （ ） | （ ） | （ ） | （ ） |
| 旅游职业给人的印象很好 | （ ） | （ ） | （ ） | （ ） | （ ） |
| 旅游业有更多的商机 | （ ） | （ ） | （ ） | （ ） | （ ） |
| 本地旅游业风险小 | （ ） | （ ） | （ ） | （ ） | （ ） |
| 工作环境较好 | （ ） | （ ） | （ ） | （ ） | （ ） |
| 不需要太多专业技能 | （ ） | （ ） | （ ） | （ ） | （ ） |
| 相对比较自由 | （ ） | （ ） | （ ） | （ ） | （ ） |
| 旅游旺季气候宜人 | （ ） | （ ） | （ ） | （ ） | （ ） |
| 独特的藏文化 | （ ） | （ ） | （ ） | （ ） | （ ） |
| 本地人十分友好 | （ ） | （ ） | （ ） | （ ） | （ ） |
| 离家较近 | （ ） | （ ） | （ ） | （ ） | （ ） |
| 九寨沟知名度很大 | （ ） | （ ） | （ ） | （ ） | （ ） |
| 九寨沟经济发展很快 | （ ） | （ ） | （ ） | （ ） | （ ） |
| 有大量的就业机会（从业容易） | （ ） | （ ） | （ ） | （ ） | （ ） |

| | | | | | |
|---|---|---|---|---|---|
| 我做的工作本地人很少做 | （　） | （　） | （　） | （　） | （　） |
| 与亲友团聚 | （　） | （　） | （　） | （　） | （　） |
| 亲友的积极建议 | （　） | （　） | （　） | （　） | （　） |
| 我在别的地方找不到工作 | （　） | （　） | （　） | （　） | （　） |
| 以前工作行业衰退了 | （　） | （　） | （　） | （　） | （　） |
| 想离开原来居住地 | （　） | （　） | （　） | （　） | （　） |
| 没有工作，需要一份职业 | （　） | （　） | （　） | （　） | （　） |
| 原来的工作收入太低 | （　） | （　） | （　） | （　） | （　） |
| 第一份工作恰巧在本地 | （　） | （　） | （　） | （　） | （　） |
| 想在不同的地点生活 | （　） | （　） | （　） | （　） | （　） |
| 对旅游职业非常有兴趣 | （　） | （　） | （　） | （　） | （　） |
| 与所学的专业相吻合 | （　） | （　） | （　） | （　） | （　） |

## 二、您的迁移和定居信息（请填写或者打√选择）

1. 您______年来到九寨沟；您原来居住在______省______市/县______乡/镇
2. 通过什么途径来到此地：□应聘　□亲友推荐　□旅游经历　□毕业分配　□其他
3. 您的定居形式：　□单独一人　□全家　□和亲戚在一起　□同老乡在一起　□其他
4. 定居九寨沟之前您来本地旅游过_________次；总体感觉：
   □很好　□较好　□一般　□较差　□很差
5. 在您朋友中有多少是九寨沟本地人：□2 个以下　□2～10 个　□11～20 个　□21 个以上
6. 来本地以前您在哪个行业工作：
   □没有就业经历　□农、林、牧、渔业　□采矿业　□制造业（工厂）　□建筑业　□交通运输、仓储及邮政业　□电力、燃气及水的生产和供应业　□信息传输、计算机服务和软件业　□批发和零售业　□金融业　□房地产业　□租赁和商业服务业　□文化、体育和娱乐业　□科学研究、技术服务和地质勘查业　□教育　□水利、环境和公共设施管理业　□居民服务和其他服务业　□国际组织　□卫生、社会保障和社会福利业　□公共管理与社会组织　□旅游业　□其他行业
7. 您认为藏文化最具代表性的类型有哪些：
   □佛教　□藏寨　□服饰　□语言文字　□歌舞艺术　□饮食　□礼仪　□生活方式　□其他
8. 您认为自己更像哪种类型的人：

□原家乡人　□九寨沟本地人　□介于原家乡人和九寨沟本地人之间
□新九寨沟人　□说不清

9. 您所居住房屋为：□租房　□自购房　□住在亲友家　□自建房　□其他

10. 您在本地的收入有多少寄回原来老家：□无　□20%以下　□20%～40%
□40%～60%　□60%以上

## 三、根据您在本地生活和工作的感知，请在相应的（　）内打√

| | 很好 | 较好 | 一般 | 较差 | 很差 |
|---|---|---|---|---|---|
| 工作环境 | （　） | （　） | （　） | （　） | （　） |
| 工作自由性 | （　） | （　） | （　） | （　） | （　） |
| 工作稳定性 | （　） | （　） | （　） | （　） | （　） |
| 职业发展前景 | （　） | （　） | （　） | （　） | （　） |
| 社会地位 | （　） | （　） | （　） | （　） | （　） |
| 收入 | （　） | （　） | （　） | （　） | （　） |
| 培训和学习机会 | （　） | （　） | （　） | （　） | （　） |
| 工作时间长度 | （　） | （　） | （　） | （　） | （　） |
| 工作总体满意度 | （　） | （　） | （　） | （　） | （　） |
| 本地气候适应 | （　） | （　） | （　） | （　） | （　） |
| 子女教育条件 | （　） | （　） | （　） | （　） | （　） |
| 照顾家庭 | （　） | （　） | （　） | （　） | （　） |
| 业余生活 | （　） | （　） | （　） | （　） | （　） |
| 人际关系 | （　） | （　） | （　） | （　） | （　） |
| 藏族居民友善 | （　） | （　） | （　） | （　） | （　） |
| 社区服务 | （　） | （　） | （　） | （　） | （　） |
| 饮食习惯 | （　） | （　） | （　） | （　） | （　） |
| 生活总体满意度 | （　） | （　） | （　） | （　） | （　） |

## 四、您是否打算离开九寨沟：

□打算　□有离开倾向　□说不清　□暂不打算　□不打算

## 五、您的基本信息：（请填写或者打√选择）

**1. 您的年龄：**______岁；

**2. 您的性别：**　□男　□女；

**3. 您有子女：**__________个

**4. 您的文化程度：**　□小学及以下　□初中　□高中及中专　□大学专科

□大学本科及以上

**5. 您的月收入：** □1000 元以下　□1000～3000 元　□3000～5000 元　□5000 元以上

**6. 您当前的职务是：** □服务员　□出租车司机　□个体业主　□景区讲解员　□景区巴士司机　□一般员工　□企业中层管理者　□企业高层管理者

**7. 您受过何种层次的旅游专业学习和培训：**

□没有经过正规培训　□企业组织的正式职业培训　□旅游职业教育　□大学专科旅游专业学习　□大学本科旅游专业学习　□研究生旅游管理方面研究经历

# 附录 2　九寨沟旅游从业移民访谈问卷

## 一、人口特征：

1. 从业单位：____________________
2. 年龄：__________
3. 性别：__________
4. 婚姻：______
5. 子女：________个
6. 收入：________________元/年
7. 文化程度：□小学及以下　□初中　□高中及中专　□大学专科
   □大学本科及以上
8. 您原来的居住地：____________省__________市/县___________乡/镇

## 二、VFR 旅游和从业信息

1. 您________年____月来九寨沟居住，__________年从事旅游行业。

2. 您的从业经历：上一个行业_____________年；上两个行业：_______________年；上三个行业：____________________年

3. 来此定居形式：______________　□单独一人；　□全家；
   □和亲友一同；　□其他

4. 你年均在九寨沟居住________月；每年回去________趟；平均每次待天；（**VFR 旅游**）

   回去的目的是：________________________________（父母在家；夫妻团聚；小孩在原地；工作生意联系）

   你赚到的钱每年寄回老家有多少：□无；　□20%以下　□20%～40%
   □40%～60%　□60%以上

   每年有_____名亲友来看望你；平均每次待______天，动机：______

5. 淡季你们主要从事什么工作：__________________________________

## 三、移民动机

1. 所居住房屋为：　□租赁　□自建　□住在亲友家　□购房
   其他：__________________
   亲友的亲密度：□直系亲属或密友　□姨表堂舅或较好朋友　□远亲或缺少交往　□无亲友

亲友的经济水平：□很差　□较差　□一般　□较好　□很好
**（社会资本-亲友）**

2. 大约有多少同乡在此地居住：________；　同乡社区发展如何？________________________ **（社会资本-同乡社区）**

□有专门组织机构（如老乡会、俱乐部、同乡联合会、协会等）　□经常关注原居住地报纸、广播、电视　□说家乡话的公司、就业容易，语言相通，社会网络健全　□无组织，经常联系　□一般联系　□无联系

3. 移民的主要原因：

初始动因：（1）________________；（2）________________；

（3）________________。

后继动因：（1）________________；（2）________________；

（3）________________ **（动力）**

①秀美风景；　②独特藏文化风情；③夏天比较凉爽；④本地旅游业发展提供了就业机会；⑤做旅游生意赚钱，提高收入，拓展自己的事业，旅游职业的风险小、自由性强，偶然来到九寨沟，九寨沟知名度大；⑥与家人团聚；⑦这里亲友能帮助我从业；⑧亲友的积极建议；⑨亲友的事业发展需要我来帮忙；⑩很多老乡在这里，有安全感；⑪工作调动，与所学专业相吻合，本地人不愿意干我的工作；其他：________________________________。

4. 通过什么途径来到此地：□本地亲友推荐　□应聘　□自己的旅游经历　□相关机构推介 **（迁移途径）**

5. 当前困扰你们生活的三个最大问题是什么？________________________________________（淡季生意难做；小孩上学；夫妻分居；环境恶化；）

6. 你对在本地的生活总体感觉怎样：□很差　□较差　□一般　□较好　□很好

你打算离开这里吗？________

如果在外地有同样收入的行业，你想离开九寨沟吗？________________

7. 定居之前的旅游经历：来过__________次；总体感觉：□很好　□较好　□一般　□较差　□很差

**四、原居住地形象**

1. 原居住地媒体和社会对他们的看法（公众形象）：
**（社会分层和融合-移民和融合）**
□负面　□不知道　□无或很少报道　□正面和积极的

2. 在原居住地的公众形象怎样？ ____________[当地的能人；积极正面的；缺乏与当地社会的融合，导致隔离、孤立：不学习当地语言；不参加社区公共生活；不遵循九寨沟的风俗；不参加当地的社会和政治生活，被媒体认为是不道德的（immoral）]

对他们的看法认同吗？ □认同 □部分认同 □无所谓 □不认同

# 附录3　汤口镇外来企业主调查问卷

尊敬的旅游界同仁：

您好！

我是安徽师范大学的老师，正在南京大学攻读博士研究生学位，出于撰写博士论文的需要，需要对黄山旅游就业人员进行问卷调查。本人请了几位大学生帮忙调研，您只需对表格内认为适合的选项打“√”即可，答案没有对错之分，问卷不需署名，您所填写的一切将会被严格保密并仅限于学术研究之用。非常感谢您的支持与合作!

负责人：杨钊

2010年2月

**一、您来汤口做旅游生意的动机，请在相应的（　　）内打√**

| | 很同意 | 同意 | 无所谓 | 不同意 | 很不同意 |
|---|---|---|---|---|---|
| 提高收入 | （　　） | （　　） | （　　） | （　　） | （　　） |
| 可充分发挥自己的经商才能 | （　　） | （　　） | （　　） | （　　） | （　　） |
| 积累生意经验 | （　　） | （　　） | （　　） | （　　） | （　　） |
| 做旅游生意赚钱快 | （　　） | （　　） | （　　） | （　　） | （　　） |
| 做旅游生意风险小 | （　　） | （　　） | （　　） | （　　） | （　　） |
| 做旅游生意非常有挑战性 | （　　） | （　　） | （　　） | （　　） | （　　） |
| 给家里人提供就业机会 | （　　） | （　　） | （　　） | （　　） | （　　） |
| 好的投资方向 | （　　） | （　　） | （　　） | （　　） | （　　） |
| 做旅游生意起步比较容易 | （　　） | （　　） | （　　） | （　　） | （　　） |
| 与人交往机会多 | （　　） | （　　） | （　　） | （　　） | （　　） |
| 工作时间相对自由 | （　　） | （　　） | （　　） | （　　） | （　　） |
| 当老板给人印象（名声）很好 | （　　） | （　　） | （　　） | （　　） | （　　） |
| 想自己做老板 | （　　） | （　　） | （　　） | （　　） | （　　） |
| 游玩/休闲机会多 | （　　） | （　　） | （　　） | （　　） | （　　） |
| 夏天气候凉爽 | （　　） | （　　） | （　　） | （　　） | （　　） |
| 风景优美 | （　　） | （　　） | （　　） | （　　） | （　　） |
| 空气质量比较好 | （　　） | （　　） | （　　） | （　　） | （　　） |
| 黄山游客多 | （　　） | （　　） | （　　） | （　　） | （　　） |
| 本地商业机会更多 | （　　） | （　　） | （　　） | （　　） | （　　） |
| 汤口镇生活较为方便 | （　　） | （　　） | （　　） | （　　） | （　　） |

| | | | | | |
|---|---|---|---|---|---|
| 汤口镇综合服务功能较好 | （ ） | （ ） | （ ） | （ ） | （ ） |
| 政府优惠政策多 | （ ） | （ ） | （ ） | （ ） | （ ） |
| 本地亲戚朋友多 | （ ） | （ ） | （ ） | （ ） | （ ） |
| 亲友的积极建议 | （ ） | （ ） | （ ） | （ ） | （ ） |
| 我在别的地方找不到工作 | （ ） | （ ） | （ ） | （ ） | （ ） |
| 以前的工作单位衰败了 | （ ） | （ ） | （ ） | （ ） | （ ） |
| 没有工作，需要一份工作 | （ ） | （ ） | （ ） | （ ） | （ ） |
| 原来的工作收入太低 | （ ） | （ ） | （ ） | （ ） | （ ） |
| 偶然因素来到本地 | （ ） | （ ） | （ ） | （ ） | （ ） |
| 想离开原来居住地 | （ ） | （ ） | （ ） | （ ） | （ ） |
| 与所学专业相吻合 | （ ） | （ ） | （ ） | （ ） | （ ） |
| 想追求自己的生活方式 | （ ） | （ ） | （ ） | （ ） | （ ） |

**二、您在本地的生活满意度，请在相应的（　　）内打√**

| | 很满意 | 满意 | 一般 | 不满意 | 很不满意 |
|---|---|---|---|---|---|
| 居住条件 | （ ） | （ ） | （ ） | （ ） | （ ） |
| 医疗条件 | （ ） | （ ） | （ ） | （ ） | （ ） |
| 教育条件 | （ ） | （ ） | （ ） | （ ） | （ ） |
| 休闲娱乐机会 | （ ） | （ ） | （ ） | （ ） | （ ） |
| 照顾家庭 | （ ） | （ ） | （ ） | （ ） | （ ） |
| 本地居民友善 | （ ） | （ ） | （ ） | （ ） | （ ） |
| 日常饮食 | （ ） | （ ） | （ ） | （ ） | （ ） |
| 治安状况 | （ ） | （ ） | （ ） | （ ） | （ ） |
| 本地气候适应 | （ ） | （ ） | （ ） | （ ） | （ ） |
| 物价水平 | （ ） | （ ） | （ ） | （ ） | （ ） |
| 生活总体满意度 | （ ） | （ ） | （ ） | （ ） | （ ） |

**三、您在本地的工作满意度，请在相应的（　　）内打√**

| | 很满意 | 满意 | 一般 | 不满意 | 很不满意 |
|---|---|---|---|---|---|
| 职业本身 | （ ） | （ ） | （ ） | （ ） | （ ） |
| 收入 | （ ） | （ ） | （ ） | （ ） | （ ） |
| 商业竞争 | （ ） | （ ） | （ ） | （ ） | （ ） |
| 生意发展前景 | （ ） | （ ） | （ ） | （ ） | （ ） |
| 工作稳定性 | （ ） | （ ） | （ ） | （ ） | （ ） |
| 工作时间长度 | （ ） | （ ） | （ ） | （ ） | （ ） |

| | | | | | |
|---|---|---|---|---|---|
| **能自己做主** | (　　) | (　　) | (　　) | (　　) | (　　) |
| 社会地位/声望 | (　　) | (　　) | (　　) | (　　) | (　　) |
| **淡旺季差异** | (　　) | (　　) | (　　) | (　　) | (　　) |
| 生意与个人生活难区分 | (　　) | (　　) | (　　) | (　　) | (　　) |
| 工作总体满意度 | (　　) | (　　) | (　　) | (　　) | (　　) |

**四、总体感知**

满足了自己的动机愿望：□很同意　□同意　□无所谓　□不同意　□很不同意

达到了我的经营目标：□很同意　□同意　□无所谓　□不同意　□很不同意

您在本地总体感觉：□很好　□较好　□一般　□较差　□很差

**五、您的社会融合意愿**

| | 很同意 | 同意 | 无所谓 | 不同意 | 很不同意 |
|---|---|---|---|---|---|
| 愿意与本地人交朋友 | (　　) | (　　) | (　　) | (　　) | (　　) |
| 主动了解本地风俗人情 | (　　) | (　　) | (　　) | (　　) | (　　) |
| 过本地人的节日 | (　　) | (　　) | (　　) | (　　) | (　　) |
| 愿意参加社区活动 | (　　) | (　　) | (　　) | (　　) | (　　) |
| 认同本地人的生活方式 | (　　) | (　　) | (　　) | (　　) | (　　) |

**六、你的社会融合状况**

1. 你对本地语言：□熟练运用　□简单会说　□听懂　□听懂一点　□听不懂
2. 认为自己更像哪种类型人：
   □汤口人　□新汤口人　□融合的复合体　□更像原家乡人　□原家乡人

**七、您的未来打算**

| | 很同意 | 同意 | 无所谓 | 不同意 | 很不同意 |
|---|---|---|---|---|---|
| 推荐亲友来此做生意 | (　　) | (　　) | (　　) | (　　) | (　　) |
| 继续在本地做生意 | (　　) | (　　) | (　　) | (　　) | (　　) |
| 在本地购房定居 | (　　) | (　　) | (　　) | (　　) | (　　) |
| 退休后在本地定居 | (　　) | (　　) | (　　) | (　　) | (　　) |

# 附录 4 汤口镇外来旅游企业主访谈问卷

## 一、基本信息

自我记录：店铺门牌号：____________________；店铺名称：______________

**个人基本信息：**

1. 性别：男 女
2. 年龄：________岁
3. 是 否 结婚
4. 子女：________个
5. 教育经历：学历______________
6. 培训经历：□有 □无

**经营信息：**

1. 主要经营范围：____________________________________________；
2. 经营类型：□独自 □夫妻合营 □子女参与 □全家经营
   □与他人合伙
3. 当前工作：□全职 □兼职 □主要工作
   家庭主要收入来自现在生意：□是 □否
   家庭是否还有其他生意/职业（谁，何种职业）：________________________
4. 店铺性质：□租赁 □购买；租金：________/年；面积：__________
5. 市场比例（%）：游客____________；汤口镇人____________；外地人（非游客）____________；
6. 需要哪些技能：____________________________________________；
7. 是 否有网络销售，其他营销：导游推荐；____________________________；
8. 店铺雇员数：__________个；本地人：__________个；女性：__________个
淡旺季是否变化____________________________________________；
9. 从业时间：每周_____小时（每周工作_____天，每天工作时间______小时）；
10. 淡季从事工作：休息，______________________________；是否兼职其他工作：____________________。

## 二、迁移信息

1. 您原来的居住地：____________省____________市/县______________乡/镇
2. 所居住房屋为：□租赁； □自建； □住在亲友家；
   □购房 其他：__________________

3. 来此定居形式：□单独一人；　□全家；　□夫妻（小孩放老家）；
　□和亲友一同；□其他：________

4. 与定居关系：__________年到汤口；__________年开业（经营年数）；年购房定居

5. 定居打算：□已购房产　□2～3 年内有计划买房　□根据情况再说
　□暂时没有考虑　□不打算在本地买

**三、从业信息**

**从业经历：**

1. ________年开始工作，目前工作过______家。
2. 上一个职业（地点、单位、岗位）______________________________
3. 做过生意：□否　□是，何种生意：__________________________
4. 与当前生意联系：□没有　□一致　□有联系________________

**从业计划：**

1. 来之前生意计划：□没有　□有一点　□有，计划从事：__________
2. 是否有其他计划：________________________________（如享受乡村生活；画画；交友等）
3. 之前预计收入：____________/年；是　否实现；
4. 计划与当前从业 是　否 一致；不一致原因：____________________
5. 生意（店铺）选址原因：□亲友推荐　□自己考察；____________；

**经营情况：**

1. 资金来源：□自己积蓄　□借亲友　□贷款　□房产售卖（问：以前房产如何处理）：________

　经营投入（购房+装修+铺货+其他）：__________________________元

2. 收益：年家庭净收入__________；与以前职业相比：□增加　□少量增加　□差不多　□少量减少　□少很多

　收入在汤口镇大约处于：□上层　□中上层　□中层　□中下层　□下层

　是否达到预期（满意）：____________；原因：________________

3. 主要经营困难：______________________________________
4. 企业规模计划：□扩大　□保持　□缩小；原因：________________

# 附录 5　九寨沟旅游从业移民社会融合的调查问卷

## 一、认为自己更像哪种类型人：

□九寨沟人　□新九寨沟人　□融合的复合体　□更像原家乡人　□原家乡人

## 二、您的总体认知

**生活总体满意度：□很满意　□满意　□无所谓　□不满意　□很不满意**
经营总体满意度：□很满意　□满意　□无所谓　□不满意　□很不满意
达到了我的迁移目标：□很同意　□同意　□无所谓　□不同意　□很不同意
您在本地的总体感觉：□很好　□较好　□一般　□较差　□很差

## 三、您的社会融合意愿

| | 很同意 | 同意 | 无所谓 | 不同意 | 很不同意 |
|---|---|---|---|---|---|
| 愿意与本地人交朋友 | (　) | (　) | (　) | (　) | (　) |
| 主动了解本地风俗人情 | (　) | (　) | (　) | (　) | (　) |
| 过本地人的节日 | (　) | (　) | (　) | (　) | (　) |
| 习惯这里的饮食 | (　) | (　) | (　) | (　) | (　) |
| 愿意和本地人一起休闲 | (　) | (　) | (　) | (　) | (　) |
| 在这里做生意很稳定 | (　) | (　) | (　) | (　) | (　) |
| 有困难找本地人帮忙 | (　) | (　) | (　) | (　) | (　) |
| 这里的住宿条件很好 | (　) | (　) | (　) | (　) | (　) |
| 喜欢本地人的服饰 | (　) | (　) | (　) | (　) | (　) |
| 语言没有障碍 | (　) | (　) | (　) | (　) | (　) |
| 与本地人交往密切 | (　) | (　) | (　) | (　) | (　) |
| 喜欢这里的社会环境 | (　) | (　) | (　) | (　) | (　) |
| 这里亲戚朋友多 | (　) | (　) | (　) | (　) | (　) |
| 本地人比较友好 | (　) | (　) | (　) | (　) | (　) |
| 享受本地子女的教育保障 | (　) | (　) | (　) | (　) | (　) |
| 房租很满意 | (　) | (　) | (　) | (　) | (　) |
| 恶性竞争减少 | (　) | (　) | (　) | (　) | (　) |
| 本地人主动介绍本地文化 | (　) | (　) | (　) | (　) | (　) |
| 社会冲突慢慢减少 | (　) | (　) | (　) | (　) | (　) |
| 愿意在这里定居 | (　) | (　) | (　) | (　) | (　) |

| | | | | | |
|---|---|---|---|---|---|
| 打算扩大生意规模 | （　） | （　） | （　） | （　） | （　） |
| 收入满意 | （　） | （　） | （　） | （　） | （　） |
| 物价满意 | （　） | （　） | （　） | （　） | （　） |
| 愿意（子女）和本地人通婚 | （　） | （　） | （　） | （　） | （　） |
| 治安很好 | （　） | （　） | （　） | （　） | （　） |
| 经济发展很好 | （　） | （　） | （　） | （　） | （　） |

**四、您的迁移与基本信息**

1. 性别：□男　□女　2. 年龄:______；　3. 婚姻状况：□未婚　□已婚；
4. 您来这里____年；5. 学历:______；6. 民族：____；7. 职业：________；
8. 您来自________省（自治区、直辖市）________市________县；
9. 您在这里的住房类型：□租住　□自购房　□前店后坊　□自建　□其他

# 附录 6　九寨沟旅游从业移民的访谈问卷

## 一、基本信息

1. 性别：□男　□女　2. 年龄：________；　3. 婚姻状况：□未婚　□已婚
4. 您来这里____年；　5. 学历：________；　6. 职业：________________；
7. 您来自__________省（自治区、直辖市）__________市__________县；
8. 您在九寨沟的户口类型是：□本地户口　□居住证　□暂住证　□其他
9. 您信仰的宗教是：□基督教　□佛教　□伊斯兰教　□无
10. 您在这里的住房类型：□租住　□自购房　□前店后坊　□自建　□其他
若是租住，是哪类：□出租房 □小区商品房 □政府廉租房 □外来工公寓
□工作场所（单位宿舍）　□其他__________；
您现在居住在哪里________；
11. 您住房拥有的基础设施：（可多选）
□自来水　□煤气　□下水道　□抽水马桶　□热水器　□固定电话
□电视机　□洗衣机　□电冰箱　□微波炉　□电脑
□宽带上网　□自行车　□电动车　□私家车
本地人：□九管局　□镇政府工作人员
12. 您认为自己更像哪种人？
□九寨沟人　□新九寨沟人　□融合的复合体　□更像原家乡人
□原家乡人

## 二、社会冲突状况

1. 您从心理上排斥本地人吗？
□非常排斥　□排斥　□一般　□不排斥
主要表现在哪些方面？________________________________
2. 您和本地人有社会冲突吗？ □有　□没有
主要表现在哪里：________________________________
您和本地人的文化差异表现：
宗教信仰：________________________________
价值观念：
亲情观：________________________________
爱情观：________________________________
金钱观：________________________________

友情观：________________

环境观：________________

民风民俗：

餐饮：________________

节日：________________

婚丧嫁娶：________________

服饰：________________

建筑：________________

生活方式：

消费方式：________________

子女教育：________________

休闲方式：________________

3. 本地人给你们带来的社会冲突有哪些？________________

4. 冲突原因：

宗教信仰：________________

价值观念：________________

管理制度：________________

经济利益：________________

其他：________________

5. 您和哪些人可能会有冲突？

□本地居民 □当地政府 □景区管理者 □其他移民 □游客

分别表现在哪些方面？

您和本地居民有哪些冲突：________________

您和当地政府有哪些冲突：________________

您和其他移民有哪些冲突：________________

您和游客有哪些冲突：________________

6. 您认为当前的社会冲突严重吗？ □严重 □一般 □不严重

社会冲突对社会产生哪些不良影响？

经济：________________

环境：________________

社会：________________

文化：________________

## 三、主客关系

1. 您和本地人相处如何？

□非常不融洽　□不融洽　□一般　□融洽

2. 您会和移民一起休闲吗？

□不会　□偶尔会　□会

3. 您会像移民或者游客宣扬本地文化吗？

□不会　□偶尔会　□会

怎么宣扬的？______________________________

4. 您会保护九寨沟的环境吗？

□不会　□偶尔会　□会

该如何保护？______________________________

5. 您会和本地人一起休闲吗？

□不会　□偶尔会　□会

6. 除了工作，您的休闲方式是什么？

□看电视　□喝酒吃饭　□聊天　□打牌　□唱卡拉 OK　□泡澡堂　□从来不娱乐

7. 您会过当地的节日吗？

□不会　□偶尔会　□会

与谁一起过？__________.

8. 您排斥九寨沟本地特有的风俗习惯吗？

□非常排斥　□排斥　□一般　□不排斥

9. 您在九寨沟经常接触的人有哪些？（可多选）

□九寨沟的亲人　□九寨沟的老乡　□九寨沟生意上的朋友

□九寨沟房东邻居　□老家的亲戚朋友

10. 自己有烦心事一般找谁商量？

□九寨沟的亲人　□九寨沟的老乡　□九寨沟生意上的朋友

□九寨沟房东邻居　□老家的亲戚朋友

11. 自己遇到困难麻烦一般找谁帮忙？

□九寨沟的亲人　□九寨沟的老乡　□九寨沟生意上的朋友

□九寨沟房东邻居　□老家的亲戚朋友

# 附录 7　九寨沟本地人员的访谈问卷

## 一、基本信息

1. 性别：□男 □女　2. 年龄：________；　3. 婚姻状况：□未婚　□已婚
4. 您来自____________；5. 学历：________；　6. 职业：______________；
7. 您在九寨沟的户口类型是：□本地户口　□居住证　□暂住证　□其他
8. 您信仰的宗教是：□佛教　□伊斯兰教　□基督教　□苯教　□无
9. 您在这里的住房类型：□租住　□自购房　□前店后坊　□自建　□其他
   若是租住，是哪类：□出租房 □小区商品房　□政府廉租房　□外来工公寓
   □工作场所（单位宿舍）　□其他____________；
   您现在居住在哪里________
10. 您住房拥有的基础设施：(可多选)
    □自来水　□煤气　□下水道　□抽水马桶　□热水器　□固定电话
    □电视机　□洗衣机　□电冰箱　□微波炉　□电脑　□宽带上网
    □自行车　□电动车　□私家车
    你觉得和本地居民的居住条件差异：____________

## 二、社会冲突状况

1. 您从心理上排斥外来旅游从业人员吗？
   □非常排斥　□排斥　□一般　□不排斥
   主要表现在哪些方面？________________________________________
2. 您和外来旅游从业人员有社会冲突吗？ □有　□没有
   主要表现在哪里？____________________________________________
   您和移民的文化差异表现：
   宗教信仰：______________________________________________
   价值观念：
   亲情观：______________________________________________
   爱情观：______________________________________________
   金钱观：______________________________________________
   友情观：______________________________________________
   环境观：______________________________________________
   民风民俗：
   餐饮：________________________________________________

节日：________________

婚丧嫁娶：________________

服饰：________________

建筑：________________

生活方式：

消费方式：________________

子女教育：________________

休闲方式：________________

3. 外来旅游从业人员给你们带来的社会冲突有哪些？________________

4. 冲突原因：

宗教信仰：________________

价值观念：________________

管理制度：________________

其他：________________

5. 您和哪些人可能会有冲突？

□本地居民 □当地政府 □景区管理者 □外来旅游工作人员 □游客

□导游 □出租车司机

分别表现在哪些方面？

您和本地居民有哪些冲突：________________

您和当地政府有哪些冲突：________________

您和景区管理者有哪些冲突：________________

您和外来旅游工作人员有哪些冲突：________________

您和游客有哪些冲突：________________

您和导游有哪些冲突：________________

您和出租车司机有哪些冲突：________________

6. 您认为当前的社会冲突严重吗？ □严重 □一般 □不严重

社会冲突对社会产生哪些不良影响？

经济：________________

环境：________________

社会：________________

文化：________________

## 三、主客关系

1. 您和外来旅游从业人员相处如何？

□非常不融洽 □不融洽 □一般 □融洽

2. 您会和外来旅游从业人员一起休闲吗？

□不会　□偶尔会　□会

3. 您会像外来旅游从业人员或者游客宣扬本地文化吗？

□不会　□偶尔会　□会

怎么宣扬的？________________

4. 您会保护九寨沟的环境吗？

□不会　□偶尔会　□会

该如何保护？________________

5. 您会和外来旅游从业人员一起休闲吗？

□不会　□偶尔会　□会

6. 除了工作，您的休闲方式是什么？

□看电视　□喝酒吃饭　□聊天　□打牌　□唱卡拉 OK　□泡澡堂

□从来不娱乐

# 附录 8　九寨沟外来企业主访谈问卷

## 一、基本信息

店铺名称：________________；受访者身份：□企业主　　□主要管理者

**个人基本信息：**

1. 性别：男　女；　2. 年龄：____岁；　3. 民族：_____；4. 是 否 结婚

5. 子女：___个

6. 教育经历：学历_________；专业：____________

7. 技能培训经历：□有　　□无

**经营信息：**

1. 主要经营范围：______________________________________________

2. 经营类型：□家庭经营　□个人独资　□合作/合伙经营　□连锁经营
　□股份公司　其他：_____________________

3. 贵企业的管理结构：□自我雇佣型　□企业主管理型　□企业主控制型

4. 当前工作：□全职　□兼职　□主要工作
　家庭主要收入来自现在生意：□是　□否；

5. 市场比例（%）：游客_____；本地人_______；外地人（非游客）_____；外国人：______；

6. 需要哪些经营技能：_________________________________________；

7. 是 否有网络销售，其他营销：□导游推荐　□广告___________________

8. 店铺性质：□租赁　□购买　□自家；　面积：__________$m^2$；店铺雇员：__________个；女性雇员：______个；员工主要来源地：______；淡季雇员：______个；平均在企业工作时间_________年；

9. 从业时间：每天________小时；淡季从事工作是否有改变：__________；

10. 居住地点：______________________。

## 二、从业信息

**从业经历：**

1. _______年开始工作，目前工作过_____家。

2. 上一个职业：__________________________；

3. 做过生意：□否　□是，何种生意？_____________________________；

4. 与当前生意联系：□没有　□一致　□有联系__________________________

**从业计划：**

1. 业主经营理念更倾向于：□ 利润导向 □ 个人爱好导向 □ 家庭生活导向（照顾小孩） □ 回报社会导向
2. 企业近期规划：________________
   企业规模计划：□扩大 □保持 □缩小 □迁移 原因：________
3. 营业绩效有无周期性：□有 □无 旺季：______；时段：______；
   影响业绩的因素：__________（如季节、天气、节庆活动、假期等）
4. 生意（店铺）选址原因：□亲友推荐 □自己考察 □小企业集聚效应

**经营情况：**

1. 资金来源：□自有 □亲友借贷 □银行信贷 □合伙或股份 □民间金融机构借贷 □其他__________
   经营投入（购房+装修+铺货+其他）：______________元
2. 之前预计收入是 否实现；年家庭净收入与以前职业相比：
   □增加 □少量增加 □差不多 □少量减少 □少很多
3. 收入处于：□上层 □中上层 □中层 □中下层 □下层
   是否达到预期（满意）：□否 □是
   有哪些原因促使您满意或不满意？______________
   如果收入不多，为何继续在这经营？______________

## 三、经营特征

1. 您开始经营店铺的原因：（1）________；（2）________；（3）______________；（4）______________
后来持续居留的原因：（1）__________；（2）__________；（3）__________

**职业收入**：提高收入；好的投资方向。

**企业家愿望**：可充分发挥自己的经商才能；积累生意经验；做当前生意赚钱快；做当前生意风险小；做当前生意非常有挑战性；给家里人提供就业机会；当老板给人印象（名声）很好；想自己做老板。

**积极特性**：做旅游生意起步比较容易；可以发挥我的创意特长；与人交往机会多；工作时间相对自由；与所学专业相吻合。

**地方吸引**：夏天气候凉爽；空气质量比较好；风景优美；旅游经济发展很快；九寨沟知名度很大；生活较为方便；综合服务功能较好；离家较近；本地商业机会更多；本地优惠政策多。

**社会资本**：亲戚朋友都在这；亲友的积极建议。

**职业避风港**：需要一份工作；原来的工作收入太低。

2. 当前在生活上困扰你们的最大问题是什么？______________________________（子女教育；交通不便；业余生活单调； 工作时间太长；居民友善程度）

3. 当前经营上的主要障碍：______________________________（租金太高；竞争激烈；促销手段不到位；缺乏创新；生意难做；淡旺季差异；经营环境恶化；专业知识受限）

解决对策：______________________________

## 四、社会网络

1. 来九寨沟后，您是如何交朋友的？（合作关系、雇佣关系、生意伙伴、朋友介绍、老乡等）

2. 他们一般从事什么样的工作？□政府工作人员　□政府经营单位

□小企业者、当地居民等

3. 您和朋友们在一起一般都做什么？

□生活型：聊家常，吃饭，娱乐等

□工作型：分享生意经，共享经营相关信息，合作洽谈等

4. 您或者您的朋友遇到困难时，怎么办？

□互相寻求帮助　□自己解决

5. 您九寨沟的朋友和家乡的朋友有何区别？

□基础不同：是否存在利益关系；

□路径不同：同学路径、工作路径、老乡路径；

□作用不同：打发时间、交心知己、可以互相借钱等

6. 在九寨沟交朋友有困难吗？

□有困难：价值观差异、文化差异、语言障碍等

□没有困难：共同的兴趣、共同的目标等

# 附录9　九寨沟企业主社会网络调查问卷

## 1. 网络中心度、网络关系质量（合适的区域上打√）

| 问题 | 非常符合 | 符合 | 一般 | 不符合 | 非常不符合 |
|---|---|---|---|---|---|
| 1. 景区内大多数企业都知道我们企业的名称 | | | | | |
| 2. 景区内其他企业容易与我们建立经验或经营管理交流联系 | | | | | |
| 3. 景区内其他企业经常与本企业进行经验交流 | | | | | |
| 4. 需要时，景区内其他企业希望我们提供经验或经营管理帮助 | | | | | |
| 5. 需要时，我们希望从九寨沟以外其他企业获得经验或管理帮助 | | | | | |
| 6. 在与供应商或客户进行业务交流过程中，双方都避免提出严重有损于对方利益的要求 | | | | | |
| 7. 在与供应商或客户进行业务交流的过程中，即使有机会，双方都不会损害对方的利益 | | | | | |
| 8. 在与其他企业进行知识交流或合作的过程中，我们有时会怀疑他们提供的信息是否正确 | | | | | |
| 9. 我们可以与我们主要的供应商或客户交换机密信息 | | | | | |
| 10. 在与其他企业进行知识交流或合作过程中，本企业的主要供应商或客户通常能够履行诺言 | | | | | |

## 2. 景区内各企业间的关系

| 问题 | 非常不同意 | 不同意 | 不确定 | 同意 | 非常同意 |
|---|---|---|---|---|---|
| 1. 在景区内，我与许多其他企业的业主/管理人员是可以深入交流的伙伴关系，包括企业经营、管理方面的经验等 | | | | | |
| 2. 在景区内，我会和其他企业的业主/管理人员分享自己的生活经历、价值观念等 | | | | | |
| 3. 在景区内，我与许多其他企业的业主/管理人员会彼此关心 | | | | | |
| 4. 在景区内，我与许多其他企业的业主/管理人员会相互欣赏 | | | | | |
| 5. 在景区内，我与许多其他企业的业主/管理人员的关系不是基于实质利益的 | | | | | |
| 6. 在景区内，我对其他企业的业主/管理人员的帮助，不是以对方的回报为目的 | | | | | |
| 7. 在景区内，我与许多其他企业的业主/管理人员的关系不是为了获得某些物质目标 | | | | | |

# 附录 10　九寨沟小企业主地方感调查问卷

1. 性别：□男　□女；
2. 年龄：________岁；
3. 是 否 结婚；
4. 子女：__________个；
5. 教育经历：学历：__________；专业：__________；
6. 技能培训：□有　□无；
7. 民族：__________。

| 九寨沟本地小企业主对九寨沟的地方感 | 很同意 | 同意 | 无所谓 | 不同意 | 很不同意 |
|---|---|---|---|---|---|
| 我对九寨沟有感情，我不愿离开 | | | | | |
| 九寨沟给我的整体感觉很好 | | | | | |
| 在九寨沟的生活、经营给了其他地方没有的满足感 | | | | | |
| 在九寨沟的经营可以帮助自己探索内在 | | | | | |
| 即使不在九寨沟做生意，也会在九寨沟生活下去 | | | | | |
| 在九寨沟做生意很赚钱 | | | | | |
| 九寨沟有独特的生活方式 | | | | | |
| 九寨沟比较自由、宽松，可以按照我的意愿改变我的生活、经营环境 | | | | | |
| 我熟悉九寨沟的建筑、设施和山水环境 | | | | | |
| 在九寨沟的经营符合我的性格爱好 | | | | | |
| 九寨沟是我生活中的一部分 | | | | | |
| 九寨沟保留了原始自然的藏族传统文化 | | | | | |
| 九寨沟的自然风景独一无二 | | | | | |
| 对九寨沟景区的文化很认同 | | | | | |
| 九寨沟能满足艺术价值追求 | | | | | |
| 希望九寨沟继续保持文化特色 | | | | | |
| 我的亲戚朋友基本都在九寨沟 | | | | | |
| 热爱九寨沟的藏族风情 | | | | | |
| 感觉自己与九寨沟融为一体，无法分割 | | | | | |

# 附录 11　九寨沟外来小企业主地方感访谈问卷

## 一、基本信息

店铺名称：______________；受访者身份：□企业主　　□主要管理者

**个人基本信息：**

1. 性别：男，女；　2. 年龄：________岁；　3. 民族：______；

4. 是 否 结婚；5. 子女：________个；6. 教育经历：学历：____________；专业：______________；7. 技能培训经历：□有　□无

**经营信息：**

1. ____________年到九寨沟；__________年开业（经营年数）；

店铺性质：□租赁　　□购买

2. 从业时间：每天__________小时；淡季从事工作：休息；____________；

3. 租金：____________/年；描述近五年租金变化情况：________________。

## 二、迁移信息

1. 您原来的居住地：____________国__________省__________市/县

2. 所居住房屋为：□租赁　　□自建　　□住在亲友家　　□购房

其他：______________________

3. 来此定居形式：□单独一人　□全家　□夫妻（小孩放老家）

□和亲友一同；其他：______________

## 三、经营情况

1. 营业绩效有无周期性：□有　□无；旺季：__________________________

2. 预计收入是　否实现；收入与以前相比：

□增加　　□少量增加　　□差不多　　□少量减少　　□少很多

3. 对目前的收入是否满意：□否　　□是；

如果收入不多，为何继续在这经营？______________________________

## 四、地方感

1. 企业近期有什么发展计划？□扩大　　□保持　　□缩小　　□迁移

原因：__________________________________________________________

2. 在九寨沟人与人之间相处情况如何？

□相处和睦　　□相处一般　　□相处不和睦

3. 您在九寨沟有朋友吗？________________________________；
你们会经常交流吗？________________________________；
当您遇到困难时选择哪种方式解决？（□朋友互相帮助　□自己解决）；
您觉得九寨沟的朋友与家乡的朋友有什么区别？________________

4. 在这里具体哪些方面让您比较满意？________________________
________________________（环境；交通便利；治安好；游客多；居民友善程度；景色优美等）

5. 在这里具体哪些方面让您不满意？__________________________
____________（租金太高；环境；经营环境恶化；居民友善程度；竞争激烈；业余生活单调；子女教育等）

6. 有哪些原因促使你来此做生意？____________________________
__________________（提高收入；想自己当老板；街区游客多；街区创意小企业的集聚效应吸引；需要一份工作、对藏传佛教的追求等）

7. 你会选择离开这里吗？有哪些原因？________________________
________________________________________________

8. 您觉得自己更像哪种类型人？________________（原家乡人、融合的复合体、新九寨沟人）

9. 你对九寨沟的发展有哪些建议？____________________________
________________________________________________

**九寨沟外来小企业主地方感问卷**

| 九寨沟外来小企业主对九寨沟的地方感 | 很同意 | 同意 | 无所谓 | 不同意 | 很不同意 |
|---|---|---|---|---|---|
| 我对九寨沟有感情，我不愿离开 | | | | | |
| 九寨沟给我的整体感觉很好 | | | | | |
| 九寨沟是我生活中的一部分 | | | | | |
| 在九寨沟的经营可以帮助探索内在 | | | | | |
| 我对九寨沟有强烈的归属感 | | | | | |
| 在九寨沟做生意能赚更多的钱 | | | | | |
| 喜欢九寨沟独特的生活方式 | | | | | |
| 九寨沟比较自由宽松 | | | | | |
| 个人能力和知识在九寨沟得到加强 | | | | | |
| 在九寨沟经营符合我的性格爱好 | | | | | |
| 在九寨沟生活、经营给了其他地方没有的满足感 | | | | | |
| 九寨沟保留了原始自然的藏族传统文化 | | | | | |
| 九寨沟的自然风景独一无二 | | | | | |
| 对九寨沟景区的文化很认同 | | | | | |

续表

| 九寨沟外来小企业主对九寨沟的地方感 | 很同意 | 同意 | 无所谓 | 不同意 | 很不同意 |
|---|---|---|---|---|---|
| 九寨沟能满足艺术价值追求 | | | | | |
| 希望九寨沟继续保持文化特色 | | | | | |
| 我的很多亲戚朋友都来九寨沟了 | | | | | |
| 喜欢九寨沟的藏族风情 | | | | | |
| 感觉自己与九寨沟融为一体，无法分割 | | | | | |

# 附录 12 北京饭店外来从业者地方感知调研问卷

## 一、您的迁移和从业信息

1. 您　　　　年来到北京；来自　　　　省　　　　　　市/县；
   在当前企业已工作了　　　　　　月；
2. 你的从业途径：
   □应聘　□亲友推荐　□旅游经历　□毕业分配　□上级任命
   □其他
3. 您的定居形式：
   □独自　□夫妻　□全家　□和亲戚在一起　□与同事一起
   □其他
4. 您居住的房屋为：□租赁　□自购商品房　□饭店员工宿舍
   □住在亲友家；□其他
5. 之前来过北京　　　　　次；
   主要目的是：□旅游　□出差　□学习　□探亲　□其他
6. 对北京市的总体印象：□很好　□较好　□一般　□较差　□很差
7. 之前对来北京工作和生活的期望：□很高　□较高　□一般　□较低
   □很低
8. 您认为自己更像哪一类人？
   □原家乡人　□更像原家乡人　□介于原家乡人和本地人之间
   □新北京人　□北京人

## 二、您的基本信息

1. 您的年龄：□24 以下　□25～34 岁　□35～44 岁　□45～54 岁　□55 以上
2. 您的性别：□男　□女；
   您有子女：□没有　□1 个　□2 个及以上；
   子女是否在身边：□是　□否
3. 您的文化程度：
   □小学及以下　□初中　□高中及中专　□大学专科　□大学本科及以上
4. 您所学专业：□旅游/酒店类　□管理类　□烹饪、计算机等技术类
   □其他
5. 您当前的职务是：
   □服务员　□领班　□企业中层管理者　□企业高层管理者

□一般员工　□企业技术人员　□厨师　□保安

## 三、您对酒店的地方感知

| | 很同意 | 同意 | 无所谓 | 不同意 | 很不同意 |
|---|---|---|---|---|---|
| 酒店氛围适合自己 | (　) | (　) | (　) | (　) | (　) |
| 自己是酒店一分子 | (　) | (　) | (　) | (　) | (　) |
| 感受自己价值 | (　) | (　) | (　) | (　) | (　) |
| 更喜欢这里 | (　) | (　) | (　) | (　) | (　) |
| 需求得到满足 | (　) | (　) | (　) | (　) | (　) |
| 提升机会多 | (　) | (　) | (　) | (　) | (　) |
| 同批评酒店的人争论 | (　) | (　) | (　) | (　) | (　) |
| 酒店工作感到很愉快 | (　) | (　) | (　) | (　) | (　) |
| 酒店工作感到满足 | (　) | (　) | (　) | (　) | (　) |
| 希望一直在这工作下去 | (　) | (　) | (　) | (　) | (　) |
| 在酒店结交了重要朋友 | (　) | (　) | (　) | (　) | (　) |
| 朋友喜欢这个酒店 | (　) | (　) | (　) | (　) | (　) |
| 酒店竞赛和文娱活动多 | (　) | (　) | (　) | (　) | (　) |
| 能感受到酒店对员工的关心 | (　) | (　) | (　) | (　) | (　) |
| 觉得管理及制度合理 | (　) | (　) | (　) | (　) | (　) |
| 能感受到直属领导关心 | (　) | (　) | (　) | (　) | (　) |

## 四、您对北京的地方感知

| | 很同意 | 同意 | 无所谓 | 不同意 | 很不同意 |
|---|---|---|---|---|---|
| 北京氛围和生活符合自己性格 | (　) | (　) | (　) | (　) | (　) |
| 在北京能够更好地认识自己 | (　) | (　) | (　) | (　) | (　) |
| 对北京有一种归属感 | (　) | (　) | (　) | (　) | (　) |
| 北京是做自己喜欢事情最好的地方 | (　) | (　) | (　) | (　) | (　) |
| 习惯了北京生活 | (　) | (　) | (　) | (　) | (　) |
| 北京有着优质医教资源 | (　) | (　) | (　) | (　) | (　) |
| 拓展视野和知识面 | (　) | (　) | (　) | (　) | (　) |
| 北京能给自己和家人带来机会 | (　) | (　) | (　) | (　) | (　) |
| 自豪在北京生活 | (　) | (　) | (　) | (　) | (　) |
| 在北京生活感到愉快 | (　) | (　) | (　) | (　) | (　) |
| 希望在北京生活下去 | (　) | (　) | (　) | (　) | (　) |
| 假如离开北京会想念 | (　) | (　) | (　) | (　) | (　) |

| | | | | | |
|---|---|---|---|---|---|
| 很多亲友都在北京 | ( ) | ( ) | ( ) | ( ) | ( ) |
| 亲友喜欢北京 | ( ) | ( ) | ( ) | ( ) | ( ) |
| 北京有独特文化魅力 | ( ) | ( ) | ( ) | ( ) | ( ) |
| 北京文化能影响自己 | ( ) | ( ) | ( ) | ( ) | ( ) |
| 首都社保及劳动政策更加健全 | ( ) | ( ) | ( ) | ( ) | ( ) |

**五、您的未来打算**

| | 很同意 | 同意 | 无所谓 | 不同意 | 很不同意 |
|---|---|---|---|---|---|
| 推荐亲友来酒店工作 | ( ) | ( ) | ( ) | ( ) | ( ) |
| 继续在酒店工作 | ( ) | ( ) | ( ) | ( ) | ( ) |
| 在北京购房定居 | ( ) | ( ) | ( ) | ( ) | ( ) |
| 退休后来北京定居 | ( ) | ( ) | ( ) | ( ) | ( ) |

# 彩　　图

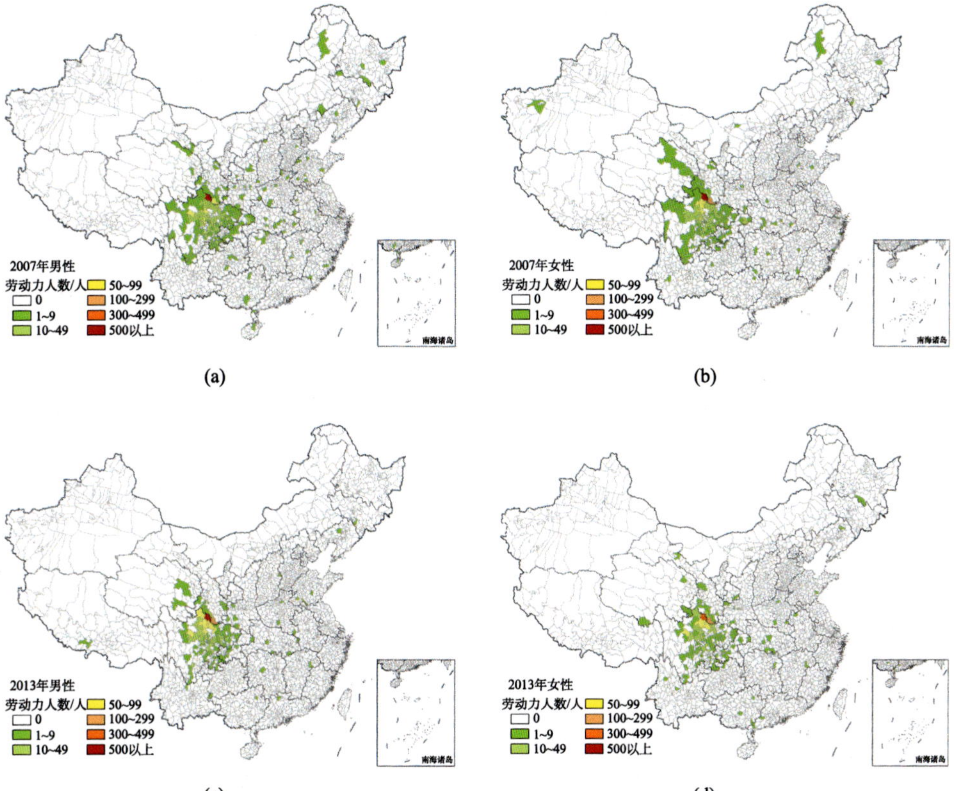


图 6-1　九寨沟旅游从业移民源空间分布性别差异

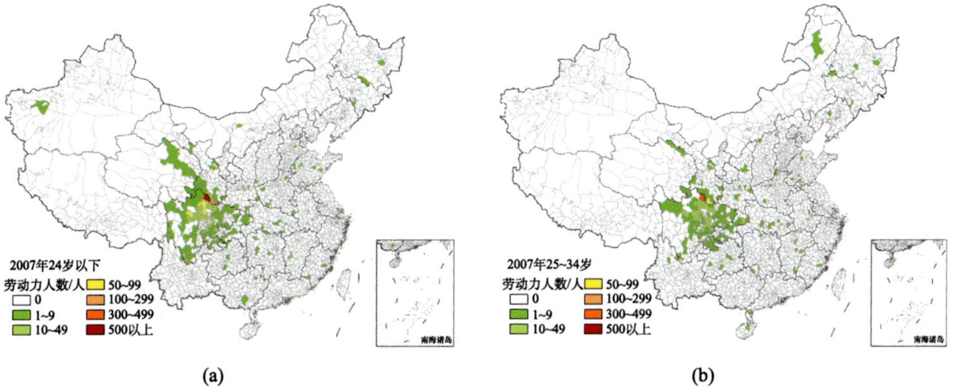

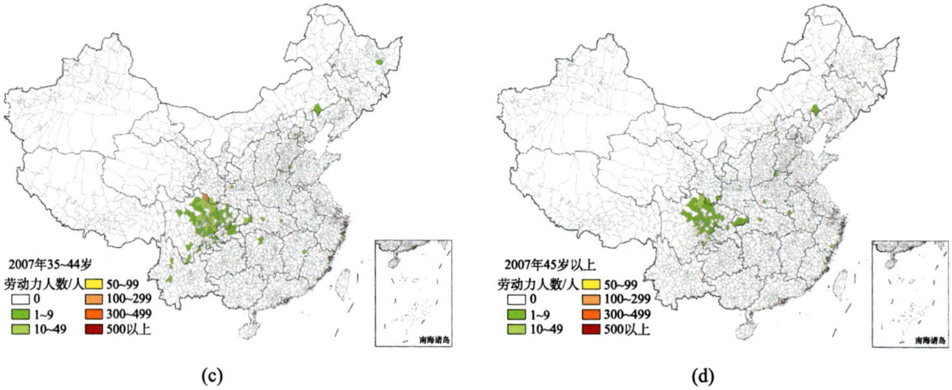


图 6-2　2007 年九寨沟各年龄段旅游从业移民空间分布

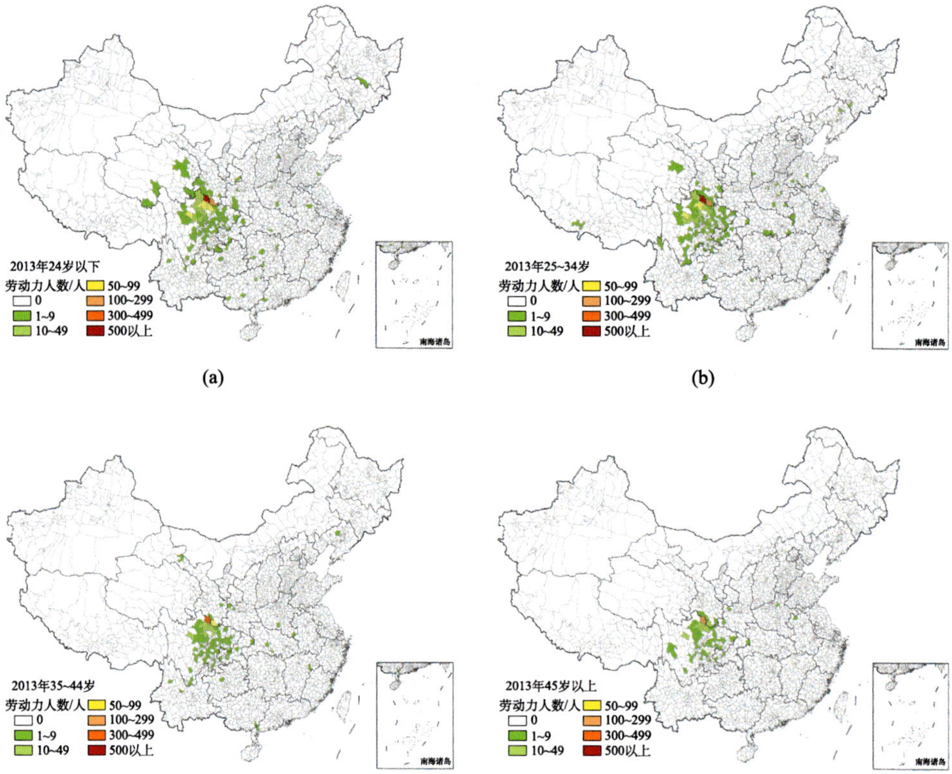


图 6-3　2013 年九寨沟各年龄段旅游从业移民空间分布

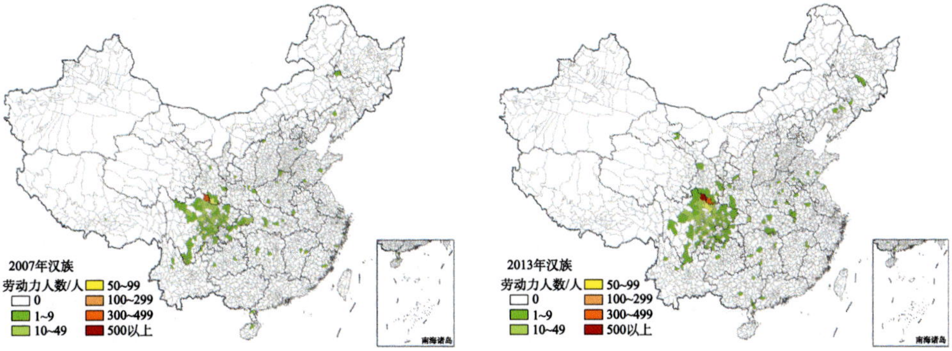


(a) (b)

图 6-4 汉族旅游从业移民源空间分布图

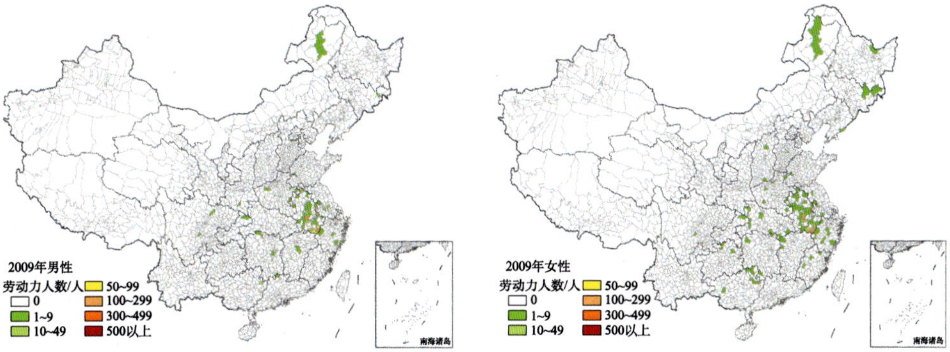


(a) (b)

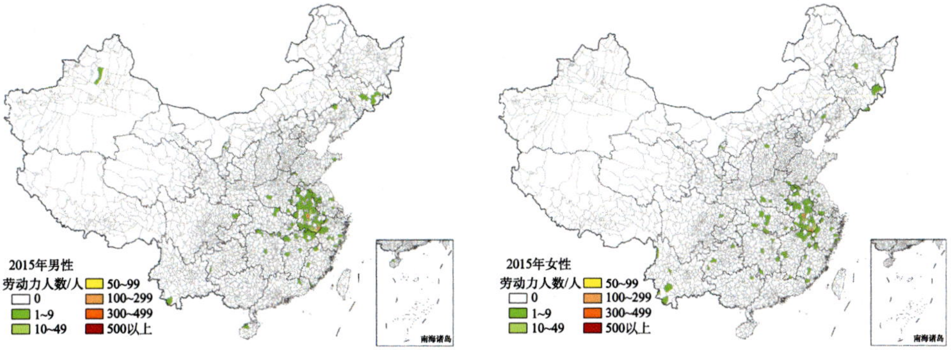


(c) (d)

图 6-5 黄山旅游从业移民全国空间分布性别差异

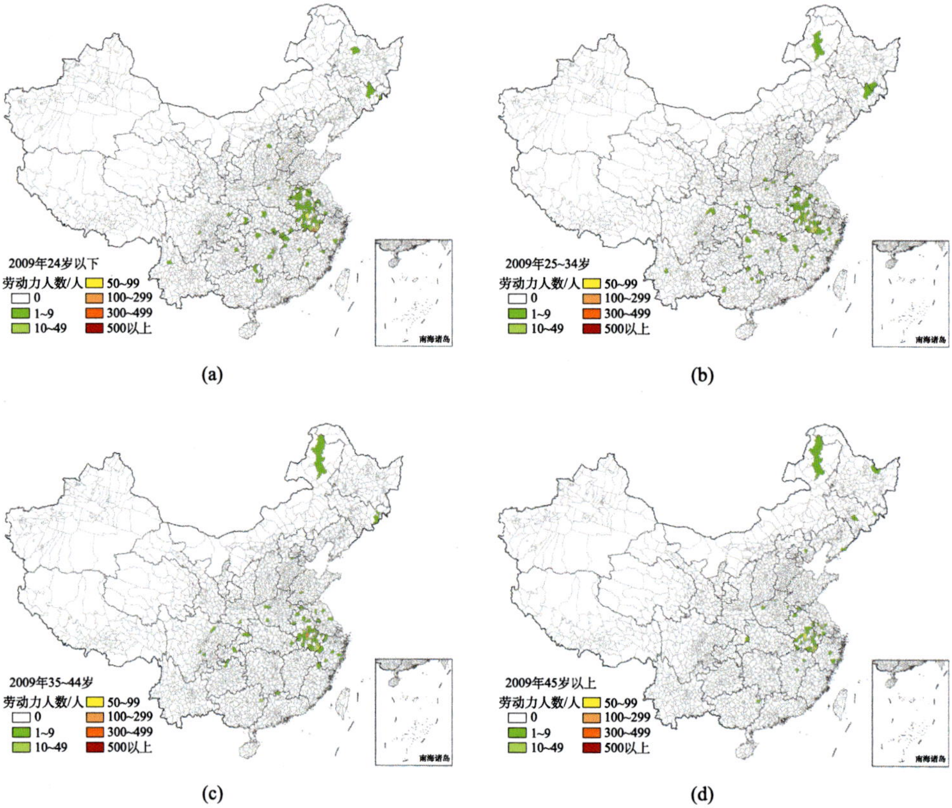


图 6-6　2009 年黄山各年龄段旅游从业移民空间分布

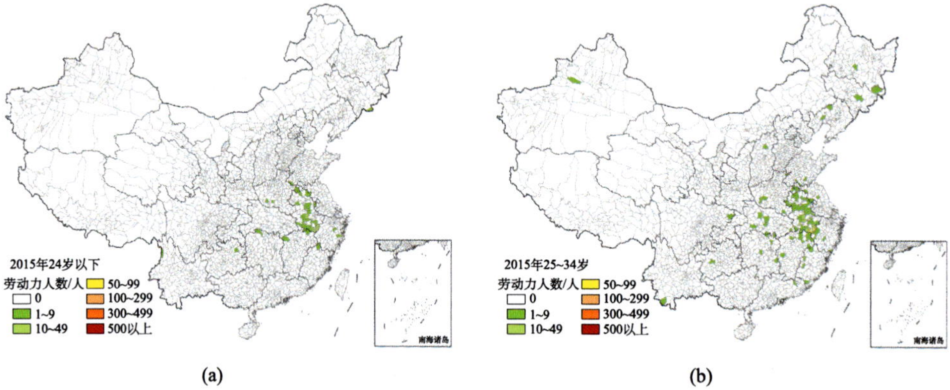

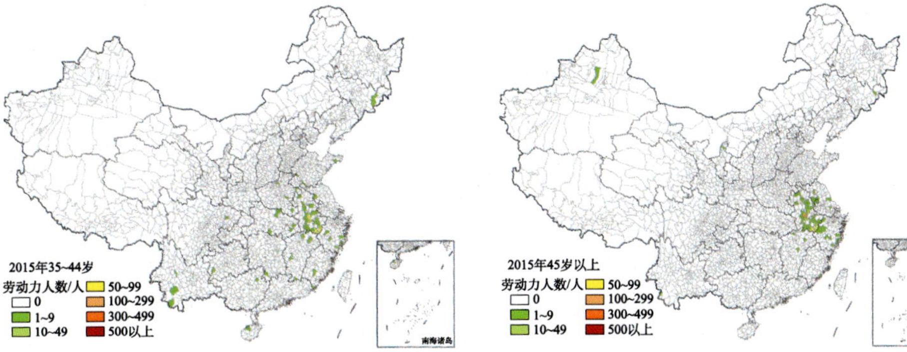


(c) (d)

图 6-7　2015 年黄山各年龄段旅游从业移民空间分布

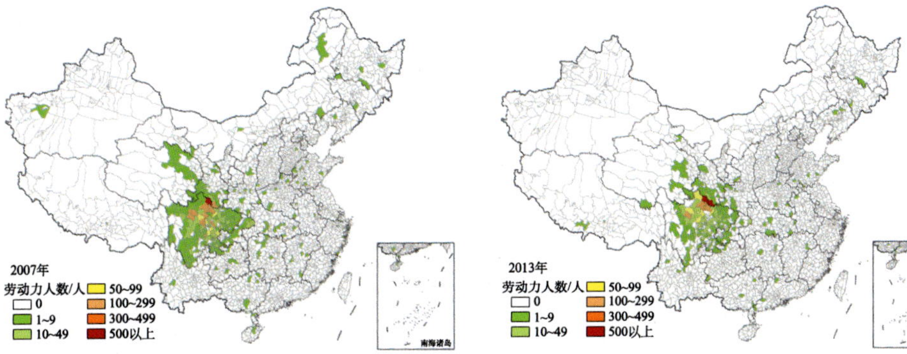


(a) (b)

图 6-8　九寨沟旅游从业移民全国空间分布

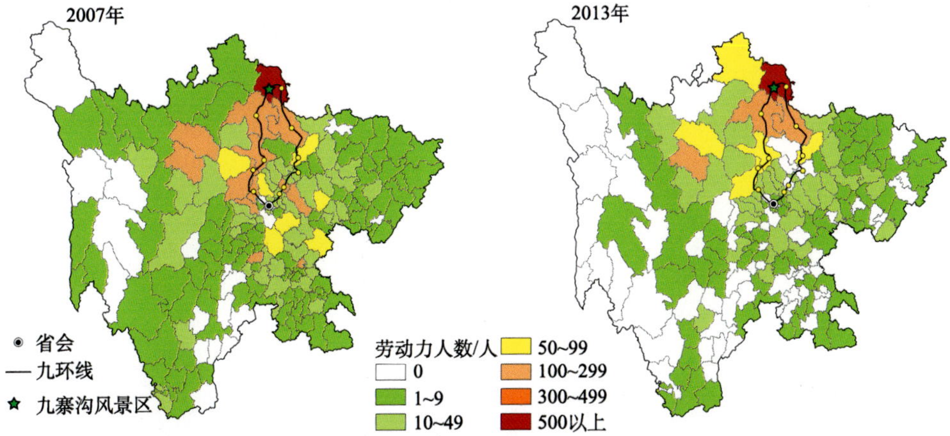


(a) (b)

图 6-9　九寨沟旅游从业移民空间在四川省内布局及迁移重心

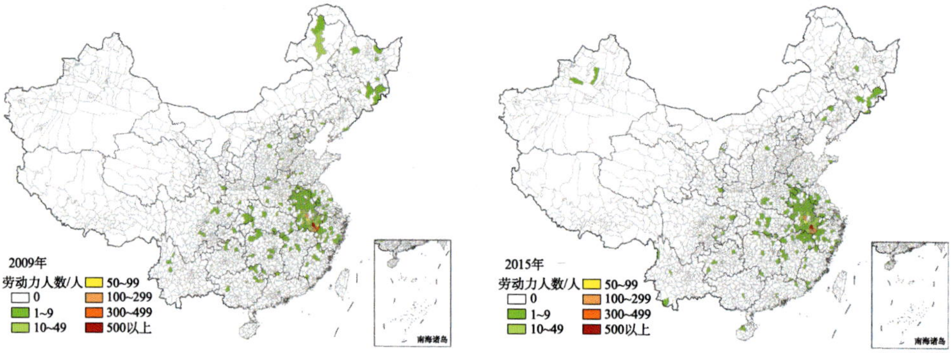


(a) (b)

图 6-10　黄山旅游从业移民全国空间分布

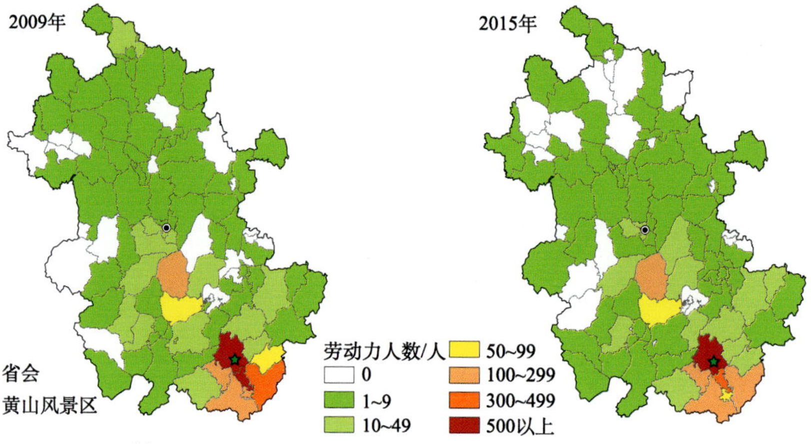


(a) (b)

图 6-11　黄山旅游从业移民省内空间分布